Yehuda Bauer

Wir Juden –
Ein widerspenstiges Volk

Yehuda Bauer

WIR JUDEN

Ein widerspenstiges Volk

LIT

Bibliografische Information der Deutschen Nationalbibliothek
Die Deutsche Nationalbibliothek verzeichnet diese Publikation in der Deutschen Nationalbibliografie; detaillierte bibliografische Daten sind im Internet über http://dnb.d-nb.de abrufbar.

ISBN 978-3-643-12605-4

Verlagskontakt:
Fresnostr. 2 D-48159 Münster
Tel. +49 (0) 2 51-62 03 20 Fax +49 (0) 2 51-23 19 72
E-Mail: lit@lit-verlag.de http://www.lit-verlag.de

Auslieferung:
Deutschland: LIT Verlag Fresnostr. 2, D-48159 Münster
Tel. +49 (0) 2 51-620 32 22, Fax +49 (0) 2 51-922 60 99, E-Mail: vertrieb@lit-verlag.de
Österreich: Medienlogistik Pichler-ÖBZ, E-Mail: mlo@medien-logistik.at
E-Books sind erhältlich unter www.litwebshop.de

Inhalt

Vorwort

Das vorliegende Buch ist ein dreister, empörender Versuch, aus einer jahrtausendelangen Geschichte des jüdischen Volkes einige zentrale Themen herauszugreifen und sie aus einer Sicht zu behandeln, die explizit zeitgenössisch ist. Für den deutschsprachigen Leser ergeben sich daraus hoffentlich neue Aspekte; einschließlich der globalen und europäischen Kontexte, in denen sich jüdische Geschichte und Gegenwart abspielt. Die Sichtweise ist zugegeben subjektiv: Ich habe mich in den letzten sechzig Jahren mit dem Holocaust (Shoah), dem Genozid an den Juden durch Nazi-Deutschland und seine Komplizen, mit Antisemitismus und mit Genozid allgemein und dadurch mit der internationalen Politik beschäftigt. Das ist der Ausgangspunkt, von dem ich die Geschichte einer Kultur behandele, die sich seit dem Jahre 1208 v. d. Z. quellenmäßig – zum Teil wenigstens – verfolgen läßt.

Die Bibel ist, soweit ihre Texte vor dem 9. bis 8. Jahrhundert v. d. Z. entstanden sein sollen, eine Ansammlung von faszinierenden Sagen; keineswegs handelt es sich um historische Fakten. Es gab keine hebräische Schrift, in der geschrieben werden konnte. Als man dies konnte, wurden die Sagen durch Geschichte abgelöst. Aus Sagen wurde Geschichte: Der Exodus aus Ägypten beispielsweise hat die Kultur nicht nur in der sogenannten westlichen Welt, sondern auch in anderen Erdteilen maßgebend beeinflußt. Daß der Exodus, so wie beschrieben, nicht stattgefunden hat, ist unwichtig; aber die Legende ist zur Tatsache geworden, zu einer kulturellen Tatsache, wie Hamlet, der Prinz von Dänemark, oder Homers Paris und Agamemnon.

Antisemitismus resultiert aus dem Unterschied der jüdischen Kultur zu den Völkern, unter denen die Juden gelebt haben und leben. Er grassiert heute wieder in zunehmendem Maße: In Kulturen, die durch den Monotheismus gekennzeichnet sind (auch wenn der Monotheismus der monotheistischen Religionen zweifelhaft ist). In anderen Kulturen, so z.B. in Indien, in China, in weiten Teilen Afrikas usw., hat er niemals existiert, auch als ziemlich große jüdische Gruppen dort ansässig waren. In Europa floriert er, zumeist latent, obwohl er vom Anti-Islamismus (Islamophobie) teilweise abgelöst wurde.

Das hat auch mit der jetzigen Völkerwanderungswelle, die unaufhaltsam Europa erreicht, zu tun. Europa ist eine ziemlich neue Idee, durch die Zerstörung des römischen Reiches in der Völkerwanderung der ersten Jahrhunderte v. d. Z. geboren. Kelten und nach ihnen Germanen, Slawen, Litauer-Letten, Finno-Ugrier vermischten sich mit der griechisch-römischen Zivilisation, deren Anfänge in einer noch älteren Völkerwanderung (um ca. 2000 – 1500 v. d. Z.) ihren Ursprung hatte. Das moderne Europa benutzt Sprachen, die im Mittelalter entstanden und langsam, im 13. – 14. Jahrhundert, die Form der modernen Nationalsprachen annahmen. Dabei änderten sich Kulturen und Völker, vermischten und entwickelten sich. Litauisch sprechende Preußen wurden zu Deutschen, ebenso wie slawisch sprechende Gruppen im Osten und Südosten Deutschlands (letzte Überreste bilden die Sorben der Lausitz); keltische Helveter, die einen lateinischen Dialekt angenommen hatten, vermischten sich mit germanischen Alemannen im Zentrum und Osten der jetzigen Schweiz und mit germanischen Franken im Westen. Ähnliche Entwicklungen kann man im Osten und anderen Teilen Europas beobachten. Vor einigen Jahrzehnten kamen Türken und Kurden nach Deutschland, Marokkaner und Algerier nach Frankreich, Belgien, den Niederlanden und Skandinavien, Pakistaner und Inder nach Großbritannien. Teile dieser Einwanderung wurden besser integriert, z. B. in Deutschland, andere weniger (die Nordafrikaner in Frankreich). Analogien sind unangebracht. In den dreißiger und vierziger Jahren des 20. Jahrhunderts flohen Menschen aus Europa vor dem schlimmsten Regime, das je die Menschheit beschmutzt hat; heute fliehen sie nach Europa. Damals war Deutschland „der Meister des Todes" (Paul Celan), heute ist Deutschland die Hoffnung von Verfolgten. Millionen, bedroht von Ablegern eines radikalen, messianistischen Islam, fliehen, aus dem Nahen Osten, aus Afghanistan, dem Irak und Syrien und aus den verarmten Regionen Afrikas. Der sogenannte Islamische Staat (ISIS) sieht den Westen, „das Haus der Häretiker" (Dar el-Kufr), als eine von Juden kontrollierte Macht, die gewaltsam gestürzt werden muß. Antisemitismus ist wieder – und hier ist wirklich eine Parallele zu beobachten – einer der Gründe dieser Massenflucht. Die Flucht ist unaufhaltsam, und ihr kann nur durch eine gezielte Integration begegnet werden. Sie ist auch, wie die meisten Völkerwanderungen, letztendlich positiv. Europas Bevölkerung schrumpft und altert und wird in Zukunft Millionen von jungen Menschen brauchen, um den Lebensstandard aufrechtzuerhalten. Antisemitismus ist wieder eines der Probleme – wohlgemerkt, das Problem sind nicht die Juden, die mit der Entwicklung nichts zu tun haben.

Mein Buch versucht, Kontexte, aus denen sich manche der heutigen Streitfragen ergeben, zu behandeln. Deutschland ist von zentraler Bedeutung. In der Europäischen Union (die ganz bestimmt europäisch, aber kaum eine Union ist), leben ca. 500 Millionen Menschen, davon wahrscheinlich 23 Millionen, wenn nicht mehr, Muslime, die zum größten Teil friedliche Bürger sind. Wenn dazu noch ein paar Millionen Flüchtlinge kommen, ist das keine Tragödie. Sie werden Europa kulturell ändern und werden selbst europäisch werden, ohne ihre kulturelle Traditionen völlig aufzugeben. So wie die Juden. Damit komme ich auf uns

Juden zurück, um die es mir geht. So manche heilige Kuh wird geschlachtet, ich bitte im vorhinein um Verzeihung.

Ich möchte die Gelegenheit benutzen, um mich bei den Kollegen des LIT Verlages für ihre Freundschaft zu bedanken – bei Dr. Wilhelm Hopf, dem Verleger, und seinem Bruder, Herrn Veit Hopf, und Herrn Michael Paulauskas, der das Buch aus der englischen Version ins Deutsche übersetzt hat. Alle Fehler und Mißverständnisse im Buch sind natürlich meine Schuld: mea maxima culpa.

Jerusalem, im September 2015
Yehuda Bauer

EINLEITUNG

Ehrlicherweise muß ich eine Vorbemerkung machen. Als Historiker des Holocausts, dessen Aufgabe es ist, geschichtliche Prozesse zu verfolgen und sich mit Theorien auseinanderzusetzen, um diese mit den historischen Fakten zu konfrontieren, schreibe ich ein Buch fast ohne Fußnoten. Ich argumentiere hier, ohne auf die Fachliteratur näher einzugehen oder ohne mich auf die jeweiligen Fachleute und ihre Diskussionen zu beziehen. Gleichwohl beanspruche ich, ein ernsthafter Historiker zu sein! Was für eine Anmaßung! Einem/r jüngeren Historiker/in würde man dieses Vorgehen nicht nachsehen, man würde sie/ihn, und ich muß zugestehen, zu Recht, mit Kritik überziehen. Zweifellos präsentiere ich meine Thesen, ohne sie in der üblichen Weise zu belegen. Dem Leser bleibe ich also den Beweis schuldig, dies kann man mir zu Recht vorwerfen.

Dieses Buch stellt also ein Essay dar, besser gesagt eine Zusammenstellung von einzelnen Essays. Ich habe diesen Weg bewußt gewählt, da ich darauf verzichten möchte, mich auf Personen zu beziehen, die mehr wissen oder klüger sind als ich. Üblicherweise pflegt man zum Beleg Autoren und dort die jeweiligen Quellen zu zitieren, um seine Argumentation zu belegen. Man erspart sich zumeist den Hinweis auf die Gegenargumente. Nun bin ich ein alter Mann und möchte keine Zeit verschwenden. Mir geht es darum, meine Sichtweise und mein Vorgehen darzulegen. Ich mache mir keine Illusionen: Die meisten Leser werden mir widersprechen – fragt sich, ob es überhaupt eine Leserschaft für ein derartiges Buch gibt. Es ist ein gewagtes Unternehmen: Ich versuche, mich mit der Geschichte des Volkes auseinanderzusetzen, in das ich, und zwar ganz ohne mein Zutun, geboren wurde: das jüdische Volk, und der Anfangs- und Endpunkt in der Untersuchung der Vergangenheit ist eben die Gegenwart. Sollte ein Historiker dies wirklich tun? Dabei setze ich Schwerpunkte, verständlicherweise. Ich behaupte nicht, in die Zukunft schauen zu können, aber ich versuche, einige Optionen zu diskutieren, die sich aus der Betrachtung der Vergangenheit und Gegenwart ergeben. Selbstverständlich ist der Blick in die Zukunft etwas völlig anderes als der Blick in die Vergangenheit. Dabei bestreite ich die übliche Einteilung der Geschichte in Antike, Mittelalter und Neuzeit. Die sogenannte Antike ist uns sehr nah. Interessen, Einstellungen, Leidenschaften, Egoismus oder Liebe, Moral oder Unmoral haben sich nicht geändert. Auch die Persönlichkeiten, sei es Pharao Ramses II., der Hunne Attila, der heilige Thomas von Aquin, König Ashoka von Indien, Napoleon oder eben Putin oder Netanjahu kann man verstehen. Intrigen, Sadismus, Liebe,

Leidenschaften und Emotionen, Hoffnung und Verzweiflung – all diese Gegensätze, die wir aus unserem Leben kennen, existierten bereits damals. Dasselbe gilt für den Umgang mit der Macht, Siege und Niederlagen und alles übrige. Die Einteilung in sogenannte „Zeitalter" mag gelegentlich hilfreich sein, die Dinge einfacher zu beschreiben oder zu analysieren. Aber darin drücken sich auch die Vorlieben der Autoren aus – eigentlich eine Sünde. Darüber hinaus ist die gängige Einteilung in Zeitalter rein eurozentrisch, man könnte auch sagen amerikanisch-eurozentrisch. Hierin spiegeln sich der Kolonialismus und der Imperialismus wider. Indische, chinesische, afrikanische oder präkolumbische lateinamerikanische Geschichte haben eine andere Einteilung.

Mich fasziniert das jüdische Volk und seine Geschichte. Es mag nicht zuletzt damit zu tun haben, daß ich mich während des Studiums, hauptsächlich in Cardiff, Wales, mit der Geschichte anderer Völker beschäftigte. Ich studierte englische Wirtschafts- und Sozialgeschichte des 16. und 17. Jahrhunderts, walisische Geschichte des 12. und 13. Jahrhunderts, japanische Geschichte des 16. und 17. Jahrhunderts, den New Deal in den Vereinigten Staaten und ähnliche Themen. Es war mir immer bewußt, daß ich mich letztendlich der Geschichte der Juden vor und während des Zweiten Weltkrieges zuwenden würde. Von Anfang an war mir klar, daß man dies vor einem noch breiteren Hintergrund sowohl vertikal als auch horizontal tun sollte: vertikal in dem Sinne, daß eine tiefere historische Perspektive notwendig ist, aber horizontal ebenso, da die Juden das erste Volk waren, das über die ganze bekannte Welt und schließlich über den Globus verstreut wurde. Das jüdische Volk übernahm große Teile seiner Zivilisation von anderen Völkern und beeinflußte seinerseits viele andere Völker und letztendlich die ganze Welt. Jüdische Geschichte läßt sich nur so angemessen behandeln.

Eigentlich stimme ich keiner bestehenden Ideologie oder „Historiosophie" zu. Bin ich beeinflußt von politischen und sozialen Strömungen? Selbstverständlich. Ich lehne die religiöse Interpretation historischer Ereignisse ab, gleichwohl respektiere ich Menschen mit religiösen Überzeugungen. Ich sehe mich als Liberalen, dies hat aber nichts mit den heutigen neoliberalen oder ähnlichen Positionen gemein. Ich habe klare politische Standpunkte, wie sich dem Leser schnell zeigen wird. Die ökonomische und politische Globalisierung ist eine Tatsache, die es zu akzeptieren gilt. Kurz gesagt, der wechselseitige kulturelle, ökonomische und politische Einfluß der globalen Akteure nimmt zu. Gleichwohl lehne ich die unkontrollierte Globalisierung des Kapitalismus politisch ab. An eine Alternative zum Kapitalismus glaube ich nicht, aber es gibt meines Erachtens verschiedene Ausformungen einer kapitalistischen Gesellschaft. Ich verfechte immer noch die Ziele der Französischen Revolution, ich lehne Diskriminierung ab, ebenso extreme ökonomische Ungleichheit oder unangemessene Gewaltanwendung. Aber ich bin kein Pazifist. Ich gestehe und akzeptiere mit größtem Unbehagen, daß in extremen Situationen, wenn die Demokratie in meinem Land von antidemokratischen Elementen bedroht ist, oder wenn mein Land von außen bedroht wird, es zur Verteidigung durch Gewaltanwendung keine Alternative gibt. Man wirft Leuten wie mir in Israel vor, sie seien zu „soft", zu „zivilisiert", zu „liberal". Dies akzeptiere ich gern. Ich bevorzuge es, zu „soft", zu „zivilisiert" und zu „liberal" zu sein – das ist mir lieber als das Gegenteil. Ich bin bereit, die liberale Demokratie gegen rechte, superkonservative und reaktionäre Elemente zu verteidigen.

Die letzten 50 Jahre habe ich damit zugebracht, den Völkermord an den Juden, der gemeinhin als „Holocaust" bezeichnet wird, zu erforschen. Den Schwerpunkt der letzten 30 Jahre bildete der Antisemitismus. Mit dem Völkermord im allgemeinen, und wie man ihn verhindern kann, setzte ich mich in den letzten 15 Jahren auseinander. Aus diesem Blickwinkel schaue ich auf die jüdische Geschichte, auf Vergangenheit und Gegenwart – dabei schreibe ich, um es noch einmal zu betonen, aus zeitgenössischer Perspektive. Aus diesem Blickwinkel betrachte ich Geschichte generell. Es ist gut möglich, daß dieser Blickwinkel mit meinem Beruf, der Beschäftigung mit den tragischsten und ernsthaftesten Fragen, die sich ein Historiker, und sicher ein jüdischer Historiker, vorstellen kann, etwas zu tun hat: Holocaust, Antisemitismus und Völkermord. Dies soll keine Entschuldigung darstellen. Es ist mir wohl bewußt, daß es viele andere Möglichkeiten gibt, die Vergangenheit und Gegenwart zu betrachten. Ich beschreibe nur meine Sichtweise. Diese ist, zugegebenermaßen, eine sehr subjektive, persönliche.

Ich akzeptiere das, was man allgemein als „Chaostheorie" bezeichnet. Es geht also um die Behauptung, daß es zwar bestimmte Ähnlichkeiten zwischen historischen Ereignissen gibt, aber keine Wiederholung im engeren Sinne. Die sogenannte Geschichts„wissenschaft" ist keine exakte Wissenschaft, denn sie kann durch Experimente nicht verifiziert werden. Die Zukunft also läßt sich nicht voraussagen, da jedes Ereignis das Ergebnis einer unendlichen Anzahl von Kausalketten darstellt. Aus der Tatsache, daß es endlos viele sind, ergibt sich, daß man nicht jeder Entwicklung nachgehen kann und daß es unmöglich ist, ihre Richtung vorauszusagen. Bei einer vollständigen Erfassung ließe sich ein Ereignis genau beschreiben und die Zukunft voraussagen – aber diese Möglichkeit besteht nicht. Es kann deshalb keine Gesetzmäßigkeit in der Geschichte geben. Als ich jung war, las ich den dritten Band des „Kapitals" von Karl Marx. Er wurde, wenn ich mich recht erinnere, 1923 erstmals veröffentlicht. Man hat dazu Marxsche Aufzeichnungen nach seinem Tod zusammengestellt. Marx selbst widerlegt darin den Kern des Historischen Materialismus, die These des Historischen Determinismus. Da wir nicht alle Ursachen kennen, können wir auch nicht alle Ergebnisse erfassen. Man kann mit großem Eifer die wesentlichen Kausalketten herausfinden, die zu einem Ereignis führen. Man kann dabei der Sache sehr nahe kommen, kann damit bis zu einem gewissen Grade die Vergangenheit, zumindest in allgemeinen Begriffen, erklären. Aber man kann über die Zukunft nur spekulieren. Und es ist nicht verwunderlich, daß es selten gelingt. Mao Zedong hatte wahrscheinlich recht, als er in seiner „Mao-Bibel" schrieb, daß es Haupt- und Nebenkausalketten gibt. Indem man die Hauptlinien aufdeckt, ist es annähernd möglich, die Geschichte aufzudecken. Historiker tun sich schwer, damit die Geschichte „vorauszusagen". Hinsichtlich der Zukunft sind sie völlig hilflos. In meinem Buch geht es um die Vergangenheit mit, so hoffe ich, einem Blick auf die Zukunft, auch wenn dies ein Widerspruch zu sein scheint. Aber es ist ein Unterschied, ob man Mutmaßungen über die Zukunft anstellt oder zu wissen behauptet, was die Zukunft bringt. Ich bemühe mich um eine sorgfältige Betrachtung der Vergangenheit. In meinem Fall ist es die Vergangenheit des jüdischen Volkes mit seiner langen, schwierigen, schmerzvollen und so aufregenden Geschichte. Ich bin nur ein Einzelner, nicht einmal besonders intelligent – aber ich versuche es. Darum geht es in diesem Buch.

Abgesehen von meinen Freunden Professor Yakov Malkin und Professor Nadav Neeman wußte niemand von meinem Vorhaben – mit Ausnahme meiner verstorbenen Frau Elana. Ich habe sie am 13. August 2011 durch Krebs verloren. Sie war meine Partnerin, mein bester Freund, meine Frau, meine Liebe, sie wußte alles, was ich tat, und ich las ihr viel von dem hier Niedergeschriebenen vor. Sie wünschte sich eine Veröffentlichung. Dieses Buch widme ich ihrem Andenken.

Kapitel 1

Beginnen wir vom Ende

Es ist nützlich, so denke ich, auf die Geschichte und das Schicksal der Juden von der Gegenwart aus zu blicken. Damit ist ganz einfach gesagt – und ich weiß nicht, ob man dem eine wie immer geartete Bedeutung beimessen kann –, daß es uns Juden heute gibt. Dies ist, auch wenn es so scheint, keineswegs selbstverständlich. Schließlich wird Israel erstmals in einer Inschrift von Pharao Merenptah (oder Merneptah) im Jahre 1208 v. d. Z., nachdem er Kanaan militärisch verwüstet hatte, erwähnt: „Israel ist verwüstet, seine Saat ist nicht mehr". Und 3223 Jahre später lebe ich in Jerusalem, im Staat Israel, wie alle anderen Bürger dieses Staates: Ich fluche, ich beklage mich, ich bin verzweifelt, ich ärgere mich über die Regierung, aber ebenso oft bin ich eins mit meinem Land. Tatsache ist: Der Pharao hat sich geirrt. Zwar wissen wir nicht, was Merenptah genau mit „Israel, dem verwüsteten Land" meinte, wahrscheinlich einen Stamm oder eine Gruppe von Stämmen. Betrachtet man die Inschrift in diesem Zusammenhang, so scheint es sich nicht um eine Siedlung oder Stadt gehandelt zu haben.

Letztendlich, nach 3223 Jahren finden wir uns dort, wo dieser Stamm oder diese Stämme einst lebten, dort wo ich lebe, in Israel. Ehrlich gesagt: Falls ich jemals die Wahl gehabt hätte, mir das Volk bei meiner Geburt auszusuchen, ich hätte wahrscheinlich genau dieses erwählt. Es ist eine faszinierende Gemeinschaft. Es macht einen schier wild, regt einen auf, es ist einzigartig und wundervoll, ich liebe und hasse es – ebenso wie mich selbst. Ich bin mit der von mir nicht getroffenen Wahl zufrieden.

Ich muß zugeben, daß ich mit keiner Regierung seit der Unabhängigkeit 1948 einverstanden war. An allem, was seitdem geschah, war ich beteiligt, eigentlich seit 1944, als ich mich dem Palmach, der jüdischen Untergrundorganisation, anschloß. Immer stand ich in Opposition zu den jeweils Herrschenden, zumeist links von den anderen. In meinem fortgeschrittenen Alter (ich wurde 1926 geboren) beabsichtige ich nicht mehr, mich zu ändern. Den Politikern gegenüber bin ich mehr als skeptisch, diejenigen, für die ich gestimmt habe, eingeschlossen. Ich wähle, weil ich dem berühmten Ausspruch Churchills zustimme, daß die Demokratie das schlechteste aller Regierungssysteme sei – von allen anderen abgesehen.

Anders als von der Gegenwart auszugehen, ist mir eine Beschäftigung mit der jüdischen Geschichte unvorstellbar. Deswegen richte ich meinen Blick von der

Gegenwart auf die Vergangenheit. Ich tue dies 2015 Jahre, nachdem der jüdische Prophet Jesus von Nazareth *nicht* geboren wurde – das geschah wahrscheinlich vier bis sechs Jahre „vor Christus". Ich halte dies für angemessen, da die Gegenwart die Fortsetzung einer 3223jährigen Geschichte darstellt.

Wo also stehen wir israelischen Juden, von denen ich ja einer bin, heute? Mir scheint es, als ob wir in vier Staaten leben, alle im israelisch-palästinensischen Gebiet. In diesem schmalen Landstrich zwischen dem Jordan und dem Mittelmeer gibt es einen Staat, Israel genannt. Gleich daneben gibt es im Gazastreifen einen Staat, den wir Hamastan oder Hamasland nennen können. Auf der Westbank gibt es einen palästinensischen Staat, der immer noch damit kämpft, von anderen anerkannt zu werden, unter israelischer Besatzung. Parallel dazu, in dem gleichen Gebiet, gibt es ein Gebilde, das ich den „Siedlerstaat" nenne. Israelische Zyniker, zu denen ich mich durchaus zähle, nennen ihn auch den Staat von Judäa. Israel kontrolliert diesen Staat nur bedingt. Alle diese Staaten sind formal demokratisch: Israel hat eine freie Presse und eine demokratisch gewählte Regierung; der Gaza wird von der Hamas regiert, die demokratisch gewählt wurde (und sich dann zu einer Diktatur aufgeschwungen hat, indem sie gewaltsam, auch durch Mord, die opponierende Fatah an den Rand gedrängt hat); die Palästinenserbehörde (PA) ging aus freien und demokratischen Wahlen hervor; der Siedlerstaat wird von einem mehr oder weniger demokratisch gewählten Rat regiert. Dieses Gremium sieht sich von einer noch radikaleren Opposition herausgefordert. Auch in Gaza gibt es eine aktive Opposition, die sich aus der Unzufriedenheit mit der diktatorischen Herrschaft der Hamas speist. Es gibt auch extremere Fraktionen, al-Qaida-Gruppen eingeschlossen, die der Hamas das Regieren schwer machen. Vergleichbare Probleme gibt es, wie wir alle wissen, in Israel und für die Palästinenserbehörde. Es ist eine ganze Menge in einem Landstrich, in dem angeblich Milch und Honig fließen.

Folgt man den Meinungsumfragen, so existiert sowohl unter der jüdischen als auch der palästinensischen Bevölkerung eine Mehrheit, die einen politischen Kompromiß befürwortet. Allerdings unterscheiden sich die Kompromisse, die man einzugehen bereit ist, radikal voneinander. Es gibt nicht die geringste Chance, das Problem in direkten Verhandlungen zu lösen. Anders ausgedrückt: Zugeständnisse, die eine Seite allenfalls zu machen bereit ist, genügen den minimalsten Forderungen der anderen Seite nicht. Im sogenannten Genfer Abkommen, ausgehandelt von Yossi Beilin (ehemaliger israelischer Justizminister) und Jassir Abed Rabbo, der damals ein Ministeramt in der Palästinenserbehörde bekleidete und später bei Mahmud Abbas (Abu Mazen) als Berater diente, wurde ein Kompromiß gefunden. Die strittigen Fragen, wie Grenzziehung, Finanzen, palästinensische Flüchtlingsprobleme, wurden geregelt. Allerdings wurde das Genfer Abkommen nur von einer kleinen Minderheit auf beiden Seiten unterstützt. Dies bedeutet, daß direkte Verhandlungen zu nichts führen. Natürlich verweigert sich die israelische Regierung keinen Verhandlungen, denn man ist sich wohl bewußt, daß sie zu nichts führen, und in der Zwischenzeit die neuen Siedlungen und Straßen die Rückgabe der Gebiete an einen palästinensischen Staat immer schwieriger, wenn nicht gar unmöglich machen. Auf beiden Seiten gibt es Stimmen, die behaupten, die strittigen Fragen seien einfach unlösbar. Die israelische Rechte geht deshalb davon aus, daß wir alles auf die militärische Überlegenheit setzen müssen, da eine friedliche Lösung nicht möglich ist. Andere sehen die Lösung nur in der Rückkehr zur Einstaatenlösung (die zu einem permanenten Bürgerkrieg führen würde, oder zu einer fortwährenden israelischen Diktatur). Von palästinensischer Seite vertraut man dabei auf die Demographie. Die wachsende arabische Bevölkerung wird zu einer soliden palästinensischen Mehrheit führen, also zu einem Palästinenserstaat. Auf israelischer Seite geht man davon aus, daß der Einheitsstaat durch eine massive jüdische Zuwanderung zur Vertreibung der Palästinenser führen wird – oder, wie gesagt, zu einem Apartheidsstaat. Der zionistische Traum von einem demokratischen jüdischen Staat mit einer soliden jüdischen Mehrheit, verbunden mit Minderheitsrechten für die nichtjüdische Bevölkerung, wäre damit unrealistisch, eine Zielstellung sowohl des linken als auch des rechten Zionismus wäre damit beendet.

Aber gibt es nicht doch die Chance auf eine akzeptable Lösung? Wie könnte diese aussehen und wie könnte man zu ihr kommen? Die Grundzüge einer Kompromißlösung sind wohlbekannt: Ausgangspunkt sind die Grenzen von 1967, verbunden mit dem Austausch der Territorien und dem Abbau der jüdischen Siedlungen in den restlichen Gebieten; Verzicht auf das Rückkehrrecht palästinensischer Flüchtlinge nach Israel, verbunden mit deren Recht, in einen palästinensischen Staat aufgenommen zu werden; Ausgleichszahlungen an die Palästinenser, die das Angebot nicht wahrnehmen, und an die umgesiedelten jüdischen Siedler mit entsprechenden internationalen Hilfen, teilweise Bezahlung an von arabischen Staaten (1948 – 1956) vertriebene Juden für das ihnen entzogene Hab und Gut; Teilung Jerusalems innerhalb einer ungeteilten Stadt, einer arabischen muslimischen Kontrolle des Tempelbergs mit freiem Zugang für alle, garantiert durch eine internationale Polizeipräsenz; Demilitarisierung des neuen Staates, verbunden mit einer internationalen Friedenstruppe, die für eine lange Zeit stationiert werden müßte. Diese Grundsätze findet man in verschiedenen Variationen, bei Präsident Bill Clinton, im Genfer Abkommen und im saudischen Friedensplan von 2002. Jedoch kann kein politisch Verantwortlicher, weder auf israelischer noch auf palästinensischer Seite, einem derartigen Kompromiß zustimmen. Täte er oder sie dies doch, sie würden an ihren eigenen Wählern scheitern.

Es scheint mir sinnvoll, auf diese Problematik mit genügend Abstand zu blicken. In einem weiteren Kapitel werde ich mich mit Genoziden beschäftigen.

Darunter verstehe ich die Vernichtung einer menschlichen Gruppe oder Teilen davon. Ich halte es für sinnvoll, zwischen Konflikten und Genoziden zu unterscheiden. Konflikte sind Auseinandersetzungen zwischen zwei oder mehreren Seiten, bei denen keine Seite in der Lage ist, die andere Gruppe ganz oder teilweise zu vernichten. Der israelisch-palästinensische Konflikt ist dafür ein klassisches Beispiel: Keine Seite ist in der Lage, die andere zu vernichten. Zwar ist Israel militärisch erdrückend überlegen, kann aber die Palästinenser nicht vernichten oder vertreiben. Die Palästinenser ihrerseits verfügen über zahlreiche Unterstützer auf internationaler und regionaler Ebene, aber auch sie können die Israelis aufgrund deren militärischer und ökonomischer Überlegenheit nicht vernichten. Ferner werden viele internationale Akteure einen weiteren Genozid an den Juden nicht dulden. Gleichwohl gibt es auf beiden Seiten Gruppen, die einen Genozid befürworten würden. Auf palästinensischer Seite gibt es zahlreiche Äußerungen, die nichts lieber wünschen, als daß die Juden verschwinden, sei es durch Eroberung, Vertreibung oder Tötung. Dies läßt sich nicht nur im palästinensischen Fernsehen verfolgen, auch das Erziehungssystem auf der Westbank ist darauf angelegt, derartige Haltungen zu fördern. Im Gazastreifen ist dies die offizielle und erklärte Politik. Diese Haltung richtet sich explizit nicht nur gegen Israel und seine jüdische Bevölkerung, sondern gegen Juden allgemein. Sie ist klar antisemitisch.

Gelegentlich wurde die Frage aufgeworfen, ob es diese Haltung auch unter den israelischen Juden gibt. Unter den Siedlern auf der Westbank gibt es viele, die die Vertreibung der Palästinenser befürworten; dies kommt einem Genozid gleich. Das Argument ist, das Land sei den Juden gegeben, die Palästinenser hätten kein Recht hier zu sein. Religiöser Fanatismus ist die häufigste Ursache – er ist das Spiegelbild der radikalen islamischen Ideologie. Gott gab dieses Land den Juden, so sagt man. Begleitet wird dies gelegentlich vom messianischen Denken, das sich mit radikalem Nationalismus vermischt. Es handelt sich hier um rein ideologische Konstrukte, die nichts mit ökonomischen und sozialen Entwicklungen zu tun haben, ganz im Gegensatz zu marxistischen Erklärungsversuchen. Ökonomische Gründe können nicht erklären, warum jüdische Siedler palästinensische Dorfbewohner hassen, ihre Autos anzünden, ihre Olivenhaine zerstören, ihre Moscheen entweihen, und dies ständig und gnadenlos. Siedler und Hamas sind, wie gesagt, Spiegelbilder. Hamas und die noch extremeren islamischen Milizen im Gazastreifen feuern Raketen ab und nehmen dabei in Kauf, jüdische Zivilisten in Stadt und Land zu verletzen und zu töten. Die jüdischen Extremisten sind weniger einflußreich, aber nicht weniger gefährlich.

Es dürfte klar geworden sein, daß Aktionen in Richtung Völkermord auch von beiden Seiten nicht ausgeschlossen werden können. Es handelt sich um einen klassischen Konflikt, der diese Möglichkeiten einschließt. Aber in der vorhersehbaren Zukunft dürfte dies unwahrscheinlich sein. Konflikte können auf verschiedene Weise beendet werden: durch Kompromiß, durch Druck von außen, durch Schwinden der Kräfte oder den Sieg einer Seite ohne die Vernichtung der anderen. Ein Beispiel für den letzten Fall stellt der Bürgerkrieg in Sri Lanka dar. Der tamilische Aufstand wurde unter großen Verlusten niedergeschlagen. Die Sieger verzichteten jedoch auf eine Politik der Vernichtung, so daß eine politische Lösung noch möglich ist.

Im palästinensisch-israelischen Konflikt gibt es drei von außen eingreifende Mächte: die USA, Europa (hier sind die merklichen Unterschiede zwischen den verschiedenen europäischen Staaten zu berücksichtigen) und Rußland. Daneben gibt es noch Akteure der zweiten Liga: China, Ägypten, die Türkei und Saudi-Arabien. Es läßt sich feststellen, daß niemand an der Fortdauer dieses Konflikts interessiert ist, geschweige denn daran, diesen zu verschärfen. Andererseits scheint es kein geopolitisches, ökonomisches oder militärisches Interesse zu geben, genügend Druck aufzubauen, um den Konflikt zu beenden. Die USA, Ägypten und Saudi-Arabien fürchten eine Iran-Syrien-Türkei-Hisbollah-Hamas-Achse. Der Iran hat durch die Hisbollah im Libanon Zugang zum Mittelmeer gefunden und im Gaza durch die Hamas; beides ist zurückzuführen auf eine extrem unüberlegte israelische Militäraktion: Im Jahre 2006 drang das israelische Militär in den Libanon ein und 2008 in den Gazastreifen. In beiden Fällen führte dies zu einer Stärkung der radikalislamischen Verbände, die die Unterstützung der Bevölkerung fanden. Israel wurde als der Angreifer angesehen, dem es mit allen Mitteln Widerstand zu leisten galt. Dazu kam die wachsende internationale Unterstützung. Sowohl die schiitische Hisbollah als auch die sunnitische Hamas werden vom Iran unterstützt und fungieren als Außenposten des iranischen Einflusses (die Hamas hat sich inzwischen mit dem Iran überworfen). Der Iran ist bestrebt, den Persischen Golf und die Straße von Hormus zu kontrollieren, den Hauptseeweg für Öl. Der palästinensisch-israelische Konflikt erschwert es, einen Zusammenschluß der Westmächte gegen die iranische Hegemoniepolitik herbeizuführen. Dies heißt nicht, die iranischen Drohungen gegen Israel zu unterschätzen – die iranische Führung würde, gäbe es dafür die Möglichkeit, Israel vernichten, und dies würde natürlich zur Vernichtung der jüdischen Bevölkerung führen. Daran besteht kein Zweifel. Aber Israel ist für die Ajatollahs zweitrangig. Es eignet sich hervorragend als Propaganda, um Unterstützung in den arabischen Ländern, Lateinamerika und darüber hinaus zu gewinnen. Ferner läßt sich auf diese Weise die innenpolitische Opposition manipulieren. Aber obwohl die iranische Politik radikal anti-israelisch, antisemitisch und von Völkermordphantasien geprägt ist, wird der Iran vorerst nichts unternehmen.

Der israelisch-palästinensische Konflikt erschwert den Kampf gegen den radikalen Islam, der auch im Interesse von China und Rußland liegt. Es gibt also durchaus Interessenlagen, die zu einer Kompromißlösung führen könnten. Eine solche gemeinsame Front könnte von den USA angeführt werden. Allerdings bedürfte es der Unterstützung anderer Staaten und Mächte, vor allem der Europäischen Union und Rußlands. Eine derartige Initiative müßte nicht versuchen, eine Lösung für alle Details zu finden, aber sie könnte diplomatischen und ökonomischen Druck nutzen, um beide Seiten zu einem Kompromiß zu zwingen. Dies dürfte nicht allzu schwierig sein, da beide Seiten von ausländischer Finanzhilfe und vertraglichen Vereinbarungen abhängen. Durch harte Diskussionen könnten beide Seiten zu einem Kompromiß gelangen, der zwar keine Seite zufriedenstellt, aber zu einer vorübergehenden tragfähigen Lösung führt, mit der beide leben könnten. Die Geschichte zeigt, daß kaum etwas dauerhafter ist als vorübergehende Lösungen. Die sogenannte Grüne Linie, die israelische Grenze von 1967, ist ein Beispiel. Sie war die Waffenstillstandslinie von 1949 und diente bis 1967 als Grenze. 1949 sah man sie als vorläufig an, um einen endgültigen Friedensschluß zu ermöglichen. Dieser kam nie zustande. Nun besteht sie seit über 60 Jahren und wurde vom Internationalen Gerichtshof in Den Haag als die offizielle Grenze Israels anerkannt.

Die Obama-Administration scheute sich davor, eine harte Haltung einzunehmen, wie sie hier vorgeschlagen wurde. Man versuchte statt dessen, zwischen beiden Seiten zu moderieren. Dies führte, wie von Beobachtern vorausgesagt, zu keinen Ergebnissen. Statt gemeinsam mit anderen Mächten eine harte Haltung einzunehmen, verlegte man sich auf Schlichtung. Es ist schwer verständlich, daß man einen politischen Weg, der offensichtlich nicht funktioniert, fortsetzt. Man sollte davon ausgehen, daß die USA und Europa an einer Konfliktlösung nachdrücklich interessiert waren und daß sie sich entsprechend dafür einsetzen würden. Man begab sich auf den Holzweg. Aber noch ist alles möglich; wenn die westlichen Mächte sich mit Rußland verständigen und man gemeinsam einen entsprechenden Druck auf die Palästinenser und Israelis ausübt, kann der Durchbruch gelingen. Natürlich spielen dabei in den USA wahltaktische Überlegungen eine Rolle. Der Einfluß der konservativ geprägten Führung der amerikanischen Juden und ihr starker Einfluß auf die Republikaner sind ein Hindernis. Auch wenn die überwiegende Mehrheit der amerikanischen Juden nicht zuletzt bei Wahlen als liberal gilt, ist ihre Haltung gegenüber Israel zu berücksichtigen. Die offizielle jüdische Lobby für Israel, die AIPAC, vertritt vehement rechte Positionen. Sie wird eine Politik, wie sie hier skizziert wurde, strikt ablehnen. Dabei vertritt sie nur eine Minderheit der amerikanischen Juden. Es gibt auch noch eine sehr starke reaktionäre evangelikale protestantische Bewegung, aber diese Wähler – die *Tea Party* und andere – wählen sowieso nicht demokratisch. Es ist deshalb schwer zu sehen, warum die amerikanischen Demokraten Angst vor einer Politik haben, die dazu führen könnte, zusammen mit Europa und Rußland zu einer konzertierten Aktion zu kommen und damit den Nahostkonflikt zu einer Kompromißlösung zu bringen. Paradoxerweise kann es vielleicht eine republikanische Administration nach Obama sein, der es leichter fällt, den hier beschriebenen Weg zu gehen.

Eine Frage ist durchaus berechtigt: Vorausgesetzt, es würde zu einer Einigung über die hier skizzierte Politik kommen, welche Druckmittel könnten benutzt werden? Nun, für die Europäer dürfte es nicht schwierig werden. Schließlich finanzieren sie einen Großteil der palästinensischen Behörden. Man könnte z. B. darauf hinweisen, daß es Probleme gebe, die Finanzmittel bereitzustellen, wenn es nicht zu einer Kompromißlösung komme. Das Pentagon könnte Israel informieren, daß es schwierig werden dürfte, die israelische Luftwaffe mit Ersatzteilen zu versorgen, aber im Zuge einer Kompromißlösung derartige Probleme überwunden werden könnten. Darüber hinaus würde eine Lösung des Konflikts weniger Kampfjets notwendig machen. Hier liegt die Crux: Wenn der Druck nicht gleichmäßig auf beide Seiten ausgeübt wird, wird es nicht gelingen. Mehr noch, keine der Konfliktparteien wird sich auf einen Kompromiß einlassen, der detailliert diktiert, was zu tun ist. Berücksichtigt man aber die Schwächen der Konfliktparteien, so wäre es nicht ausgeschlossen, den Weg zu realistischen Vereinbarungen zu öffnen. Man darf hinzufügen, daß es auf beiden Seiten durchaus interne Kräfte gibt, die eine derartige Politik fördern würden.

So in etwa ist es vor mehr als einem Jahrzehnt von unserem damaligen israelischen Außenminister Professor Schlomo Ben-Ami formuliert worden. Es ist mehr als unwahrscheinlich, daß es in zweiseitigen Gesprächen realisiert werden kann. Dies liegt hauptsächlich an der israelischen Seite, die bei einer Einigung mehr zu verlieren hat als die Palästinenser. Eine Chance könnte es hier geben, wenn die politische Rechte, die zur Zeit die Politik dominiert, aufgrund ihrer Innen- und Außenpolitik an Einfluß verliert. Eine Regierung, die nicht abhängig ist von radikalem Nationalismus und religiösem Fanatismus, oder die gemäßigte rechte Fraktionen einschließt, könnte zu einer Entspannung führen. Dann wäre ein Modus denkbar, den auch die amerikanischen und europäischen Verbündeten akzeptieren können. Gäbe es auf der palästinensischen Seite einen Partner? Vielleicht. Die Palästinenser stehen vor dem Problem, daß sie keinen israelischen Partner haben.

Was ist die Alternative? Gelingt kein Kompromiß, so wird der Konflikt weiter bestehen, verbunden mit dem Verlust von Menschenleben auf beiden Seiten. Ein entscheidender Stolperstein für die Lösung zahlreicher regionaler Probleme des unruhigen Nahen Ostens würde bestehen bleiben. Aus diesem Grund bleibt zu hoffen, daß jede kleinste Möglichkeit für einen Kompromiß genutzt wird.

Soweit zu Israels internationaler Situation. Es geht um die Juden im allgemeinen 3223 Jahre nach Merenptah. Etwa 13 Millionen Juden leben auf der Welt (je nach Sichtweise). 40 % von ihnen in den Vereinigten Staaten von Amerika, 40 % in Israel, und der Rest ist über die ganze Welt verteilt. Die meisten von ihnen leben in den entwickelten bzw. in den mehr oder weniger entwickelten Ländern, wie Rußland, der Ukraine, Frankreich, Lateinamerika, Großbritannien usw. Eine geringe Zahl lebt in nichtdemokratischen Ländern wie dem Iran. Israelische Geschäftsleute (man mag hinzufügen, nicht unsere besten Landsleute) treten in Polen, Rußland, Hongkong, Singapur, Aserbaidschan, Kolumbien und vielen anderen Plätzen der Welt auf.

Israel ist zwar völlig abhängig von den Vereinigten Staaten, aber seinerseits eine wichtige Regionalmacht. Es verfügt über eine recht stark entwickelte Wirtschaft und ist durch die letzte Finanzkrise nicht wesentlich getroffen worden. Man schätzt sie auf 100 Milliarden Dollar. Es verfügt über eine große Währungsreserve in fremder Währung, die Arbeitslosenrate betrug 2015 weniger als 6 %. Es ist eines der High-Tech-Zentren der Welt und produziert Waffen, die man an fast jedermann verkauft, nicht zuletzt an fragwürdige Regime und Armeen. Das kulturelle Leben ist beeindruckend. Zahlreiche israelische Schriftsteller haben Weltruhm erlangt, zu den Lebenden zählen Autoren wie Amos Oz, A. B. Yehoshua, David Grossman, Meir Shalev, um nur einige zu nennen. Israelische Musiker, Solisten ebenso wie Orchester und Komponisten, gehören zu den führenden in der Welt. Israelische Wissenschaftler haben sich in zahlreichen Feldern hervorragend positioniert. Dazu gehören Nobelpreisträger in einer für ein Land dieser Größe ungewöhnlich hohen Zahl. Israelische Künstler sind in vielen Ländern gefragt. In Israel finden zahlreiche kulturelle Veranstaltungen, Popfestivals eingeschlossen, trotz aller Spannungen und Gefahren, trotz Boykott, statt. Das kulturelle Leben Israels ist eng mit dem „Westen“ verbunden und ist dennoch einzigartig. Gegen jede Logik und jede Erfahrung in den entwickelten Staaten des Westens wächst die israelische Bevölkerung. Dies gilt sowohl für religiöse, ultraorthodoxe, als auch säkulare Juden. Das scheint auf eine positive Einstellung und einen optimistischen Blick aufs Leben schließen zu lassen.

Doch es gibt auch Schattenseiten. Die israelische Bevölkerung wuchs von 7,5 Millionen 2010 auf über 8 Millionen 2015, davon waren 5,5 Millionen Juden, anderthalb Millionen Araber bzw. Palästinenser. Die übrigen bezeichnete man als „andere“: dies schließt 300.000 Immigranten aus der ehemaligen Sowjetunion ein, die man als nicht jüdisch im orthodoxen Sinne bezeichnet. Zu den „anderen“ zählen afrikanische Einwanderer, die als Flüchtlinge kamen, Armenier, Tscherkessen und weitere. Die israelische Gesellschaft ist gespalten und zersplittert. Dies gilt besonders für die jüdische Mehrheit. Hier spiegelt sich ein langer historischer Prozeß wider. Die meisten israelischen Juden sind nicht orthodox; man kann darüber streiten, ob sie überhaupt religiös sind. Zwar sagen 80 %, sie glauben in der einen oder anderen Weise an den traditionellen Gott der Bibel – aber sie handeln nicht so. Etwa 7 – 8 % definieren sich als „(zionistisch) religiös“, 13 % als „charedisch“ (ultraorthodox), 20 % bezeichnen sich als „säkular“, und die übrigen –

die Mehrheit – als „traditionell“. Die Hälfte davon steht der Religion, die andere Hälfte dem Säkularismus näher. Die Bezeichnungen „säkular“ und „traditionell“ sind unklar und verschwommen. Ein säkularer israelischer Jude wird sich zumeist in der einen oder anderen Form an die jüdischen Feste und Feiertage halten, obwohl nicht notwendigerweise in der eigentlichen religiösen Weise, auch wenn er oder sie vielleicht am Yom Kippur sogar fasten wird. Ein „traditioneller“ Jude reist vielleicht am Schabbat, wenn er oder sie es für notwendig, nützlich oder angenehm erachtet. Man schreibt etwa am Schabbat, aber nimmt Fleisch und Milch nicht zusammen zu sich. Man pflegt eine koschere Küche, aber schreibt oder arbeitet am Schabbat. Ein „traditioneller“ Jude mag in die Synagoge gehen, um das Totengebet (*Kaddisch*) für verstorbene Verwandte zu sprechen. Er ißt vielleicht kein Schweinefleisch, aber Shrimps (ebenfalls nicht koscher) doch. Die meisten säkularen Juden schalten das Licht am Schabbat ein, und einige sagen das *Kaddisch* bei Beerdigungen auf. Fast alle Juden nehmen an einem „Seder“ am Pessachfest teil, auch liest man etwas aus der *Haggada* (dem traditionellen Bericht über das Pessachfest). Fast alle israelischen Juden lassen ihre Jungen beschneiden. Man will sich als jüdischer Israeli oder als israelischer Jude definieren. Die meisten „säkularen“ Juden messen ihrem Glauben an einen wie auch immer gearteten Gott keine Bedeutung für ihr persönliches Leben bei.

Die religiösen und ultraorthodoxen israelischen Juden sind in Dutzende einander widerstreitende Gruppen gespalten. Gemeinsam treten sie, zumindest teilweise, nur gegen die Nichtreligiösen auf. Bei den aschkenasischen (europäischen) Ultraorthodoxen lehnen die streng traditionellen, sogenannten litauischen Orthodoxen die verschiedenen chassidischen „Höfe“ ab, von denen jeder seinen eigenen Rabbi („Rebbe“) hat, aber sie alle findet man in derselben politischen Partei (Yahadut Hatorah – Thora-Judentum). Die Unterschiede zwischen diesen „Höfen“ sind minimal. Die einen befolgen bestimmte Gewohnheiten, die die anderen ablehnen; bisweilen unterscheiden sie sich lediglich in den Kleidungsvorschriften voneinander, manchmal nur durch die Persönlichkeit des Rebbe.

Doch es gibt nicht nur Unterschiede zwischen ihnen, sondern oft kommt es auch zu gewalttätigen Auseinandersetzungen. Die sephardischen Ultraorthodoxen, die ihre aschkenasischen Brüder an Zahl weit übertreffen, folgen der litauischen Richtung, aber sie verbinden dies mit verschiedenen esoterischen Elementen, die sie aus Nordafrika, dem Irak oder dem Jemen mitbrachten. Diskriminierungen und politische Auseinandersetzungen entstehen zwischen aschkenasischen und sephardischen Ultraorthodoxen, da sich die einen um die aschkenasische Partei „Yahadut Hatorah“ und die anderen um die sephardische „Shas“-Partei („Shisha Sdarim“ – Sechs Teile der Mischna oder des Talmud) scharen. Die Abgrenzung zwischen den einzelnen Ultraorthodoxen geht so weit, daß Heiraten untereinander nicht möglich ist. So gibt es sehr wenige Eheschließungen zwischen aschkenasischen und sephardischen Ultraorthodoxen. Beispielsweise sind Heiraten zwischen den Chassidim der Chabad-(Lubawitsch-)Sekte und den Satmar-Chassidim (eine radikale antizionistische Sekte) völlig ausgeschlossen; ebenso gilt dies zwischen den „litauischen" Aschkenasim und den Chabad-Aschkenasim. Selbstverständlich kann es keine Heirat zwischen einem orthodoxen Juden und einem nicht orthodoxen, Reform-, konservativen oder gar einem säkularen Juden geben, es sei denn, nicht orthodoxe Personen „tun Buße" und werden orthodox. Die zur Orthodoxie Übergetretenen erwartet ein hartes Leben bei ihrer Integration in eine orthodoxe Familie, besonders wenn es sich um eine ultraorthodoxe handelt. Von ultraorthodoxer Seite wird gegen die Einführung der Zivilehe in Israel wie folgt argumentiert: Wenn es Menschen ermöglicht wird, außerhalb der Orthodoxie zu heiraten, würde das zu einer Spaltung der Juden führen, mehr noch, es gäbe keine Möglichkeit von Heiraten zwischen verschiedenen Gruppen von Juden. Es ist eine eigenartige Argumentation, da es nicht einmal innerhalb der verschiedenen charedischen Sekten Hochzeiten gibt oder zwischen religiösen und nichtreligiösen Juden.

Dies nun kompliziert das Verhältnis der Juden in der Diaspora zu Israel und ist einer der Gründe dafür, warum es zu einer zunehmenden Distanzierung der nordamerikanischen Juden gegenüber Israel kommt. Das Argument der Ultraorthodoxen besteht darin, daß das Judentum auf uralten Traditionen beruht, die nicht in Frage zu stellen sind. Diese Argumentation findet man auch bei radikalen Christen, Muslimen oder Hindus. Mit Bezug auf das Judentum ist diese Argumentation besonders fragwürdig, da die jüdische Religion vor dem Auftauchen der modernen Ultraorthodoxie etwas sehr Dynamisches war, angetrieben durch ständig neue Ideen und Interpretationen. Ende des 18. Jahrhunderts z. B. entstand die chassidische Bewegung, gegründet von Baal Schem Tow (Bescht – Meister des guten Namens – der Name Gottes, Israel ben Eliezer). Hier befürwortete man die Kommunikation mit Gott durch das Gebet und eine positive Offenheit dem Leben gegenüber, Tanz und Gesang eingeschlossen. Diese Haltung wurde vehement von der „litauischen" Orthodoxie abgelehnt, deren Oberhaupt der Weise von Wilna (Hagaon miVilna, Elijah Ben Salomon Salman) war. Hier handelt es sich um einen für die jüdische Kultur typischen internen Konflikt: die Neigung, denselben Text völlig unterschiedlich zu interpretieren. Beide orthodoxen Bewegungen sahen sich durch den Einfluß des aufziehenden westlichen Liberalismus unter den Juden und die Versuche, das Judentum zu reformieren, herausgefordert. Im Laufe des 19. Jahrhunderts führte dies zur Erstarrung der Orthodoxie unter dem Rabbinat von Rabbi Mosche Schreiber-Sofer. Bekannt wurde er als Chatam Sofer (Chatam ist das hebräische Akronym seines bedeutendsten Buches). Chatam Sofer war der Rabbi von Bratislava (Preßburg, damals ungarisch, heute die slowakische Hauptstadt). Sein Credo war: keine Änderung der religiösen Gesetze und Ansichten.

Verschiedene Gruppen und Sekten bemühen sich, sein Erbe zu bewahren und lehnen jede Änderung oder Abweichung von dem ab, was sie für normales Verhalten erachten. Unter ultraorthodoxen Gruppen gibt es eine klare Tendenz, sich gegenseitig an Radikalität zu übertreffen.

Die aschkenasischen charedischen Gemeinden sowohl in Israel als auch in der englischsprachigen Welt entstanden neu aus der Asche des Holocausts, der all ihre Zentren in Osteuropa zerstört hatte. Dies zeugt zweifellos von ihrer inneren Stärke, ihrer Überzeugung und ihrem Mut. Die heutige sephardische ultraorthodoxe Welt, hauptsächlich in Israel, bietet ein völlig anderes Bild. Von sich selbst und anderen werden sie „die Östlichen“ genannt, auf Hebräisch *mizrahim* (obwohl sie zumeist aus Nordafrika stammen, das *maghreb* oder „Westen“ auf Arabisch heißt; Einwanderer aus der ehemaligen Sowjetunion, die im Osten liegt, werden „die Westlichen“ genannt. Vielleicht hätte jemand Geographie studieren sollen). In ihren Gemeinden war, bevor sie in Israel einwanderten, die Orthodoxie vorherrschend, aber eine freundliche, fast liberale Spielart. In Israel angekommen, studierte ihre religiöse „Intelligenzija“ an „litauischen“ Jeschiwot (Talmudakademien). Dies gilt auch für ihren 2013 verstorbenen Führer, Rabbi Ovadia Yosef. Sie entwickelten sich zu einem Spiegelbild ihres aschkenasischen Gegenübers, nicht nur, was den Inhalt ihrer Orthodoxie betrifft, sondern auch hinsichtlich ihrer Kleidung. Interessanterweise kleiden sich die Nachfahren der nordafrikanischen Juden wie feine ukrainische Aristokraten des 17. und 18. Jahrhunderts (einschließlich ihrer seitlichen Haarlocken). Diese Kleidung brachten die orthodoxen osteuropäischen Juden mit. Die sephardischen ultraorthodoxen Führer propagieren die Devise: zurück zu den Wurzeln (wörtlich: „der Krone ihren früheren Glanz zurückgeben“). Aber das führt in die Irre. Ausgehend von einer vormodernen, vergleichsweise toleranten, nicht extremen jüdischen Orthodoxie entstand etwas völlig anderes und Neues: ein moderner, radikaler und extremistischer religiöser Aktivismus, der darauf abzielt, die gesamte jüdische Gemeinschaft in Israel für eine fanatische Version des ursprünglichen Judentums zu erobern. Dieser Versuch mußte scheitern.

Zwischen den charedischen Bewegungen Israels und extremistischen religiösen Bewegungen anderswo gibt es Gemeinsamkeiten. Sie stellen bereitwillig die moderne Technologie in den Dienst ihrer radikalen Ziele. Im radikalen Islam, radikalen Hinduismus oder evangelikalen Protestantismus der USA handelt man ähnlich. Es ist wichtig darauf hinzuweisen, daß die wachsenden radikalen religiösen Bewegungen überall auf der Welt in den letzten zwei Jahrzehnten bekanntermaßen einen sehr großen Einfluß auf die Politik ausübten.

Was Israel anbetrifft, würde ich behaupten, daß diese Bewegung die Existenz des Staates Israel bedroht. Eine große Zahl der jungen Männer gibt sich dem Talmud-Studium hin, statt in der Armee zu dienen. Dies geschieht mit Einverständnis der verschiedenen Regierungen seit den 60er Jahren. Das Talmud-Studium trägt nicht zum sozialen und wirtschaftlichen Erfolg des Landes bei. Das Interesse an höherer Bildung ist begrenzt. Es bezieht sich lediglich auf technologische Bereiche und mit Einschränkung auf die Medizin. Sie ignoriert Geschichte, Literatur, Sozialwissenschaften, Archäologie, Kunst und Musik, Physik, Chemie usw. In jüngerer Zeit hat eine gewisse Anzahl junger Männer dank einer speziellen Vereinbarung in der Armee gedient. Die Armee ermöglichte es ihnen, ihren Lebensstil während der Dienstzeit fortzuführen. Man kann sagen, daß sich in der israelischen Gesellschaft die Gefahr einer religiösen Subkultur von „technisch kompetenten Barbaren" (dieser Begriff stammt von Franklin H. Littell, einem großen Gelehrten des Christentums und des Holocausts, und bezog sich auf Entwicklungen in Amerika) herausbildet. Durch ihre Hinwendung zur modernen Technologie ergibt sich ein interessanter Widerspruch: Die Grundlage der modernen Technologie ist die moderne Wissenschaft, die im Widerspruch zu fundamentalen religiösen Dogmen steht. Dies gilt besonders für die Genetik und die Evolution. Es ist schwer zu verstehen, wie charedische Physiker, und auch die gibt es, mit diesen Widersprüchen leben können. Die Gefahr für die israelische Gesellschaft besteht in der Produktion und Reproduktion einer armen Unterschicht, die nicht zum Erfolg des Landes beiträgt. Sie kassieren zahlreiche Zuwendungen und bezahlen kaum Steuern. Sie werden zu Parasiten der israelischen Bevölkerung, obwohl sie nicht weniger intelligent und anständig als die übrigen Bürger sind. Damit stellt sich für liberale, nicht-charedische Mitbürger ein Problem: Es gilt, die Religionsfreiheit zu garantieren für die, die sie in Anspruch nehmen wollen, ungehindert und ohne Einflüsse von außen. Ebenso gilt es die ökonomischen, sozialen und kulturellen Grundlagen eines Gemeinwesens als Ganzes zu sichern.

Aufgrund der jüdischen Religionstradition, und darauf sei besonders hingewiesen, gibt es keinen Grund, der einen jungen Menschen, und nicht nur Männer, davon abhält, in der Armee zu dienen. Im Gegenteil: Die Bibel selbst enthält eine eindeutige Forderung (z. B. die Geschichte von Gideon im Buch der Richter). Es trifft auch nicht zu, daß das „Thora"-Studium (genaugenommen geht es dabei nicht um die Bibel, sondern um den Talmud) wichtiger sei als die Versorgung der eigenen Familie. Die Talmud-Varianten, der babylonische und der von Jerusalem, berichten uns von Handwerkern und Bauern, die zuerst für den Lebensunterhalt ihrer Familien gesorgt haben und nach getaner Arbeit sich den geistlichen Studien widmeten. Es gibt keinen Grund, warum man diese Tradition nicht auch heute von den Chassidim verlangen kann.

Diesem eher pessimistischem Bild kann man ein optimistisches entgegenstellen: Im Gegensatz zu vielen anderen entwickelten Gesellschaften haben die Juden Israels eine positive Geburtenrate. Auch bei den säkularen Juden bringen es die Frauen auf mehr als 2,1 Kinder pro Frau, dies gilt bekanntlich als Minimum für den Erhalt einer Bevölkerung. Diese Entwicklungen sind nicht auf Regierungsprogramme zurückzuführen – solche würden auch kaum Unterschiede machen. Trotz aller ernsthaften Schwierigkeiten, der Sicherheitsproblematik, des niedrigen Einkommens mittlerer und unterer Schichten und der daraus resultierenden wirtschaftlichen Belastungen, der oft undurchsichtigen Bürokratie und mehr sind jüdische Frauen gewillt, mehr Kinder zu bekommen. Für diese Widersprüche habe ich keine Erklärung, außer daß das Leben aus Widersprüchen besteht, und es sich dabei nicht um eine gesonderte Entwicklung der Gegenwart handelt, sondern Ausdruck der jüdischen Kultur ist. Diese entwickelt sich und gedeiht trotz oder gerade wegen aller Widersprüche.

Im Gegensatz zur demographischen Entwicklung in Israel gehen die jüdischen Geburtenraten in anderen Ländern (mit der Ausnahme von Australien und paradoxerweise Deutschland) zurück. Dies spiegelt die allgemeine Situation entwickelter Länder wider, besonders in Europa. Hier haben wir eine demographische Katastrophe zu registrieren. In wenigen Jahrzehnten wird es sehr viel weniger ethnische Russen, Italiener, Spanier, um Beispiele zu nennen, in Europa geben. Auch in den Vereinigten Staaten wäre das Bild nicht viel besser, gäbe es nicht den massiven Zustrom von Lateinamerikanern. Für uns Juden ergibt sich daraus die Folgerung, sofern nicht unvorhergesehene dramatische Änderungen eintreten, daß noch in diesem Jahrhundert die meisten Juden in Israel leben werden. Dies wird nicht auf den Zionismus oder eine massive Einwanderung zurückzuführen sein, sondern auf die beschriebene Entwicklung.

Die jüdische Gesellschaft in Israel wird von einem weiteren Konflikt geprägt: der Armut der unteren Schichten. Gut über 20 % der Bevölkerung sind davon trotz des Wirtschaftswachstums betroffen. Es gibt eine Spaltung, eingebildet oder real, zwischen aschkenasischen und sephardischen Gruppen. In der israelischen Gesellschaft, die von Gewalt, Korruption und bürokratischen Fehlfunktionen geprägt wird, gibt es auf der anderen Seite positiven sozialen Zusammenhalt, gegenseitige Hilfe und Uneigennützigkeit. Diese Widersprüche sind nicht außergewöhnlich für eine typische jüdische Gesellschaft. Juden scheinen erst bei inneren Streitigkeiten aufzublühen. Es gab immer wieder Versuche, sie zu einigen, und alle sind gescheitert. Es scheint so, daß, sollte dies jemals durch religiösen, weltlichen, politischen und ökonomischen Einfluß gelingen, das jüdische Volk an Zusammenhalt verlieren würde. Einheit scheint der Tod der jüdischen Zivilisation zu sein.

Bevor wir jedoch mögliche Zukunftsszenarien des jüdischen Volkes behandeln, gilt es eine alte vieldiskutierte und wahrscheinlich recht banale Frage zu stellen: Gibt es überhaupt ein jüdisches Volk, und falls ja, wie läßt es sich definieren: religiös, ethnisch, national? Wer kann als Jude bezeichnet werden? Nur die, die das selbst tun, oder die Menschen, die von anderen als Juden betrachtet werden? Diese Fragen sind politisch sehr bedeutend, da die palästinensische Führung sich standhaft weigert, die Juden als Volk anzusehen. Sie behauptet, es handele sich lediglich um eine Religion, der Menschen verschiedener Herkunft angehören. Ein auf Religion basierender Staat besitze keine Legitimation und deswegen sei Israel als ein jüdischer Staat kein legitimes Gebilde. Diese Position nimmt nicht nur die Hamas ein, sondern ebenso die Fatah und die Palästinenserbehörde. Man sei durchaus bereit, so die Palästinenserbehörde, mit dem „israelischen Volk" oder der „israelischen Nation" zu verhandeln, jedoch nicht mit einem jüdischen Staat. Auf israelischer Seite lassen sich verschiedene Strömungen finden, die ähnlich argumentieren. Auch wenn sie sehr klein sind und die israelische Bevölkerung von Wahl zu Wahl zeigt, daß sie sich als Juden identifizieren und als Israelis Israel als jüdischen Staat ansehen, so seien sie doch erwähnt. Neben der radikalen Linken gibt es vor allem extreme religiöse Gruppen, die es als Gottes Wille ansehen, daß das jüdische Volk auf den Messias zu warten habe. Erst der Messias wird einen jüdischen Staat errichten. Israel ist also in ihren Augen ein illegitimes Gebilde. Sie unterstützen damit die Position des ehemaligen iranischen Präsidenten Mahmud Ahmadinedschad, der es auf die Auslöschung Israels abgesehen hat. Die Behauptung, es gäbe lediglich ein israelisches Volk oder eine israelische Nation, geht auf den ehemaligen Führer der PLO Jassir Arafat zurück. Es bedarf keiner weiteren Ausführung dazu. Einerseits kämpfen die Palästinenser gegen „die Juden" und definieren ihren Gegner als Ethnizität in ihrer Propaganda. Andererseits gibt es Staaten wie den Iran oder Pakistan, die sich explizit als muslimische Staaten definieren. Staaten, die sich selbst als religiös definieren, halten sich für legitim. Israel definiert sich nicht durch die jüdische Religion, trotz der Versuche von religiösen Minderheiten, Israel dem jüdischen Religionskodex der *Halacha* zu unterwerfen. Israel sieht sich als Staat für die Juden, mag es sich nun um ein Volk oder eine Nation handeln. Die Unabhängigkeitserklärung vom 14. Mai 1948 erkennt ausdrücklich an, daß es in Israel eine große nichtjüdische Minderheit gibt und verspricht ihr volle Gleichheit. Ein bis heute nicht erfülltes Versprechen.

Die meisten Israelis, dies wurde bereits dargelegt, glauben in der einen oder anderen Weise an Gott, auch wenn sie die Vorschriften des Judentums nicht befolgen. Strikt religiös sind etwa ein Fünftel. Gleichwohl besteht die Gefahr, daß diese Minderheit den säkularen Charakter des Staates bedrohen kann. Abzulesen ist das an der steigenden Zahl von Gesetzen, die die Religion bevorzugen. Da dieses Vorgehen prinzipiell als undemokratisch anzusehen ist, bedroht es den demokratischen Charakter Israels.

Über die nichtgläubigen Juden außerhalb von Israel gibt es keine genauen Angaben, der Prozentsatz dürfte aber höher liegen. Über die Hälfte der amerikanischen Juden besucht überhaupt keine Synagoge. Aber dies ist nicht so aussagekräftig, wie es scheint. Es gibt zahlreiche Juden, die nicht zur Synagoge gehen (der übliche Begriff unter amerikanischen Juden ist *shul*, das jiddische Wort für Schule; da in Osteuropa üblicherweise die Synagoge auch der Platz für die Thora-Studien war), gleichwohl befolgen sie eine religiöse Lebensweise. Andererseits gibt es zahlreiche Juden, die eingeschriebene Mitglieder einer Synagoge aus verschiedenen sentimentalen oder traditionellen Gründen sind, aber im Alltag keine religiösen Vorschriften befolgen. Man geht allenfalls an ein oder zwei Tagen im Jahr zur Synagoge. Sie unterscheiden sich also nicht so sehr von vielen Christen, besonders in Europa und in gewisser Hinsicht auch in Nordamerika. Ähnliches gilt für die europäischen Juden, in Großbritannien, Frankreich, Rußland usw., in gleicher Weise. Die meisten Juden lassen sich also als eine Ethnizität beschreiben, deren Kultur auf religiösen Traditionen beruht.

Die Juden außerhalb Israels gliedern sich in zahlreiche Gruppen, die die religiösen Gesetze in der einen oder anderen Weise befolgen – aber bei weitem nicht alle tun dies. Praktisch gibt es so etwas wie die jüdische Religion nicht, es gibt jüdische Religionen. Sie alle, die nichtreligiösen Gruppen eingeschlossen, pflegen etwas, das man als „anarchistische Identität" bezeichnen kann. Sie basiert auf denselben Texten. Die jüdische Kultur ist eine Kultur der Texte – aber die Interpretationen dieser Texte unterscheiden sich beträchtlich. Heute, wie schon vor 200 Jahren, gibt es keine Übereinstimmung zwischen Judentum und jüdischer Religion. Es gibt ultrareligiöse Juden, für die die modernen ethnischen Bezeichnungen bedeutungslos sind, und es gibt ultraliberale und ultralinke, die eine Existenz des jüdischen Volkes völlig ablehnen. Auf der anderen Seite gibt es viele Menschen, die die religiösen Gesetze nicht befolgen, sich als nichtreligiöse, agnostische oder atheistische kulturelle oder ethnische Juden bezeichnen. Zwischen diesen Polen existiert eine große (unbestimmbare) Zahl von Juden, die teilweise traditionell sind oder bestimmte religiöse Bräuche in der einen oder anderen Weise einhalten. Von extremen Ultrareligiösen abgesehen, bezeichnen sich alle in der einen oder anderen Weise als „Juden", ohne zu versuchen, dies zu definieren. Sie sind Juden mit einer gemeinsamen Geschichte.

Was ist gemeint, wenn ich von einem „Volk" spreche? Was ist gemeint, wenn ich von den Juden als einer Ethnizität sprechen? Die Position von Benedict Anderson und Ernest Geller (mit dem ich zusammen in Prag zur Schule ging – siehe unten) lehne ich ab. Geller verbindet das Konzept der Nation mit der Industriegesellschaft. Er ignoriert dabei das vorindustrielle Auftreten von Gruppen, die sich ihrer selbst als zusammenhängende Einheiten bewußt waren und er ignoriert die Unterschiede zwischen den Begriffen Ethnizität und Bürgerschaft. Heute wird sich der/die durchschnittliche Amerikaner/in als amerikanische/r Bürger/in und als Angehörige/r der amerikanischen Nation bezeichnen. Seine/ihre ethnische Herkunft kann, wenn es ihm/ihr beliebt, italienisch, irisch, schwarz, lateinamerikanisch, um nur einige zu nennen, sein. Im Vorkriegseuropa war es ähnlich:

Nation und Nationalität bzw. Ethnizität waren nicht mit der Staatsbürgerschaft deckungsgleich. Slowaken in Ungarn waren ungarische Bürger, beanspruchten aber, slowakischer Nationalität zu sein. Ungarn in Rumänien waren rumänische Staatsbürger, aber ihre „Nationalität“ war ungarisch. Eine völlig andere Konzeption vertritt Anderson: Gemeinschaften können sich durch gemeinsame Vorstellungen bilden, auch ohne jemals untereinander in Kontakt zu kommen. Darüber konstituiert sich ihr Zusammenhalt, nicht über ein unmittelbares Zusammenleben. Nation und Volk – er zieht keine klare Linie zwischen beiden – bezeichnet er als moderne Gemeinschaften, die mit dem Aufstieg des Kapitalismus zusammenhängen. Während in dieses Konzept marxistische Vorstellungen einfließen, beruht das von Geller, wohl nicht zuletzt durch persönliche Erfahrungen als tschechischer Jude mit dem Kommunismus, auf radikal-liberalen Vorstellungen.

Hier geht es um ein spezielles Volk, die Juden. Die Juden haben sich selbst schon vor 2500 Jahren als eine „Gruppe“ bezeichnet und wurden so auch von anderen bezeichnet. Seit dem babylonischen Exil (ca. 586 v. d. Z.), als die Oberschicht der jüdischen Gesellschaft nach Babylon entführt wurde, wahrscheinlich sogar früher, gibt es die Juden als „Gruppe“. Eine spezifische Kultur hat sich unter ihren Angehörigen herausgebildet, mit einer einzigartigen Religion. Diese erwies sich als verbindendes Element, mit dem man sich gleichzeitig von anderen absetzte. Ein charakteristisches Element der jüdischen Kultur stellte die Fähigkeit dar, kulturelle Elemente, die andere Zivilisationen hervorgebracht hatten, zu integrieren. Der *Schabbat*, also der wöchentliche Ruhetag, stammt von den Babyloniern. Ihr *šappatu* war ein monatliches Fest, das an die Phasen des Mondes gebunden war. Die Juden machten daraus einen wöchentlichen Ruhetag, nicht nur für freie Männer und Frauen, sondern ebenso für Sklaven, ja sogar die Haustiere; mehr noch: man schloß das Land, das man bearbeitete, ein. In jedem siebten Jahr, dem *shmittah*, „durfte die Erde ruhen“ – eine Art früher ökologischer Revolution. Die Sklaverei war Teil aller frühen Zivilisationen. Die hebräischen Texte zeigen jedoch, daß nach einer gewissen Frist alle hebräischen Sklaven freizulassen waren und entlaufene Sklaven nicht zu ihren Herren zurückkehren mußten. Die Sklaverei war nicht verboten, aber die gesamte jüdische Zivilisation baute auf dem Mythos „Auszug aus Ägypten“ auf, also der gelungenen Flucht der Sklaven vor ihren ägyptischen Herren. Diese Identifizierung mit Sklaven ist völlig einzigartig. Die Hügellandschaft Palästinas war nicht das geeignete Terrain, um große *latifundae* hervorzubringen. Bauern bearbeiteten Landstreifen an den Hügeln oder in den Tälern. Maultiere, Ochsen, Esel, Pferde oder auch Menschen zogen oder schoben hölzerne Pflüge (später teilweise mit Metall versehen). In den Furchen galt es regelmäßig Steine aufzulesen. Man säte verschiedene Getreidearten, pflanzte Obstbäume, Weinstöcke und Olivenbäume. Diese Produktionsweise brachte eine relative Gleichheit hervor, ganz anders als in den benachbarten großen Reichen mit ihren ausgedehnten Anbauflächen. Dies zeigen die biblischen Texte, die Rechtsfragen behandeln. Nun gibt es immer einen Zusammenhang zwischen den natürlichen Voraussetzungen, auf denen die Gesellschaften beruhen und ihrer jeweiligen Ausprägung. Doch im Fall der Juden sind die Zusammenhänge stärker. Dies wurde um so bedeutsamer, als die Juden nicht in ihrem angestammten Land verblieben, sondern sich ausbreiteten. Die jüdische Zivilisation wurde zu einer Weltzivilisation.

Als die Juden begannen auszuwandern – wir werden dies noch behandeln –, nahmen sie ihre einzigartige Kultur mit. Sie blieben keine Bauern, aber ihre Tradition zeigt ihre Herkunft. Die Juden wurden Angehörige der „Mittelklasse", um einen modernen und etwas anachronistischen Begriff zu benutzen, und paßten sich dabei dem jeweiligen Land an. Dies ermöglichte es ihnen, zur modernen Mittelklasse der industriell-kapitalistischen Gesellschaft zu werden. Mehr noch, sie wurden zu einem dynamischen Element dieser Entwicklung. Zunächst jedoch waren die Juden Händler und Handwerker im Römischen Reich, bei den Parthern, den Persern und Indern; sie waren Händler und Handwerker im feudalen Europa, im Byzantinischen und Persischen Reich und anderswo. Gelegentlich wandten sie sich wieder der Landwirtschaft zu. Einige dieser bäuerlichen Gemeinschaften mögen auch durch die Übernahme der jüdischen Religion zum Judentum gekommen sein – in Äthiopien zum Beispiel. Es gab jüdische Bauern in Mesopotamien vor und nach der arabischen Eroberung im siebten Jahrhundert, aber dies waren Ausnahmen. Die Juden überlebten, weil sie sich in „Mittelschicht"-Gruppen etablieren konnten. Dies ermöglichte ihnen das Überleben in einer sich wandelnden Welt. Es ermöglichte ihnen, ihre kulturelle Besonderheit, ihre Abgrenzung zu bewahren.

Es stellt sich die Frage, ob es das Judentum in seiner besonderen Ausprägung heute noch gibt, bzw. in welchem Maße es noch vorhanden ist. Für menschliche Gruppen sind Traditionen wichtig, ja notwendig. Die Juden bilden hier keine Ausnahme. Die Traditionen wirken sich in verschiedenen Gesellschaften unterschiedlich aus, unter den Juden erweisen sie sich als besonders stark. Dies läßt sich in allen jüdischen Gemeinschaften zeigen, aber in unterschiedlicher Ausprägung. Im Laufe der Moderne reagierten die einzelnen jüdischen Gruppen unterschiedlich auf ihr jeweiliges soziales Umfeld, ganz gleich ob es sich um religiöse oder nicht religiöse Gruppen handelte. Sie stehen also vor einer Situation, die die Frage aufwirft, ob es das jüdische Volk heute noch gibt.

Meine Antwort: ja. Das jüdische Volk ist eine real existierende Gruppe, und es ist eine Gemeinschaft, die im Andersonschen Sinne von gemeinsamen Vorstellungen geprägt ist. Es handelt sich um Spielarten derselben Traditionen. Trotz aller Unterschiede hält man an den Gemeinsamkeiten fest, trotz aller Auseinandersetzungen bezieht man sich auf die gleichen Texte. Es ist eine paradoxe, eher als eine dialektisch zu beschreibende Situation, daß sich die Gemeinsamkeit durch die ständige Auseinandersetzung konstituiert. Was haben Juden in Kansas, USA, und äthiopische Juden, Einwanderer, die aus der ehemaligen Sowjetunion nach Israel kamen, oder türkische Juden gemeinsam? Mit dieser Frage beschäftigte sich Stalin, der natürlich Beispiele aus seiner Zeit benutzte, 1913 in seiner Schrift „Marxismus und nationale Frage“. Die Antwort ist ganz einfach: Das gemeinsame Element ist ein Kampf um die jüdische Existenz trotz der völlig unterschiedlichen Interpretation der Tradition. Nehmen wir ein Beispiel: Was haben Deutsche gemeinsam? Die Deutschen sprechen unterschiedliche Dialekte, und ein Bayer wird es schwer haben, einen Friesen aus dem Norden zu verstehen. Die kulturellen Traditionen unterscheiden sich erheblich, es gibt verschiedene Spielarten des Christentums. Die einzelnen Regionen kommen sich gegenseitig fremd vor. Und das, obwohl wir von einer „typischen“ Nation sprechen. In Indien sind die Gegensätze noch offensichtlicher. Es gibt eine Vielzahl verschiedener Sprachen, die Sitten unterscheiden sich radikal in den einzelnen Gebieten. Ähnliches gilt, wenn auch in anderer Weise, für die USA. Trotzdem gibt es eine klare Vorstellung von der amerikanischen oder indischen Nation, die die meisten Amerikaner bzw. Inder akzeptieren, obwohl nur Teile jeder der beiden Gesellschaften historisch ein Teil der Geschichte jedes dieser beiden Länder sind. Die Nachkommen der deutschen, irischen oder italienischen Einwanderer des 19. Jahrhunderts feiern die amerikanische Verfassung, an deren Zustandekommen ihre Vorfahren keinen Anteil hatten. Sie identifizieren sich mit der heutigen amerikanischen Nation. Ähnliches gilt für die Hispanics und andere späte Einwanderer (Chinesen, Japaner, Koreaner usw.). Es gab kein Indien, bevor die Briten es als Teil ihres Empires errichteten. Kerala oder Tamil Nadu im Süden haben keine geschichtliche Beziehung zu dem Mogulreich oder frühen indischen Staaten des Nordens (nur das Reich von Ashoka, 304 – 232, erreichte Tamil Nadu, aber nicht die südliche Spitze des Kontinents). Aber die Inder sehen sich gleichwohl als Inder. Amerikaner und Inder identifizieren sich trotz alledem mit ihrer Nation. Für die Juden ist dies weitaus einfacher.

Die Globalisierung hat trotz aller Differenzen zu einem engeren Kontakt unter den verschiedenen jüdischen Gemeinschaften in verschiedenen Ländern geführt. In Israel kann man eine ähnliche Entwicklung feststellen: Ob man den Staat bejaht oder radikal ablehnt, ob man dem Zionismus gleichgültig gegenübersteht oder ob man Antizionist ist, es gibt, von wenigen Ausnahmen abgesehen, einen Zusammenhalt. Die Menschen sind trotz großer Differenzen bereit, ihre Gemeinschaft zu verteidigen.

Es gibt also ein jüdisches Volk – trotz aller Differenzen. Dies bedeutet nicht, daß es an den Rändern keine Gruppen gibt, die jede Identifizierung mit dem jüdischen Volk ablehnen – zweifellos mit Israel –, und deren Entfremdung sich in Haß auf das Volk wandelt, dem sie entstammen. Es lassen sich Parallelen ziehen.

Es gibt viele Amerikaner, die Amerika hassen. Es gibt extreme Kritik an der Gesellschaft, der man angehört, es gibt Haß. Auch in einigen europäischen Staaten läßt sich dies beobachten. Nach all diesen Feststellungen stellt sich die Frage: Wie überlebensfähig ist das Judentum? Das ist schwer vorherzusagen. Es gibt ein jüdisches Sprichwort, daß man nach der Zerstörung des Tempels Vorhersagen Narren und Babies überlassen sollte – ich bin, leider, kein Baby mehr, und hoffe, kein Narr zu sein. Gleichwohl lassen sich einige Vermutungen anstellen. Beginnen wir mit allgemeinen Überlegungen.

Es gibt, wie wir wissen, die Tendenz, daß sich Staaten zu größeren föderalen Systeme zusammenschließen. Die Europäische Union ist ein Beispiel, obwohl Europa kaum als Union bezeichnet werden kann (etwa wie die Vereinten Nationen, die aus Nationen bestehen, die aber nicht vereint sind). Trotz aller Schwierigkeiten, Rückschritte und des Hin und Her, und freilich sehr langsam, scheint es eine Tendenz in Richtung einer strukturierteren föderalen Lösung zu geben – trotz des Chaos', das die Institutionen in Brüssel zu charakterisieren scheint. Aber auch Gegenbewegungen lassen sich beobachten. Ethnische Gruppen und Regionen streben nach Autonomie bzw. Unabhängigkeit; Entwicklungen, die vielleicht gerade durch die föderalen Bestrebungen gefördert werden. Waliser und Schotten in Großbritannien, Deutsche in Südtirol, Ungarn in Rumänien, Basken in Spanien und Frankreich, Katalanen in Spanien, und selbst die Sorben in Ostdeutschland können als Beispiele genannt werden.

In Asien und Afrika stellen sich derartige Entwicklungen weitaus dramatischer dar. Indien ist, wie bereits dargestellt, ein Produkt des britischen Imperialismus. Pakistan trennte sich 1947, von dem sich Bangladesch abspaltete. Stellte sich die Situation in Indien bereits kompliziert dar, so gilt dies in stärkerem Maße für Pakistan. In diesem auf religiöser Basis gegründeten Staat gibt es neben den zahlreichen ethnischen Gruppen eine verfolgte schiitische Minderheit in einem sunnitischen Staat. Die Briten kontrollierten Indien seit der Mitte des 18. Jahrhunderts. Sie schufen Indien, indem sie den südlichen Teil des Subkontinents, der nie geeint war und nie von den Reichen des Nordens kontrolliert worden war, mit dem Rest dessen verschmolzen, was wir heute als Indische Union bezeichnen. Die Briten entwickelten die indische Wirtschaft, die von den Europäern ausgebeutet wurde. Sie schufen die ökonomische Basis, auf der das heutige Indien, das Produkt eines antiimperialistischen Kampfes, beruht. Die moderne kapitalistische Entwicklung ermöglichte es der indischen Kongreßpartei, die lokalen Maharadschas und Radschas zu entmachten. Die oben erwähnte Vorstellung von der Nation rührte von diesen Änderungen her. Sie könnte, dort und in Pakistan, bedroht werden, wenn die vielen Ethnizitäten (und/oder religiösen Gruppen) beginnen, auf Sonderrechten zu bestehen, die eigene Sprache zu betonen oder kulturelle Muster zu entwickeln, die sie von den Übrigen unterscheiden. Dasselbe Problem könnte in

Myanmar auftreten und ist in Sri Lanka, dem Iran, dem Irak, dem Libanon und der Türkei bereits aufgetreten. Andere asiatische Staaten werden von ähnlichen Entwicklungen bedroht.

Die meisten afrikanischen Staaten sind Schöpfungen des europäischen Kolonialismus. Die europäischen Mächte setzten sich über die einheimischen Ethnizitäten und lokalen Kulturen hinweg und zogen die Grenzen ihrer Besitzungen nach ihren wirtschaftlichen und politischen Interessen mit dem Lineal. Länder wie Togo, Kamerun, Nigeria, Ghana und andere sind derartige künstliche Gebilde. Die Unabhängigkeitskämpfe mußten zwangsläufig innerhalb der kolonialen Grenzen stattfinden. Aber diese Länder entdecken, daß es Volksgruppen gibt, die beiderseits der Grenze leben, mit ihren spezifischen Sprachen oder Kulturen; oder daß sich, wie in Nigeria zum Beispiel, mehrere solcher Gruppen in einem multiethnischen und multikulturellen Staat befinden. Es besteht die reale Gefahr, daß, wenn die einzelnen Gemeinschaften ihre spezifischen Traditionen entdecken, die heutige politische Ordnung vor große Probleme gestellt wird. Der Nationalismus könnte sich zu einer großen Gefahr entwickeln.

Man kann versuchen, diese Prozesse zu analysieren und, ausgehend von historischen Erfahrungen und der heutigen Interessenlage, Vermutungen über die zukünftigen Entwicklungen anzustellen. Dies ist allerdings in Bezug auf die muslimische Welt schwierig, da es dort die wachsende Gefahr des radikalen Islams gibt, der die im größten Teil der Welt gültigen Spielregeln nicht anerkennt oder sie seiner radikalen Ideologie unterordnet – ich werde später noch darauf zurückkommen.

Das Schicksal des jüdischen Volkes und seine Zukunft müssen in diesem Rahmen betrachtet werden. Die Rückbesinnung auf das eigene Volk und die Nation – von vielen postmodernen Ideologen schon für tot oder im Sterben liegend erklärt – kann jenem Teil des jüdischen Volkes helfen, der in einem unabhängigen jüdischen Staat lebt. Das setzt selbstverständlich voraus, daß Israel zu einer, zumindest teilweisen, Übereinkunft mit den Palästinensern und seinen anderen arabischen Nachbarn gelangt. Auf der anderen Seite erkennen die Juden, die in Ländern der entwickelten Welt leben, die Vorteile der Globalisierung und föderativer Strukturen. In einer Welt, in der die Minderheitenrechte auf staatlicher, regionaler und globaler Ebene verstärkt werden, wird der Antisemitismus wahrscheinlich geschwächt werden, da die Juden eine Minderheit unter vielen werden. Die Gefahren liegen auf der Hand: Der israelische und jüdische Nationalismus, zumeist angestachelt von „falschem“ Messianismus (als ob es „wahren“ oder „richtigen“ Messianismus gäbe), das Bestreben, ganz Israel / Palästina für sich zu reklamieren, kann nicht nur für Israel, sondern für das gesamte jüdische Volk zu Konflikten sowohl mit dem lokalen Gegner, den Palästinensern, als auch den allgemeinen

Interessen der größeren und kleineren Mächte führen. Eine solche Entwicklung wäre verhängnisvoll.

Da ich die geschichtswissenschaftliche übliche Einteilung in „Antike“, „Mittelalter“ und „Neuzeit“ ablehne, möchte ich einen Blick werfen auf Parallelen zwischen den Jahren 70 und 2015. Die traditionellen jüdischen Texte behaupten, die Zerstörung des zweiten Tempels durch die Römer im Jahr 70 sei das Resultat innerer Streitigkeiten gewesen. Diese Darstellung ist natürlich völlig falsch, und das Problem ist, daß diese Fehlinterpretation an israelischen Schulen als Lektion für die Zukunft präsentiert wird: Wenn die Juden sich nicht mehr streiten, wird Gott eingreifen, und die Juden werden siegreich sein. In Wahrheit jedoch war die jüdische Rebellion gegen Rom auf dem Höhepunkt seiner Macht im 1. Jahrhundert n. d. Z. der Inbegriff von Verantwortungslosigkeit – es bestand nicht die geringste Chance, daß die Rebellion einer römischen Provinz gegen die Übermacht der römischen Legionen hätte zum Erfolg führen können. Diese falsche Hoffnung wurde ganz ausdrücklich beflügelt durch dieselben messianischen Träume („falscher Messianismus“), die die heutigen jüdischen Siedler auf der Westbank beflügeln. Die meisten sind religiöse Fanatiker, einige mehr, andere weniger, aber alle glauben, daß die Ankunft des Messias nahe ist und Gott „‘Sein Volk“ nicht verlassen wird. Es werden Wunder geschehen, man muß nur abwarten. Dieser Unsinn ist eine Wiederholung dessen, was unsere Vorväter vor etwa 1940 Jahren glaubten. Die bevorstehenden Wunder, so sagt man heute, sollten vorweggenommen werden durch Angriffe auf palästinensische Dorfbewohner und die Besetzung ihres Landes, durch die Zerstörung ihrer Olivenbäume, das Niederbrennen ihrer Moscheen, ihrer Autos und ihrer Häuser, wann immer sich die Gelegenheit bietet, ohne sich um die Konsequenzen zu kümmern.

Um es noch einmal zu sagen: Hätten sich alle Juden der römischen Provinz Palaestina, man schätzt sie auf etwa 4 Millionen, geschlossen erhoben, so wäre ihre Niederlage nicht 70, sondern 71 oder 72 eingetreten. Eine Niederlage der Römer, wie sie ihnen der Cherusker Arminius im Teutoburger Wald im Jahr 9 zufügte, konnte nicht erwartet werden. Die dichten Wälder waren nicht von römischen Straßen, wie es in Palästina der Fall war, durchzogen, und es gab keinen Zugang vom Meer – die Römer konnten in Palästina den großen Seehafen von Caesarea nutzen. Darüber hinaus waren die germanischen Stämme den römischen Legionären zahlenmäßig überlegen, auf die jüdischen Soldaten trifft dies nicht zu. Ferner besaßen die germanischen Stämme einen Führer, der seine militärische Ausbildung bei den Römern erhalten hatte. Natürlich ist das heutige Israel nicht mit der römischen Provinz Palästina zu vergleichen; es ist ein unabhängiger Staat, eine Regionalmacht mit einer boomenden Wirtschaft (und einer wachsenden Spaltung zwischen Arm und Reich). Aber Israel ist wirtschaftlich, politisch und militärisch vollkommen abhängig von den USA und der Europäischen Union. Eine Herrschaft durch Extremisten, besonders religiösen, wird unweigerlich zu einer Konfrontation mit Israels Verbündeten führen und die Existenz Israels bedrohen[1].

Doch gibt es nicht nur diese innere Bedrohung für Israel. Die Bedrohung Israels und des jüdischen Volkes von außen steht außer Zweifel. Ich habe bereits den israelisch-palästinensischen Konflikt behandelt und einige damit zusammenhängende Implikationen, aber es gibt auch das große Problem des muslimischen (den arabischen eingeschlossen) Antisemitismus, obwohl auch er Verbindungen zu diesem Konflikt aufweist. Im Grunde handelt es sich um eine Auseinandersetzung zweier Völker / Nationen um ein kleines Stück Land zwischen dem Mittelmeer und dem Jordanflüßchen (er ist nicht größer als ein etwas auf sich haltender amerikanischer Bach). Beide Seiten reklamieren dieses Land (zu Recht) allein für sich. Weder die israelischen Juden noch die Palästinenser können woandershin gehen, obwohl es eine beträchtliche Auswanderung von Palästinensern und Israelis in ruhigere Gegenden gibt. Sie können nicht unter einem politischen Dach zusammen leben, dazu hat sich zu viel Haß aufgestaut, und ein einheitlicher Staat würde unweigerlich zu einem ununterbrochenen, blutigen und endlosen Bürgerkrieg führen. Die jüdische Besiedlung ist darauf ausgelegt, die einzig mögliche Lösung, die Wieder-Teilung der Region, die Zwei-Staaten-Lösung, zu verhindern. Die Unterstützung der Palästinenser durch die arabischen Staaten mag nicht besonders nachdrücklich sein, aber es kann keinen Zweifel daran geben, daß die arabischen Völker, und in ihrem Gefolge die meisten Muslime überall, die Palästinenser enthusiastisch unterstützen und nicht nur die Israelis, sondern die Juden im allgemeinen hassen. Der Konflikt, eigentlich ein interethnischer Kampf, bekommt damit eine religiös-ideologische Dimension, und der arabische und muslimische Antisemitismus spielt dabei eine wachsende Rolle. Paradoxerweise scheint der Antisemitismus eine untergeordnete Rolle für die Palästinenser zu spielen, vielleicht weil sie ihre jüdischen Nachbarn besser kennen als ihre arabischen und muslimischen Brüder. Der sunnitische Antisemitismus ist radikal und auf Vernichtung ausgerichtet, wie wir später sehen werden. Die schiitische Version ist problematischer: Wie wir gesehen haben, ist das Hauptziel der iranischen Führung, die Hegemonie über den Nahen Osten, besonders im Persischen Golf, zu erreichen. Ihr Antisemitismus, obwohl sicher radikal und auf Vernichtung ausgerichtet, steht nicht im Zentrum ihrer Politik, obwohl ihre Absicht, Israel zu zerstören, falls sie dies tun könnte, und es durch ihre Stellvertreter, Hisbollah und Hamas, zu schwächen, zweifellos vorhanden ist. Wenn man den muslimischen und arabischen Antisemitismus und seine Auswirkungen betrachtet, so muß man

[1] Sehr viel verdanke ich meinem verstorbenen Freund Yehoshaphat Harkavi und seinem wegweisenden Buch *The Bar Kokhba Syndrome: Risks and Realism in International Relations*. Chappaqua: Rossel Books, 1982.

die möglichen Vorteile der antisemitischen Propaganda, die sich innenpolitisch für das iranische Regime bieten, berücksichtigen. Die Führung kann die Massen um sich scharen und von den ethnischen Spannungen des Landes zwischen Aseri (Aserbaidschaner), Belutschen, Arabern, Kurden, Tadschiken und anderen auf der einen Seite und den eigentlichen Persern ablenken. Mit anderen Worten: Der iranische Antisemitismus und die auf Vernichtung Israels ausgerichtete Politik sind reale Bedrohungen, und die Juden (Israelis) dienen als Blitzableiter für innenpolitische Probleme. Wir werden den muslimischen Antisemitismus später eingehender behandeln.

Ein weiteres Problem liegt im Verhältnis zwischen der jüdischen Mehrheit und der arabischen/palästinensischen Minderheit (etwa 20 % der Bevölkerung) in Israel in den Grenzen von 1967. Die offizielle Gleichstellung – Wahlrecht, Vertretung in der Knesset, Redefreiheit und Pressefreiheit – kann nicht über die vielfältige Diskriminierung der arabischen Bürger Israels in vielen wesentlichen Bereichen hinwegtäuschen. Es gibt nur wenige Araber in führenden Staatsämtern, das arabische Erziehungswesen ist im Vergleich zu dem der jüdischen Mehrheit unterentwickelt, und es besteht eine offensichtliche Diskriminierung hinsichtlich der Arbeits- und Geschäftsmöglichkeiten. Die arabischen Mitglieder der Knesset haben keinen Einfluß auf die Politik; es hat keine arabischen Minister gegeben, gelegentlich einen stellvertretenden Minister. Mehr Araber sind im Justizwesen vertreten, einen Richter im Obersten Gerichtshof eingeschlossen (einer von 15), aber auch hier sind sie stark unterrepräsentiert. Die Symbole des Staates sind jüdisch-zionistisch – die Flagge, die Nationalhymne und natürlich die zahlreichen nationalen Feiertage. Es ist schwer, von einem Palästinenser zu fordern, daß er die Nationalhymne singt: „... die Augen sehnen sich nach Zion ... ein freies Volk in unserem Land zu sein; das Land von Zion und Jerusalem“, oder daß er sich vor der Nationalflagge mit dem sechseckigen Stern erhebt. Andererseits ist natürlich ein Land mit einer 80 %igen Mehrheitsbevölkerung der Nationalstaat dieser Gruppe. So sind z. B. in Lettland 70 – 75 % der Bevölkerung ethnische Letten, von denen 17 % Lettgallen sind, die einen dem Lettischen verwandten Dialekt sprechen und tatsächlich eine ethnische Untergruppe der Mehrheitsbevölkerung sind. Die restliche Bevölkerung ist überwiegend russisch. In Estland bilden die Russen 35 – 40 % der Bevölkerung. Gleichwohl gelten Lettland und Estland als Nationalstaaten der Letten und Esten. In Finnland sind etwa 10 % der Bevölkerung Schweden und Samen (Lappen). In Mazedonien umfaßt die albanische Minderheit etwa ein Viertel der Bevölkerung. Auch diese Staaten gelten als Nationalstaaten der Finnen bzw. der Mazedonier. Wie auch immer, in den meisten dieser Staaten genießen die ethnischen/nationalen Minderheiten eine gewisse kulturelle und selbst nationale Autonomie. Es sollte nichts dagegen sprechen, der arabischen/palästinensischen Minderheit kulturelle Freiheiten einzuräumen, oder sogar ethnische/nationale Minderheitsrechte. Allerdings können diese Probleme nicht im Rahmen einer akademischen Diskussion gelöst werden. Sie sind nicht nur in Machtkämpfe und wirtschaftliche und soziale Interessen eingebunden, sondern auch in das Gruppenselbstverständnis, das kollektive Bewußtsein der jeweiligen Gruppe. Dies wiederum ist verbunden mit Interpretationen einer wirklichen oder eingebildeten kollektiven Vergangenheit und mit der Gruppenidentität, die sich davon ableitet. Anders ausgedrückt: Auch wenn die Probleme der arabischen/palästinensischen Minderheit in Israel gegenüber der jüdischen Mehrheit lösbar sind, heißt es noch keineswegs, daß sie gelöst werden.

Trotz aller Gefahren und Probleme, die ich hier aufgezeigt habe, bin ich keineswegs pessimistisch, was die Zukunft Israels und des jüdischen Volkes betrifft, auch wenn kultureller Pessimismus gegenwärtig in Mode ist, besonders unter den israelischen Intellektuellen. Die israelische Wirtschaft zeigt sich, zumindest zur Zeit, ziemlich robust, und die Trennung von Reich und Arm, obwohl eine ernste Angelegenheit, kann zumindest teilweise verringert werden. All dies kann selbstverständlich nicht unter einer rechtsgerichteten nationalistischen Regierung erreicht werden. Der palästinensisch-israelische Konflikt wird zunehmend internationalisiert; es bedarf einer internationalen Lösung, die sich über die Widerstände der gegenwärtigen israelischen Regierung hinwegsetzt. Selbst ein vorsichtiger Versuch zu einer vorübergehenden oder teilweisen Lösung würde Israels Ansehen und seinen inneren und äußeren Wohlstand ungemein vergrößern.

Die jüdische Diaspora wird weiterleben, trotz des demographischen Rückgangs. Letztlich wird es davon abhängen, wie offen sich jüdische Gemeinschaften überall auf der Welt gegenüber neuen Mitgliedern der sich ständig verändernden jüdischen Welt verhalten. Sowohl in Israel als auch in der jüdischen Diaspora wird dies zu einer zentralen Frage werden. So gibt es in Israel über 300.000 Menschen, die aufgrund des israelischen Rückkehrgesetzes gekommen sind. Es besagt, daß jeder das Recht hat, nach Israel einzuwandern, wenn zumindest ein Großelternteil jüdisch war. Diese Definition beruht auf einem Mißverständnis der nationalsozialistischen Definition des Juden: Für die Nazis war ein Jude eine Person mit mindestens drei jüdischen Großeltern; jemand mit zwei jüdischen Großeltern war ein „Mischling“; befand sich unter den Großeltern nur ein Jude, war man in Deutschland nicht jüdisch, sondern deutsch – obwohl man mit Mißtrauen betrachtet wurde. Die israelischen Gesetzgeber glaubten, daß während des Holocausts Menschen selbst dann verfolgt wurden, wenn sie nur einen jüdischen Großelternteil hatten, was in Osteuropa nur teilweise zutraf, so daß das israelische Gesetz dies korrigieren sollte, indem diese Personen ohne Weiteres als Juden anerkannt wurden. Aber dies widerspricht der jüdischen *Halacha*, die besagt, daß eine Person nur dann jüdisch ist, wenn die Mutter Jüdin ist bzw. war. Nichtreligiöse Juden beachten dies nicht, obwohl Israel, trotz seiner nichtreligiösen Mehrheit, die *Halacha* in Familienstandsangelegenheiten beachtet. Deswegen können diese Einwanderer, die Juden-Nichtjuden-oder-Vielleicht-Juden sind, israelische Bürger sein, sind aber keine Juden. Sie können deshalb keine „richtigen" Juden heiraten, sondern nur untereinander – zumindest theoretisch. Wie stellt sich die israelische Regierung zu diesem Problem? Sie ignoriert es. Das ist eine schwärende Wunde.

Ferner leben einige Zehntausende ausländische Arbeiter in Israel, zumeist aus afrikanischen Ländern. Einige von ihnen sind politische Flüchtlinge oder sollten als solche anerkannt werden, da sie aus Ländern wie dem Sudan oder Eritrea stammen, wo sie verfolgt oder getötet würden, falls man sie zurückschickte. Bei anderen handelt es sich um sogenannte Wirtschaftsflüchtlinge, die kamen, um Arbeit zu finden. Wieder andere kamen mit gültigen Arbeitsvisa, blieben aber nach deren Ablauf. Sie alle gelten als „illegal", obwohl viele von ihnen die Sprache gelernt haben, heirateten und Kinder haben, die perfekt Hebräisch sprechen, stolz die Nationalflagge zeigen und bereit sind, in der Armee zu dienen (ganz im Gegensatz zu ultraorthodoxen Juden, die sich mit dieser Idee nicht anfreunden können). Sie stellen ein ungelöstes Problem dar, denn abgesehen davon, daß man einige ausgewiesen hat, und der Hoffnung, das Problem irgendwann in der Zukunft lösen zu können, fällt der Regierung nicht mehr ein, als ein Internierungslager in der Negev-Wüste für einige zehntausend Afrikaner zu errichten, für jeweils drei Jahre, ohne ordentlichen Rechtsweg, isoliert. Eine weitere schwärende Wunde.

Warum handelt die Regierung so? Die Antwort ist klar: Die (zionistischen) orthodoxen und charedischen Establishments (die weniger als ein Viertel der israelischen Juden repräsentieren) bestehen darauf, daß die jüdische Identität allein über die Religion bestimmt wird. Der einzige Weg, in diesem Sinne jüdisch zu werden, besteht im Übertritt zum Judentum entsprechend den strengen orthodoxen Regeln – und dies beinhaltet, daß man diese Regeln auch nach dem Übertritt strikt befolgt. Sollte dies nicht der Fall sein, so gibt es keine Möglichkeit von Ehen zwischen Juden (d. h. orthodoxen Juden) und Juden (also nicht orthodoxen, konservativen, reformorientierten, säkularen) oder mit Nachkommen solcher Ehen, und das jüdische Volk wird gespalten werden, was Gott (in der orthodoxen Fassung) verhindern möge. Man kann sich kaum eine unsinnigere und widersprüchlichere Haltung vorstellen. Wenn ein orthodoxer Jude sich in eine nicht orthodoxen Person verliebt (dies schließt Homosexuelle und Lesben ein), muß man hoffen, daß sie nicht von den sogenannten „geistigen Führern" der Orthodoxie, seien es Zionisten oder Charedim, daran gehindert werden. Wie dem auch immer sei, die orthodoxen Juden aller Schattierungen sind eine Minderheit im weltweiten Judentum – und werden dies hoffentlich auch bleiben. Erneut: Der entscheidende Punkt in dieser traurigen Angelegenheit ist der orthodoxe Versuch, jüdische Identität durch die Religion zu definieren. Bis zum 19. Jahrhundert mag das vernünftig gewesen sein, heute ist es nur noch verbohrt. Ein einheitliches Judentum hat es nie gegeben, und die Gefahr einer Zersplitterung an die Wand zu malen, ist fruchtlos. In den vergangenen 200 Jahren haben die Juden glücklicherweise nie anders gelebt. Diese „zersplitterte“ Gemeinschaft hat einen unabhängigen Staat und zahlreiche blühende Gemeinden rund um die Welt errichtet. Sind nicht die Amerikaner in jeder denkbaren Hinsicht „zersplittert“ – religiös, ethnisch, sozial, um nur einige Aspekte zu benennen? War dies nicht ein Vorteil für die Vereinigten Staaten auf dem Weg zur Weltmacht? Die Juden sind, glücklicherweise, keine Weltmacht.

Ein weiterer Punkt der orthodoxen Argumentation erfordert eine Anmerkung. Die *Halacha*, wie sie sich geschichtlich entwickelt hat, definiert einen Juden über die Religion der Mutter. Dies war durchaus sinnvoll, da jüdische Frauen in der Geschichte Vergewaltigungen und/oder sexueller Sklaverei durch Nichtjuden ausgesetzt waren. Vaterschaft ließ sich nicht nachweisen. Mutterschaft immer. Die Kinder jüdischer Mütter wurden also akzeptiert – widerwillig, wenn der Vater offensichtlich ein Nichtjude war –, und die Gemeinschaft konnte sich erhalten. Der Großvater meines Urgroßvaters war ein französischer Soldat in der napoleonischen Armee, der 1805 in der mährischen Stadt Třebíč (deutsch: Trebitsch) ein romantisches Verhältnis mit einer jungen Jüdin namens Theresa Bauer hatte. Schlomo (Salomon) Bauer war also ein uneheliches Kind und mußte die Stadt verlassen, wahrscheinlich weil man auf ihn herabsah. Aber er war ein Jude, und er heiratete eine jüdische Frau. Der Großvater meines Schwiegersohnes war ein Rom.

Heutzutage hat eine matrilineare Abstammung wenig Sinn, und jeder mit jüdischen Eltern, Vater oder Mutter, sollte als jüdisch anerkannt werden, sofern sie/er es möchte. Mehr noch: Wir sollten uns wie unsere Vorfahren im 1. Jahrhundert verhalten, die eine Vielzahl von Nichtjuden in ihre Gemeinden aufnahmen. Wir sollten jeden als Juden willkommen heißen, der es wünscht, der aktiv am jüdischen Leben teilnimmt, sei es in Israel oder außerhalb.

Es ist ein Skandal, daß Einwanderer, zumeist aus der ehemaligen Sowjetunion, die Hebräisch sprechen, in israelische Schulen gehen und dann zwei oder drei Jahre in der Armee dienen, wobei sie oft ihr Leben riskieren, nicht als Juden anerkannt werden, da ihre Mütter nicht jüdisch sind. Wenn sie Juden sein möchten und dies durch ihre Handlungen beweisen, sollten sie willkommen sein. Mögen sie gläubige Juden sein, Agnostiker oder Atheisten, sofern sie sich mit dem Judentum identifizieren, sollte man sie willkommen heißen. Es gibt keinen Grund, von Nichtgläubigen den Übertritt zur jüdischen Religion zu verlangen. Sie müssen sich mit der jüdischen Kultur israelischer Juden identifizieren, welcher Art dieser kulturelle Ausdruck auch sein mag, und in der Armee dienen oder dem parallel dazu bestehenden „Nationalen Dienst“ (also einem Ersatzdienst für die Gemeinschaft, im Erziehungswesen, im Gesundheitswesen usw.). In der Diaspora würde sich dies durch Teilnahme am jüdischen kulturellen Leben, ob religiös oder nicht, in jüdischen Gemeinden ausdrücken. Durch die Teilnahme würde in beiden Fällen eine alte jüdische Tradition aufleben: Ein „Konvertit" („ger" auf Hebräisch) nimmt den Namen Abraham, Sohn des Abraham an, mit anderen Worten, er, und heutzutage mit Sicherheit auch sie, wird dadurch Erbe einer jahrtausendealten ethnischen und kulturellen Tradition, selbst wenn ihre/seine Vorfahren nicht Teil davon waren. Im 21. Jahrhundert ist es nicht einfach, sich dafür zu entscheiden, zum jüdischen Volk zu gehören. Wenn jemand dies möchte – und das ist immer eine individuelle Entscheidung –, sollte das jüdische Volk diese Person mit offenen Armen aufnehmen.

Diese Überlegungen haben nichts mit einer antireligiösen Auffassung zu tun. Ich bin nicht gegen Religion als solche, da ich der Meinung bin, jeder sollte hinsichtlich seines/ihres Glaubens die freie Wahl haben und diesen Glauben ausüben können, solange dieser nicht fundamentalen menschlichen Grundsätzen widerspricht, einen Absolutheitsanspruch vertritt und nicht versucht, in das Leben anderer einzugreifen. Die pluralistische jüdische Gesellschaft wird hoffentlich dabei bleiben, diese Vorstellungen radikal abzulehnen. Aber wenn sie überleben will, muß sie ihre fragwürdigen Kriterien, über die sie selbst bestimmt, ablegen. Man wird sich (hoffentlich) niemals völlig einigen – dies schließlich macht das Lebenselement jüdischer Kultur aus.

Die jüdische Gegenwart ist faszinierend. Israel ist und wird auch zukünftig vor großen äußeren und inneren Herausforderungen stehen. Dies wird sich meiner Meinung nach nicht ändern, auch wenn es zu bestimmten Übereinkommen mit den Palästinensern und Israels anderen Nachbarn kommt. Auch dann darf man davon ausgehen, daß die rechtsgerichteten nationalistischen und messianischen Flügel des israelischen Judentums versuchen werden, die Gesellschaft zu kontrollieren, und die jüdischen Geschichte mit einer rührseligen Nostalgie betrachten werden, die sich auf eine erfundene Vergangenheit bezieht. Israelische Liberale werden ihrerseits versuchen, für eine humane Gesellschaft zu streiten. Die israelische Außen- und Innenpolitik wird im Ausland sowohl auf Ablehnung als auch Unterstützung stoßen. Gleichwohl gilt der alte jüdische Spruch: „Die Nation Israel lebt" (*Am Yisrael Chai*). Und so wird es bleiben.

Kapitel 2

Ein Volk voller Widersprüche

Auf der Suche nach Fragen und um so mehr nach möglichen Antworten reiße ich mich nicht darum, die gesamte Geschichte des jüdische Volkes zu beschreiben oder zu analysieren – ganze Bibliotheken beschäftigen sich damit. Aber wenn man sich ernsthaft mit der Stellung des jüdischen Volkes in seiner eigenen und in der Weltgeschichte beschäftigt, kommt man nicht umhin, einige einfache Fragen zu stellen: Wer sind die Juden? Woher kommen sie? Was sind die wesentlichen Entwicklungslinien ihrer Kultur oder Kulturen, und kann man darin eine Entwicklungslinie erkennen? Gibt es so etwas wie „das Judentum"?

Auf diese Fragen gibt es religiöse Antworten, und für fromme Menschen finden sich die Antworten in den „Heiligen Schriften". Diese Texte, so glauben sie, stammen von Gott, wurden von Gott diktiert oder entstanden durch göttliche Eingebung. Viele Juden, wahrscheinlich die meisten, auch die nicht religiösen, glauben, daß die Geschichten der Bibel wahre Begebenheiten schildern. Für einen Historiker, der sich nicht von religiösen Vorstellungen leiten läßt, sind die biblischen Geschichten, also die fünf Bücher Mose, das Buch Josua und das Buch der Richter, Legenden, wenn auch von großer Bedeutung, und nicht nur für das, was wir die westliche Zivilisation nennen. Einige der Legenden sind wunderschön, andere weniger. Es handelt sich um große Literatur, ja die Geschichten gehören zum Besten der Literatur. Es gibt Grund anzunehmen, daß einige der Legenden sich auf historische Ereignisse beziehen, obwohl der Zusammenhang zwischen der Legende und den Tatsachen dürftig ist. Die Bücher Samuel und die Bücher der Könige sind wahrscheinlich näher an der mutmaßlichen Materialsammlung, die niedergeschrieben worden sein könnte, oder die zumindest mündlich überliefert wurde auf eine Weise, die mehr oder weniger eine Widerspiegelung dessen war, was damals geschehen ist.

Aus Legenden wurden Fakten. Mit anderen Worten, die Akzeptanz der Legenden als Tatsachen wurde zur historischen Realität, die nicht nur das jüdische Selbstverständnis, sondern die Kultur vieler anderer Völker und Kulturkreise beeinflußte. Die sogenannten Heiligen Schriften dieses kleinen Volkes wurden ein wichtiger Faktor selbst jenseits von Europa, Amerika und dem Nahen Osten sowie der christlichen und muslimischen Zivilisation. Sie werden zunehmend in die asiatischen und afrikanischen Kulturen integriert, ebenso wie Einflüsse aus diesen

Kulturen zunehmend die christlich-muslimische Welt beeinflussen. Benachbarte Kulturen, wie die im Nahen Osten, haben sich natürlich gegenseitig beeinflußt, und Legenden verbreiteten sich von einer ethnischen Gruppe zu anderen. So stammen die biblischen Geschichten über die Entstehung der Welt und die Sintflut aus Mesopotamien (z. T. aus Ägypten), aber sie wurden an die besondere ethnische Kultur der Juden angepaßt. In ihrer Endfassung wurden sie wahrscheinlich in Babylon während des Exils und/oder während der persischen Zeit, die darauf folgte, niedergeschrieben. Daß es sich dabei um Legenden handelt, ist ihnen selbst zu entnehmen. Nehmen wir Adam und Eva, von denen die Menschheit abstammt. Wen heirateten ihre Söhne? Und da nur einer überlebte, stammen wir alle von Kain ab? Heiratete er seine Schwestern, die unerwähnt bleiben? Dasselbe Problem stellt sich bei Noah, dessen drei Söhne (weder seine Frau noch seine Töchter) die einzigen Überlebenden der Sintflut waren.

Nun bin ich keineswegs ein Spezialist für das frühe Judentum, und meine begrenzten Kenntnisse stammen aus der Sekundärliteratur[1]. Abraham (ursprünglich Av-ram, Großer Vater, wahrscheinlich ein lokaler Gott), Isaak (Yitzhak), Jakob (Ya'akov) und die übrigen sind zweifellos mythologische Figuren. Auch andere Völker haben mythologische Figuren in einer weit entfernten Vergangenheit geschaffen, um ihre Herkunft zu erklären. Wunderschöne Geschichten – und manchmal weniger schöne – sind aus den israelitischen Legenden entstanden. Es gab keinen Auszug aus Ägypten. Folgt man der Bibel, so hat er im 13. Jahrhundert v. d. Z. stattgefunden. Aber gerade dieses Jahrhundert ist gut dokumentiert. Es war die Zeit von Ramses II. (1279 – 1213), und es ist unwahrscheinlich, daß ein derartiges Großereignis wie der Auszug einer großen Zahl von Kanaanitern nicht aufgezeichnet wurde, oder daß es nicht zumindest Hinweise darauf gegeben hätte. Aber es gibt keinen Hinweis. Wir wissen, wo Sethos I., der Vater Ramses' II., beerdigt wurde, wo Ramses' Nachfolger Merenptah bestattet wurde, und Ramses' mumifizierter Körper wird in Kairo ausgestellt – sie ertranken nicht in irgendeinem Meer. Ferner wissen wir, daß zwischen dem 15. und 12. Jahrhundert Ägypten über Kanaan und den Sinai herrschte. Verließen die Israeliten also Ägypten, um in ein unter ägyptischer Herrschaft stehendes Gebiet zu ziehen? Darüber hinaus gab es keine hebräische Schrift vor dem späten 10. Jahrhundert, als sie begann, sich aus frühen phönizischen und protokanaanitischen Schriften zu entwickeln. Die Thora kann nicht auf irgendeinem Berg Sinai übergeben worden sein, da es niemanden gab, der irgend etwas auf Tafeln hätte schreiben können. Die Zehn

1 Hauptsächlich habe ich meinen Freund Prof. Nadav Ne'eman von der Universität Tel Aviv (und Mitglied der Israelischen Akademie der Wissenschaften) befragt. Er gab mir eine Literaturliste, die ich durchgearbeitet habe. Er fand sich dankenswerterweise bereit, mein Manuskript kritisch zu begleiten. Ich habe seine Hinweise übernommen, natürlich bin ich für die Fehler selbst verantwortlich. Er tat sein Bestes, aber ich allenfalls mein Schlechtestes. Mea maxima culpa.

Gebote, die älteren mesopotamischen Gesetzen gleichen, konnten nicht niedergeschrieben werden, einfach weil es die Buchstaben nicht gab, um dies zu tun. Analysen der Bibel, obwohl sich die Gelehrten in vielen Punkten nicht einig sind, stimmen darin überein, daß die Sammlung dieser Legenden während des babylonischen Exils (586 bis 538 v. d. Z.) oder danach verfaßt wurde, obwohl das Deuteronomium bzw. Teile davon aus der zweiten Hälfte des 7. Jahrhunderts v. d. Z. stammen (siehe unten).

Es ist logisch, anzunehmen, daß die Exilanten beschriebene Pergamente aus Judäa mitnahmen. Eindeutig fest steht, daß die Geschichten über den Exodus und den Berg Sinai einige Jahrhunderte nach den angeblichen Ereignissen geschrieben wurden. Aber aus diesen Legenden wurden Tatsachen – kulturelle Tatsachen –, und ihre Bedeutung ist enorm. Nicht nur die Juden glaubten (und glauben), daß es sich hier um Fakten handelt, sondern Milliarden von Menschen, Muslime und Christen, haben sich diese Geschichten zu eigen gemacht. So glauben die Muslime inbrünstig, der Schwarze Stein, der Meteorit in der Ka'aba, dem Gebilde im Zentrum der großen Moschee von Mekka, sei von Abraham (Ibrahim) dorthin gebracht worden, den sie als ihren Vorfahren ansehen. Sie betrachten auch Moses (ebenso wie Jesus) als einen ihrer Propheten. Die Christen sehen das Alte Testament, die hebräische Bibel, als Teil ihres Erbes an. Die Sixtinische Kapelle ist geschmückt mit Darstellungen aus dem Alten Testament, und der Exodus und die Gesetzestafeln, die möglicherweise in Wirklichkeit nicht existiert haben, wurden von den größten Künstlern der Renaissance dargestellt.

Aber handelt es sich wirklich nur um Legenden? Gibt es nicht doch einen historischen Kern? Es ist schwer vorstellbar, daß diese großartige Literatur ganz ohne historischen Hintergrund entstanden sein soll. So legen beispielsweise DNA-Proben den Schluß nahe, daß die Menschheit vor ca. 150 – 200. 000 Jahren in Ostafrika ihren Anfang nahm. Einige Forscher gehen von einer Bevölkerungsgröße von etwa 20.000 Individuen aus, die von Hominiden abstammen, die ihrerseits von Primaten abstammen, aus denen sich *Homo sapiens* entwickelte. Die Geschichte von Adam und Eva und das Überleben von Noah und seinen Söhnen deuten einen gemeinsamen Ursprung der Menschheit an. In diesem Sinne stimmen sie mit den modernen Forschungsergebnissen überein, die die Existenz von Rassen verneinen: Wir sind eine menschliche Rasse, wie die Bibel es schildert. Ob wir nun australische Aborigines, Einstein, Hitler, Stalin, Obama, Ahmadinedschad, Sie oder ich, sind, wir sind alle derselben Abstammung. Ein Ureinwohner Neuguineas, der eine Harvard-Professorin heiratet, wird gesunde Kinder haben. Der Unterschied zwischen verschiedenen Hunderassen ist weitaus größer, als der zwischen verschiedenen Menschen. Aber dann ergibt sich ein Problem: Nicht jedermann mag die Idee, daß unsere DNA und die von Schimpansen so ähnlich sind, daß wir von Affen abstammen und daß die Schimpansen unsere nächsten Verwandten sind –

eigentlich, glaube ich, sollten die Schimpansen etwas dagegen haben, die nächsten Verwandten der Menschen zu sein. Zu denen, die diese Verbindung entschieden ablehnen, gehören die ultraorthodoxen Juden. Bei den Männern mag es darauf zurückzuführen sein, daß sie sich Bärte wachsen lassen und sich nicht rasieren. Täten sie dies und würden in den Spiegel schauen, so würden sie erkennen, daß es Gemeinsamkeiten gibt.

Doch zurück zur Sintflut. Es leuchtet ein, daß die Geschichten über eine verheerende Flut in entfernter Vergangenheit, die für nahöstliche, tatsächlich mesopotamische, Kulturen, Gegenwart war und in der Bibel wiederholt wurden, einen tatsächlichen Hintergrund hatten. Zwei amerikanische Forscher, William Ryan und Walter Pitman, behaupten, daß bis ca. 5600 v. d. Z. der größte Teil des heutigen Schwarzen Meeres ein Süßwassersee war, an dem es menschliche Besiedlung gab. Sie behaupten, daß es zu der „Sintflut" kam, als Salzwasser sich von der Ägäis seinen Weg ins Schwarze Meer bahnte. Die Theorie wurde kritisiert und sie wurde dahingehend geändert, daß es zu einem allmählicheren Zufluß von Salzwasser gekommen sei. Dies soll sich im achten Jahrtausend v. d. Z. ereignet haben. Was immer zukünftige Forschungen ergeben mögen, es ist klar, daß es menschliche Siedlungen im Bereich des heutigen Schwarzen Meeres gegeben hat, und daß diese Siedlungen zerstört wurden. Mündliche Überlieferungen können von dieser Flut oder Fluten berichtet haben. Die Geschichte der Arche Noah ist dabei von Interesse, denn es wird berichtet, daß sie auf dem Berg Ararat landete. Das wäre logisch, wenn wir von einer Flucht aus der Gegend des Schwarzen Meeres sprechen – der Ararat dominiert mit 5137 Metern dieses Gebiet.

Ähnliches gilt für die Geschichte vom Exodus. Nach meinem Dafürhalten ist es unwahrscheinlich, daß sich diese Geschichte ohne einen historischen Kern entwickelt hat. Es ist nachweisbar, daß die Kanaaniter und andere westasiatische Stämme, die von den Ägyptern Hyksos genannt wurden, im 18. Jahrhundert v. d. Z. nach Ägypten eindrangen, sei es gewaltsam oder in einem allmählichen Einwanderungsprozeß. Sie flohen vor einer Serie von Dürreperioden (die Bibel sagt: „die Hungersnot im Land Kanaan war groß", Genesis 47,4). Um 1620 v. d. Z. beherrschten sie das nördlichen Ägypten, um 1535 v. d. Z. wurden sie von den einheimischen thebanischen Königen aus Ägypten vertrieben. Die Forscher streiten sich über ihre ethnische Herkunft und über ihre religiösen Überzeugungen. Einer ihrer Herrscher wurde Jakob-Har genannt. Könnte dies eine weit entfernte und verschwommene Erinnerung für Menschen gewesen sein, die etwa acht- oder neunhundert Jahre später in Judäa lebten? Zuletzt beherrschten die Hyksos nur noch das Gebiet des heutigen Gazastreifens. Die Ägypter nahmen es ein und die ägyptische Herrschaft über Kanaan und den Sinai läßt sich von da an nachweisen. Es ist möglich, daß Gruppen von Kanaanitern Ägypten verließen und nach Kanaan über die Sinai-Halbinsel zogen, Gebiete, die von den Pharaonen beherrscht wurden. Ferner gab es noch die Apiru oder Chapiru, Gruppen von Nomaden, Händlern oder Banditen, die zwischen dem Nildelta und Kanaan umherzogen. Die Forschung sieht keinerlei Beziehung zwischen ihnen und den Hebräern, und die Apiru lassen sich auch in Mesopotamien nachweisen, doch einige solcher Gruppen können der Ursprung für manche biblische Legende gewesen sein (z. B. über die Amalekiter). Der Ausbruch des Vulkans auf Thera (heute die Insel Santorini), einer der verheerendsten Vulkanausbrüche, die wir kennen, wurde auf etwa 1600 v. d. Z. datiert, möglicherweise etwas eher (1623) oder später. Der Ausbruch muß einen verheerenden Tsunami oder Tsunamis, Seuchen und mehr ausgelöst haben. Stellen die zehn Plagen eine entfernte Erinnerung, etwa 1000 Jahre später, an dieses Ereignis dar? All das läßt sich nicht nachweisen, aber man kann es mit anderen historischen Ereignissen vergleichen, die mündlich in Form von Legenden über viele Generationen überliefert wurden, bis sie schließlich niedergeschrieben worden sind. Niemand wird die historische Existenz des indischen Fürsten Siddharta Gautama (oder in Pali: Siddhatta Gotama), aus dem der Buddha wurde, und der wahrscheinlich zwischen 553 und 443 v. d. Z. lebte, bestreiten. Vom Buddha selbst gibt es keine Niederschriften, aber es gibt eine mündliche Tradition, die behauptet, seine Lehren weiterzugeben. Schließlich wurden sie 300 oder 400 Jahre später niedergeschrieben. Die Therawatha-Tradition des Buddhismus ist wahrscheinlich verläßlicher als andere, besonders die des Mahayana-Buddhismus, und man scheint sich einig zu sein, daß der Kern der Niederschriften sich tatsächlich auf die Lehren des Buddha zurückführen läßt.

Oder nehmen wir Hawaii. Historiker setzen die erste Ankunft der Polynesier in Hawaii zwischen das frühe 4. Jahrhundert und 800 n. d. Z. an. Ferner gibt es die These, daß es eine zweite, oder sogar dritte, Einwanderungswelle gab, vielleicht um das elfte Jahrhundert, jedoch nicht später als etwa 1200. Einigkeit scheint darüber zu bestehen, daß, als die Europäer 1778 erschienen, die Bevölkerung auf den sieben Inseln (die achte, Kahoolahwe, ist unbewohnt) etwa eine halbe Million Menschen zählte (die Schätzungen schwanken zwischen 250.000 und 800.000). Sie kamen, soweit man weiß, von den Marquesas- und den Gesellschaftsinseln, also aus über 7.000 km Entfernung. Sie hatten keine Schriftsprache, aber mündliche Überlieferungen. Demnach kamen sie von den Marquesas-Inseln, möglicherweise sogar von Tahiti. Ein Beleg dafür, daß diese jahrhundertealten Überlieferungen einen Wahrheitsgehalt haben, liefern die Namen von Orten und Seegebieten um Hawaii, die auf Namen von den Marquesas-Inseln und Tahiti verweisen.

Der Mount Shasta und der Mount Mazama (in Kalifornien bzw. Oregon) sind in indianischen Legenden Götter, die sich gegenseitig mit Steinen bewerfen. Der Mount Mazama brach tatsächlich im sechsten Jahrtausend v. d. Z. aus. Bereits damals gab es Indianerstämme in dieser Gegend. Auch hier scheinen die mündlichen Überlieferungen auf historischen Ereignissen zu beruhen.

Selbstverständlich ist dies kein Beweis im engeren Sinne. Aber es besteht immerhin die Möglichkeit, daß sich die biblischen Geschichten auf tatsächliche Ereignisse beziehen. Lassen Sie mich hier eine besondere Art von Zynismus eines Historikers anführen: Als Doktorand fragte ich meinen Doktorvater, den verstorbenen Prof. Israel Halperin, einen ausgewiesenen Experten des polnischen Judentums, warum wir so viele Publikationen über das polnische Judentum zwischen dem 9. und dem 13. Jahrhundert in der Bibliothek hätten, wo doch aus dieser Zeit kaum Quellen verfügbar seien. Er antwortete, dies sei eben deswegen so: Wenn man über keine Belege verfügt, kann man schreiben, was immer man will. Wurden auf dieser Grundlage auch die biblischen Legenden erschaffen?

Gab es also keinen Exodus, ertrank die Armee des Pharaos nicht, regnete kein Manna vom Himmel und gab es keine Thora-Übergabe auf irgendeinem Berg auf dem Sinai? Allerhöchstwahrscheinlich nicht. Ganz offensichtlich eroberten die Israeliten Kanaan nicht gewaltsam. Die Mauern von Jericho fielen nicht, unter anderem, weil Jericho im 13. Jahrhundert v. d. Z. gar keine Mauern hatte. Die Stadt Ai, deren Eroberung man Josua zuschreibt, war eine Ruine. Sie war auch 1000 Jahre vor der angeblichen Eroberung durch Josua nicht besetzt. Ist es möglich, daß die Legende sich auf die Tatsache gründet, daß Ai (was nichts anderes als „Ruinen“ heißt) tatsächlich eine Ruine war, aber spätere Generationen dachten, dies sei das Ergebnis der israelitischen Eroberung? Wenn wir die fünf Bücher Mose und das Buch Josua verlassen und einen Blick auf das Buch der Richter und schließlich Samuel werfen, erweisen sich die Legenden als nachvollziehbarer. Wenn die ersten schriftlichen Aufzeichnungen aus dem 9. oder 8. Jahrhundert v. d. Z. stammen, sind die mündlichen Überlieferungen aus dem 13., 12. oder 11. Jahrhundert offensichtlich näher an den historischen Ereignissen. Der Kampf gegen die Philister scheint besser fundiert. Es handelte sich um ein kleines Volk, aber gemäß dem Buch der Richter verfügten sie über eiserne Wagen, während die Israeliten als Bergvolk weder Wagen noch Eisen besaßen.

Was also wissen wir wirklich? Selbstverständlich sind Historiker und Archäologen nicht einer Meinung. In ihrer Mehrheit nehmen sie jedoch an, daß es Gruppen oder Stämme von Nomaden gab, die ursprünglich in den Steppen und Wüsten nordöstlich von Kanaan bis zum Euphrat und den dortigen städtischen Siedlungen lebten, wahrscheinlich seit dem 13. Jahrhundert v. d. Z. zu den Bergen östlich und westlich des Jordans vordrangen. Die Berge waren dicht bewaldet, und es spricht viel dafür, daß die dort errichteten Dörfer ursprünglich nicht über Schutzwälle verfügten. Dies weist darauf hin, daß es anfangs keine Bedrohung aus den Städten der großen Täler – Jordantal, Jesreeltal – und der Küstengebiete gab. Später errichtete man Befestigungen, und es scheint so, daß Bewohner aus den Städten, die von unter ägyptischer Oberherrschaft stehenden Tyrannen beherrscht wurden, in die Berge flohen und sich den dortigen Stämmen anschlossen. Einige Historiker vermuten, daß sich ihnen Gruppen von Kanaanitern, die Ägypten verlassen hatten, anschlossen. Der einzige Stamm, der der Legende nach kein Land erlangen konnte, waren die Leviten, was vielleicht auf ihre späte Ankunft aus Ägypten zurückzuführen ist. Dies alles sind natürlich Hypothesen, die weder belegt noch widerlegt werden können. Eines scheint jedoch völlig sicher: Es gab einen Stamm, vielleicht eine Gruppe von Stämmen, die sich selbst Israel nannten oder von anderen so bezeichnet wurden. Der Beleg dafür ist die bereits erwähnte Inschrift Pharao Merenptahs (1213 – 1203 v. d. Z.) auf der Säule in Kairo; dort steht zu lesen: „Israel ist verwüstet, seine Saat ist nicht mehr“ (dies bedeutet, es existiert nicht mehr). Es handelte sich, wie bereits im ersten Kapitel erwähnt, um einen Stamm bzw. eine Gruppe von Stämmen, keineswegs um eine Stadt, und bei dem Land handelte es sich ganz sicher um Kanaan. Die Datierung stimmt mit den biblischen Legenden überein. Wenn man der biblischen Chronologie folgt, gelangt man ins 13. Jahrhundert, auch wenn eine Denkschule den mutmaßlichen Exodus etwa einhundert Jahre früher ansetzt – aber das scheint weniger wahrscheinlich.

Teile der Legende, obwohl sie sich auf Ägypten und den Exodus beziehen, sind sichtbar mesopotamisch. Es gibt Übereinstimmungen zwischen der Geschichte von dem Baby Moses, das in einem Korb den Nil heruntertreibt und von der Tochter eines Pharaos gerettet wird, und der Geschichte Sargon I. aus dem 23. Jahrhundert v. d. Z.. Hier wird das Baby von einem Gärtner oder einem Arbeiter aus dem Euphrat gerettet. Es gibt natürlich Unterschiede, einmal rettet eine Prinzessin, einmal ein einfacher Arbeiter das Baby. Aber die Geschichten ähneln sich zu sehr. Die Juden im babylonischen Exil des 6. Jahrhunderts bezogen sich auf eine populäre allgemein in Babylon bekannte Geschichte. Es war naheliegend, daraus eine antiägyptische Legende über den Exodus im Babylon des 6. Jahrhunderts v. d. Z. zu machen.

Die Menschen, von denen hier die Rede ist, nannten sich selbst natürlich nicht „Juden“. Es waren die Söhne Israels – Bnei Yisrael. Noch immer nennt sich eine der beiden jüdischen Gruppen in Indien, die von den mesopotamischen Juden abstammen, so. Der Name „Yisrael“ wird in der Bibel benutzt, um den Kampf zwischen Jakob und dem Engel zu beschreiben. Die Legende ist wunderbar – aber eine Legende. Man nimmt an, daß „Yisrael“ sich ableitet von dem Namen El, dem Hauptgott der Westsemiten, zu denen auch die Kanaaniter gehörten. Die hebräischen Buchstaben „s“, oder „sh“, und „r“ kann man auch wie „s(h)or“ lesen, was „Ochse“ heißt. Bullen bzw. Kälber waren Gegenstand der Verehrung. Die Legende vom Goldenen Kalb mag hierzu einen Bezug aufweisen. Der Gott „Yisrael“ wurde von einem Kalb repräsentiert. Selbstverständlich hatte ein Wüstenvolk nicht genug Gold, um ein goldenes Kalb zu erschaffen. Jahwe erscheint in der Bibel als „el“ oder im Plural als „elohim“. Der polytheistische Ursprung ist deutlich. Bedeutet dies nun, daß Yisrael mit einem Ochsen, einem Bullen, einem Kalb gleichzusetzen ist? Kaum.

Wurde der jüdische Monotheismus von der religiösen Revolution beeinflußt, die durch Pharao Akh-en-Aton (Echnaton) ausgelöst wurde, der 17 Jahre herrschte (wahrscheinlich zwischen 1351 und 1334 v. d. Z.)? Echnaton) versuchte, den Ein-Gott-Glauben durchzusetzen. Aton, die Sonne, oder in einer anderen Version die Sonnenstrahlen, also Aton als abstrakte Vorstellung, erinnert an das, was viele Jahrhunderte später als jüdischer Monotheismus auftaucht. Diese Theorie kann nicht belegt werden und führt zu Schwierigkeiten, da es Belege dafür gibt, daß Jahwe ursprünglich ein Stammesgott war, der eine göttliche Frau hatte, also zu einem polytheistischen Gott wurde.

Ihr Name war identisch mit dem der Gemahlin des kanaanitischen und mesopotamischen El: Aschera. An einem Ort namens Kuntillet Adschrut, der heute auf der ägyptischen Seite der israelisch-ägyptischen Grenze auf der Sinai-Halbinsel liegt, zeigen Inschriften aus dem späten 9. oder frühen 8. Jahrhundert vor unserer Zeit Jahwe und „seine Aschera". Eine etwas spätere Inschrift aus Chirbet el-Kom, auf den Hebron-Hügeln, aus dem 8. Jahrhundert preist den hebräischen Gott und „seine Aschera". Auch in der Bibel finden wir die Aschera: Manasse (697 – 642, Alleinherrscher seit 687) hatte die Statue der Aschera in Salomos Tempel gestellt (2 Kö. 21:7). Manasse wurde natürlich deswegen in der Bibel verurteilt, aber seine 55 Jahre währende Herrschaft war friedlich, und Archäologen sehen sie als eine Zeit des Wohlstands in Judäa. Allgemein gesagt scheint es so zu sein, daß die Herrscher, die sich „gottgefällig" verhielten, gewöhnlich durch verschiedene Ägypter, Assyrer oder Babylonier geschlagen wurden, während die, die mit den Anhängern Jahwes in Konflikt gerieten, erfolgreich regierten. Der arme König Josia (Yoshiyahu), der das Königreich Juda von 641 bis 609 regierte, war ein Liebling der Propheten und der Führer des Jahwe-Kults, doch er wurde in der Schlacht von Megiddo geschlagen und getötet (609). Sich auf die Hilfe von Jahwe zu verlassen, war – und ist – keine sonderlich gute Idee. Josia tat in den Augen des Herrn das Richtige, denn 627 (oder 622), als er noch ein Jugendlicher war, übergab Shaphan der Schreiber dem Hohepriester Hilkia das „Gesetzbuch" (*sefer hatorah*), das angeblich bei der Tempelrestauration „gefunden" wurde. Shaphan las dem jungen König das „Buch" vor, der seine Kleider zerriß und eine Reihe radikaler Reformen im Geist der Priester Jahwes in Angriff nahm (2 Kö 22:8). Die meisten Forscher stimmen darin überein, daß dieses Buch von den Priestern verfaßt wurde, und daß es sich um das Deuteronomium, oder Teile davon, handelt. Dieses, und wahrscheinlich einige weitere alte Schriften, die aus den vorangegangenen einhundert oder zweihundert Jahren datieren, wurden von den Deportierten 586 von Juda nach Babylon gebracht. Dies sind die Grundlinien, die man bisher feststellen kann, aber der faszinierende Teil der Geschichte ist die Transformation einer Stammesgottheit Jahwe in einen universellen Gott. So eindeutig dies ist, so läßt es sich schwer im einzelnen nachzeichnen. Es stellt sich für mich wie folgt dar: Wahrscheinlich stellte sich die Frage, wie man sich einen Gott vorstellen könne, der nicht in der Lage war, sein auserwähltes Volk gegenüber den großen Mächten im Süden und Norden Kanaans zu beschützen. Israel, oder Yisrael, waren ständiger Fremdherrschaft bzw. Fremdeinflüssen ausgesetzt. Regelmäßig wurde das Land von Invasoren verwüstet. Schließlich fanden die Propheten, Priester und Schriftgelehrten die Antwort: Die Invasoren, seien es Ägypter, Syrer oder Babylonier, waren lediglich Werkzeuge in der Hand Jahwes, des allumfassenden Gottes. Er strafte sein Volk, da es seine Gesetze nicht befolgt hatte. Die Israeliten bzw. Judäer müssen lediglich die Gesetze befolgen, wie sie von den Priestern und Propheten offenbart werden, dann wird Gott sie beschützen und zu Ruhm führen. Die Israeliten/Judäer erweisen sich mächtiger als diese Großreiche. Fügen sie sich Gottes Gesetz, so wird der allumfassende Gott tun, was in ihrem Interesse ist. Aus einem Gefühl der völliger Unterlegenheit wurde die Vorstellung der Überlegenheit. Dies beeinflußt viele Juden bis auf den heutigen Tag. Diese Vorstellung der Überlegenheit übernahmen die Religionen, die aus dem Judentum hervorgingen, das Christentum und der Islam. Sie alle sind im Besitz der alleinigen Wahrheit. Jeder, der sich nicht an die Vorschriften hält, unter welchem Gott auch immer – Jesus, die Dreifaltigkeit, Allah der Barmherzige und so weiter – wird auf ewig in der Hitze des höllischen Feuers schmoren. Aber die Transformation eines israelitischen Stammesgottes in einen universellen Schöpfer stellt eine wundervolle Lösung eines realen sozio-politischen Problems dar. Natürlich haben auch andere Glaubenssysteme ihren obersten, universellen Gott. Wir erwähnten bereits El. Brahma im Hinduismus ist ein weiterer, und gemäß einer Interpretation ist er ein Geist, eine Abstraktion, die dem Verständnis des jüdischen Gottes durch den Rambam (Maimonides – siehe unten) ähnelt. Es gibt viele andere Beispiele. Aber der ursprüngliche Gott der Israeliten war ein Stammesgott, deutlich als solcher identifizierbar, der ein Abkommen (ein Gott, ein Geist, schließt ein Abkommen, eine Vereinbarung, einen Vertrag mit Menschen ab?) mit „seinem“ eigenen Volk abschloß: Er wird sein Volk schützen, wenn es die Vertragsbedingungen erfüllt. Wenn er sie nicht beschützt und ihnen Niederlagen zugefügt werden, muß eine Antwort gefunden werden, und die Antwort, einen Stammesgott zu haben, der zu einer universellen Gottheit wurde, die die Welt geschaffen hat, ist ein wunderbarer Ausweg. Man kann sagen: Dieses Konzept einer Stammes-plus-universellen Gottheit ermöglichte es gläubigen Juden, ein jüdisches Leben zu führen, denn sie konnten sicher sein, daß ihr Gott sie immer beschützen würde – es sei denn, sie sündigten gegen ihn. Da es immer jüdische Sünder gab, fanden Niederlagen, Verfolgungen und Tragödien eine angemessene Erklärung. Die Verfolger waren (und sind) Werkzeuge Gottes, um das sündige Volk zu strafen. Selbstverständlich ist die Vorstellung, Herr Adolf Hitler sei ein Werkzeug Gottes gewesen, nicht für jedermann akzeptabel. Aber es ist die logische Folgerung, wenn ein Rabbi konsequent bei seinen Überlegungen bleibt (vergleiche Kap. 3). Die moderne jüdische Orthodoxie erklärt, wie wir noch sehen werden, göttliche Intervention bzw. deren Unterlassung im Holocaust in diesem Kontext. Die Juden sind durch das Befolgen oder Übertreten „göttlicher" Gesetze selbst für ihr Schicksal verantwortlich. Erstaunlicherweise folgen auch völlig säkular denkende Menschen dieser Vorstellung. Sie argumentieren, daß, wenn die Juden protestiert hätten oder die USA und Großbritannien genügend beeinflußt hätten, oder militante Schritte unternommen hätten, den europäischen Juden während der Nazizeit zu helfen, der Holocaust nicht eingetreten bzw. begrenzt worden wäre. „Um unserer Sünden willen" (*mipnei khata'einu*) ist der bevorzugte Ausdruck der Orthodoxen, und säkulare Intellektuelle folgen dieser Argumentation. Ideen, vor 2500 Jahren entwickelt, sind immer noch lebendig.

Der gewalttätige Kampf zwischen den Anhängern und Gegnern Jahwes findet sich überall in der Bibel, einer großartigen Anthologie, die, wenn man den meisten Gelehrten folgt, zwischen 200 vor und 200 n. d. Z. endgültig redigiert wurde. Ihre frühesten Teile könnten, wie hier angedeutet wurde, aus der Zeit des Ersten Tempels stammen, die mit seiner Zerstörung 586 endete; möglicherweise waren es vereinzelte Pergamente, die überdauert haben. Ihre letzten Teile sind eindeutig hellenistisch, wie das Buch der Prediger und möglicherweise das Buch Esther. Sie alle zeugen dabei von einer lebendigen Diskussions- und Streitkultur. Man kann mit einiger Sicherheit sagen, daß die Israeliten und später das jüdische Volk nie einig waren. Die Legenden um die Richter mögen verschwommene Erinnerungen tatsächlicher Ereignisse widerspiegeln, und selbst dort findet man endlose Kämpfe und Streitigkeiten. Die kurze Periode eines vereinigten Königreichs – Saul, David und Salomon – endete mit der politischen Teilung in zwei sich bekriegende Staaten: Israel und Juda. Jahwes Anhänger gewannen einen langen Kampf gegen ihre Feinde. Uns ist nur eine Seite des Streits überliefert, weil die Gegner der Jahwe-Anhänger offensichtlich aus der Anthologie herausgestrichen wurden. Die „wahren" Propheten standen gegen die „falschen"; man kann sicher sein, daß die „falschen" die „wahren" als falsche betrachteten; wir wissen nicht, was sie sagten. Es gab ernsthafte Auseinandersetzungen zwischen denen, die eine Anlehnung an Ägypten befürworteten, und jenen, die den Assyrern, später den Babyloniern, zugeneigt waren. Nur eine Minderheit der Verbannten in Babylon nutzte die Erlaubnis des persischen Königs Kyros I. Kyros (Kurosch), nach Judäa zurückzukehren (538). Sie begannen mit dem Wiederaufbau des Tempels, aber ihre Anstrengungen waren nicht sonderlich erfolgreich. Um 457 kam Esra der Schreiber, ein Nachkomme von Priestern, mit einer anderen Gruppe aus dem babylonischen Exil nach Jerusalem. Nachdem er der ansässigen Bevölkerung die „Thora" vorgelesen hatte – offensichtlich nicht die späteren fünf kanonischen Bücher Mose –, setzte er die Trennung von Juden und Nichtjuden durch, indem er Mischehen verbot. Man könnte ihn als den Gründungsvater des jüdischen Volkes ansehen. Ihm folgte Nehemia, ein hoher Beamter am Hofe des persischen Königs Xerxes I. (oder Artaxerxes), der der königliche Gouverneur von Judäa wurde. Der Streit um die Mischehe muß heftig gewesen sein. Die von Nehemia wiedererrichteten Mauern Jerusalems zeugen vom Sicherheitsproblem der Juden. Nach einer Periode des Friedens, die von der wohlwollenden persischen Oberhoheit gesichert wurde, zerrissen nach der Besetzung Palästinas durch die Griechen unter Alexander dem Großen 333 wieder Kontroversen die Juden. Die Priesterschaft war in den Händen der Sadduzäer, die grundsätzlich die griechischen Herrscher unterstützten. Dies wurde besonders problematisch, als die in Syrien beheimateten Seleukiden Palästina übernahmen (198) und versuchten, ihr Reich dadurch zu vereinigen, daß sie die Verehrung griechischer Götter durchsetzten und griechische Kultur in ihren Gebieten einführten. Die antigriechische jüdische Fraktion, deren geistige Führer die Pharisäer wurden, wuchs im Makkabäer-Aufstand gegen die griechische Herrschaft (seit 168) und geriet heftig mit den Sadduzäern aneinander. Der Kampf zwischen den Sadduzäern und den Pharisäern wurde durch das Entstehen radikaler Fraktionen auf beiden Seiten verwickelter. Dann wurden Radikale die Führer der Aufstände gegen die Römer, die Palästina 63 besetzt hatten, aber auch sie stritten ständig untereinander.

Man kann, so glaube ich, die jüdische Zivilisation als eine betrachten, die durch ständige innere Auseinandersetzungen charakterisiert wird. Nach der Niederlage der Aufstände gegen Rom wurde das rabbinische Judentum zur vorherrschenden Richtung. Es konzentrierte sich darauf, Interpretationsmethoden der kanonischen Texte zu entwickeln. Dies führte zur allmählichen Kodifizierung der Mischna – deren Ursprünge weit davor liegen, um ungefähr 200 v. d. Z. –, die die Bibel interpretiert, und dann des Talmud (der um etwa 500 unserer Zeitrechnung beendet wurde), der die Mischna interpretierte. Junge Männer übten sich in Streitfragen, die sich mehr und mehr vom wirklichen Leben entfernten, aber paradoxerweise führte dies dazu, daß man den Herausforderungen des wirklichen Lebens besser zu begegnen wußte. Der Talmud beruht auf ständiger Rede und Gegenrede. Während jede Fallstudie mit einer rechtlich bindenden Entscheidung endete, wurden die Gegenargumente ebenfalls aufbewahrt; wahrscheinlich verfuhr man so, um gegebenenfalls alternative Lösungsmöglichkeiten verfügbar zu haben. Die Juden konnten sich nicht auf einen Talmud einigen, und so gibt es den Babylonischen Talmud und einen Jerusalemer Talmud. Von der Zeit des Babylonischen Exils an kamen mystizistische Schulen auf, die viel später, insbesondere im Spanien des 13. Jahrhunderts, wo das klassische Buch der Kabbala, der Zohar, von Mosche de Leon (1250 – 1305) verfaßt wurde, eine weitere Entwicklung erfuhren. Das religiöse Judentum schwankte zwischen mystischer und rationaler Interpretation. Der Rambam (Maimonides, 1135 – 1204) ist der bekannteste Vertreter des letzteren. Seine Werke stießen in Frankreich und Spanien auf heftigen Widerstand. Diese und andere Kontroversen setzten sich bis in die Gegenwart fort. Sogenannte „falsche“ Messiasse (als ob es einen „wahren“ gegeben hat oder geben könnte) verursachten internen Aufruhr, besonders Sabbatai (Shabtai) Zwi im 17. Jahrhundert. Am Ende des 18. Jahrhunderts wurde der Chassidismus durch Israel Baal Shem Tow (1698/1700 – 1760) begründet, der eine populärere, zutiefst mystische und gefühlsmäßige Version des Judentums anbot und vom traditionellen orthodoxen Establishment, gelegentlich mit körperlicher Gewalt, bekämpft wurde. Mit dem Aufziehen der Neuzeit spaltete sich das religiöse Judentum in mehrere Strömungen, von der ultraorthodoxen, sowohl in ihrer traditionellen als auch in ihrer chassidischen Form, über die „moderne“ Orthodoxie, konservatives Judentum, Reformjudentum und weitere, kleinere Strömungen. Neben der jüdischen Identifikation entstand nun auch eine ethnische, und gegen Ende des 19. Jahrhunderts zerbrach schließlich die traditionelle Einheit von ethnischem und religiösem Judentum. Ein wachsender Anteil der Juden identifizierte sich mit unterschiedlichen Strängen der weltlichen jüdischen Ethnizität, sei es liberal, sozialistisch oder zionistisch – oder verschiedene Kombinationen davon. Man sollte sich daran erinnern, daß die jüdische Zivilisation eine Text-Zivilisation ist. Ihre Grundlage ist eine ununterbrochene und schließlich ertragreiche Kontroverse über die Interpretation dieser Texte. Ein zeitgenössischer jüdischer Atheist – wie ich – begründet seine Argumente letztlich auf einer Interpretation derselben Texte wie ein ultraorthodoxer, davon abgesehen, daß er dies aus einer vollkommen anderen Perspektive tut. Aber die Texte sind dieselben. Das moderne säkulare Judentum, sofern es sich seiner selbst bewußt ist, führt also die Kontroverse weiter, während es gleichzeitig von der Welt, in der Juden leben, beeinflußt wird. In gleicher Weise beeinflußt es umgekehrt die Welt. Die Situation ist also nicht so verschieden von dem, was die Autoren der Bibel, der Mischna, des Talmuds und spätere Interpreten taten. Genau dies findet man zum Beispiel bei zeitgenössischen amerikanischen jüdischen Schriftstellern, seien sie sich dessen bewußt oder nicht. Ihre Texte werden von der Tradition, in der sie stehen (oder die sie ablehnen) beeinflußt. Diese Traditionen finden ihre Fortführung in ihren Texten. Es ist wichtig zu wiederholen: Die jüdische Zivilisation gibt es nicht trotz all dieser endlosen Kontroversen und widersprüchlichen Interpretationen, sondern gerade ihretwegen. Ein einheitliches Judentum würde das Judentum zerstören. Lieber Gott, auch wenn es Dich nicht gibt, laß uns nicht alle gleich werden!

Wir wenden uns nun einigen Fragen zu, die von Historikern diskutiert werden. Im Gegensatz zur volkstümlichen jüdischen Auffassung (und der etablierten religiösen) wurden die Juden niemals aus ihrem Land verbannt. Daran lassen Historiker keinen Zweifel. 598/97 und 587/86 vertrieben die Babylonier zwischen 17.000 und 48.000 Menschen (je nachdem, auf welchen Historiker Sie sich verlassen möchten), d. h. höchstens ein Viertel der damals etwa 120.000 Einwohner Judäas; 3/4 blieben also zurück. Nach der Erlaubnis zurückzukehren (die Echtheit des entsprechenden Dekrets Kyros' des Großen, wie es in der Bibel erwähnt wird, ist zweifelhaft), wird nur eine kleine Zahl dies getan haben. Unter Esra kehrten schließlich etwa 8.000 zurück. Der Rest blieb in Brooklyn – Verzeihung, in Babylon.

Kein ernsthafter Historiker wird heute behaupten, daß die Juden von den Römern nach dem Aufstand von 66 bis 70 n. d. Z. (Zerstörung des Zweiten Tempels) und nach dem Bar Kochba-Aufstand (132 – 136) ins Exil getrieben wurden. Viele Gefangene wurden als Sklaven verkauft, aber für sie bestand die Möglichkeit, durch jüdische Gemeinden in Libyen und anderswo freigekauft zu werden. Die große Mehrheit der Bevölkerung blieb aber im Land Israel. Die Juden stellten damit für Hunderte von Jahren nach den Aufständen die größte Bevölkerungsgruppe im Land Israel. Parallel dazu gab es eine ständige Auswanderung in verschiedene Gebiete des Römischen Reichs. Die Gründe waren für Juden die gleichen wie für Griechen, Phönizier, Römer und andere, die in verschiedene Teile des Reichs strebten, um bessere wirtschaftliche und gesellschaftliche Gegebenheiten für sich zu finden, oft unterstützt von ihren Familien, die bereits vor ihnen emigriert waren. In Ägypten gab es zwei jüdische Siedlungen, eine Militärkolonie auf der Insel Elephantine, nahe dem heutigen Assuan in Südägypten, der wahrscheinlich aus dem 7. Jahrhundert v. d. Z. stammt, und eine Siedlung im Nildelta, wahrscheinlich aus dem 6. Jahrhundert, entstanden nach der Zerstörung des Ersten Tempels. Hierauf läßt sich die große Zahl von Juden in Alexandria in späteren Jahrhunderten zurückführen. Jüdische Siedlungen breiteten sich auf den ägäischen Inseln aus, dann in Rom und anderswo. Natürlich verblieb eine nennenswerte Diaspora in Mesopotamien. Nach Schätzungen der meisten Historiker gab es zu Beginn des 1. Jahrhunderts etwa vier Millionen Juden im Römischen Reich. Diese Zahl verdoppelte sich, einige setzten sie sogar noch höher an. Es gibt die These, daß am Ende des Jahrhunderts etwa 10 % aller römischen Bürger Juden waren (trotz der Zerstörung des Zweiten Tempels). Dies war zweifellos das Ergebnis von Massenübertritten zum Judentum. Und es gibt Abschnitte in der Mischna, die darauf hindeuten. Der Hintergrund dieser Entwicklung ist in einer tiefen kulturellen Krise der römischen Gesellschaft zu sehen, verbunden mit einem nachlassenden Glauben an die zahlreichen heidnischen Gottheiten. Zeus, Hera, Pallas Athene, Jupiter, Mars und Venus und die zahlreichen anderen Götter schienen nicht länger Antworten auf existentielle Fragen zu liefern. Das Volk wandte sich östlichen Kulten zu: mithraische Riten wurden sehr populär, ebenso wie zoroastrische Ideen, beide ursprünglich aus Persien stammend. Aber viele, besonders aus den mittleren und oberen Schichten, wandten sich dem Judentum zu, zumeist Frauen, da die Beschneidung für Männer ein Problem darstellte. Später kam es zu Auseinandersetzungen um Konvertiten zwischen dem Christentum, das aus dem Judentum erwachsen war, und der jüdischen Religion. Aber es ist darauf hinzuweisen, daß im Falle des Judentums Ethnizität und Religion zusammengehörten: Die Konvertiten wurden, wie schon gesagt, „Abraham, Sohn des Abraham" genannt (nur die Männer zählten natürlich, da das Judentum – wie seine christlichen und muslimischen Abkömmlinge – frauenfeindlich ist). Dies bedeutete nichts anderes, als daß die Konvertiten die gesamte (zum Teil legendenhafte) Geschichte als Teil des jüdischen Erbes übernahmen, obwohl sie anderer Herkunft waren.

Die Juden sind, wie alle Ethnizitäten, Nationalitäten oder Nationen, eine bunt zusammengesetzte Gruppe. Sie sind genauso reinrassig wie eine gewöhnliche Promenadenmischung. Dies zeigt sich jedem, der durch die Straßen einer israelischen Stadt wandelt: Es gibt weiße und schwarze Juden und alle Abstufungen an Brauntönen. Wenn es denn grüne oder blaue Menschen gäbe, da bin ich ganz sicher, würde man sie auch unter den Juden finden. Die Entwicklung ihrer Ethnizität war maßgeblich mit ihrer religiösen Identität verbunden. Im letzten Kapitel werde ich aufzuzeigen versuchen, daß diese Gruppe nicht einzigartig ist.

Ich kehre zu einem im vorigen Kapitel angesprochenen Problem zurück. Im Talmud entstand der Mythos, daß die Rebellion gegen die Römer am Streit zwischen verschiedenen radikalen Gruppierungen scheiterte[2]. Dies ist natürlich völliger Unsinn: Die Rebellion, darauf wurde hingewiesen, war eine unverantwortliche politische Aktion gegen die Supermacht der damaligen Zeit. Die Rebellen hatten keine Chance, diese Auseinandersetzungen zu gewinnen. Sie waren verantwortlich für den Verlust der restlichen jüdischen Autonomie unter den Römern und die Zerstörung des Zweiten Tempels. Doch worauf gründete sich die Hoffnung der Rebellen? Die Antwort: religiöser Fanatismus. Sie hofften auf Gottes Hilfe, die ihre Vorfahren aus Ägypten geführt hatte. Das Problem besteht offensichtlich darin, daß Gott nie eingriff. Der Grund ist einfach: Gott existiert nicht. Die Römer glaubten, Mars sei auf ihrer Seite – sie lagen ebenso falsch, mit dem kleinen Unterschied, daß sie über die überlegene Militärmaschinerie verfügten.

Nun mag man angesichts dieser Tatsachen fragen: Warum gedenken moderne Israelis des Widerstands der Rebellen bei Massada am Toten Meer im Jahre 73 n. d. Z. (und bringen nach Möglichkeit alle Touristen zu den Ruinen)? Unter ihrem Führer Eleazar ben-Ya'ir wüteten die Rebellen (sie nannten sich selbst *kana'im*, „Fanatiker") und töteten eine Reihe ihrer jüdischen Gegner. Schließlich begingen sie kollektiven Selbstmord, als die Römer im Begriff waren, ihre Festung zu er-

---

2 Akamtza uvar kamtza haruv Yerushalayim, im Babylonischen Talmud – **אקמצא ובר קמצא חרוב ירושלים**

obern. Ein großer moderner hebräischer Lyriker, Yitzhak Lamdan (1899 – 1954), schrieb darüber ein Gedicht, das in die hebräischen Schulen Palästinas, und später Israels, Eingang gefunden hat: „Massada wird nicht noch einmal fallen“. Ben Yair vertraute ebenfalls auf die Hilfe Gottes, dessen Eingreifen, wie in allen anderen Fällen, wenig effektiv gewesen zu sein scheint. Die Schaffung solcher Mythen ist sehr gefährlich: Wollen wir uns wirklich auf einen kollektiven Selbstmord vorbereiten, im Vertrauen darauf, daß unser (nicht existierender) Gott uns vor einer Katastrophe schützt, in die wir uns selbst bringen? Das ist kein Zionismus, sondern das Gegenteil. Denn der Zionismus ist eine nationale Bewegung, die sich dem kollektiven Leben des jüdischen Volkes widmet, nicht seinem kollektiven Tod.

Die Parallelen sind unbestreitbar. Die gegenwärtige Rechte, die die israelische Regierung kontrolliert, ist genauso unverantwortlich: Sie gibt sich so wie ihre Vorfahren zu römischer Zeit messianischen Fantasien hin, seien sie religiös (was die meisten sind) oder säkular. Es gibt Widerstand gegen diese Ideologie, ganz sicher, und es bleibt zu hoffen, daß diese schließlich dann zum unvermeidlichen Wandel der jüdischen Ethnizität führen wird. Die jüdische Situation läßt sich mit anderen vergleichen. Auch wenn es noch vieler analytischer Anstrengungen bedarf, so lassen sich doch die großen Linien festhalten. Es läßt sich eine dialektische Beziehung zwischen Elementen der jüdischen Kultur, die mehr oder weniger konstant ist oder sich nur langsam verändert, einerseits und den schnellen Änderungen, denen jüdische Minderheiten durch andere Kulturen ausgesetzt sind, auf der anderen Seite feststellen. Da Juden in verschiedensten gesellschaftlichen Umfeldern leben, wachsen die Unterschiede zwischen ihren Gemeinschaften. Trotz aller Unterschiede gibt es ein starkes Zusammengehörigkeitsgefühl. Es beruht auf den vererbten Texten. So konnte der jüdische Weise Saadia Gaon (882 – 942), der in Mesopotamien lebte, mit seinen jüdischen Kollegen in Frankreich korrespondieren. Sie bezogen sich auf dieselben Texte und die gängigen Interpretationen. Er tat dies in der Sprache, die alle gebildeten Juden beherrschten: Hebräisch, vermischt mit Aramäisch. Man sollte hier anmerken, daß die Behauptung, Hebräisch sei eine tote Sprache gewesen, ein völliges Mißverständnis ist. Zwar ist es richtig, daß man im mittelalterlichen Frankreich oder in Mesopotamien (oder auch davor oder danach) keinen Laib Brot kaufen konnte, wenn man Hebräisch benutzte, aber es war die Sprache für den intellektuellen Diskurs. Einige jüdische Texte wurden in den örtlichen Sprachen abgefaßt, im Mittelalter hauptsächlich Arabisch. Aber Hebräisch wurde selbstverständlich parallel dazu benutzt, etwa von Maimonides (dem Rambam)[3].

[3] Als wundervoller Beweis mag das populäre Gedicht dienen, das man (zu Unrecht) Rabbi Schlomo Ibn Gvirol aus dem muslimischen Spanien des 11. Jahrhunderts zuschreibt. Er wurde von einem Freund namens Mosche zum Essen eingeladen. Er erwartete, mit Wein bewirtet zu wer-

Es gab also keine wesentlichen Unterschiede zwischen den verschiedenen jüdischen Richtungen. Die Juden lebten mit denselben Texten. Ihre Interpretationen variierten entsprechend den verschiedenen Lebensumständen in den verschiedenen Ländern. Dieses gemeinsame Erbe war nicht rein religiös, es war ethnisch. So sahen es die Juden und so sah es ihre Umwelt, die sie als klar definierbar ansah. In Kapitel 8 werde ich ausführen, daß ethnische Identität nicht erst als Resultat der Industriellen Revolution, die in England im 16. Jahrhundert begann – und nicht, wie oft angenommen wird, im 18. Jahrhundert –, zum modernen Nationalismus wurde, sondern sich schon in unterschiedlichen Umgebungen seit frühester Zeit entwickelte. Die Texte, über die seit dem Fall des Römischen Reichs (476) endlos diskutiert wurde, sind die zwei Talmuds. Sie behandelten das jüdische Leben, wie es sich in den vorangegangenen Jahrhunderten entwickelt hatte. Sie enthalten wenig über Gott oder den Glauben an ihn; dies wurde als gegeben angesehen und kaum angesprochen. Die Texte beschäftigen sich mit dem alltäglichen Leben – der Landwirtschaft, dem Handel, anderen wirtschaftlichen Fragen, dem sozialen Leben, dem Familienleben, den Beziehungen zwischen den Geschlechtern usw. Die Gesetze (*halachot*), die sich aus den Diskussionen ergeben, sollten dazu dienen, das Leben der jüdischen Gemeinschaften zu regeln, ob in der Diaspora oder in Israel, oder unter römischer oder später byzantinischer Herrschaft. In den ersten Jahrhunderten nach dem Fall des Weströmischen Reichs wurden die Juden, etwa in Gallien (Frankreich), weiterhin als römische Bürger angesehen, trotz des kirchlichen Antisemitismus. Sie erfreuten sich gleicher Rechte wie andere Gruppen, denn sie erfüllten wichtige ökonomische und soziale Funktionen. Allmählich wurden sie in die Städte abgedrängt, das Recht, Land zu erwerben, wurde ihnen verwehrt. Das, was der Talmud an gesellschaftlicher Realität beinhaltet, unterschied sich davon radikal. Die Interpretationen des Talmuds entfernten sich mehr und mehr vom wirklichen Leben. Mit dem Entstehen der Moderne war die Kluft fast komplett. Im Talmud wird die Verantwortlichkeit des Eigentümers eines Ochsen diskutiert, durch den eine Kuh verletzt wird[4]. Aber an den meisten Orten besaßen die Juden weder Ochsen noch Bullen. Die Diskussionen wurden also abstrakt. Dasselbe trifft auf die Beziehungen zwischen Händlern zu; die Art der Handelsbeziehungen des 3. oder 4. Jahrhunderts war verschwunden, und neue Formen hatten sich etabliert. Die Rabbis, die für innerjüdische Gerichts-

---

den, wie es unter Juden üblich war (bei den Muslimen ist es ja verboten, Alkohol zu trinken); statt dessen wurde Wasser serviert. Als Reaktion schrieb Ibn Gvirol ein satirisches Gedicht. Seine Augen, schrieb er, füllten sich mit wäßrigen Tränen, da kein Wein serviert wurde (*Kichlot yeini tered eini/kichlot yeini tered eini/palgei mayim*). Sie mögen sich auf Arabisch unterhalten haben, aber das Gedicht, das ein säkulares Thema behandelt, wurde auf Hebräisch verfaßt. Selbstverständlich verstand es jedermann. Das entsprechende Lied wird noch heute im modernen Israel gesungen.

4 Babylonischer Talmud, Bava Kama, S. 46.

verfahren verantwortlich waren, taten ihr Bestes, die Argumentation angesichts geänderter Realitäten anzupassen. Erstaunlicherweise gelang dies in den meisten Fällen. Die Texte waren unantastbar, die Gesetze festgelegt, aber die Interpretationen waren flexibel und Gegenstand heißer Auseinandersetzungen. Manchmal, wenn auch selten, wurden ziemlich revolutionäre Entscheidungen getroffen und von weit auseinander lebenden jüdischen Gemeinden akzeptiert. So verkündete etwa Rabbi Gershom „das Licht der Diaspora" (960 – 1028/1040) – er lebte wahrscheinlich im östlichen Frankreich, in der Gegend von Metz, oder im Rheinland – ein Gesetz, das die Polygamie bis auf wenige Ausnahmen verbot, ferner ein Gesetz, das die Ehescheidung gegen den Willen der Frau untersagte. Dies wurde von den meisten jüdischen Gemeinschaften angenommen (mit Ausnahme der jemenitischen und kurdischen Juden, die dies allerdings nach ihrer Einwanderung in Israel akzeptierten). Der Versuch, Nichtjuden weiterhin zum Übertritt zu bewegen, wurde aus Furcht vor Verfolgungen unterlassen (so zum Beispiel in den Schriften von Rabbi Schlomo Lurie (1510 – 1573) und an anderen Stellen). In Westeuropa war dies in Frankreich ab der Herrschaft Ludwigs IX. (1214 – 1270) besonders ausgeprägt.

Wie bereits erwähnt, waren Ethnizität und Religion in dem, was man allgemein gesagt als jüdische Zivilisation oder Kultur bezeichneten kann, verflochten. Mit dem hebräischen Wort für Volk – *Am* – bezeichnen die Juden sich selbst. Religiöse Gesetze und Verordnungen waren darauf angelegt, nicht nur die Anhänger einer Religion zusammenzuhalten, sondern die Mitglieder einer vielschichtigen Gemeinschaft, die darauf bestanden, ihre Gebräuche und internen Vorschriften aufrechtzuerhalten – und dies über Jahrhunderte hinweg.

Es stellt sich die Frage: Ist es angemessen, die jüdische Geschichte ohne die übliche Unterscheidung zwischen Antike, Mittelalter und Neuzeit zu behandeln? Ist es angemessen, die Zeit des Ersten und Zweiten Tempels und das 21. Jahrhundert in einem Atemzug zu nennen und sie mit dem Mittelalter in Frankreich oder Deutschland in Zusammenhang zu setzen? Mehr noch, ist es gerechtfertigt, dies mit der Weltgeschichte zu tun? Wenn ich über andere Völker bzw. Zivilisationen schreibe, wähle ich eine ähnliche Strategie.

Mir scheint, daß die Ablehnung dieses „Hin-und-Her-Springens" zwischen historischen Perioden auf einem Mißverständnis dessen beruht, was man „historische" Zeit nennt. Die Erde existiert, so sagt man, etwa 4,5 Milliarden Jahre. Wir werden uns nicht um einige Millionen Jahre streiten. Vor gerade einmal 65 Millionen Jahren, so ungefähr, stapften dort, wo heute die 5th Avenue, der Buckingham Palace oder der Kurfürstendamm zu finden sind, die verschiedensten Dinosauriergattungen. Nach dem Verschwinden der Dinosaurier begannen sich die Säugetiere auszubreiten – nein, sie waren keine Juden. Es dauerte einige weitere Millionen Jahre, bevor sich die ersten Affen entwickelten, und noch immer gab es keine Juden. Erst vor etwa 3 oder 5 Millionen Jahren erschienen die Vorfahren der Schimpansen und der Menschen auf dem Plan. Der „moderne“ Mensch, *Homo sapiens*, entwickelte sich erst vor 150 bis 200.000 Jahren in Ostafrika. Die Zeit, in der Menschen existieren, macht nur einen unbedeutenden Prozentsatz des Alters unseres Planeten aus, eines Planeten, der lediglich einer in einem riesigen Meer von Milliarden Sonnen und Planeten ist, versammelt in riesigen, Jahrmilliarden Jahren alten Galaxien. In der sehr kurzen Spanne menschlicher Existenz lebten unsere Vorfahren, wie wir noch sehen werden, in Familiengruppen, Clans, später in Stämmen, ähnlich wie unsere Verwandten, die Schimpansen. Die Zivilisation entwickelte sich recht spät, vielleicht vor 10 – 11.000 Jahren. Die ersten Ruinen einer Mauer, die vor etwa 11.000 Jahren um eine Quelle errichtet wurde, befinden sich nur etwa 28 Kilometer von dem Ort, an dem ich diese Zeilen schreibe: in Jericho. Man datiert sie auf 9.400 v. d. Z. Möglicherweise wurde diese Mauer errichtet, um sich vor Überschwemmungen zu schützen. Aber dies wirklich zu beweisen fällt schwer. Und noch immer keine Juden. „Israel“, ich habe dies schon erwähnt, wurde erstmals 1208 v. d. Z. erwähnt. Die meisten Fachleute sprechen davon, daß die Stämme, die zu „Israel“ wurden, im Verlauf des 13. Jahrhunderts erschienen. Wenn man also seit ca. 11.000 Jahren von „Zivilisation“ sprechen kann, und unsere jüdischen Vorfahren vor ca. 3.300 Jahren auf die Bühne traten, haben wir als Gruppe (kulturell, nicht biologisch) gerade etwa 25 % dieser Zeit davon existiert. Und die 11.000 Jahre Zivilisation stellen gerade einmal 6 – 8 % der Zeit dar, in der sich Menschen nachweisen lassen. Und dies stellt eine winzige, fast zu vernachlässigende Zeit auf unserem Planeten dar. Unser Verständnis der Zeit ist verzerrt.

Unser Problem ist, daß wir geschichtliche Zeiträume in unserer Lebensspanne messen, also 70 – 80 Jahre. Aber das ist ein Fehler: Die „geschichtliche Zeit“ umfaßt andere Dimensionen. Die Art und Weise, wie Menschen sich verhalten und agieren, ändert sich nur langsam. Diese Tatsache wird durch die enorme Geschwindigkeit des technischen Fortschritts verdeckt. Es wird gesagt, daß 95 % aller Wissenschaftler, die jemals gelebt haben, heute leben. Die ägyptischen Pharaonen hatten bedauerlicherweise keine Smartphones, aber der politische Ehrgeiz, die Intrigen ebenso wie altruistische Handlungen lassen sich damals ebenso finden wie heute. Die Unterschiede zwischen einem babylonischen König und dem Generalsekretär der Kommunistischen Partei Chinas sind nicht allzu groß. Die Einteilung in Antike, Mittelalter und Neuzeit ist eurozentrisch. Sie auf China, Indien, Afrika und auf die präkolumbischen Kulturen Amerikas anzuwenden, ist wenig sinnvoll, denn die meisten Menschen lebten und leben in diesen Gebieten, nicht in Westeuropa. Ich erlaube mir also, zwischen den Zeiten hin- und herzuspringen. Natürlich gibt es Unterschiede, diese werden zu analysieren sein. Aber es ist problematisch, die europäischen und mediterranen Vorstellungen einfach zu übertragen.

Was sagen wir zu Katholiken, die Rom als ewige Stadt bezeichnen? Was zu Juden, religiösen und nicht religiösen, die von Jerusalem als der ewigen Stadt sprechen (so etwa Ariel Scharon und Benjamin Netanjahu), und die vom jüdischen Volk als dem „ewigen Volk" sprechen? Der hebräische Ausdruck dafür ist *Netzach Yisrael lo yeshaker*[5]. Wörtlich übersetzt heißt das: „An der ewigen Existenz Israel ist nicht zu zweifeln". Dies bedeutet nichts anderes, als daß das jüdische Volk ewig existiert, und daß dies von Gott, dem Ewigen, garantiert ist. Gleichgültig, ob es irgendein Rabbi oder der israelische Ministerpräsident ist, der diesen Ausdruck benutzt, er ist schlicht Unsinn; er verweist nur auf Herrn Netanjahus Unsicherheit. Diese Mantras werden wiederholt, um uns zu überzeugen, daß wir hierzubleiben haben. Glücklicherweise brauchen nicht alle Israelis solche Vorstellungen. Und selbstverständlich wird Jerusalem, das vor etwa 5.000 Jahren aus einer kleinen kanaanitischen Siedlung entstand, mit dem Rest der Zivilisation verschwinden, in einer unbestimmten, hoffentlich weit entfernten Zukunft. Die Ewigkeit, lieber Herr Netanjahu, ist eine sehr lange Zeit.

Bekannterweise gibt es keine Möglichkeit, zukünftige Ereignisse vorauszusagen, aber zweifellos ist das Universum, in dem wir leben, kein besonders angenehmer Ort. Alles, von den Galaxien über die schwarzen Löcher bis zum kleinsten Wurm auf diesem Planeten, entsteht und vergeht. Die Geschichte der Menschheit begann vor 150 – 200.000 Jahren, und niemand weiß, wann sie zu Ende geht. Aber es ist vollkommen klar, daß sie enden wird. Ebenso wie die Dinosaurier endeten, wird alles Leben auf die eine oder andere Weise in einer unbestimmten Zukunft enden. Dies schließt Jerusalem, die ewige Stadt, ebenso ein wie das ewige Volk der Juden. Nun mag man einwenden, warum beschäftigten wir uns dann überhaupt mit Geschichte? Warum schlagen wir uns mit den Problemen der Menschheit herum, warum mit denen eines bestimmten Volkes? Der Hauptgrund, so denke ich, liegt, bewußt oder unbewußt, darin, daß wir das unausweichliche Ende der Menschheit, und damit des jüdischen Volkes, so lange wie möglich von uns herschieben wollen. Man kann das für eine optimistische Einstellung halten, da das Leben wichtig ist und wir so viel wie möglich davon haben wollen. Daran ist nichts auszusetzen.[6] Noch auf etwas anderes ist hinzuweisen. Die Entwicklung der Menschheit vollzog sich in den ersten 140 – 190.000 Jahren gemächlich. Seit Beginn der Urbanisierung vor etwa 11.000 Jahren kam es, bedingt durch die technologische Entwicklung, zu einer Beschleunigung: Anstieg der Bevölkerung, der

---

[5] Samuel I, 15:29.

[6] Von Lord Martin Rees of Ludlow, königlich britischer Astronom, wird gesagt, er gebe der Menschheit eine Chance von 50 %, das jetzige Jahrhundert zu überleben. Sollte er das gesagt haben, ist das ein nicht unbedingt optimistischer Ausblick.

Möglichkeiten der Produktion ebenso wie der Zerstörung, nur um einiges zu nennen. Es ist vergleichbar mit einem virtuellen Flugzeug, das mehr und mehr Fahrt aufnimmt, ein Flugzeug, daß sich immer weniger bremsen läßt. Wo wird uns dies alles hinführen? Die Gefahr eines Absturzes nimmt zu, es bedarf enormer Anstrengungen, um wieder bremsen zu können. Wie auch immer, letztendlich wird die Menschheit irgendwie verschwinden. Mit ihr werden ihre Errungenschaften und Fehlentwicklungen beseitigt sein, ihre Zivilisation und Kulturen, ihre Philosophien, ihre Moral, ihre Religion, ihre Götter und Gottheiten, Jahwe, den Gott Israels eingeschlossen, El und Elohim, den Herrn, oder wie immer wir ihn nennen wollen. Mit ihr wird auch die Idee des auserwählten Volkes, seien es nun Juden oder andere und alle vergleichbaren leeren Vorstellungen, verschwinden.

Nun sind wir einmal hier und wir können uns einiger Errungenschaften erfreuen. Der Gott, den wir erfunden haben, erweist sich als glänzende Idee. Es ist etwas Wahres an der Aussage der Genesis, daß der Mensch Gott nach seinem Vorbild schuf. Natürlich ist das die Umkehrung der biblischen Aussage, aber nur so wird sie wahr. Der hebräische Gott ist sehr menschlich, nicht wie der Gott Echnatons. Existiert dieser Gott? In gewisser Weise ja, er existiert. Er existiert ebenso wie Hamlet oder Othello, wie Odysseus und Achilles, wie Raskolnikow oder Anna Karenina, er existiert wie alle großen Helden der Weltliteratur. Jehova-Jahwe, der Gott Israels, ist der zentrale Held der Bibel, und deswegen existiert er in der Vorstellung von Millionen und Milliarden von Menschen. Weil die Menschen an ihn glauben, hat er eine virtuelle Existenz von enormen Einfluß auf das Leben eben dieser Menschen. Seine Übernahme und Weiterentwicklung im Christentum und Islam hat ihn zu einem wahrhaft universellen Gott gemacht. Wie läßt sich dieser Gott näher erfassen? Er begann seine Karriere als eine weitere polytheistische Gottheit. Dann wurde er zu dem einzigen, alleinigen Gott; offensichtlich entsprach dies den Vorstellungen der damaligen Menschen. In der Bibel erscheint er natürlich voller Widersprüche: einerseits menschenähnlich, ein Supermann-Gott mit einem langen weißen Bart, auf einer Wolke sitzend, allmächtig, allgegenwärtig, allwissend, gütig und liebend, vergebend und umsorgend, beschützend und friedfertig – und auch gewalttätig, kriegerisch, brutal, grausam, unmoralisch (wie zum Beispiel bei Hiob). Und andererseits ist er ein „Geist", von der Welt der Menschen entfernt, ein a-moralischer Gott, dessen Einfluß auf das menschliche Leben allenfalls indirekt, diffus, distanziert ist. Er ist der Schöpfer des Universums, der sich um das, was die Menschen tun, nicht schert. Dabei wiederum, in der Bibel, hört er auf die Gebete – oder er entschließt sich, sie zu ignorieren. Er schuf die Welt in 6 Tagen, vor etwa 5.700 Jahren. Damals erschuf er alles – all das, was schon seit Milliarden von Jahren existierte. Er beherrscht sein riesiges Universum, aber gleichzeitig kümmert es ihn, wenn die Juden Milchkaffee trinken, nachdem sie etwas Huhn verspeist haben, was nach dem Gesetz der *Kaschrut* verboten ist.

Er möchte wissen, ob du das Morgengebet verrichtet hast und deine Gebetsriemen angelegt hast, aber nur, wenn du ein Jude bist. Ansonsten interessiert es ihn nicht. Wenn du ein Jude bist, hast du bestimmte Dinge zu tun oder zu unterlassen. Christen und Muslime verehren denselben Gott, haben aber anderes zu beachten. Obwohl es also derselbe Gott ist, verlangt er von verschiedenen Gläubigen Verschiedenes. Ein Katholik, der die Pille zur Geburtenkontrolle benutzt, wird in der Hölle braten, ein Muslim, der Wein trinkt, ebenso. Einem Protestanten, der Jesus nicht als seinen persönlichen Retter ansieht, wird es ebenso ergehen. Gott muß sehr verwirrt sein.

Strenggenommen gibt es den Monotheismus nicht. Christen anerkennen die Dreifaltigkeit (Vater, Sohn und Heiliger Geist), die Eins ist. Die Katholiken fügen noch etwas hinzu, eine weibliche Gottheit: Maria. Sie sitzt neben Jesus, der neben dem Vater sitzt (*qui sedes ad dexteram patris*), der aber derselbe ist wie Jesus. Christen, Muslime und Juden kennen ferner Satan, der im Buch Hiob als alternativer Gott erscheint. Man hat ihn aus dem persischen Zoroastrismus übernommen. In der dualistischen Vorstellungswelt verkörpert Ahriman den Gott der Finsternis und des Bösen. Wer aber übt Macht über die Männer (und die Frauen) nun aus? Nach Hiob verleiht Gott diese Fähigkeit letztlich Satan. Allerdings behält er sich das Vetorecht vor. In allen drei sogenannten monotheistischen Religionen gibt es ferner eine große Anzahl von Engeln. Man könnte sie als „untergebene Götter" bezeichnen. Im Judentum, besonders seinem mystischen Zweig, finden wir Lilit, einen weiblichen Geist, der das Üble verkörpert. Ferner gibt es die *Schechina*, den Geist Gottes, ein Äquivalent zum Heiligen Geist im Christentum. Das katholische Christentum kennt Heilige, Menschen, die vom göttlichen Geist erfüllt wurden und zu Objekten der Anbetung wurden. Im Islam spielen verschiedene Engel eine wichtige Rolle bei der Abfassung des Korans und in der Leitung menschlicher Schicksale. Reiner Monotheismus ist wahrlich schwer zu finden. Im Buddhismus, der in Wirklichkeit atheistisch ist, zumindest in seiner ursprünglichen Form, welche im Therawatha-Buddhismus überliefert ist, gibt es gleichwohl Bodhisattvas, Menschen, die Erleuchtung erfahren haben oder der Erleuchtung zumindest fähig sind und die berechtigt sind, das Nibbana (Nirwana) zu betreten, jedoch freiwillig unter normalen Menschen verbleiben, um diese zu führen. Sie sind die Entsprechung der katholischen Heiligen und sind wahrhaft göttlich beseelte Personen. Der volkstümliche Buddhismus liebt hingebungsvoll die Figur und die Statue des Buddha, und es gibt sicher Millionen solcher Statuen in Asien. Die jüdische Religion unterscheidet sich tatsächlich nicht von anderen Glaubenssystemen hinsichtlich ihrer grundsätzlichen polytheistischen Struktur. Sie versucht mit allen Kräften monotheistisch zu sein, aber es gelingt ihr nicht recht.

Gerade die Irrationalität des Konzepts „Gott" – so scheint es – stellt einerseits den Kern der Religion dar und erklärt andererseits ihren Erfolg. Menschen, und selbstverständlich auch Juden, entwerfen göttliche Persönlichkeiten und versehen sie mit ihren eigenen Eigenschaften: „gut“ und „schlecht“. Im Judentum ist Gott der Vater (wie gesagt, es gab ursprünglich auch eine Mutter, aber diese wurde während der Entwicklung zum Monotheismus abgeschafft). Er ist der große Retter aus aller Not, aber gleichzeitig von bedrohlicher Gestalt. Ein Mensch, sei er Jude oder nicht, betet genaugenommen zu sich selbst, denn es gibt „da oben“ niemanden, der ihn anhört[7]. Doch Gebete sind aus psychologischen Gründen äußerst wichtig. Die Bemerkung, daß es in der Not keine Atheisten gibt, spiegelt das wirkliche Leben wider: Unter extremen Umständen benötigen Menschen Hilfe. Sie können sich nur in Form von Gebeten an einen (nicht existierenden) Gott (und das ist die entscheidende psychologische Seite) wenden. Dadurch empfangen sie Trost, und es stärkt sie. Dies ist einer der Hauptgründe, warum Menschen Götter oder Gott erfanden. Gott ist hilfreich, praktisch. Diese Erfindung, die die Menschen offenbar nach zehntausenden von Jahren Entwicklung erreicht haben, ist vielleicht die wichtigste, die sie gemacht haben, viel bedeutender als die Erfindung des Rades oder die Kunst des Feuermachens. Während jedoch das Rad, das Feuer – oder der Computer – physische Realität besitzen, ist Gott eine „spirituelle“, virtuelle, Realität. Den Juden gelang es, diese virtuelle Realität in ein monotheistisches (nun, größtenteils) Konzept zu destillieren, eines, das eine persönliche Verbindung zu diesem „Geist“ mit universellen Implikationen kombiniert, so daß jede eingebildete Verbindung zu Gott sehr mächtig wird. Andere Religionen erreichen dasselbe Ziel mit etwas anderen Strategien. Selbstverständlich weist das Konzept einen eingebauten Widerspruch auf: die vermeintliche Existenz eines allmächtigen gerechten Wesens einerseits und die miserablen Lebensumstände so vieler Menschen, Ungerechtigkeit, Erniedrigung und Mord andererseits.

Kehren wir zurück zur Geschichte der faszinierenden Menschen, der Bnei Yisrael, die das spätere Land Israel besiedelten (nicht in der Art Josuas eroberten), und aus denen im Laufe der Jahrhunderte das jüdische Volk wurde. Wann kam es dazu? Die Anfänge liegen wahrscheinlich um 730, als Israel, das nördliche Königreich, an die Assyrer fiel. In beiden Königreichen, Israel und Juda, kam es zu einem erbitterten Kampf zwischen Anhängern Jahwes und denen der kanaanitischen Götter, besonders El und Baal. Die Anhänger Jahwes gewannen schließlich in Juda die Oberhand, und die Elite, die 597 und 586 v. d. Z. ins babylonische Exil mußte, entwickelte in Mesopotamien die kulturelle Basis für eine ethnisch-religiöse Gemeinschaft. Einerseits führte man bestehende Traditionen

---

7 Mein verstorbener Freund Prof. Franklin H. Littell, ein methodistischer Pfarrer und großer Gelehrter, erzählte mir folgende Geschichte. In New York geriet ein Mann in Lebensgefahr, er hing an einem Ast über einem Abgrund, und schrie um Hilfe, bis eine laute Stimme Himmel und Erde erfüllte: „Gib Dich auf, mein Sohn, ich werde Dich zu mir in den Himmel holen.“ Der Mann schrie darauf: „Gibt es noch *jemand anderen* dort oben?“

fort, andererseits übernahm man neue Ideen, Glaubensgrundsätze und aufkommende neuartige Traditionen. Entscheidenden Einfluß hatten die beiden dominierenden Figuren Esra und Nehemia. Sie agierten unter dem Schutz der Vereinigten Staaten – nein, Entschuldigung, natürlich des Persischen Reichs – zwischen 538 (der Rückkehr einer kleinen Gruppe von Exilanten) und 333 (der Eroberung Palästinas durch Alexander den Großen).

Da ich die traditionelle Einteilung in Zeitalter nicht akzeptiere, erlaube ich mir, von einer Ära zur anderen zu springen. Dabei dürfte deutlich werden, wie kurz der Zeitraum von zweieinhalbtausend Jahren wirklich ist. In diesem Zeitraum entwickelte sich also die jüdische Zivilisation oder Kultur; ich benutze beide Begriffe, weil ich keinen großen Unterschied zwischen ihnen sehe. Wichtiger ist es, genauer zu fassen, was ich darunter verstehe: alles, was Juden (und gelegentlich auch andere) bewußt oder unbewußt in allen Bereichen des Lebens taten, und was eine direkte oder indirekte nachhaltige Wirkung auf die jüdische Identität hat. Dies schließt Ökonomie, Politik, Literatur, Kunst, das soziale Leben, die Religion, Philosophie und andere Tätigkeitsbereiche ein. Bis ins 18. Jahrhundert entwickelte sich die jüdische Kultur hauptsächlich, allerdings nicht ausschließlich, innerhalb eines festgelegten Rahmens von religiösen Überzeugungen. Diese basierten auf bestimmten Texten, die kanonisch wurden. Wie bereits erwähnt, bedeutet dies nicht, daß die jeweils aktuellen Glaubensvorstellungen mit ihnen übereinstimmten.

Das religiöse Judentum setzte den Akzent mehr auf das, was Juden taten, als auf das, was sie glaubten[8]. Die jüdische Kultur entwickelte sich in einer religiösen Sphäre, die sich ständig änderte. Dies bedeutet nichts anderes, als daß die Religion zwar ein wichtiges Element der jüdischen Kultur darstellte, aber bei weitem nicht das einzige. Ich werde mich noch damit beschäftigen, was zur „jüdischen Kultur“ gehört und was nicht. Was also ist „Judentum“? Judentum ist nicht identisch mit der jüdischen Religion, ganz im Gegensatz zu dem, was unsere orthodoxen (und einige konservative) Koryphäen immer wieder behaupten. Judentum ist vielmehr

---

[8] Es gibt eine wunderbare, wahrscheinlich apokryphe, Geschichte, die von der Witwe von Berl Locker, einem frühen sozialistischen Zionisten (und Gründer der jüdischen Gewerkschaftsbewegung in Palästina, der Histadrut) erzählt wurde.

Als der junge Berl um die Hand seiner späteren Frau anhielt, in einem kleinen ukrainischen Schtetl, wurde er von deren Großvater, dem örtlichen Rabbi, geprüft. Er wollte herausfinden, um was für einen jungen Mann es sich handelte, der seine bevorzugte Enkeltochter zu heiraten gedachte. Er fragte ihn „Hast du deine tfilim angelegt?“ (Gebetsriemen; etwas, was jeder religiöse Jude am Morgen tut.)

Der junge Berl in seinem offenen ukrainischen Hemd antwortete mutig: „Ich glaube nicht an Gott“ (*ich gloib nischt in gott*).

Daraufhin erwiderte der alte Mann: „Habe ich dich danach gefragt? Ich habe dich gefragt, ob du die tfilim anlegst.“ (*Wer hot dich gefregt? Ich hob dir gefregt eib du legst tfilim*) Wichtig war nicht, was der junge Berl glaubte oder nicht glaubte, sondern was er *tat*.

das Ergebnis einer weiten Bandbreite von schöpferischen Aktivitäten, wie man sie in jüdischen Gemeinschaften über mehr als 2.500 Jahre finden kann.

Die jüdische Geschichte ist faszinierend. Die Juden stellten eine nennenswerte Minderheit im Römischen Reich dar, und zwar vor und nach der Zerstörung des Zweiten Tempels. Die großen Reiche, das römische, dann das byzantinische und das parthische (247 vor bis 224 d. Z.), erwiesen sich als ein relativ stabiles Umfeld, in dem jüdisches Leben aufblühen konnte. Nach dem Fall des Weströmischen Reichs 476, und als Ergebnis gewaltiger Wanderungen großer Stämme durch Europa und den Mittelmeerraum, Epidemien, fortwährender Kriege und Verwüstungen, kam es zu einem starken Bevölkerungsrückgang, sogar in Persien und Mesopotamien. Wir wissen wenig über die jüdischen Gemeinschaften, die in den ersten Jahrhunderten nach 476 bestanden. Wir wissen, daß die Juden unter der westgotischen Herrschaft in Spanien Verfolgungen erleiden mußten; in Gallien (Frankreich) dagegen waren sie mit anderen gleichgestellt. Wir haben archäologische Funde, die bestätigen, daß es Juden an vielen Orten gab, an denen sie während der römischen Zeit gesiedelt hatten, und wir finden einige Hinweise in kanonischen Texte dieser Jahre, aber nicht viel mehr. Etwas reichhaltiger sind die Informationen aus der Zeit zwischen dem 8. und 12. Jahrhundert. Große jüdische Gemeinschaften wurden in Nordafrika von arabischen Eroberern unterworfen, doch die spanischen Juden wurden durch die nordafrikanische islamische Eroberung im Jahre 711 und danach von der westgotischen Unterdrückung befreit. Bis zum Ende des 11. Jahrhunderts gab es in Westeuropa keine Verfolgungen. Über die demographische Entwicklung liegen uns kaum Informationen vor. Einige Forscher gehen von nicht mehr als einer Millionen Juden im 10. Jahrhundert aus (Mesopotamien und Persien eingeschlossen); andere schätzen ihre Zahl auf hunderttausend.

Wie erklärt sich das Überleben des jüdischen Volkes durch diese Jahrhunderte der Unterdrückung in allen Belangen des Lebens an vielen (nicht allen) Orten? Es gibt keine befriedigende Antwort, die auf zuverlässigen Fakten fußt. Es lassen sich nur Vermutungen anstellen, die sich auf ähnliche Entwicklungen anderer ethnischer Gruppen stützen. Ursprünglich waren die Bnei Yisrael, Nomaden, die im späteren Land Israel siedelten, Kleinbauern, hauptsächlich in der Bergregion. Nur in Zeiten wirtschaftlichen Wachstums stießen Menschen aus den Tälern und der Küstenebene, freiwillig oder nicht, zu der jüdischen religiös-ethnischen Gruppe. Sie bearbeiteten ihre Felder mit Hilfe von Ochsen, Eseln, Pferden, Maultieren oder zogen selbst den hölzernen Pflug (später mit einigen Metallteilen versehen) auf künstlich angelegten schmalen Terrassen, die man heute noch finden kann (und die wahrscheinlich schon vor den Israeliten da waren). Kleine enge Täler machten eine intensivere Landwirtschaft möglich. Wenn sie in dem Land zwischen Mittelmeer und Jordan und teilweise östlich des Jordans (auch auf dem

Golan gab es bis zum Aufstand gegen Rom eine beträchtliche jüdische Bevölkerung) verblieben wären und ihre abgeschiedene eigene Kultur fortentwickelt hätten, wären sie schließlich mit ihrer Umwelt verschmolzen und ihre Kultur wäre verlorengegangen. Oder aber ihre Kultur wäre möglicherweise erhalten geblieben und sie wären zu einer jener „sonderbaren" Gruppen mit einer eigenartigen Kultur geworden, von denen es auf der Welt so viele gibt.

Aber, wie wir gesehen haben, sie verließen nach und nach ihr Land – oder konvertierten nach der arabischen Eroberung 638 zum Islam –, vermehrten ihre Anzahl durch Konvertiten, oder es traten ihnen andere bei, die sich von ihrer Gruppe angezogen fühlten. So wurden sie ein eigenes Volk aus vielen Gemeinschaften an vielen Orten. Sie waren überall eine Minderheit mit einem eigenen Glaubenssystem. Meistens waren sie Teil der Mittelklasse, sowohl in den Dörfern als auch in den Städten. Allerdings gingen auch einige weiter der Landarbeit nach, sofern ihnen dies erlaubt war. Sie trugen, wenn man so will, ihre besondere Kultur auf ihrem Rücken mit sich. Sie wurden akzeptiert, manchmal willkommen geheißen, gelegentlich verfolgt, oft schlicht als eine gesellschaftliche Gegebenheit hingenommen – eine Gruppe, die Teil einer größeren sozio-ökonomischen Struktur war. Was wir heute als „Antisemitismus" bezeichnen (es wird davon noch die Rede sein), also die Feindseligkeit gegenüber Juden als Juden, trat nur gelegentlich auf, in Krisenzeiten, wenn auch nicht immer. Die religiösen Führer, sowohl im Christentum als auch im Islam, waren ihnen aus ideologischen Gründen eher feindlich gesonnen, was aber nicht bedeutete, daß die weltlichen Autoritäten ihnen notwendigerweise in dieser Einstellung folgten. Die Juden bauten einen „virtuellen" Schutzwall um sich auf, um sich ihre Einzigartigkeit zu bewahren. Man konnte sie aufgrund ihrer Speisevorschriften (*Kaschrut*) nicht zum Essen einladen. Sie hatten einen anderen Ruhetag als die anderen. Man konnte sich ihnen zugesellen oder einzelne von ihnen bekehren, aber es blieb schwierig. Mischehen hat es sicher gegeben, aber sie waren Ausnahmen. Von Ausbrüchen von Feindseligkeit abgesehen gab es oft ein Gefühl des Unbehagens auf Seiten der umgebenden Gesellschaft angesichts dieser seltsamen Gruppe von Menschen mit ihren eigenen kulturellen Gepflogenheiten. Häufig wurde ihnen mit einer Mischung aus Angst und Verachtung begegnet. Letztlich waren sie eine Minderheit. Aber sowohl in der christlichen als auch der islamischen Welt war man sich bewußt, was man von dieser Gruppe geerbt hatte. Die Juden würden nicht aufgeben, sie würden sich nicht anpassen. Wie frech!

Dies sind einige Elemente aus der Geschichte jenes unerhörten Volkes.

Kapitel 3

Holocaust, Gott und Religion

Es ist nicht so, daß ich nicht an Gott glaube. In Wahrheit glaube ich so inbrünstig wie jeder religiöse Gläubige, daß es keinen Gott gibt, weil es keine Möglichkeit gibt, daß eine Wesenheit wie diese jenseits menschlicher Vorstellungskraft existieren kann. Natürlich meine ich den allmächtigen Gott, der das Universum geschaffen hat, den Gott der Gerechtigkeit, den Obersten Richter, wie er uns, nur in etwas unterschiedlicher Weise, von den sogenannten monotheistischen Religionen vorgestellt wird. Man wird von jemandem, der nicht an die Existenz eines Gottes glaubt, nicht erwarten, daß er an viele Götter glaubt, wie sie etwa von den Indern und Chinesen verehrt werden. Der Buddhismus ist anders. Wir haben bereits gesehen, wie sich in der jüdischen Zivilisation die Bezeichnung von Jehovah-El-*Elohim* (wörtlich: Götter) entwickelt hat. Die Tatsache, daß man solch eine historische Veränderung feststellen kann, zeigt, daß der Glaube an einen Gott (oder Götter) das Ergebnis menschlicher Vorstellungen, Bedürfnisse und Ängste ist. Es ist nichts Neues, festzustellen, daß die Angst vor dem Tod eine der stärksten Kräfte im Leben der Menschen ist und daß die religiösen Glaubenssysteme nichts anderes als ein Weg sind, diese Furcht zu vermindern oder zumindest teilweise zu neutralisieren. „Gott" (Götter) ist eine nützliche Erfindung, äußerst wichtig für die Mehrheit der Menschen, und ein effektives Mittel, menschliche Ängste zu reduzieren. Daraus folgt, daß es sich dabei nicht um eine Erfindung handelt, die man mit wissenschaftlichen Neuerungen vergleichen kann. Diese schaffen etwas, daß es bislang nicht gegeben hat und das unseren Sinnen zugänglich ist, oder es ist eine Entdeckung von etwas, daß uns bislang nicht bekannt war. Gott ist ein Konstrukt, das nicht die Wirklichkeit wiedergibt. Polytheistische Glaubenssysteme versuchen bekanntlich, Naturereignisse, besonders Naturkatastrophen, zu erklären. Bäume, Flüsse, die Sonne, Sterne, der Mond, Regen, Dürren, Fluten, Erdbeben, Finsternisse, der Wandel der Jahreszeiten usw. wurden Gottheiten, um angebetet und damit befriedet zu werden. Kriegsgöttern mußten Menschenopfer dargebracht werden, damit sie den Sieg in einer Schlacht sicherten, und als Zeichen der Dankbarkeit für einen Erfolg – z. B. Huizilopochtli bei den Azteken. Menschenopfer waren Teil vieler früher Kulturen. Die Geschichte von der Opferung Isaaks ist offensichtlich ein Zeichen für den Übergang vom Menschen- zum Tieropfer. Das zeigt, daß die frühen Vorfahren Israels Menschen opferten oder den Hang dazu hatten und daß sie davon abgebracht werden mußten. Es scheint ein Muster polytheistischer Glaubenssysteme zu sein, daß es einen Hauptgott gibt und viele andere Gottheiten mit speziellen Funktionen. Sie antworten auf praktische Bedürfnisse, bieten aber auch emotionalen und spirituellen Halt. Damit sage ich nichts Neues.

Es scheint so, daß sich bis zur Herrschaft von Pharao Akh-en-Aton (Echnaton – 1351 – 1334 v. d. Z.), also etwa 100 Jahre vor der vermeintlichen Vertreibung aus Ägypten, keine monotheistische Tradition nachweisen läßt. Wie bereits erwähnt, verehrte Echnaton die Sonnenscheibe, oder, wie einige sagen, die Sonnenstrahlen – in diesem Fall würde es sich fast um eine abstrakte Gottheit handeln. Hatte diese frühe Form des Monotheismus Einfluß auf die Israeliten? Diese Frage läßt sich nicht beantworten. Der Monotheismus hat den offensichtlichen Vorteil, daß er alle Götter, also alle Bedürfnisse des Menschen, in einem Objekt der Anbetung vereint. Der Monotheismus entwickelte sich aus dem Polytheismus, und das jüdische Glaubenssystem ist keine Ausnahme – der ursprüngliche Polytheismus läßt sich überall feststellen.

Es gibt auch verschiedene Formen des Atheismus. Hauptsächlich bauen sie auf den Lebenswissenschaften auf. Sie gehen von der Richtigkeit der Theorie von Charles Darwin aus (wie etwa bei Richard Dawkins). Oder es sind kosmogonische und kosmologische Argumente, die Theorien über den Urknall und was davor war oder parallel dazu existierte, im Sinne von Paralleluniversen usw., in den Vordergrund stellen. Ich bin kein Spezialist auf diesem Gebiet. Meine Argumentation zielt in ein andere Richtung: Sie ist moralischer Art. Man muß nicht auf den Holocaust hinweisen, um die Nichtexistenz eines allmächtigen und gerechten Gottes zu belegen; es genügt, auf den Autounfall eines Kindes hinzuweisen. Aber durch die Dimension des Holocausts, in dem Millionen von Juden aufgrund einer falschen Weltanschauung ermordet wurden, bietet er sich als Diskussionsgrundlage an. Unter den Ermordeten befanden sich mindestens eine Million Kinder unter 13 Jahren.

Um es deutlich zu sagen: Ich bin nicht zufällig Atheist. Da ich in den Traditionen meines Volkes verwurzelt bin, lehne ich neben anderen Göttern zuallererst die Existenz des Gottes der mythologischen Figuren von Abraham, Isaak und Jakob ab, mit anderen Worten „meines“ Gottes. Damit einher geht die Ablehnung des Weiterlebens nach dem Tode in einem Paradies oder an einem „anderem Ort“. Ein solcher „Nichtglaube“ ist nicht einfach, da man sich von wunderbaren Illusionen freimachen muß; man muß sich darüber klar werden, daß der Tod das Ende ist, daß es danach nichts mehr gibt (ich wurde 1926 geboren). Daraus ergeben sich einige Schlußfolgerungen, sowohl im allgemeinen als auch auf das Judentum bezogen.

Die atheistische Argumentation mit Bezug auf den Holocaust ist nicht schwierig. Es gibt Rabbis, die viel wissen und wenig verstehen. Sie argumentieren mit Jeremia: *Die Väter haben saure Trauben gegessen, und den Kindern werden die Zähne stumpf* (Jeremia, 31:29) – auf Hebräisch: *avot akhlu bosser veshinei banim tikkhena*. Die Juden wurden also wegen der Sünden ihrer Vorfahren ermordet. Ganz zu schweigen davon, daß Jeremia im nächsten Satz fortfährt (Vers 30): *jeder wird nur um seiner eigenen Schuld willen sterben*, klagen diese Rabbis namenlose Juden aus einer namenlosen Vergangenheit an, gesündigt zu haben und für Auschwitz verantwortlich zu sein. Nehmen wir an, daß einige Juden im Polen des 14. Jahrhunderts oder während der Herrschaft der Westgoten im frühmittelalterlichen Spanien nicht koscher gegessen haben oder daß ihre *Mesusot* (Pergamentstückchen in Kästchen, die das jüdische Glaubensbekenntnis enthalten, die an allen Türen angebracht sind), nicht korrekt waren – deswegen wurden ihre Nachfahren in Polen ermordet. Wem gegenüber sündigten sie? Gegenüber dem jüdischen Gott Jehova, dem König der Könige. Was taten sie wirklich? Ich weiß sicher, daß sie keine Massenmorde begingen. Während der biblischen Zeiten geschah es wohl doch, wie die Bibel sagt, z. B. in Numeri, Kapitel 31, als man die Midianiter tötete, aber dies taten sie, wenn sie es getan haben, im Namen desselben freundlichen und gnädigen Gottes. Nehmen wir ferner an, daß einige von ihnen in der Vergangenheit sich ihren Ehefrauen gegenüber nicht an die frommen Regeln hielten, obwohl einige ihrer biblischen Vorfahren ebenso handelten. Deshalb sind ihre Nachkommen in Polen in Auschwitz ermordet worden. Der gnädige Gott, der auch ein nicht vergebender Rächer ist, hat sie umgebracht. Eine derartige Ansicht ist so abseitig und unmoralisch, daß der Versuch schwerfällt, sie ernst zu nehmen. Die Rabbiner, die diese Ansicht vertreten – unter ihnen der unlängst verstorbene, bedeutende Rabbiner Ovadia Yosef, dieser gelehrte und völlig unmoralische Ignorant, der Führer der einflußreichen ultraorthodoxen Shas-Partei in Israel (2015) –, sollten sich schämen. Aber selbstverständlich tun sie es nicht. Der traditionelle monotheistische Gott ist, wie gesagt, allmächtig und allwissend und natürlich allgegenwärtig. Er hätte die Ermordung von mindestens einer Million Kindern seines Volkes, mit dem er einen Bund geschlossen hatte, verhindern können (obwohl die Juden der biblischen Legende zufolge keine Wahl hatten: der Bund wurde ihnen aufgezwungen, wie ein zu einem Waschzuber geformter Berg [*har kegigit* auf Hebräisch]). Warum nur? Ganz offensichtlich, weil ein Vorfahre in früher Zeit „gesündigt" hatte. Ein solcher Gott ist kein guter Gott, sondern ein Satan. Wer an einen solchen Gott glaubt, glaubt an den Satan. Die Orthodoxen antworten darauf mit Jesaja 55:8 „denn meine Gedanken sind nicht eure Gedanken, *eure Wege sind nicht meine Wege*" (hebräisch: *lo darkeikhem drakhai*). Mit anderen Worten: Wir sind prinzipiell nicht in der Lage, die göttlichen Handlungen zu verstehen, denn wir sind lediglich kümmerliche Geschöpfe, und er ist Gott.

Dasselbe Argument findet man beispielsweise bei Hiob. Hier sagt Gott es deutlich und wortreich (obwohl er ein Geist ist, der nicht sprechen kann; aber das macht nichts). Die Gegenposition ist einfach: Ich habe kein Verlangen, derartige Handlungen und Unterlassungen eines solchen Gottes zu verstehen, und unabhängig davon, ob ich es verstehen kann oder nicht, lautet die entschiedene Antwort: Ein Gott (wir erinnern uns: allmächtig, allwissend und übrigens auch gerecht), der für die Ermordung von Millionen Kindern (schließlich auch nichtjüdischen) verantwortlich ist, obwohl er dies hätte verhindern können, aber nicht verhindert hat, ist – ich wiederhole es – ein Satan. Wer auch immer an einen Gott Israels glaubt, einen gnädigen und freundlichen Gott, den Richter des Universums usw., dem sei gesagt, daß er unglücklicherweise einen bösen Gott verehrt. Wir sind Liberale, und so werden wir sie nicht davon abhalten, an Satan zu glauben, denn genau das tun sie. Was mich betrifft – nein danke. Es gibt noch andere Argumente, die von jüdischen Religionsgelehrten vorgebracht werden. Eines bezieht sich auf „das verhüllte Gesicht“ (hebräisch: *hester panim*). Gott mag nicht, was die Menschen, besonders die Juden, tun. Ihnen wurde die Freiheit gegeben zu wählen, und sie wählen das Böse. Da die Menschen, besonders die Juden, sündigen, verbirgt Gott sein Gesicht. Er möchte nicht sehen oder eingreifen, bis die Menschen, und besonders die Juden, seinen Geboten folgen. Durch diese Argumentation werden die Nichtjuden zunehmend ignoriert. Sie sind keine vollwertigen Menschen, weil sie erstens nicht Teil des Bundes sind, und zweitens weil Gott hauptsächlich an den Juden interessiert ist, mehr noch, ihnen wurden die Gebote gegeben. Es reicht also nicht aus, wenn ein Einzelner – Verzeihung, ein einzelner Jude – Buße tut[1]. Alle Juden müssen Buße tun, sie haben sich nach Gott zu richten, denn der Bund war mit dem gesamten Volk geschlossen worden, ganz offensichtlich für die Ewigkeit, so daß die Juden des 21. Jahrhunderts das Versprechen ihrer Vorväter erfüllen müssen (es gab niemals einen derartigen Bund oder eine Übergabe der Gebote auf irgendeinem Berg auf der Halbinsel Sinai, aber das ist eine andere Sache). Und weil die Juden in ihrer Gesamtheit nicht genügend Buße taten, wurden eine Million Kinder ermordet.

Nochmals Es handelt sich um Spekulationen. Nach allem, was wir wissen, war kein Rabbi, wie groß auch immer, und kein Mystiker, wie beeindruckend auch immer, je „dort oben“ (und warum nicht „dort unten“?), sprach mit Gott und hörte von ihm, daß er sein Gesicht verberge (nebenbei, Gott kann sich nicht abwenden, da es sich um einen „Geist“ handelt, aber auch dies ist eine andere Geschichte). Die ganze Argumentation ist eine reine Erfindung. Ferner darf man anmerken, daß, wenn man annimmt, daß Gott sich abwendet, alle Gebete nutzlos sind, denn

1 „Buße“ ist hier übersetzt aus dem Hebräischen *khazara betshuva*, wörtlich: „eine Rückkehr zur Buße“.

es gibt niemanden, der die Juden hört. All die liturgischen Übungen, das endlose Beten und die Ehrenbezeugungen sind schlicht überflüssig. Wer sich abwendet, ist nicht ansprechbar für die, die sich ihm zuwenden (natürlich ist es ein „Er“ und keine „Sie“). Und drittens: Der jüdische Gott, wenn er existiert, kann alles und jedes mit einer Ausnahme: Er kann nicht aufhören, Gott zu sein. Genauer gesagt: Er kann nicht aufhören, der Allmächtige, Allwissende und Allgegenwärtige zu sein. Er kann also nicht aufhören, all das zur Kenntnis zu nehmen, was sich ereignet, überall, zu jeder Zeit im Universum, eingeschlossen Osteuropa zwischen 1941 und 1945. Er kann also nicht vermieden haben zu wissen, was mit den jüdischen Kindern zu dieser Zeit, sie waren keine 13 Jahre alt, geschah. Nicht nur mit den Jungen, sondern in diesem Fall, trotz der immanenten Frauenfeindlichkeit der monotheistischen Religionen, auch mit den Mädchen. Falls er also existiert, weiß er es, und da er allmächtig ist, hätte er die Ermordung verhindern können, aber er tat es nicht. Er ist also für den gewaltsamen Tod der Kinder genauso verantwortlich wie die unmittelbaren Mörder, denen er die Freiheit gab, zu tun, was sie taten.

All dies bezieht sich auf den traditionellen monotheistischen Gott, den Gott des biblischen Ruhms und der Anbetung. Der Gott von Einstein und vielen anderen Intellektuellen ist etwas anderes. Hier geht man von der Vorstellung einer kosmischen Intelligenz aus, die das Universum beherrscht. Diese „kosmische Intelligenz“ mag den Big Bang verursacht haben, aber dies bleibt eine Spekulation, ebenso wie die altmodische Gottesvorstellung. Selbstverständlich kann man nicht mit absoluter Sicherheit ausschließen, daß eine solche Intelligenz existiert. Aber wir können auch nicht ausschließen, daß es irgendwo Einhörner gibt. Sicher ist, daß es sich beim Universum um einen Kreislauf von Existenz und Nichtexistenz handelt, oder, in menschlichen Begriffen, Leben und Tod. Letzterer herrscht. Alles, von den Sternen bis zur Antimaterie, ist von der Geburt an vorgesehen, zu sterben, zu verschwinden, und das Chaos scheint häufiger zu sein als jede andere Ordnung. Mit anderen Worten, jede Ordnung ist vorübergehend, dazu bestimmt, sich aufzulösen und zu verschwinden. In diesem Zusammenhang ist es mir wichtig festzustellen, daß, sollte diese „kosmische Intelligenz“ existieren, sie keinerlei Beziehung zu menschlichem Leben aufweist, und ganz sicher nicht zu dem, was wir Moral nennen. Sollte sie existieren, würde es sich um eine „a-moralische“ Kraft handeln. Nun, wenn man dies Gott nennen will, so mag man es tun. Ich würde eher „Satan“ vorziehen, *von ihm* haben wir zumindest eine genauere Vorstellung.

Kommen wir zurück zur Betrachtung des traditionellen jüdischen Gottes. Man fragt sich, was er all die Milliarden Jahre tat, bevor die Evolution den *Homo sapiens* hervorbrachte, also vor ca. 150 – 200.000 Jahren. Folgt man den „großen“ orthodoxen „Gelehrten“, existiert die Welt gerade 5.700 Jahre. Aber da nun das Universum und unser Planet etwas älter sind, stellt sich diese Frage, wie Gott seine Zeit verbrachte; auf angenehme Art, hofft man. Vielleicht spielte er zum Vergnügen mit großen Bällen, voll von heißem Gas und endlosem gefrorenem Raum. Aber schließlich entschloß er sich, mit der Evolution, dieses wunderbare Tier, das man Mensch nennt (Mann und Frau), zu erschaffen. Auch dann dauerte es noch eine geraume Zeit, bis die sogenannten Söhne Israels (keine Töchter?) auftauchten und er mit ihnen einen Bund schloß. Daraus entwickelte sich dann das jüdische Volk, die Krönung aller göttlichen Anstrengungen. Folgt man Rabbi Abraham Isaak Hacohen Kook, Oberrabbiner des Mandatsgebietes Palästina (er verstarb 1935), sind nur Juden Menschen, alle anderen stehen auf oder unter dem Niveau von Tieren. Dies erklärt, warum Gott den Bund nur mit den Juden schloß – bevor er ihre Kinder ermordete.

Wir haben bereits gesehen, daß der Exodus, die Übergabe der Gesetze auf dem Sinai usw. Legenden sind. Aber man muß zur Kenntnis nehmen, daß Millionen Menschen daran glauben, selbstverständlich auch Juden. Die existentielle Unsicherheit der Menschen, also auch der Juden, kann gemildert werden, indem man ihnen, und besonders den Juden, versichert, daß Gott, der Vater im Himmel, sie beschützen wird. Religiöse Juden sind sich absolut sicher, daß es so ist – er schloß den Bund mit uns. In Israel sieht man Autoaufkleber, auf denen steht „Es gibt niemanden wie ihn", eine Anlehnung an die islamische Formulierung „Gott ist groß" (*Allahu Akbar*). Betrachtet man diese Tatsache, so ist der Schutz, den der jüdische Gott seinem Volk gewährt, nicht sonderlich groß. Aber das scheint nicht zu stören, auch wenn er 5,7 Millionen Holocaust-Opfer, darunter eine Million Kinder, zu verantworten hat. Die jüdischen Religionsfanatiker, besonders, aber nicht nur, die Siedler der Westbank (deren Zahl wächst), sind sich sicher, daß Gott uns das ganze versprochene Land geben und die Araber verjagen wird. Vielen Dank.

Kommen wir zu einer weiteren Fragestellung: die von Gott gegebene Freiheit des Menschen, zwischen Gut und Böse zu wählen. Die Bibel geht von der Annahme aus, daß es gut ist, Gottes Gebot zu folgen, und wenn man so handelt, wird man dafür in dieser Welt belohnt. Der Zusammenhang mit der „anderen Welt" ist weniger offensichtlich. Wenn Du dem Gebot nicht folgst, wirst Du bestraft – im irdischen Leben. Im Laufe der Zeit wurde klar, daß diese Formulierungen nicht zu halten waren. Zu offensichtlich waren Sünder erfolgreich. Daraufhin wurde die Bestrafung in das Jenseits verlegt. Es wurde zur Grundlage nicht nur im Judentum, sondern ebenso im Christentum und Islam. Das Problem mit der Freiheit im allgemeinen, aber besonders, wenn wir sie mit dem Holocaust in Verbindung setzen, ist, daß die Mörder sicher eine Wahl hatten und sie nach unseren Vorstellungen das Böse wählten. Aber welche Wahl hatten die Millionen Kinder? Und wie steht es mit ihren Eltern und Großeltern? Und allgemein gefragt, mit all den Juden, die ermordet wurden? Und stellt sich diese Frage nicht auch in Bezug auf alle hilflosen Opfer von Massenmorden und Völkermorden? Die Wahlfreiheit zwischen Gut und Böse, wie immer sie sich im einzelnen definiert, ist sicherlich lobenswert. Sie ist wichtig als Grundlage jeder demokratischen oder teilweise demokratischen Gesellschaft. Aber wenn die sogenannte Normalität abhanden kommt – und der größte Teil der menschlichen Geschichte ist eine Geschichte des ununterbrochenen Zusammenbruchs von Gesellschaften –, wird es problematisch. Die Tatsache, daß die meisten Religionen die Freiheit als gottgegebene Freiheit ansehen und damit als eine Grundlage menschlichen Verhaltens, wirft ein Problem auf und gibt uns einen unlösbaren Widerspruch: Die Wahlfreiheit wird nur den Tätern gewährt. Die Opfer verfügen nicht über dieses Privileg. Ein Gott, der die Wahlfreiheit nur den Nazis gegeben hat, ist ein ... aber das haben wir bereits festgestellt.

Werfen wir nun einen Blick auf das, was die jüdische Religion über das Jenseits zu sagen hat. In Jerusalem gibt es nahe dem Berg Zion ein Tal. In biblischer Zeit hieß es Tal des Ben Hinnom (Sohn des Hinnom). Es gehörte einmal einem Mann dieses Namens. Hier wurden Kinder den kanaanitischen Gottheiten geopfert und später, wahrscheinlich zur Römerzeit, diente es zur Entsorgung von Abwässern und toten Tieren. Sicherlich kein angenehmer Ort. Zur Zeit des Zweiten Tempels wurde der Name *geihinom* (*gai* bedeutet Tal), auf Griechisch *gehenna*, ein Synonym für Hölle, sei es als vorübergehendes Fegefeuer oder als Ort der endgültigen Verdammnis. In der Bibel werden andere Begriffe benutzt, entweder eine neutrale Beschreibung des Ortes, wohin die Seelen nach dem Tod gelangen, immer unter der Erde, oder vage Vorstellungen Gottes Urteil über die Bösen. Die Vorstellungen bezüglich Hölle und Verdammnis in den verschiedenen monotheistischen Traditionen beeinflußten sich gegenseitig, und Dante, zeitgenössische Rabbis und große islamische Gelehrte sprechen grundsätzlich dieselbe Sprache. Ähnlich ist es mit den Paradiesvorstellungen – wahrscheinlich eine Beschreibung Mesopotamiens (Eden war ein anderes Wort für „Osten“). Die Vorstellungen, die Gerechten betreffend, entwickelten sich in den nachbiblischen Texten. Mittlerweile weiß jeder religiöse Jude, daß er die Ewigkeit zusammen mit den Engeln und dem Allmächtigen (wie langweilig!) verbringen wird. Andernfalls sieht er sich in einer warmen Welt, mit Teufeln aller Art, die ihm einheizen (aber wie kann die Seele, und mehr bleibt nicht übrig, brennen?). Das Problem mit all diesen Vorstellungen ist nicht nur, daß sie reine Spekulation sind, sondern daß sie vom Weiterleben der Menschen ausgehen. Aber wenn dem so ist, warum gilt dies nicht auch für Löwen, Dinosaurier und Schnaken? Der Mensch, das ist verständlich, fürchtet sich vor dem Tod. Sie und Er entwickelten deshalb Illusionen hinsichtlich eines Weiterlebens nach dem Tod. Die Menschen haben große Schwierigkeiten, sich mit dem Ende des Lebens abzufinden. Der Tod ist das endgültige Ende, und danach gibt es nichts, nicht einmal eine buddhistische Wiedergeburt (die Wiedergeburt gibt es auch in einigen monotheistischen Traditionen). Die Hölle (*sheol, tofet*) wird in der Bibel eher unbestimmt und undeutlich beschrieben. Es gibt keine Erwähnung eines Aufsteigens in den Garten Eden (das Paradies) nach dem Tod. Die Entwicklung derartiger Vorstellungen in der jüdischen Zivilisation war offensichtlich durch die persische und griechische Kultur beeinflußt, und zwar nachdem die Bibel bereits kanonisiert war. Das Christentum und der Islam folgten. Verständlicherweise wollten Nichtjuden und Juden – und sie wollen das immer noch – auf die eine oder andere Weise weiterleben. Unglücklicherweise (oder glücklicherweise) ist das nicht möglich und es gibt weder Hölle noch Paradies, so wie es keine „gute" (oder vollkommen „böse") Welt geben kann. Auch wenn es sich um einen verständlichen Wunsch handelt, so ist er doch illusorisch.

Falls jemand beim Lesen dieser Ausführungen auf den Gedanken kommt, sie würden sich gegen die Religion richten, so handelt es sich um ein Mißverständnis. Es ist ausführlich dargelegt worden, daß religiöse Vorstellungen sich aus der Bewunderung von und der Angst vor realen physischen Objekten entwickelten und sich schließlich zu Gottheiten formten, die das menschliche Leben bestimmten. Diesen Gottheiten wurden später abstrakte, spirituelle Bedeutungen zugeschrieben, da die Menschen herausfinden wollten, was die Gottheiten von ihnen wollten. All dies erwies sich als wichtig und hilfreich, und da es keine besseren Erklärungen gab, boten die Religionen die bestmöglichen Antworten. Religiöse Vorstellungen waren nicht nur nützlich, sie waren absolut notwendig für Menschen, die ein mehr oder weniger geordnetes Leben führten wollten. Wie anders hätten Menschen leben können, wenn alles um sie herum Chaos gewesen wäre? Religion bot ihnen eine mentale Struktur, die es ihnen ermöglichte, Turbulenzen und Unsicherheiten des Lebens zu meistern. Sie gab auch Antworten auf Fragen des Zusammenlebens innerhalb der Familie, des Clans, des Stammes, zwischen Gruppen und mit Fremden. Religion war in all ihren Schattierungen so gesehen vielleicht die größte Erfindung des Menschen, vielleicht größer als das Feuer oder das Rad. Anfangs gab es viele Gottheiten, denn es gab so viele Kräfte auf der Welt, sowohl auf der Erde als auch im Himmel, die zu verstehen Menschen Schwierigkeiten hatten. Die Israeliten (*Bnei Yisrael*), dann die Judäer und nach ihnen die Juden entwickelten daraus eine monotheistische Religion. Dies war eine wundervolle und sehr praktische Erfindung. Sie genügte realen und spirituellen Anforderungen. Wenn man ihre Grundannahmen akzeptiert (die mißverstanden wurden, aber das ist ein anderes Problem), dann erweist sich der Rest als logisch oder kann zumindest so angesehen werden.

Man muß hinzufügen, daß es scheinbar eine angeborene Tendenz des Menschen gibt, die Realität irrational zu interpretieren. Dies gilt nicht nur für die Religion. Jeder Aberglaube, jede Ideologie, die nicht auf Tatsachen beruht bzw. diese berücksichtigt, die mit der Hoffnung auf Wunder arbeitet, belegt diese irrationalen Haltungen. Was immer die Ergebnisse psychologischer Forschungen zu diesem Problem ergeben werden, es scheint so zu sein, daß irrationale Erklärungen zweckmäßig sind, da sie bestimmte Bedürfnisse erfüllen. Irrationale Einstellungen ermöglichen es, Dinge zu erklären, die anderenfalls schwer verständlich sind. Tatsachen, die uns ängstigen, unsere körperliche und/oder geistige Gesundheit oder unsere Existenz bedrohen, werden verdeckt. Während des Holocausts blieb unter den betroffenen Juden die Hoffnung bestehen, Gott werde ein Wunder bewirken und eingreifen, um die Katastrophe abzuwenden. Nicht nur religiöse Juden, auch säkulare hofften dies. Der Messias würde kommen, gewiß. Eins der eindrucksvollsten Beispiele sind die Predigten von Rabbi Kalman Klonymus Schapira, dem chassidischen Rabbi von Piaseczna, im Warschauer Ghetto. Es wäre für Gläubige wie Schapira nicht möglich gewesen, ohne die feste Verankerung in ihrem Glauben ihren täglichen Überlebenskampf zu führen. Es handelt sich hier um das Zeugnis eines brillanten chassidischen Gelehrten, einer moralischen Persönlichkeit voll Verzweiflung und der Hoffnung auf ein Wunder Gottes. Wenn alle Juden ermordet würden, wer würde die Größe Gottes bezeugen, und wie läßt sich dies in Einklang bringen mit dem Gottesbund? Schapira war alles andere als naiv und er stand in der chassidischen Tradition der Argumentation mit Gott. Er hielt an seinem Glauben an Gott fest, obwohl er sich auch darüber im Klaren war, daß der Massenmord ein Werk Gottes war. Er schrieb all dies, obwohl er seine ganze Familie verloren hatte, bevor er die Predigten beendet hatte, bevor seine Familie im Juli 1942 in das Vernichtungslager Treblinka deportiert wurde (er wurde im November 1943 in einem Lager bei Lublin ermordet). Der feste Glaube vieler Juden – beileibe nicht aller – an Gottes Gegenwart während des Holocausts läßt sich leicht belegen. Das ist nichts außergewöhnliches: Religiöse Vorstellungen haben die Menschen seit unzähligen Generationen begleitet. Der Glaube an einen Gott drückt sich in trivialen Dingen aus, etwa wenn Menschenmengen „Es gibt einen Gott“ schreien, wenn die israelische Fußballmannschaft ein Tor erzielt. Lionel Messi vom FC Barcelona der berühmteste Stürmer unserer Zeit, bekreuzigt sich und hebt die Augen, zeigt mit den Fingern zum Himmel, jedesmal wenn er trifft. Und das geschieht oft. Dies ist durchaus logisch, wenn man von der Vorstellung ausgeht, daß Gott die Welt regiert. Warum sollte er nicht auch bei einem Fußballspiel anwesend sein? Er ist beunruhigt, wenn ein Jude am Schabbat das Licht einschaltet, nicht wahr? Religion erfüllt eine Funktion und stellt eine Lösung für viele Probleme dar. Und wahrscheinlich hält diese Funktionalität viele Leute davon ab, Atheisten zu werden. Der Atheismus bietet Erklärungen an, aber er tröstet nicht. Er ist nicht funktionell, und das ist seine Achillesferse.

Religion erwies sich als notwendig für die Entwicklung der Kultur, womit ich nichts Neues sage. Die jüdische Kultur kann selbstverständlich nur verstanden werden, wenn man die Kraft der sich entwickelnden religiösen Ideologie mit einbezieht. Die Ideologie des jüdischen Monotheismus (na ja, nahezu Monotheismus ...) erlaubte es den Propheten, das zu sagen und zu schreiben, was sie sagten und schrieben. Sie setzten damit moralische Standards, die bis heute in der zivilisierten Welt vorhanden sind. Diese Ideologie schlug sich in einem riesigen Schatz an Literatur, Philosophie, Geschichte, Gesetzgebung und sozialen Strukturen der letzten 2.500 Jahre nieder. Die Bibel selbst ist eine enorme literarische, historische, ethische und philosophische Anthologie. Dabei gibt es Teile, in denen Gott nicht einmal vorkommt, wie das Buch Esther, Prediger usw. Doch Gott ist der zentrale literarische Held der Bibel. Man kann sich mit der jüdischen Kultur und Zivilisation nicht beschäftigen, ohne sich mit diesem Helden auseinanderzusetzen; das wäre so, wie sich *Hamlet* nicht ohne den Prinzen von Dänemark denken läßt. Wie in anderen biblischen Legenden läßt sich feststellen: Es spielt keine Rolle, daß sie etwas Nicht-Existentes beschreiben, weil aus den Legenden Tatsachen wurden.

Dies gilt ebenso für andere Völker und Nationen. Ohne Jesus gäbe es keine Oratorien und Kantaten von Bach, keine Malerei von Michelangelo in der Sixtinischen Kapelle. Ohne Ram, Krishna, Vishnu, Ganesh und all die anderen gäbe es keine wunderbaren Tempel in Indien. Der Buddhismus entstellte Buddhas Botschaft. Man präsentiert ihn buchstäblich in Millionen von Tempeln, Statuen und Bildern, gleich einem Gott. Glücklicherweise wurde sein Körper verbrannt, anderenfalls würde Buddha mit zunehmender Geschwindigkeit in seinem Grabe rotieren angesichts dessen, was seine Schüler taten. Buddha (Siddharta Gautama, wahrscheinlich 563 – 483 v. d. Z.) lachte über die Götter und sah in der polytheistischen Verehrung seiner Zeit eine Art Aberglaube. Seine Lehre, so kann man sagen, ist keine Religion, vielmehr eine Lebensweise. Man könnte sogar von einem atheistischen Glaubenssystem sprechen. Aber seine Nachfolger machten daraus eine Religion, und diese Religion schuf wunderbare Kunstwerke. Die Buddhisten bauten ihm zu Ehren einen Tempel in Yangon (Rangun) in Myanmar (Burma), den Shwe Dagon, der mit purem Gold überzogen ist. In China, in Japan und anderswo errichtete man Tempel und wunderbare Statuen, die Macht der Religion scheint die Kunst zu inspirieren. Doch auch in der Literatur und Lyrik läßt sich der positive Einfluß der Religion nachweisen. Ohne die Religion wäre die Zivilisation nicht in gleicher Weise vorangeschritten. Die außergewöhnlichen Werke des antiken Griechenland auf vielen Gebieten, bei Homer angefangen (unabhängig von der Frage, ob es Homer gegeben hat), sind undenkbar ohne Zeus, Athene und die anderen Götter. Ähnliches gilt für die große islamische Kultur, sei es im Nahen Osten, Spanien, Nordafrika oder Süd- und Südostasien.

Der Atheismus ist Teil der Religion. Es gibt keinen A-Theismus ohne Theismus. Man kann die Existenz Gottes, der Götter oder übernatürlicher Wesen nicht leugnen, ohne daß Menschen an sie glauben. Ähnliches gilt für die Agnostiker, d. h. die Unsicherheit, ob Gott oder Götter existieren oder nicht. Es muß einen allgemeinen Glauben an die Existenz solcher Wesen geben, damit man an ihnen zweifeln kann. Könnte man nicht in dieser Ablehnung eine Art ontologischen Gottesbeweis sehen (wie bei Anselm von Canterbury, 1033 – 1109, und bei Abu Ali al Hussein ibn Sina [Avicenna], 980 – 1037, seinem Vorgänger)? Wenn es keinen Gott gibt, warum sollte man ihn leugnen? Der Atheismus leugnet nicht die Idee von Gott oder den Göttern, wohl aber deren objektive Existenz. Die Gottesvorstellungen sind Teil der menschlichen Gesellschaft. Zwar gibt es keinen Gott, aber Mann und Frau haben sich Vorstellungen, seien sie weiblich oder männlich, geschaffen. Offensichtlich gab es ein Bedürfnis danach. Das Bedürfnis nach Illusion wird durch die Fixierung der meisten Menschen auf die Religion bewiesen. Selbstverständlich ist die Erschaffung der Götter nicht mit der eines Computers zu vergleichen. Sie ist Ausdruck der menschlichen Vorstellungskraft und wirkt auf das reale Leben zurück. Es handelt sich um Projektionen menschlicher Wesenszüge, deswegen weisen sie menschliche Qualitäten auf. Tatsächlich sind es Supermänner und Superfrauen im virtuellen Raum. Diese Eigenschaften sind, wenn wir sie bei Menschen vorfinden, sehr real und „körperlich“. Es besteht ein offensichtlicher Widerspruch zwischen einem spirituellen Wesen wie Gott und den Eigenschaften eines realen Menschen. Aber Religion ist nicht rational.

Gott bzw. die Götter bilden das Zentrum religiöser Konzepte, aber es gibt noch andere Elemente der Religion. Religionen beanspruchen, auf alle Fragen menschlicher Existenz eine Antwort zu geben, und die jüdische Religion ist ein ausgezeichnetes Beispiel dafür. Dabei tut sich ein offensichtlicher Widerspruch auf: Einerseits gibt es die Eigenschaften, die die Menschen besitzen möchten, wie Liebe, Mitgefühl, Zusammenarbeit, gegenseitigen Respekt, Freundlichkeit, Hilfsbereitschaft gegenüber Armen und Hilfsbedürftigen, Altruismus, die Bereitschaft, sich oder seinen Besitz, sogar das eigene Leben, zu opfern für das Wohlergehen der Gemeinschaft oder von Gruppen, selbst für einen einzelnen Menschen, der um Hilfe bittet. All dies wird auf ein Wesen übertragen, das „oben“ ist (immer „oben“, nie „unten“ verständlicherweise). Auf diese Weise wird ein positiver, ein schutzspendender und gnädiger Gott erschaffen. Auf der anderen Seite sind die Götter, nicht nur im Judentum, furchterregende Wesen: rachsüchtig, grausam, mörderisch gegenüber denen, die nicht folgsam sind, aber auch im allgemeinen, da sie letztlich die Ursache aller Katastrophen sind. Auch dieses kommt von „oben“. Im Judentum entspringt dies alles demselben Gott (fast), die polytheistischen Religionen unterscheiden zwischen guten und schlechten Göttern. Im persischen Glaubenssystem gibt es zwei Götter (Ahura Mazda und Ahriman), die diese gegensätzlichen Qualitäten beinhalten. Aus Ahriman entwickelte sich die Figur des Satans oder Teufels, wie bei Hiob beschrieben wird. In der jüdischen Tradition, sowohl in der Bibel als auch in späteren Schriften, den Talmud eingeschlossen, kommen diese widersprüchlichen Aspekte zum Ausdruck. Während Satan eine Rolle hat, spiegeln sich in Gott sowohl die positiven als auch die negativen Eigenschaften der Menschen wider. Wir finden die *Mizwa* (gute Tat), die den Nachbarn hilft, die Konvertiten und nichtjüdische Bürger innerhalb eines jüdischen Gebietes (*ger toschaw*) akzeptiert, die gerecht mit Bediensteten und Sklaven umgeht. Wir finden in der Bibel die Figur der wunderbaren Frau (im Buch der Sprüche), der Arbeit für die Gemeinschaft usw. Dieselben Texte, die uns dies übermitteln, rufen auch zu Gewalt und Mord (wie in Numeri, Kap. 31) auf, wie bekannt ist.

Dies gilt gleichermaßen für das Christentum und den Islam. Im Namen von Gott Vater, Gott Sohn und dem Heiligen Geist, und natürlich im besonderen Maße von Jesus, dem Sohn Gottes, der die Botschaft der Liebe in die Welt gebracht hat, ermordeten Christen andere Christen (und andere) in unvorstellbarer Zahl, millionenfach. Für den Islam gilt Ähnliches – dies ist die Religion des Friedens und der Toleranz, die aufruft zur Brüderlichkeit unter den Menschen, zumindest unter den Muslimen. Auf der anderen Seite ist der Islam auch eine Religion, die mit Gewalt nach der Weltherrschaft strebt, und es gibt zahlreiche Beweise für Massenmorde nicht nur an Ungläubigen, sondern auch an anderen Muslimen im Namen derselben Sehnsucht nach einer friedlichen Welt. Das gilt nicht für die polytheistischen Religionen. Im Hinduismus kämpfen die Götter gegeneinander, mittels Massentötungen und endlosen Kriegen erlangen sie ihren Gottesrang. Aber die Menschen wurden nicht wegen ihrer Religion ermordet – von Ausnahmen abgesehen. Vor kurzem ermordeten Hindu-Extremisten Angehörige der muslimischen Minderheit in Indien. Die muslimischen Eroberer Indiens versuchten meistens nicht, die Hindu-Mehrheit mit Gewalt zum Islam zu bekehren, sie beließen vielmehr die Hindu-Königreiche, regiert von Hindu-Herrschern, bestehen. Andererseits ermordeten sie alle Buddhisten, die sie finden konnten. Die Kriege zwischen den muslimischen Herrschern, den Moguln, und den Hindu-Königen (Radschas und Maharadschas) stellten in der Regel keine Religionskriege dar. In der chinesischen Geschichte spielte die Religion keine nennenswerte Rolle bei politischen Auseinandersetzungen, obwohl die Herrscher die Religion als ein wichtiges Element der Gesellschaft ansahen. Anders in Japan, wo sich das Christentum im späten 16. Jahrhundert ausbreitete. Es wurde als eine westliche Invasion angesehen, die Christen als Bedrohung für den Herrscher, den gottgleichen Tenno. Im frühen 17. Jahrhundert setzten massive Christenverfolgungen in Südjapan ein – mit bis zu einer Million Opfern. In Japan war die Religion, in diesem Fall das Christentum, Ausdruck einer revolutionären Bewegung. So sahen es zumindest die Zeitgenossen.

Kurz gesagt repräsentiert Religion zwei wesentliche menschliche Eigenschaften, Gnade und Liebe ebenso wie brutalen Mord. Diese gegensätzlichen menschlichen Eigenschaften wurden auf übernatürliche Wesen übertragen, die wiederum das Schicksal derer bestimmen, die sie erschaffen haben.

Ich kehre noch einmal zum Holocaust zurück, aber aus einer anderen Perspektive. Waren die deutschen Nationalsozialisten in irgendeiner Hinsicht religiös? Sie ermutigten ihre Mitglieder und Anhänger, die christliche Kirche zu verlassen und bezeichneten sich selbst als *Gottgläubige*. Besonders gegenüber der katholischen Kirche nahmen sie eine feindselige Haltung ein. Dies war nur konsequent, denn die katholische Theologie geht, ausgehend vom jüdischen Glauben, von *einer* Menschheit aus (obwohl die Juden eine besondere Stellung einnahmen). Prinzipiell konnten die Katholiken die Rassenpolitik, die Unterscheidung nach Rassen, der Nazis nicht akzeptieren. Es gab einflußreiche deutsche Katholiken, unter ihnen Kardinal Michael Faulhaber aus München, die versuchten, den ideologischen Graben zwischen der Kirche und Nazis zu überbrücken. Faulhaber tat dies in seinen *Adventspredigten*. 1933 führte er aus, daß nicht nur Jesus in unbefleckter Empfängnis, durch den Heiligen Geist, geboren worden war, sondern ebenso seine Mutter Maria. Das heißt, sie war keine Jüdin, also war auch ihr Sohn kein Jude. Allerdings überzeugte das die wenigsten Katholiken, und sie blieben potentielle Gegner der offiziellen Ideologie.

Es gab auch Probleme mit den Protestanten, vielmehr mit einigen von ihnen, zumindest auf einer theologisch-ideologischen Ebene. Was bedeutete „Glaube an Gott"?

Um welche Art Gott ging es? In nationalsozialistischer Schriften gab es einen Gott der Natur, dessen Gesetze eine Widerspiegelung sozialdarwinistischer Lehren waren. Es ist ein Gott der Stärke, der Schönheit, er gesteht dem Starken das Recht, ja die Verpflichtung zu, über den Rest der Menschheit zu herrschen. Er rechtfertigt die Vernichtung aller Feinde und der Schwachen, wenn dies notwendig ist. Es ist der Gott einer starken Nation, die über die Welt herrschen muß. Es ist ein perfekter Nazi-Gott, hervorgebracht von den Nazis nach ihren Vorstellungen. Die Nazi-Elite, besonders die SS unter Himmler, war die Speerspitze dieser Ideen (obwohl Hitler selbst kein besonderes Interesse daran hatte). Man begann, eine neue Liturgie zu entwickeln, etwa um das Grab des deutschen Kaisers Heinrich I. (913 – 936) in der Wewelsburg. Heinrich war der Begründer der ottonischen Dynastie (Otto I., II. und III., 936 – 1002), die erstmals große Teile Deutschlands vereinigte. Diese Vorstellungen waren für eine starke Minderheit der Protestanten, die *Bekennende Kirche*, nicht hinnehmbar. In Glaubensfragen stand sie in Opposition zum Nazistaat (obwohl die Mehrheit von ihnen weder den Krieg noch die Judenverfolgungen ablehnte).

Während des Krieges hielt Hitler an den meisten Abenden vor einigen Gästen und seinen Sekretären, die emsig mitschrieben (auf Anordnung seines Sekretärs Martin Bormann), seine langen Monologe. Unter anderem sagte Hitler, daß er nach dem Krieg die katholische Kirche (er selbst war zumindestens theoretisch Katholik) zerstören würde. Er beschäftigte sich nicht mit den Protestanten, die zumeist seine Politik unterstützten. Im Verlaufe des Krieges wurde sein Blick auf das Christentum immer kritischer. Er hielt das Christentum für schwach und ohnehin für einen Abkömmling des Judentums (womit er völlig richtig lag …). Hitler stand mit dieser Einschätzung nicht allein: Josef Goebbels, Walther Darré und eine nennenswerte Anzahl von Nazi-Akademikern teilten diese antichristliche Haltung. Kann man also die nationalsozialistische Alternative, die *Gottgläubigkeit*, als Religion bezeichnen? Ich denke, ja. Sie versucht, mittels einer Theorie die Natur und die menschliche Gesellschaft zu erklären, obwohl sie über einige allgemeine Ideen hinaus nicht besonders entwickelt ist. Die Nazi-Religion geht von der Existenz eines transzendenten Wesens aus. Man begann, Zeremonien und eine Liturgie zu entwickeln, und fing damit an, Angehörige der Nazi-Elite dazu zu drängen, diese Lehren anzunehmen. Es liegt nahe, Parallelen zwischen der Nazi-Ideologie, dem bolschewistischen Kommunismus und dem radikalen Islam zu ziehen. In allen drei Fällen gibt es außermenschliche Kräfte, die der Ideologie Kraft verleihen. Die ersten beiden kann man als Quasi-Religionen bezeichnen. Die Berücksichtigung des Marxismus-Leninismus ist beabsichtigt: In diesem Falle stellen die unveränderlichen natürlichen und gesellschaftlichen Gesetze den Ersatz für Gott dar. Sie erklären alle natürlichen und gesellschaftlichen Phänomene. Wer sich weigert, den dialektischen und historischen Materialismus zu akzeptieren, ist ein Ungläubiger oder Häretiker, der auf die eine oder andere Weise eliminiert werden muß. Für den Marxismus stellt die Evolution ein Problem dar. Wenn Natur und Gesellschaften sich in Übereinstimmung mit strengen Gesetzen entwickeln, dann können Mutationen, die die geradlinige Entwicklung in Frage stellen und nicht dialektisch erklärt werden können, nur mit großen Schwierigkeiten in das marxistische Schema eingepaßt werden. In den Naturwissenschaften stellt die Quantenmechanik ein ähnliches Problem dar. In der Geschichte zerstört die Chaostheorie, die ich oben erwähnt habe, den marxistischen Determinismus. Strenggenommen stellt der Marxismus mit seiner wissenschaftlichen Doktrin das Gegenteil von Wissenschaft dar. Seine Anhänger wurden in der Vergangenheit zum strikten Glauben an die Prinzipien angehalten. Es gibt auch die fast übernatürlichen Heiligen: Marx, Engels, Lenin, Stalin, Mao, die ewige Wahrheiten verkündeten. Im Stalinismus galt das Wort des Führers („Woschd"). Das Wort des Führers hatte Gesetzescharakter: „Stalin skazal" – Stalin sagte, und so ist es.

Doch kehren wir zur jüdischen Religion zurück. Einen faszinierenden Wesenszug der jüdischen Kultur und Religion stellt ihre Neigung zu Ausbrüchen messianischer Hoffnungen dar. Interessanterweise findet sich davon wenig oder nichts in der Bibel. Während Hoffnungen auf einen Messias und „Erlösung" (*geula*) in der nachbiblischen Zeit auftauchen, wahrscheinlich als Ergebnis der Kontakte zur hellenistischen Kultur, finden sich in den biblischen Legenden gewisse primitive Elemente davon. Es scheint im Wesen der menschlichen Natur zu liegen, nostalgisch auf eine eingebildete ruhmreiche Vergangenheit zurückzublicken. Man möchte auf etwas verweisen in der Hoffnung, die enttäuschende Gegenwart zu überwinden. Die Menschheit entsprang, der biblischen Legende zufolge, die auf mesopotamischen Legenden beruht, einem idealen Ort, dem Garten Eden (Eden bedeutet, wie bereits gesagt, „Osten"). Dort war alles wunderbar, und Adam und Eva hätten dort bleiben können. Aber Eva war wißbegierig – ein klarer Hinweis darauf, daß Wissen und Weisheit weiblichen Ursprungs sind. Die Männer waren glücklich, auch ohne Wissen. Viele sind es auch heute.

Die Idee des Messias brauchte Zeit, um sich zu etablieren. Die Häupter der Könige wurden mit Öl gesalbt – es gab damals keine Kronen. Der Messias, *Maschiach* („der Gesalbte") auf Hebräisch, war der mit Olivenöl gesalbte König. Viel später wurde der Erlöser gesalbt. Er erlöste die Juden und durch sie die Menschheit. In der Talmud-Tradition gibt es zwei Gesalbte, den Sohn Josefs und den Sohn Davids. Ersterer war eher für die materiellen Dinge zuständig, der andere für die spirituelle Ebene. Die Vorstellung der Auferstehung von den Toten wurde hinzugefügt. Es scheint, als ob griechische Ideen diese ideologische Entwicklung beeinflußt haben. Wenn man einen Blick auf die jüdische Geschichte wirft, scheint die erste messianische Gestalt, die aus dem jüdischen Volk erwuchs und weites Ansehen genoß, Jesus von Nazareth zu sein. Man weiß sehr wenig über ihn, lediglich, daß er existiert hat. Er war der Sohn von Josef und Maria und wurde unter Pontius Pilatus, einem wenig erfolgreichen römischen Präfekten (Gouverneur) von Judäa (26 – 36 n. d. Z.), gekreuzigt. Aufgrund seiner brutalen Vorgehensweise gegen die Samaritaner wurde Pilatus aus dem Amt entfernt. Die vier Evangelien, die vom Leben Jesus handeln, sind Jahrzehnte nach seinem Tod (vielleicht um das Jahr 28?) entstanden. Es handelt sich offensichtlich um Versuche, einen Kult zu begründen. Es darf bezweifelt werden, daß er sich selbst als den Messias, den Sohn Josefs oder den Sohn Davids sah – höchstwahrscheinlich nicht. Mit Sicherheit sah er sich nicht als den Sohn Gottes. Er mag sehr wohl von Gott als dem Vater gesprochen haben (*abba*, auf Aramäisch und Neuhebräisch). Aber dies tut auch jeder Jude heute, wenn er von Gott als unserem Vater im Himmel spricht (*avinu shebashamayim*). Er wurde zum Messias durch die Predigten und Schriften des heiligen Paulus (Saulus von Tarsus). Diese Verwandlung steht jedoch im Einklang mit jüdischem Denken, mit den messianischen Hoffnungen, aber sie waren keineswegs auf die Anhänger Jesus beschränkt. Die spätere Hinzufügung der Ideen der unbefleckten Empfängnis und Jesu als Lamm Gottes, das die Sünden der Welt auf sich nimmt (*Agnus Dei qui tollis peccata mundi*) ist griechisch und ermöglichte es Nichtjuden, den neuen Glauben leichter anzunehmen. Ich muß hinzufügen, daß ich im Gegensatz zu vielen Historikern der Meinung bin, daß die Evangelien nicht nur Mythen enthalten. Betrachtet man sie als Ganzes, kristallisiert sich eine charismatische Persönlichkeit mit Überzeugungen und Glaubensgrundsätzen von einer wahrhaft revolutionären Stärke heraus. Dies trifft besonders auf die Parabeln zu, die schwerlich einfach nur erfunden worden sein können, weisen sie doch griechische und andere Parallelen auf. Es scheint offensichtlich, daß Jesus ein Pharisäer war. Dem Neuen Testament zufolge wurde er im Grab des Josef von Arimathea, einem Mitglied des Sanhedrin und demzufolge ein Pharisäer, beigesetzt. Aber sein Blickwinkel stand im Gegensatz zur Doktrin der Pharisäer. Er scheint geglaubt zu haben, daß eine Person nicht durch gute Taten in den Himmel kommt, sondern durch die Gnade Gottes (wie im Gleichnis vom Pharisäer und dem Zöllner). Dies steht sicherlich im Gegensatz zu der Auffassung der Pharisäer vom Wert der guten Taten.

Ein Teil der Erwartung der Ankunft des Messias ist die Sicherheit der Gläubigen, daß das Ende der Welt nahe ist, daß das Jüngste Gericht bevorsteht, und daß der Messias der Agent dieses verheerenden Ereignisses ist.

Dies kommt in den Predigten des Paulus klar zum Ausdruck – Jesus, der Sohn Gottes, würde jeden Moment zurückkehren. Darauf sollten sich die Menschen vorbereiten. Die Tatsache, daß er nicht erschien und auch nicht erscheinen wird, tut dem Glauben keinen Abbruch. Unzählige Male in den letzten 2.000 Jahren wurde das Ende der Welt vorausgesagt. Dieser Irrglaube steht im Zusammenhang mit dem Prinzip der Erlösung (*geula*). Im 1. Jahrhundert sahen die Menschen in Judäa nur Leid und Enttäuschung. Sie sehnten sich nach einer besseren Welt, anders gesagt – nach Erlösung, und das frühe Christentum versprach genau das. Es ist jedoch darauf hinzuweisen, daß die Erlösung von den verschiedenen Autoritäten der verschiedenen Glaubenssysteme verschieden interpretiert wird. Im religiösen Judentum bedeutet sie heutzutage für gewöhnlich sowohl das Zusammenbringen aller Juden im Land Israel als auch den Beginn einer Ära der göttlichen Herrschaft, herbeigeführt von einer messianischen Figur. Sie hat auch einen allgemeinen Aspekt, da die Erlösung des jüdischen Volkes das Zeichen für die Erlösung der gesamten Menschheit ist, natürlich unter der Führung der Juden.

Schließlich sendet Gott den Messias, und Gottes vorrangiges Ziel ist die Rückkehr der Juden nach Israel, da dies Teil des Bundes ist. Die Liebe Gottes für die Juden drückt sich durch den Messias aus. Gottes Versprechen erweist sich wiederum als Problem, wie es sich im Holocaust gezeigt hat, wo die göttliche Liebe sich in dem Massaker an Millionen seines Volkes ausdrückte – aber das hatten wir schon.

Die messianischen Hoffnungen und die Auferstehung verbunden mit dem Ende der Welt und dem Jüngsten Gericht gibt es nicht nur im Judentum, sondern ebenso in den anderen monotheistischen Religionen sowie in nationalistischen und ethnozentrischen Legenden. Es scheint ein allgemeines Bedürfnis zu sein, das nicht auf eine bestimmte Nationalität oder Religion begrenzt ist.

Nehmen wir als Beispiel die Legende von Kaiser Friedrich I. Barbarossa (1123 – 1190), der im Kyffhäuser in Thüringen schläft, während sein roter Bart durch den Tisch wächst. Eines Tages wird er erwachen und das deutsche Volk erlösen (wenn die Raben nicht mehr um den Berg kreisen ...). Ähnliche Legenden gibt es auch andernorts. In der jüdischen Geschichte gibt es wahrscheinlich mehr derartige Mythen als anderswo. Nach Jesus gab es noch weitere jüdische „falsche" Messiasse, zum Beispiel David Reuveni (1500? – 1538?). Reuveni präsentierte sich als militärischer Führer eines großen jüdischen Fürstentums irgendwo im Jemen oder in Äthiopien. Er verhandelte mit dem Papst und dem König von Portugal und versuchte sie davon zu überzeugen, das Land Israel von den Muslimen zurückzuerobern. Er unternahm dies mit Hilfe eines Konvertiten, Schlomo Molcho (1500? – 1532), einem portugiesischen Juden, der als Christ lebte, bis er schließlich zum Judentum zurückkehrte oder Jude wurde (man verbrannte ihn auf dem Scheiterhaufen). Viele Juden glaubten an ihn. Der bedeutendste „falsche" Messias war Sabbatai Zwi (1626 – 1676), der aus Izmir in der Türkei stammte, ein psychisch gestörter Charakter, der von einem anderen Mystiker, Nathan Ghazzati (Nathan von Gaza, weil er sich dort niedergelassen hatte), überzeugt wurde, daß er der Messias sei. Seine endgültige Offenbarung und die Erlösung sollten im Jahr 1666 kommen. Viele Juden in Europa bereiteten sich auf die Auswanderung in das Heilige Land vor, verkauften ihren Besitz und ihre Geschäfte und glaubten von ganzem Herzen an seine Botschaft. Die osmanischen Behörden stellten ihn vor die Wahl „Tod oder Übertritt zum Islam", und zusammen mit vielen seiner Anhänger[2] konvertierte er zum Islam. Auf ihn folgte Jacob Frank (1726 – 1791), ein weiterer Messias, Gründer einer großen und einflußreichen antinomischen Sekte, die letztendlich 1759 zum Christentum übertrat. Er betrachtete seine Bewegung als Fortsetzung des Sabbatianismus (Anhänger von Sabbatai Zwi). Die restlichen Anhänger des Sabbatianismus waren (im Untergrund selbstverständlich) in den jüdischen Gemeinschaften mindestens 150 Jahre lang aktiv (darunter, wie es scheint, einige meiner Vorfahren). Die spirituellen und Laien-Führer des Judentums taten alles, was in ihrer Macht stand, um den sogenannten „falschen" Messianismus zu bekämpfen. Aber damit räumten sie ein, daß es auch einen „wahren" Messianismus gibt, daß also der Messias kommen würde, um die Juden und die Welt zu „erlösen". Der Glaube an die Ankunft des Messias ist bis heute ein zentrales Dogma des orthodoxen und ultraorthodoxen Judentums.

Man hat auf die Verbindung zwischen den Sabbatianern und dem Aufkommen der chassidischen Bewegung hingewiesen. Die Bewegung des Chassidismus

---

2 Es gibt eine interessante Parallele zwischen dem Christentum und der Botschaft von Sabbatai Zwi. Jesus von Nazareth wurde zum Messias durch die Predigttätigkeit von Paulus (Saulus von Tarsus). Sabbatai Zwi wurde zum Messias durch das Wirken und Predigen von Nathan Ghazzati. Ohne Paulus kein Christentum, ohne Nathan kein Sabbatai.

entstand bekanntlich als Reaktion auf schwere politische, soziale und ökonomische Krisen in Polen bzw. der Ukraine im 17. und 18. Jahrhundert. Die Kosaken rebellierten 1648/49 gegen die polnische Aristokratie der Ukraine. Sie drangen nach Polen vor und töteten in brutalen Massakern und Pogromen bis zu 100.000 Juden. Ein Jahrhundert später brachte die ähnliche Bewegung der „Hajdamaken" im selben Gebiet Unglück über die jüdischen Gemeinden. Die wirtschaftliche Situation der Juden verschlechterte sich, und die Reaktion war ein erneuter Aufstieg mystischer Vorstellungen. Der Gründer war Baal Schem Tow („Meister des guten Namens" – der Name Gottes; ca. 1700 – 1760), ein charismatischer Wanderprediger. Er hatte sicherlich nichts gegen die traditionellen orthodoxen Lehren, aber sein Schwerpunkt lag auf naturverbundenen, emotionalen, mystischen Erfahrungen, durchsetzt mit Freude und äußerster Frömmigkeit. Die Chassidim zerfielen schnell in Fraktionen und „Höfe" rabbinischer Lehrer, glaubten an einen Messias, der kommen und die Juden (und durch sie die Menschheit) aus Unterdrückung, Ungerechtigkeit, Hunger und Entbehrungen retten würde. Man achtete darauf, nicht mit den Sabbatianern in Zusammenhang gebracht zu werden, aber die Beziehung zwischen beiden Denkarten läßt sich kaum bestreiten. Genau dies war die Anklage, die ihre Gegner, angeführt von Eliyahu (Elijah), Sohn des Salomon Salman, dem Gaon („Weisen") von Wilna (heute Vilnius), 1720 – 1797, gegen sie erhoben. Der Gaon stand allen messianischen Tendenzen scharf ablehnend gegenüber; er war sich der Verwüstungen, die die sabbatianischen Bewegung im orthodoxen Judentum verursacht hatte, sehr bewußt. Nichtsdestotrotz wuchs die chassidische Lehre zu einer Massenbewegung innerhalb des religiösen Judentums heran. Sie hatte dauerhaften Einfluß auf das Reformjudentum und die säkularen Bewegungen unter den Juden.

Messianischer Glaube ist nicht auf die Juden beschränkt, wie jeder weiß, der über die amerikanischen protestantischen Fundamentalisten, die die Wiederkunft jederzeit erwarten, informiert ist. Sunnitische Muslime glauben an einen Mahdi, einen Boten Gottes, der als Vorbote der Letzten Tage erscheinen wird. Tatsächlich gab es bereits im Sudan einen Mahdi, Muhammad Ahmad ibn Abdallah (1844 – 1885), der im Gefolge ähnlicher Bewegungen in Westafrika sich selbst zum Mahdi erklärte, und dem es gelang, Khartum zu erobern und die dortigen türkisch-ägyptisch-britischen Truppen zu schlagen. Nach seinem Tod 1885 konnte sich sein Nachfolger Abdallahi ibn Muhammad bis 1899 an der Macht halten, als er von einer anglo-ägyptischen Streitmacht besiegt wurde. In der Schia glaubt man an den zwölften Imam, Mohammad el-Mahdi, der im Alter von fünf Jahren (geboren 869) verschwand und für das Jüngste Gericht zurückkehren wird, einige glauben, zusammen mit Jesus. Gegenwärtig, nebenbei gesagt, hat Ali Khamenei, der iranische Machthaber, begonnen, sich selbst Imam – was in Wirklichkeit Messias bedeutet – zu nennen oder nennen zu lassen.

Sowohl im Judentum als auch anderswo handelt es sich dabei um gefährliche Mythen, um Irrglauben, denn sie enden unvermeidlich in Enttäuschung und Verzweiflung oder in dauernder ungeduldiger Erwartung des kommenden Wunders. Aber es gab, gibt und wird keinen Messias geben, keinen Erlöser, und es gibt, gab und wird keine Wunder geben. Es handelt sich schlicht um Utopien. Von Lord John Acton (1887) stammt der bekannte Spruch: „Macht korrumpiert, absolute Macht korrumpiert absolut". In Abwandlung läßt sich sagen, alle Utopien töten, und universelle und radikale Utopien töten in noch stärkerem Maße. Im Christentum, wie bereits erwähnt, führte die Utopie der Erlösung und der zweiten Wiederkehr des Herrn zur brutalen Ermordung von Millionen Christen und Nichtchristen im Namen der Liebe. Im Islam ist es ähnlich. Entsprechendes ereignete sich im Kommunismus, einer säkularen religiösen Bewegung. Das Judentum wurde nicht in gleicher Weise schuldig, weil die Juden nicht die Möglichkeit zu ähnlichen Taten hatten. Hätten sie sie gehabt, so denke ich, hätten sie es getan.

Der jüdische Messianismus, ich habe es bereits betont, ist untrennbar mit der Vorstellung verbunden, daß den Juden das Land Israel gehört. Dies schließt das heutige Israel/Palästina ein, ein gutes Stück von Jordanien, so wie es angeblich den israelitischen Stämmen übergeben wurde. Maimonides, auch bekannt unter seinem Akronym Rambam, bemerkte (in seinen „Gesetzen der Könige" [*hilchot melachim*]) über das Schicksal der Nichtjuden in einem zukünftigen messianischen Staat: „Man wählt keinen König unter den Konvertierten, selbst nach einigen Generationen; nur wenn seine Mutter Jüdin ist. Dies gilt nicht nur für den Herrscher, sondern für alle Amtspersonen in Israel – keinen militärischen Führer ... nicht einmal einen Verantwortlichen für ein Aquädukt." Hier sprach er nicht von Nichtjuden, sondern von Menschen, die zum Judentum konvertiert waren, und Menschen, die die sieben Gesetze Noahs akzeptierten. Denjenigen, die diese Gesetze[3] nicht akzeptieren, geht es wesentlich schlechter. Der Rambam unterscheidet zwischen einem obligatorischen Krieg (*milchemet mitzwa*, durch ein wiedererstarktes messianisches Israel) gegen den mythischen Erzfeind Amalek und die Kanaaniter (die natürlich nicht mehr existierten, als er seine Werke schrieb), und einem freiwillig unternommenen Krieg (*milchemet reschut*), auf den sich das messianische Israel einlassen soll. „Diese Kriege", schreibt er, „wird er [der jüdische König] führen, um die Grenzen Israels zu erweitern". Die Menschen in den eroberten Gebieten müssen Tribut zahlen und werden versklavt. „Wenn sie Tribut zahlen, aber sich weigern, Sklaven zu sein, wird man ihre Beschwerden ablehnen, bis sie beides akzeptieren [Tribut zu zahlen und Sklaven zu sein]. Ihre Versklavung wird bedeuten, daß sie rechtlos und von niedrigem Stand sein werden

---

[3] Der Talmud führt folgende auf: Verbot von Götzenanbetung, von Mord, von Diebstahl, von Ehebruch, von Gotteslästerung, des Verzehrs von Fleisch lebender Tiere; und die Einführung von Gerichtshöfen. Mehr dazu unten.

[*nivzim uschfelim lemata*]". Die gefangenen Frauen wird man sexuell mißbrauchen; jüdische Frauen werden keine gesellschaftlichen oder politischen Rechte haben. „Frauen dürfen keine öffentlichen Ämter bekleiden, dies wird in Israel Männern vorbehalten sein."

Natürlich darf man nicht in Anachronismen verfallen. Maimonides lebte im mittelalterlichen muslimischen Ägypten. Seine Familie war aus ihrer Heimat Cordoba, wo sie gezwungen wurden, zum Islam zu konvertieren, dorthin geflohen. Dies zu erwähnen war allerdings in Ägypten verboten. Juden in muslimischen Ländern waren rechtlos und von niedrigem Stand. Maimonides träumte offensichtlich von Rache, und eine Situation, in der Nichtjuden von Juden bezwungen wurden (selbstverständlich sollten Juden andere unterwerfen), würde der gleichen, in der sich die Juden unter dem Islam befanden. Interessanterweise sollten die Muslime nicht versklavt werden, da auch sie an den einen Gott glaubten, offenbar weil es arabische Intellektuelle gab, die Hebräisch lesen konnten und Maimonides in Schwierigkeiten hätte geraten können.

Wann aber wird der Messias kommen? Wenn der Messias-König herrscht, antwortet der Rambam – und er meinte nicht Rabbi Menachem Mendel Schneerson, den Rebbe der Chabad (Lubawitscher), obwohl jener vielerorts, auch lange nach seinem Tod, dafür gehalten wird. Man hat einiges vom Christentum übernommen. Seine Auferstehung würde zusammen mit der Erlösung kommen. Messianistische Vorstellungen wurden zu einem Hauptdogma des religiösen Judentums, sogar bei Rationalisten wie Maimonides, obwohl es in der Bibel (Altes Testament) nichts gibt, worauf man dies stützen kann.

Der Messianismus und sein Derivat, die Erlösung, haben das Judentum wesentlich beeinflußt. Wie bereits erwähnt, gab es einen Einfluß messianischer Ideen, die sabbatianischen eingeschlossen, auf die Entstehung und Entwicklung des Chassidismus. Aber es scheint, daß der Einfluß weit darüber hinausgeht: Das Reformjudentum, das sich seit dem frühen 19. Jahrhundert entwickelte, sah die jüdische Reformbewegung als eine universelle Überzeugung, die die humanistische Erlösung nicht nur den Juden, sondern der gesamten Menschheit bringen würde. Säkulare Zionisten sprachen von der Wiedergeburt (*geula*) des jüdischen Volkes durch die Rückführung nach Israel. Es handelte sich um einen völlig unrealistischen Traum, der, wäre er Wirklichkeit geworden, in einem Desaster geendet hätte, denn man hätte 13 Millionen Juden in das kleine Israel bringen müssen. In der Kibbuzbewegung lassen sich ebenfalls soziale Utopien finden, in denen messianische Träume anklingen. Auch der Kommunismus ist ein offensichtlicher Fall eines messianischen Utopias. Die Millionen Opfer belegen in seinem Fall, daß derartige Gedankengebäude zu Massenmorden führen. In den kommunistischen Bewegungen waren unverhältnismäßig viele Juden aktiv, obwohl sie nur einen Bruchteil der jüdischen Bevölkerung ausmachten. Zu den Begründern des Sozialismus und

Kommunismus gehörten Karl Marx, Ferdinand Lassalle, Otto Bauer und später die Kommunisten Leo Trotzki (Bronstein), Karl Radek, Lew Kamenew, Grigori Sinowjew und weitere Juden wie Lasar Moissejewitsch Kaganowitsch, Stalins Vertrauter. Sie sahen sich selbst nicht als Juden, sondern als Teil einer universalistischen Bewegung, die ethnische und nationale Verbundenheiten überwindet. Die Befreiung der Menschheit von Leiden, Armut und Krieg würde durch das Proletariat, das neue messianische Kollektiv, erreicht werden. All dies erwies sich als falsch, aber diese Verblendung führte zu Massenmorden, die nicht zuletzt vielen Juden das Leben kostete.

Die prophetischen Vorstellungen des Judentums, so meine These, hatten einen wichtigen Einfluß auf die utopischen Sozialbewegungen. Aber die Vorstellungen vom Ende der Menschheit, messianische Erwartungen verbunden mit der Sehnsucht nach Erlösung, waren und sind ganz spezifisch für das radikale jüdische Denken bzw. für das Denken jüdischer Radikaler verschiedener Denkrichtungen. Auch wenn dies nicht ausschließlich jüdisch ist, so scheint die jüdische Kultur und Zivilisation doch in besonderem Maße zu dieser Krankheit zu neigen.

Die polytheistischen Religionen kennen keinen Messias. Sie benötigen ihn nicht, da es nicht den einen Gott gibt, der das jüngste Gericht abhalten wird. Polytheisten sind zu realistisch, um zu glauben, daß irgendeine Erlösung möglich ist.

Doch zurück zum Judentum: Nach 1967 kam es zur Wiedergeburt einer radikalen zionistisch-messianischen Bewegung, die bis dahin geschlummert hatte; allerdings kann man Anfänge bereits vor dem Sechstagekrieg nachweisen. Rabbi Abraham Isaak Hacohen Kook, der Oberrabbiner von Palästina, hatte in den 30er Jahren die Zusammenarbeit zwischen säkularen Zionisten und orthodoxen Juden begrüßt. Er glaubte, die zionistischen Pioniere würden Gottes Willen folgen und die Grundlage für die zukünftige *geula* schaffen. Sein Sohn, Zwi Jehuda Kook, wurde der spirituelle Führer der radikalen religiösen zionistischen Fanatiker, die nach 1967 sich selbst *gusch emunim* (was etwa „der Block der Gläubigen" heißt) nannte. Er glaubte, daß der israelische Sieg von 1967 ein Himmelszeichen für die bevorstehende Erlösung sei und die Aufgabe der israelischen Juden darin bestehe, Gott bei seinem Projekt zu helfen, indem man die eroberten Gebiete besiedele und die Araber vertreibe, soweit dies möglich sei. Der säkulare zionistische Dichter und Schriftsteller Nathan Altermann stimmte dem zu, und ebenso die linksgerichtete säkulare Kibbuz-Bewegung Kibbuz Meuchad und die ihr zuzurechnende politische Partei *Achdut haAwoda* („Einheit der Arbeit"), die immer radikal nationalistisch ausgerichtet war. Diese messianische Welle hält bis heute an und bedroht die Existenz des jüdischen Volkes (und Israels) wie frühere Ausbrüche der messianischen Eiferer.

Es liegt nahe, eine Parallele zwischen dieser Entwicklung und dem Ende der Zweiten Tempelperiode, die im sogenannten „Großen Aufstand" gegen die Römer (70 n. d. Z.) gipfelte, der Zerstörung des Tempels und dem Aufstand Bar-Kochbas („der Sohn des Sterns") (132 – 136 n. d. Z.) zu ziehen. Zur Erinnerung: Beide Bewegungen speisten sich aus messianischen Erwartungen und waren Reaktionen auf die brutale römische Herrschaft. Die Bar-Kochba-Revolte führte zu schrecklichen Verwüstungen. Sie waren noch verheerender als die nach dem „großem Aufstand" des Jahres 70. Beide wurden unterstützt durch spirituelle Führer, im Falle Bar-Kochbas durch den großen gelehrten Rabbi Akiva. Die Tatsache, daß die Extremisten damals die Oberhand gewannen – sie nannten sich selbst *sikarikin* (aus dem Lateinischen *sicarius* – „Mörder") und *kana'im* („Fanatiker") –, sollte uns heute eine Warnung sein. Das ist die falsche Botschaft für ein kleines, von Feinden umgebenes Volk, das überleben und gedeihen will, nicht durch kleinlautes und erbärmliches Nachgeben auf Druck, sondern durch eine verantwortliche Politik des Aufstehens gegen die Gefahren, die ihm drohen. Die Siedler der Westbank sind heute der Hort der alten fanatischen Ideen, sie bewahren den messianischen Impuls – nicht nur religiöse (zumeist Jugendliche), sondern auch säkulare extreme Nationalisten. Sie glauben an eine zukünftige Erlösung durch die Ankunft eines Messias. Der gewalttätige Nationalismus richtet sich nicht nur gegen die Palästinenser, sondern generell gegen alle Nichtjuden und mit wachsender Vehemenz auch gegen nicht orthodoxe Juden, besonders gegen die säkulare Linke. Sie seien dabei, die Westbank zu besiedeln, sagen die zeitgenössischen *sikarikin*, da es sich um eine Verheißung Gottes handele, und Gottes Wille sie beschützen und zum Erfolg führen werde. Damit ergibt sich ein doppeltes Problem. Bekanntlich gibt es keinen Gott, also kann er auch nicht helfen (ebensowenig wie er während des Holocausts helfen konnte). Und da es keinen Gott gibt, kann er es den Juden (oder irgend jemand anderem) auch nicht versprochen haben. Der Ausdruck „das Land Israel" (*Eretz Yisrael*) in der Bibel ist mehr als vage. Manchmal gehört El-Arisch auf dem Sinai dazu, und große Teile dessen, was heute Jordanien ist, auf der anderen Seite gehören Gaza, Aschkelon und Aschdod nicht dazu. Diese Küstengebiete waren, folgt man dem Buch Josua, einigen israelischen Stämmen zugesprochen worden. Aber sie wurden von den Israeliten oder ihren judäischen Vorfahren nie besiedelt. Nun handelt es sich bei dem Buch Josua um einen späteren Text, wahrscheinlich geschrieben in dem Bemühen, weiteres Land für sich zu beanspruchen. Derartige Legenden bilden die Basis für die religiösen Fanatiker von heute. Die Parallele zwischen ihnen und den radikalen Islamisten ist offensichtlich.

Gestatten Sie mir einen kleinen Exkurs, eine Bemerkung zu einer nicht religiösen fanatischen nationalen Gruppe, die auch von dem Gedanken der nationalen Wiedergeburt erfaßt wurde. Ich meine die Mitglieder der *Lechi* („Kämpfer für die Freiheit Israels" [*lochamei cherut Yisrael*]), außerhalb Palästinas/Israels besser bekannt als die Stern-Gruppe (oder Stern-Bande). Sie wurde 1940 von Abraham Stern (mit dem Kampfnamen *Yair*), einem gebürtigen polnischen Juden, einem Intellektuellen und Dichter, gegründet. Er wurde 1942 in Tel Aviv von einem britischen Polizisten kaltblütig ermordet. Stern und die kleine Schar seiner Anhänger (man schätzt sie auf etwa 120 um 1941/42) sahen die Briten in Palästina als den wahren Feind an, die Nazis als „Verfolger" (*tsorer*). Sie wollten die Verfolger, also Nazi-Deutschland, zur Vernichtung des britischen Feindes, der Palästina kontrollierte, instrumentalisieren. Ein Aufstand gegen das britische Weltreich während des Zweiten Weltkrieges mit deutscher Hilfe würde zur Errichtung des jüdischen Staates führen, so ihre Vorstellung. Im Januar 1941 wurde ein Emissär, Naftali Lubinchik, nach Beirut entsandt, um Kontakt mit einem deutschen Agenten aufzunehmen. Er führte zwei Dokumente in deutscher Sprache mit sich. In einem wurde die Bedeutung der Organisation beschrieben, im anderen der Vorschlag eines Bündnisses der Gruppe mit Nazi-Deutschland gemacht: Lechi würde sich gegen die britische Herrschaft erheben, und im Gegenzug würde Deutschland allen europäischen Juden erlauben, nach Palästina zu emigrieren. Der Lechi-Staat würde autoritär sein. Wie das Dokument belegt, gab es eine gemeinsame ideologische Basis zwischen ihnen und den Nazis. Die Dokumente wurden wahrscheinlich von Stern selbst verfaßt, einige für das Polnische typische Formulierungen legen diesen Schluß nahe.

Lubinchik traf sich mit dem deutschen Agenten Otto von Hentig. Dieser übergab Franz von Papen, dem deutschen Botschafter in Ankara, die Dokumente, der sie an das Auswärtige Amt in Berlin sandte. Die Deutschen, dies ist überflüssig zu erwähnen, reagierten nicht darauf. Die Dokumente befinden sich im Archiv des Auswärtigen Amtes (sie wurden von dem israelischen Historiker David Hadar entdeckt; sie liegen mir als Kopie vor). Dieser Vorfall zeigt, daß der radikale Nationalismus dem Faschismus ähnelt und das Gegenteil der Erlösung nach sich ziehen kann, nämlich den Verrat der ethnischen bzw. nationalen Interessen. In diesem Fall war man bereit, mit einem mörderischen Regime zusammenzuarbeiten. Hinzugefügt sei allerdings, daß der Genozid an den Juden noch nicht begonnen hatte, aber der todbringende Charakter des Nazi-Regimes war offensichtlich. Eine Gruppe von Juden versuchte also ihr Bestes (Schlechtestes), um eine antijüdische Politik umzusetzen. Es ist überflüssig zu erwähnen, daß die Mitglieder der Gruppe später ihre Aktion zu rechtfertigen versuchten. Zu ihnen gehörte Yitzhak Yezernitzki-Shamir, einer der Beteiligten an der Ermordung von Graf Folke Bernadotte in Jerusalem 1948, später israelischer Ministerpräsident (1983 – 1984, 1986 – 1992); ferner Israel Scheib-Eldad, der ideologische Führer der Gruppe nach Sterns Tod und Vater des späteren rechtsextremistischen Knesset-Mitglieds Dr. Aryeh Eldad. Man rechtfertigte sich damit, daß es ein Versuch gewesen sei, die europäischen Juden zu retten und einen jüdischen Staat zu errichten. Die Lechi und ihre faschistische Ideologie sind nach wie vor Teil der rechtsextremen nationalistischen politischen Bewegungen in Israel. Man muß ergänzen, daß es auch einen „linken" Flügel in der Lechi gab, angeführt von Nathan Yellin-Mor (Friedman) (1913–1980). Mor war ein enger Mitarbeiter von Stern und teilte dessen Politik im Bezug auf Nazi-Deutschland. Er versuchte, sich mit den deutschen Repräsentanten in der Türkei 1941 in Verbindung zu setzen, aber die Briten faßten und inhaftierten ihn. 1948 war auch er in den Mord an Bernadotte verwickelt. Später änderte er seine Ansichten und setzte sich für einen friedlichen Ausgleich mit den Arabern ein. Er entwickelte eine pro-kommunistische und pro-sowjetische Strategie und träumte von einer „semitischen" antiimperialistischen Allianz im Nahen Osten. Man könnte sagen, er war ein Repräsentant des „linken Faschismus", etwa vergleichbar mit der von Gregor Strasser geführten linken Opposition gegen Hitler in der NSDAP. In all diesen Vorstellungen kommen letztlich die utopischen säkularen pseudomessianischen Ideologien rechts und links zum Ausdruck. Soweit der kleine Exkurs.

Eine der Hauptbewegungen im religiösen Judentum stellt die chassidische Chabad-Bewegung dar. Sie wurde von Schneur Salman (ben Boruch) (1745–1813) aus Liadi, oder Ljady (einer kleinen Stadt in Weißrußland), bekannt als „der Alte Rebbe", begründet. Er verband ernsthafte Studien religiöser Texte mit chassidischen Neuerungen. Er legte mehr Wert auf die emotionelle Seite, verbunden mit der Rückkehr zur Natur, und betonte die religiöse Freude. Seine Ideen sind in seinem Hauptwerk, dem „Buch Tanja" (1796), zusammengefaßt. Es gilt bis heute als das Gründungsdokument der Chabad. Vom Alten Rebbe stammte die Schneersohn-Familie ab, die die Bewegung bis zum letzten Rebbe, Menachem Mendel Schneersohn (1902–1994), anführte. Das Zentrum der Bewegung war das Dorf Ljubawitschi an der Grenze zwischen Rußland und Weißrußland, daher der Name Lubawitscher chassidische Sekte. Es handelt sich um eine missionierende Bewegung; ihre Taktiken wurden von den evangelikalen Protestanten übernommen und weiterentwickelt. Die Grundposition ist einfach: Der Messias wird kommen, wenn die Juden zu einem wahren religiösen Leben zurückgekehrt sind (eine Vorstellung, die sich auch unter den fundamentalistischen protestantischen Gruppen findet). Schicksalsschläge, wie etwa der Holocaust, sind darauf zurückzuführen, daß die Juden die göttlichen Gesetze nicht befolgt haben (analog sieht man es im radikalen Islam). Durch das Befolgen der religiösen Gesetze „sammelt man Punkte" für ein Weiterleben im Paradies oder, in der kabbalistischen Ausdrucksweise, Sterne des spirituellen Lichts inmitten der sündigen Welt. Ihre Missionare kann man überall finden, auf Flughäfen, Straßen oder überall, wo man Juden trifft. Man versucht, Menschen dazu zu überreden, die Gebetsriemen anzulegen und zu beten, nur einmal, nur jetzt – in der Hoffnung daß es sich wiederholen werde. Wenn jemand dies tut (es ist immer ein Er, nicht eine Sie), wird er einem angenehmen Leben nach dem Tod näher sein, und der Chabad-Verführer ist ein Stück weitergekommen. Nur die Juden können den Messias hervorbringen, obwohl er letztendlich, durch die Juden, die Menschheit retten wird. Deshalb ist es wichtig, jeden Juden davon zu überzeugen, zu einem religiösen Leben zurückzukehren. Chabad glaubt, wie andere chassidische Bewegungen, an die Ankunft des Messias. Er wird „bald kommen, zu unseren Lebzeiten" (*bimherah beyameinu*).

Der letzte Lubawitscher Rebbe, Menachem Mendel Schneerson (MMS), Schwiegersohn seines Vorgängers, Josef Isaak Schneersohn, war ein außergewöhnlicher Mensch. MMS, ein radikal messianistischer Prediger, hatte keinen Sohn, er blieb kinderlos. Er durchlief eine ultraorthodoxe Erziehung, studierte aber auch abendländische Philosophie und Mathematik in Berlin, dann Ingenieurwissenschaften in Paris. Er sprach zahlreiche Sprachen und war sicherlich von charismatischem Charakter. 1940 flüchtete er aus Frankreich und gelangte in die USA. Josef Isaak, der Schwiegervater, behauptete, die Judenverfolgung durch die Nazis sei das Ergebnis des sündhaften Lebens der Juden und daß die USA von Deutschland erobert würden, und dann würde der Messias kommen. MMS war beeinflußt von apokalyptischen Gedanken, obwohl Josef Isaaks Prophezeiung nicht eintrat – glücklicherweise. 1980 wurde unter dem Titel „Wissenschaft und Glauben" (*Mada Ve'emunah*) ein kleines Buch mit MMS's populärsten Predigten durch das Chabad-Zentrum in Israel (von der Jugendgruppe in Kfar Chabad) veröffentlicht. MMS legt dar, daß der Holocaust etwas Gutes gewesen sei, denn Gott könne nur gute Dinge tun. Alles, was geschieht, geschieht durch den Willen Gottes. Der Holocaust brachte großes physisches Leid mit sich, aber der spirituelle Gewinn ist weitaus bedeutender. Der Rebbe läßt sich nicht im einzelnen darüber aus, worin der spirituelle Gewinn des Holocausts zu sehen ist, aber letztendlich haben die Juden ihre Lektion gelernt oder sollten sie gelernt haben, und damit sind sie der Erlösung einen Schritt näher gekommen. Gott, so führte der Rebbe aus, hat, ähnlich einem Arzt, ein Bein amputiert, um den Patienten zu retten. Die europäischen Juden werden also hier mit einem von Wundbrand befallenen Körperteil verglichen. Als diese Ausführungen bekannt wurden, versuchten seine Anhänger in Israel, dies zu bestreiten. Man behauptete, die jungen Leute hätten die Predigt des Rebbe falsch übersetzt – sie war aus dem Jiddischen ins Hebräische übertragen worden. Doch wiederholte MMS in einem vom 28. August 1980 datierten Brief, den er auf Hebräisch an Haika Grossmann, eine Ghetto-Kämpferin, später Mitglied des israelischen Parlaments, schrieb, diese Argumente und erklärte ausdrücklich, daß die Veröffentlichung seine Ansichten wiedergebe[4].

---

4 Yehuda Bauer: *Rethinking the Holocaust*. New Haven: Yale University Press, 2001, S. 186–212.

MMS, und dies sollte uns interessieren, wurde später zum Messias erklärt – einige seiner Anhänger hatten dies bereits vor seinem Tod getan. Heute, im Jahr 2015, kann man sein Bild auf Aufklebern, Flyern und großen Plakaten überall in Israel und nicht zuletzt in jüdischen Vierteln der USA sehen. Sie sind versehen mit dem Slogan „Lang lebe der Messias-König" (*Yekhi Hamelech Hamashiakh*, oder einfach *Hamelech Hamashiakh*). Viele Gläubige nehmen an, es werde zu einer Wiederauferstehung des Rebbe kommen, oder der Tag des Jüngsten Gerichts werde kommen, und er werde wieder erscheinen. Chabad ist eigentlich eine neochristliche Sekte, in der viele an einen Messias glauben, der auf Erden lebte, starb und wieder erscheinen wird. Wie im Falle Jesu ist es unklar, ob MMS sich selbst als Messias sah oder als seinen Wegbereiter. Wie auch immer, der jüdische Messianismus fand eine Ausdrucksform in dem verstorbenen Chabad-Führer. Er ist, so könnte man sagen, so jüdisch wie Paulus. Die Chabad-Anhänger, dies sollte nicht unerwähnt bleiben, unterstützen die nationalistischen Kräfte in Israel. Sie fordern die Ausweitung der Siedlungen auf der Westbank, da die Inbesitznahme des ganzen Gebietes, des Landes Israels, als Teil der Wiederkehr angesehen wird.

Ein weiteres kompliziertes Problem bedarf der Diskussion: das Problem der Juden als dem „auserwählten Volk". Es sind keineswegs nur die Juden, die sich als von Gott auserwählt sehen. Viele polnische Katholiken betrachten die polnische Nation als den „Jesus" unter den Nationen – eine Nation, die permanent in der Geschichte als Opfer zu leiden hatte: Polen wurde im späten 18. Jahrhundert geteilt, und nochmals zu Beginn des Zweiten Weltkriegs (zwischen Nazi-Deutschland und der Sowjetunion). Millionen von Polen verloren ihr Leben, da sie sich nicht den Kräften des Bösen unterordnen wollten. Man sieht das polnische Volk als den Jesus der Nationen, als Lamm Gottes, das für die ganze Menschheit gelitten hat und für deren Sünden zahlt – *Agnus Dei qui tollis peccata mundi*. Auch der deutsche Nationalismus läßt sich anführen, nicht nur in seiner Nazi-Variante. Dieser sah das deutsche Volk und seine Kultur als die Spitze der Menschheit und damit die Deutschen als die natürlichen Führer der Menschheit. Die Han-Chinesen sahen sich und sehen sich heute noch als die wesentliche zivilisatorische Kraft der Menschheit. Sie sehen ihr Land als das Zentrum der Welt, als Zentrum der Zivilisation. Die Engländer behaupten von sich, daß es keines Beweises bedürfe, daß sie an der Spitze des Menschengeschlechts stehen, da dies jedermann bekannt sei. Im Islam glaubt man – und dies gilt nicht nur für seine radikale Version –, daß Gott (Allah) seine Anhänger beauftragt, die Welt zu regieren. Nicht nur Juden sehen sich also als auserwähltes Volk. Betrachten wir es differenzierter.

Mit den Juden hat der Gott, der das Universum erschaffen hat und lenkt, einen besonderen Bund geschlossen – aus dem sich das jüdische Volk entwickelte. Aber warum? Warum tat er das, nachdem er sie aus Ägypten, so die für das Judentum konstitutive Legende, geführt hat, warum schloß er den Bund in der Wüste?

Warum intervenierte er – wiederum der jüdischen Legende zufolge – zwischen diesen kanaanitischen Sklaven und ihren ägyptischen Herren? Die traditionelle jüdische Antwort lautet: Weil er es wollte. Oder vielleicht schloß er den Bund nicht mit den Israeliten des Exodus, sondern mit ihrem Ahnherrn Abraham, und er bestätigte ihn gegenüber Moses? Natürlich sind diese Antworten keine Antworten. Hinter den Legenden verbirgt sich der Wunsch, den religiösen Zusammenhalt des Volkes Israel zu stärken. Geschrieben wurden die Texte wahrscheinlich von Priestern bzw. Leviten. Gott hat kein Interesse an anderen Völkern, so behaupten sie, er war nur an diesen speziellen Stämmen in der Sinai-Wüste interessiert, die nur einen winzigen Bruchteil der gesamten Menschheit ausmachten. Man kann ausrufen: Was für ein geschickter Schachzug! Worum geht es in diesem Bund? Ganz einfach: Gott wird sie beschützen und ihnen Wohlstand garantieren, vorausgesetzt sie befolgen seine Gesetze, die er – und das bedeutet die Priester und Leviten – ihnen gibt. Wenn die Gesetze nicht befolgt werden – und selbstverständlich befolgten die Israeliten bzw. Juden sie nie vollständig, da dies unmöglich ist –, wird Gott sie durch verschiedene Feinde, Nazi-Deutschland eingeschlossen, für ihre Sünden bestrafen. Die Juden wurden auserwählt, um auf den Wegen Gottes zu wandeln (d. h. auf denen der Priester, der Rabbis und ähnlicher Personen, die religiösen Führer von heute eingeschlossen), und wenn sie dies tun, werden die Juden bzw. Israel in allem erfolgreich sein, es werden Frieden und Wohlstand auf der Welt herrschen – durch die Juden. Aber wenn nicht ...

Was also ist die Aufgabe des „auserwählten Volkes“, und was bekommen sie für das „Auserwähltsein“? Sie wurden auserwählt, eine Unzahl von Vorschriften, Regeln und Regularien zu erfüllen. Ein Jude soll 613 *mitzwot* (gute Taten) tun und beachten. Tut er dies, so wird ihn ein angenehmes Leben nach dem Tod erwarten. Ein Nichtjude ist dazu nicht verpflichtet, er muß nur die sieben oben erwähnten Gebote Noahs befolgen. Welchen Vorteil hat es aber, als Jude auserwählt zu sein? Immerhin kann man als Nichtjude mit nur sieben Geboten dasselbe erreichen, wie ein Jude, der sich vor die unendlich schwierige Aufgabe gestellt sieht, Gott zu folgen. Warum also wurden die Juden auserwählt? Bekannt ist die satirische Antwort von William Norman Ewer und/oder Ogden Nash: „Es war sonderbar von Gott, die Juden zu erwählen. Es war nicht so sonderbar, denn die Juden wählten Gott“. Natürlich ist dies keine Antwort. Nach der jüdischen Theologie sollten die Juden ein Beispiel für die Welt sein, ein Vorbild, ein Licht für die Völker. Die orthodoxen oder ultraorthodoxen Juden sehen sich im Vergleich zu anderen auf einer höheren Stufe und damit unterscheiden sie sich nicht von Angehörigen anderer Ethnizitäten oder Nationalitäten. Das Auserwähltsein der Juden wird zunehmend von nicht religiösen und nicht orthodoxen Juden, aber auch einigen orthodoxen Juden abgelehnt. In seiner striktesten nationalistischsten Form wird es von zionistisch-orthodoxen Juden und den Ultraorthodoxen, den Charedim (die keine Zionisten sind), vertreten. Daraus ergibt sich weniger ein theologisches als ein politisches Problem: Die theologische Interpretation deckt sich mit politischen Interessen.

Das Anwachsen und die Stärkung radikaler religiöser Bestrebungen ist keineswegs allein ein jüdisches Phänomen. Es wäre fatal, das Anwachsen militanter religiöser Bewegungen in vielen Teilen der Welt zu ignorieren. Nicht nur der radikale Islam ist ganz offensichtlich eine große Gefahr, es gibt auch radikale konservative Katholiken. Erwähnt sei der Angriff des Vatikans auf amerikanische Nonnen wegen ihrer Sozialarbeit oder der Umgang mit den extrem konservativen Pius-Brüdern, zu denen Bischof Richard N. Williamson, ein Holocaust-Leugner, gehört, der offenbar mit einer geringfügigen Ermahnung davongekommen ist. Es gibt in den USA mehrere Millionen evangelikaler Protestanten. Ihre messianischen Ansichten sind bekannt. Sie stellen eine Gefahr für jede Form der liberalen Demokratie dar. In Indien gibt es die BJP (Bharatiya Janata Party), eine extreme Hindu-Partei, heute an der Macht, die eine Anti-Muslim-Politik verficht. Die radikalen und religiösen Juden befinden sich also in „guter Gesellschaft". Es stellt sich die Frage, warum es weltweit zum Anwachsen des religiösen Radikalismus gekommen ist. Ich habe keine befriedigende Erklärung, aber ich erlaube mir einige Bemerkungen. Die religiöse Radikalisierung läuft parallel zu einem Anstieg nicht- oder antireligiöser Stimmungen. Vor allem in Europa (Großbritannien und sogar Polen eingeschlossen) wenden sich mehr und mehr Menschen vom organisierten Christentum ab, auch wenn sie den einen oder anderen christlichen Grundsatz weiterhin akzeptieren. Der katholischen Kirche mangelt es an Nachwuchs, an Priestern und Ordensleuten. Atheisten werden als eine kleine, aber wachsende Minderheit in den USA wahrgenommen. Atheistische Denker wie Richard Dawkins oder der verstorbene Christopher Hitchens sind in öffentlichen Diskussionen präsent. Alternative Rituale werden populär, nicht nur in afrikanischen und asiatischen Gruppen im Westen. Ferner ist China zu erwähnen, wo die Religion nie eine politische Rolle spielte. Die konfuzianische Lehre stellte und stellt die kulturelle Grundlage dar, eine Anleitung für die Praxis, inklusive der Politik; eher eine Lebensanschauung als eine Religion im westlichen Sinne. China hat kleinere Probleme mit dem radikalen Islam in einer Westprovinz und mit dem tibetischen Buddhismus. Davon abgesehen gibt es keine religiösen Spannungen. Neben dieser Polarität gibt es einflußreiche, nicht-radikale religiöse Gemeinschaften, die radikalen Tendenzen ablehnend gegenüber stehen. Viele Beobachter behaupten, daß sie (noch) die Mehrheit darstellen.

Es scheint, daß alle radikalen religiösen Gruppen sich gegenüber den Regierungen bzw. dem Establishment fremd fühlen. Ich würde dies als eine Art von Anarchismus beschreiben, wie man ihn bei den Wiedertäufern des 16. Jahrhunderts in Deutschland findet. Natürlich gibt es einen Widerspruch, da alle radikal Religiösen die Herrschaft Gottes anstreben und danach streben, das Establishment zu bilden. Eine Herrschaft dieser Radikalen ist per definitionem diktatorisch, antidemokratisch und repressiv. Der Hintergrund solcher Haltungen ist das Scheitern der Ideologien des 20. Jahrhunderts, die statt zu den erhofften utopischen Zuständen zu Massenmorden führten. Dies gilt für den Sozialismus, Kommunismus, Faschismus und Nationalsozialismus, Liberalismus und Nationalismus. Es gibt eine Verbindung zwischen radikalen Religionen und dem Widerstand gegen die Globalisierung. Wie die Ludditen im England des frühen 19. Jahrhunderts (sie fielen über die Maschinen in den Fabriken her, um den Kapitalismus zu bekämpfen) wenden sich heute radikale Globalisierungsgegner gegen die Internationalisierung der Wirtschaft, für die die Regierungen und multinationalen Gesellschaften stehen. Ihr Kampf ist typisch reaktionär. Der radikale Islam definiert seine Gegner in ungefähr derselben Weise wie die Globalisierungsgegner. Doch es gibt einen Unterschied: In den radikalen religiösen Bewegungen bestraft Gott diejenigen, die seine Gesetze nicht befolgen. Damit erklärt sich das Leiden der Gläubigen und der Menschheit insgesamt. Die Lösung besteht in der Befolgung von Gottes Geboten, dann wird Gott denen helfen, die ihm folgen.

Wer führt radikale religiöse Gruppen an? Eine vergleichende soziologische Studie der führenden Eliten ist mir nicht bekannt. Ich vermute, sie unterscheiden sich nicht zu sehr von den Führern radikaler nichtreligiöser revolutionärer Gruppen. Sie rekrutieren sich aus den Gesellschaftsschichten, gegen die sich die Revolutionäre wenden. Michail Bakunin, der Gründer des modernen Anarchismus, war der Sohn eines zaristischen Großgrundbesitzers und Karrierediplomaten; Karl Marx entstammte der jüdischen Mittelklasse, Sohn eines Rechtsanwalts, der zum Christentum konvertierte. Er war der Enkelsohn eines religiösen Funktionärs. Ferdinand Lassalle, der Gründer der deutschen Sozialdemokratie, Otto Bauer und Viktor Adler, die Führer des Austromarxismus – sie alle waren Juden –, entstammten großbürgerlichen Familien. Lenin entstammte dem niederen russischen Adel (er hatte übrigens einen jüdischen Großvater), Wjatscheslaw Molotow (Skrjabin), Lawrenti Beria und viele Führer der Sowjetunion weisen einen ähnlichen familiären Hintergrund auf. Heinrich Himmler war der Sohn eines angesehenen katholischen Arztes, Hermann Göring entstammte einer wohlhabenden Familie. Aber natürlich gab es auch Ausnahmen, und zwei davon sind besonders bedeutend: Josef W. Dschugaschwili (Stalin) und Adolf Hitler. Die führenden Figuren der radikalen protestantischen Bewegungen der USA entstammen alle der wohlhabenden Mittelschicht. Ähnliches gilt für den radikalen Islam: Osama bin Laden war Millionär, Aiman al-Sawahiri ein gutsituierter Kinderarzt, um nur einige zu nennen. Alle Führer im radikalen orthodoxen Judentum entstammen wohlbekannten Rabbiner-Familien oder der Mittelschicht. Ähnliches gilt für die jungen radikalen Siedler, ebenso die Gegner der Radikalen. In der jüdischen Welt sind die erfolgreichsten Opponenten des Radikalismus die liberalen orthodoxen

Juden. Das Problem besteht darin, daß viele radikale Führer charismatische Persönlichkeiten mit der Fähigkeit, große Menschenmassen um sich zu scharen, sind. Sie werden zu von den Massen verehrten Idolen. Diese glauben die Utopie sei realisierbar, und hoffen auf eine wundervolle Zukunft, auf die Erlösung – sie folgen den messianischen Ideen und ihren Vertretern.

Ein weiterer Aspekt sollte nicht unbeachtet bleiben. Der radikale Islam ist leidenschaftlich antijüdisch. Der konservative Katholizismus hat weniger weltweite Auswirkungen, und sein Antisemitismus ist nicht von todbringender Art, aber zweifellos existent. Der evangelikale Protestantismus sieht die Juden als Teil des theologischen Erbes. Gemäß Gottes Wille werden die Juden letztendlich konvertieren; diejenigen, die nach dem Übertritt zum Himmel auffahren, werden überleben, die anderen werden untergehen. Es handelt sich um eine instrumentelle Einstellung. Man unterstützt sogar die extreme Rechte in Israel, da die israelische Expansion und die Vernichtung seiner Feinde Teil von Gottes Programm ist. Israel wird schließlich zum Christentum konvertieren, in der Zwischenzeit sollen die Juden Unterstützung finden. Diese Einstellung ist für Juden nicht weniger gefährlich als die verschiedenen Formen des Antisemitismus. Was die Juden selbst anbetrifft, so gibt es zu den antijüdischen Richtungen der monotheistischen Religion eine Parallele: Die radikale jüdische Orthodoxie steht in Opposition zu den nicht-orthodoxen Juden. Man ruft dazu auf, die nicht-orthodoxen und ungläubigen Juden zu eliminieren.

Gemeinsam ist den nichtjüdischen religiösen Radikalen eine starke Konzentration auf die Juden als Volk, in den meisten Fällen auch als Individuen. Man ist „besessen" von den Juden. Ein so kleines Volk, aber verantwortlich für die religiösen, sozialen und ethischen Fundamente der „westlichen Zivilisation". Zumeist ist die Haltung ihm gegenüber negativ, in einigen Fällen positiv. Wie auch immer, der Blick richtet sich auf die Juden der jeweiligen Gesellschaft, auf die Juden als Gemeinschaft oder auf den Staat Israel. Der Staat Israel wird anders behandelt als andere Staaten, selbst wesentlich größere. Israelische Politiker weisen oft darauf hin, daß es keine Gleichbehandlung Israels gibt. Israel wird oft für Dinge verurteilt, die man anderen nachsieht. Dies bedeutet nicht, daß Israel nicht getadelt werden sollte. Der Antisemitismus drückt sich oft, vermeintlich, als Kritik an Israel aus. Dabei handelt es sich um Antisemitismus, da Juden kollektiv, also Israel, wie ein einzelner Jude im mittelalterlichen Europa behandelt werden – als das ultimativ Andere, das verachtet, gehaßt und bekämpft werden muß. Aber das ist der Preis, den das jüdische Volk dafür bezahlt, daß es anders ist – nicht besser oder schlechter, aber anders, und zur gleichen Zeit der Ursprung so vieler monotheistischer Glaubensvorstellungen. Ich werde im Kapitel über den Antisemitismus darauf zurückkommen.

Ist das nun die richtige Bedeutung der jüdischen „Auserwähltheit“? Kein Gott „erwählte“ sie, weil es keinen Gott gibt. Aber ja, sie glaubten, auserwählt zu sein, nicht unbedingt aus gutem Grund und mit keiner Aussicht auf Belohnung (außer in der nächsten Welt – na ja, vielleicht), doch um das zu sein, wozu sie sich entwickelt hatten, und halten sich daran, komme was wolle. Nun, diese Interpretation ist nicht vollständig von der Hand zu weisen.

Wie steht es um die Moral? Werden die radikalen Religiösen motiviert durch ihre Lebensumstände? Glauben sie, daß ihre spezielle Weltanschauung eine Antwort auf ihre elende wirtschaftliche und politische Situation ist? Mehr noch, auf die moralischen Dilemmas? Es besteht wenig Zweifel daran. Die radikalen religiösen Juden, die sich dem israelischen Rückzug aus den jüdischen Siedlungen im Gaza-Streifen widersetzten und später ihre illegalen Siedlungen auf der Westbank verteidigten, glauben völlig moralisch zu handeln, und lehnen jeden Kompromiß mit den Palästinensern ab. Sie sind zutiefst überzeugt und diese Überzeugung beherrscht ihr Leben. Zionismus bedeutet für sie die Besiedlung der Westbank – von ganz Palästina – durch die Juden, alles andere ist ein Verrat am zionistischen Traum. Was Amerikaner, Europäer oder moderate Juden davon halten, ist für sie völlig irrelevant. Die Palästinenser sind in den Augen der meisten (wenn auch nicht aller) Siedler Menschen zweiter Klasse und haben kein Recht, im Land Israel zu leben. Die Rabbiner, die die theologischen Rechtfertigungen liefern, lassen sich von einem extremen religiösen Nationalismus leiten. Es sind diese Rabbiner, die hinter den Aktionen der jungen Siedler stehen, nicht gewählte Vertreter in der Knesset oder anderswo. Auch hier gilt: Sie sind das Spiegelbild der mörderischen Vorstellungen der radikalen islamischen Kämpfer der Hamas und der Hisbollah.

Fassen wir zusammen: Religiöser Glaube, ein Glaube an ein transzendentes Wesen irgendeiner Art, oder eine weltliche Version desselben Glaubens, wird sich weiterhin einer große Anhängerschaft erfreuen, und das schließt die Juden ein. In einer Welt der ständigen technologischen Veränderung, des enormen Anwachsens der Weltbevölkerung und tiefer wirtschaftlicher, sozialer und zivilisatorischer Krisen stellt die Radikalisierung religiöser Glaubenssysteme, theistisch oder weltlich, eine reale Gefahr dar. Die Menschen glauben an Utopien, an den Messias und an die Erlösung. Derartige Glaubensvorstellungen sind besonders gefährlich für ein kleines verletzliches Volk wie die Juden. Ich wiederhole: Utopien sind tödlich. Vorsicht vor dem erlösenden Messias!

Kapitel 4

Juden und Nichtjuden: Sympathie, Gleichgültigkeit und Antisemitismus

Der Westen und die christliche Zivilisation

Die Geschichte des jüdischen Volkes ist keine Geschichte des Antisemitismus. Zumeist wurden die Juden nicht verfolgt, weil sie Juden waren. In Georgien etwa existiert eine jüdische Gemeinschaft seit der „Antike“. Es gab nie eine antijüdische oder antisemitische Bewegung, obwohl es antisemitische Georgier gab – etwa Josef Wissarionowitsch Dschugaschwili, besser bekannt als Stalin. Dort sowie vielerorts wurden Juden als Teil der sozio-ökonomischen Gegebenheiten angesehen. Sie wurden nicht unbedingt geliebt, aber sie waren Teil der Gesellschaft. Dies gilt etwa für die tunesische Insel Djerba, wo die Juden – wahrscheinlich waren sie Nachkommen konvertierter Berber – mit Ausnahme der byzantinischen Epoche mehr als 2.000 Jahre lang friedlich mit ihren Nachbarn zusammenlebten. Nach der Besetzung Tunesiens durch arabische Muslime wurden sie als Minderheit betrachtet. Sie und ihre alte Synagoge wurden von den muslimischen Eroberern als etwas Schützenswertes anerkannt. Auch in den Niederlanden gab es nach deren Unabhängigkeit von Spanien nie antisemitische Bewegungen – sogar die niederländische Nazi-Partei nahm in den 30er Jahren jüdische Parteimitglieder an. In den Niederlanden teilte sich das soziale und politische Leben in „Säulen“, ursprünglich katholisch und calvinistisch, später kam die sozialistische hinzu. Für ein Land, beruhend auf der Notwendigkeit eines religiösen und dann auch gesellschaftlichen Pluralismus, war es einfacher, die Existenz eines vierten, sehr kleinen Elements hinzunehmen, das offensichtlich fremd war. Spanische und portugiesische Juden, die wegen der religiösen und ethnischen Verfolgung flohen, waren die ersten, die sich im 17. Jahrhundert niederließen. Ihnen folgte eine relativ große Zahl polnischer und deutscher Juden. Sie flohen vor den Massakern in Polen nach dem Kosakenaufstand in der Ukraine und Polen 1648/49. Die Juden, die von der iberischen Halbinsel kamen, entstammten zumeist der Mittelklasse oder der oberen Mittelklasse. Die Ostjuden, die Aschkenasim, dagegen waren arm. Sie ließen sich vorzugsweise im Hafenviertel von Amsterdam nieder. Im 20. Jahrhundert zählten sie etwa 40.000. Sie lebten in Nachbarschaft zu ihren nichtjüdischen Kollegen, zumeist gingen sie ähnlichen Berufen nach. Viele arbeiteten im Hafen als

Handwerker, kleine Händler, Schauerleute usw. Die Beziehungen zum nichtjüdischen Proletariat waren gut bis sehr gut, obwohl man nicht untereinander heiratete. Sie bewahrten ihre eigene Kultur, die sich deutlich von der ihrer Nachbarn unterschied. Und doch gehörten sie denselben politischen und sozialen Bewegungen an.

Das niederländische Beispiel ist kein Einzelfall. In den USA ist ein langsamer Rückgang des aktuellen und latenten Antisemitismus in den vergangenen Dekaden eindeutig das Ergebnis des zunehmenden pluralistischen Aufbaus der amerikanischen Gesellschaft. Die Emanzipation der Afro-Amerikaner, eine enorme hispanische Immigration und die Akzeptanz und Integration ostasiatischer Zuwanderer machen die Akzeptanz der Juden einfacher. Dies läßt sich leicht durch einen Vergleich der Situation Anfang des 20. Jahrhunderts mit seinen starken antisemitischen Tendenzen und der Nach-68er-Ära belegen. Die Bürgerrechtsbewegung betraf nicht nur die Afro-Amerikaner. Zwar gibt es unter den linksliberalen Kreisen, besonders der Universitäten, eine wachsende anti-israelische Propaganda, die leicht in antisemitisches Vokabular abgleitet, aber hier handelt es sich (noch?) um eine Minderheit. Eine ähnliche Situation finden wir in Australien: Ungeachtet der Tatsache, daß unter den Sträflingen, die man seit dem späten 18. Jahrhundert von England auf den neuen Kontinent verbrachte, auch Juden waren, gab es dort erhebliche antijüdische Stimmungen. Auf der Flüchtlingskonferenz von Evian in Frankreich (die einberufen wurde, um Aufnahmeländer für deutsche Juden zu finden) erklärte der australische Delegierte, daß es in Australien kein Rassenproblem gäbe und daß man keines importieren wolle – indem man deutsche Juden ins Land ließe. Man unterschied damals zwischen den bereits ansässigen Nachkommen jüdischer Sträflinge und den Neuankömmlingen aus Europa. Die alteingesessenen Juden wurden akzeptiert; so war der Kommandant des australischen Expeditionskorps, Sir John Monash, ein Jude. Er hatte damit eine einzigartige Stellung, denn entsprechende Kommandantenposten wurden in anderen Ländern nicht von Juden besetzt. Anders war es im muslimischen Spanien: Schmuel ha-Nagid (993 – 1065) war sowohl Wesir (Premierminister) als auch Oberbefehlshaber von Granada. In Australien änderte sich die Situation nach dem Zweiten Weltkrieg. Man öffnete sich für Emigranten aus Europa, später auch aus Asien. Griechen, Italiener und Menschen aus dem Baltikum (unter ihnen nicht wenige ehemalige Nazi-Anhänger und Antisemiten), Indonesier, Koreaner, Polynesier und andere – und Juden strömten ins Land. Höchstwahrscheinlich durch die Entstehung dieser gemischt-ethnischen Gesellschaft nahm der Antisemitismus ab, wenn er auch noch bei einer Minderheit zu finden ist.

Es gab und gibt keinen Antisemitismus in polytheistischen Kulturen. In Indien existierten zwei jüdische Gemeinschaften. Eine von ihnen nannte sich selbst Beni (Bnei) Israel („die Söhne Israels“) und lebte im Konkan-Gebiet entlang der westindischen Küste südlich von Mumbai; die andere, die Cochin-Juden, weiter südlich an der Malabar-Küste. Möglicherweise kamen ihre Vorfahren aus Persien, Mesopotamien oder dem Jemen und wanderten im ersten Jahrhundert oder früher ein. Die Cochin-Juden wurden nicht diskriminiert. Als die Portugiesen Cochin und andere Orte an der Malabar-Küste eroberten, mußten die Juden Verfolgungen erleiden – zunächst durch die Christen und später auch durch die Muslime –, nie durch die Hindus. Angeblich genossen die Juden sogar eine gewisse Autonomie. Ähnliches gilt für China. Hier gab es eine jüdische Gemeinschaft vor allem in Kaifeng, das unter der Song-Dynastie vom 10. – 11. Jahrhundert die Hauptstadt war und angeblich mehr als eine Million Einwohner zählte. Offensichtlich gab es keine Diskriminierung, mit Sicherheit keinen Judenhaß.

Die Situation in Japan stellt sich anders dar. Hier gab es einen besonderen Antisemitismus, der sich im 20. Jahrhundert entwickelte. Jacob H. Schiff, ein jüdischer amerikanischer Bankier, organisierte eine Anleihe für Japan als Unterstützung im japanisch-russischen Krieg von 1905. In der japanischen Elite machte sich die Vorstellung breit, die Juden seien eine sehr einflußreiche Gruppe. Dies führte zu zwei gegensätzlichen Schlußfolgerungen. In der den Juden zugeschriebenen Macht sah man auf der einen Seite eine Gefahr, auf der anderen Seite wollte man sich eben diese Macht zunutze machen. Am Vorabend des Zweiten Weltkrieges spielten einige japanische Politiker mit dem Gedanken, einen Teil der von Japan besetzten Mandschurei an jüdische Siedler zu geben. Man widersetzte sich auch nicht der Ankunft von etwa 18.000 jüdischen Flüchtlingen aus Mitteleuropa in Shanghai in den Jahren 1938 – 1941. In Shanghai gab es zwei kleine wohlhabende Gruppen von jüdischen Kaufleuten, die Anfang des 20. Jahrhunderts eingewandert waren. Sie stammten aus dem Irak und aus Rußland. Diese leisteten den Neuankömmlingen eine minimale Unterstützung; doch es war das JDC (American Jewish Joint Distribution Committee), dem sie ihr Leben zu verdanken haben. Während des Krieges zwangen die Japaner diese Flüchtlinge in den Stadtbezirk Hongkou, wo sie zusammen mit der chinesischen Bevölkerung lebten. Man hat es ein Ghetto genannt, aber es hatte wenig mit den Nazi-Ghettos in Europa gemein. Die Japaner beschützten die Juden, und obwohl unter der schwierigen ökonomischen Lage leidend, überlebten sie. Deutsche Forderungen nach Vernichtung wies man zurück. Es ist also offensichtlich, daß die Japaner von den Juden ein anderes Bild hatten. Nach dem Krieg entwickelte sich eine antisemitische Bewegung unter der kleinen Gruppe der japanischen Christen. Der Hauptagitator Masami Uno (geb. 1942) wurde durch die *Protokolle der Weisen von Zion* beeinflußt, die berühmt-berüchtigte antisemitische Fälschung aus der Zarenzeit. In den 80er Jahren errang seine antisemitische Propaganda einige Bedeutung, doch mittlerweile ist sie größtenteils verschwunden. Die *Protokolle* waren unter der japanischen Elite einflußreich – man sah darin den Beweis, daß die Juden sehr wichtig und mächtig sind, weswegen Japan ihre Freundschaft suchen sollte. Es gibt pro-jüdische und pro-israelische Tendenzen in Japan und zwei Holocaustmuseen, eines in Tokio und eines in Fukuyama, und es gibt auch pro-jüdische christliche Gruppen.

Die Gründe, warum es in polytheistischen Gesellschaften keinen Antisemitismus gibt, sind leicht zu finden. Während monotheistische Weltanschauungen immer einen Absolutheitsanspruch formulieren und damit andere als Heiden oder Häretiker betrachten, erkennen Polytheisten an, daß andere unterschiedliche oder weitere Götter haben, und halten dies für legitim. Aus monotheistischer Sicht gehören die Ungläubigen bestraft, ihnen drohen Hölle und Verdammnis, obwohl man kaum durch die Folter in der Hölle sterben kann, weil man ja bereits tot ist. Die Polytheisten kennen keine Hölle und keine Verdammnis, wenn man anderen religiösen Gebräuchen und Glaubenssätzen folgt. Die Grundforderung im Polytheismus ist, daß das jeweilige religiöse Leben nicht das der anderen stört.

Die Juden, die selber allen anderen, die nicht den Gesetzen Noahs folgen, die Hölle versprechen, gelten für die Religionen, die dem Judentum entsprossen, als *die Anderen*, und solange sie Juden bleiben, sind sie in dieser Welt und der kommenden nicht zu erlösen. Der Unterschied zwischen Monotheismus und Polytheismus dürfte deutlich geworden sein.

Ein persönliches Erlebnis sei hinzugefügt. In Indien fragte mich einmal ein sympathischer Ingenieur, wer mein Gott sei. Das brachte mich in einige Verlegenheit, denn der Atheismus ist den meisten Indern völlig fremd. So zögerte ich und antwortete, daß der Gott, den meinen Vorfahren verehrten, Jehova genannt wurde. Er entgegnete: „Wundervoll, meiner ist Ram." Damit war die Diskussion beendet.

Allerdings haben einige Hindus etwas vom Monotheismus gelernt: Die Hindu-Extremisten von der Hindu-Partei BJP sind verantwortlich für religiös motivierte tödliche Ausschreitungen gegenüber Muslimen. Aber: Ich darf in Erinnerung rufen, daß die meisten Menschen weder Muslime noch Christen sind, und damit fehlt ihnen die Basis für den Antisemitismus. Dieser existiert nur in einer monotheistisch beeinflußten Weltanschauung. Im buddhistischen Burma (Myanmar) gab es während der britischen Kolonialzeit indische jüdische Kaufleute. Sie waren keiner Diskriminierung ausgesetzt, aber als Inder verließen sie Burma, als es unabhängig wurde. 2008 gab es eine gepflegte Synagoge in Yangon. Die Gemeinde umfaßte noch sieben Juden (strenggenommen war derjenige, der sich um die Synagoge kümmerte, kein Jude, da seine Mutter nicht jüdisch war; die Synagoge wurde also von einem Nichtjuden in Ordnung gehalten).

Auch wenn ganze Bibliotheken über den Antisemitismus in muslimischen und christlichen Ländern geschrieben wurden, so sind doch noch nicht alle Fragen beantwortet. Wie bereits dargelegt, ist der Antisemitismus meistens latent, aber die Juden wurden nicht verfolgt. Der Antisemitismus ist zuerst und vor allem eine potentielle Gefahr für die Juden, aber ebenso für die Gesellschaft, aus der er erwächst. Es ist diejenige Haßeinstellung, die sich am weitesten zurückverfolgen läßt und am kontinuierlichsten existiert, so mein Kollege Prof. Robert S. Wistrich. Wo und wann nahm dieser Haß seinen Anfang? Einige sagen: in Ägypten, wo die Pharaonen die Juden versklavten, die nach Ägypten geflohen waren, um der Dürre in ihrem Heimatland Kanaan zu entfliehen. Die Israeliten flohen dann aus Ägypten, von Pharao und seiner Armee verfolgt, und all diese armen Teufel, die Ägypter, ertranken – wie wir aus dem Buch Exodus wissen. Es muß natürlich hinzugefügt werden, daß diese Geschichte einige Jahrhunderte nach dem angeblichen Ereignis entweder in Judäa kurz nach der Zerstörung des Ersten Tempels, oder im babylonischen Exil, oder sogar noch später niedergeschrieben wurde. Zur Erinnerung: Der Auszug ist eine Legende, wenn die Legende auch zu einer Tatsache von ungeheurer kultureller Wichtigkeit wurde.

Bei dem Buch Esther handelt es sich um etwas völlig anderes. Es ist authentisch in dem Sinne, daß es die Geschichte des Judenhasses aus einer jüdischen Perspektive erzählt. Diese ethnisch-religiöse Gruppe, so erfahren wir, sah sich der Vernichtung durch die Großmacht jener Tage, die Perser, ausgesetzt. Historiker streiten sich darüber, wann der Text geschrieben wurde. Gott erscheint darin nicht, er wird nicht einmal erwähnt, er kann also die Juden nicht vor ihrer Vernichtung gerettet haben. Der Retter waren Mordechai der Jude, der Onkel von Königin Esther, einer der Frauen des Königs Ahasver (Achaschwerosch auf Hebräisch). Sie war es eigentlich, die die Katastrophe abwehrte und ihr Volk rettete. Eine einzige Frau rettete das jüdische Volk! Dies ist eine eigenartige Geschichte, denn damals unterstützten die Perser die Juden und ermöglichten es ihnen, den Tempel in Jerusalem wieder aufzubauen, nachdem König Kyros der Große (*Kurosch*, gest. 530 v. d. Z.) ihnen erlaubt hatte, nach Judäa zurückzukehren. Sie schützten die Juden. Ahasver-Achaschwerosch ist die aramäische Form des Namens Hšayāŗšā I., dessen Name als Xerxes I. (486 – 465 v. d. Z.) ins Griechische übertragen wurde. Es gab noch einen weiteren Xerxes, Xerxes II., aber er regierte nur 45 Tage im Jahre 424. Es kann sich also nur um den ersten Xerxes gehandelt haben. Sicherlich ließ er die Juden nicht verfolgen. Der Geburtsname der Königin Esther lautete (gemäß dem Buch Esther) Hadassa. Den Namen Esther übernahm sie nach ihrem Aufstieg zur Ehefrau des Königs. Da das Hebräische der Bibel im Original ohne Vokale geschrieben wurde (diese wurden erst Jahrhunderte später hinzugefügt), lautet der Name Ister, vielleicht auch Ischtar. Hierbei handelt es sich um die babylonische Göttin der Fruchtbarkeit und des sexuellen Begehrens – eine nicht sehr ehrenhafte Dame, die mit Astarte (Aschtoret), der parallelen Göttin bei den Phöniziern und Kanaanitern, eng verbunden war. Mordechai (ohne Vokale ist es Mrdchi) ist eindeutig Marduk, der Gott Babylons. Zu allem Überfluß wird Achaschwerosch als ein eher passiver und nicht sehr kluger König beschrieben, während Hšayāŗšā-Xerxes alles andere als passiv und unintelligent war. Es stellt sich nun die Frage, was ein nettes jüdisches Mädchen mit dem Namen einer weniger netten babylonischen Göttin am Hof eines Königs tat, der über die Maßen unintelligent und gleichgültig gegenüber den Juden war, der ihre Verfolgung zuließ, bis der babylonische Hauptgott Marduk, herausgeputzt als Esther-Ischtars Onkel, die verfolgten Juden rettete.

Unter den vielen Interpretationen, die diese seltsame Geschichte erfahren hat, erscheint mir die naheliegendste, sie als Allegorie anzusehen; geschrieben, nachdem das Persische Reich durch Alexander den Großen zerstört worden und Judäa eine Provinz eines der griechischen Reiche geworden war, die auf Alexander folgten. Wenn es die syrischen Seleukiden waren, die das regierten, was später die römische Provinz Palaestina wurde, so ergibt dies Sinn. Unter Antiochos IV. Epiphanes (175 – 164 v. d. Z.) versuchten die Griechen, dieses Reich durch eine entschiedene Politik der Hellenisierung zu einigen. Da sie wesentliche Teile der jüdischen Bevölkerung nicht von ihrer Religion und Kultur abbringen konnten, betrachteten sie diese als Gefahr. Dies bezog sich nicht nur auf die Juden in Judäa, sondern auf alle in dem sehr großen Seleukidenreich. Wenn diese Interpretation zutrifft, dann gibt das Buch Esther die Angst der Juden als Kultur, Religion und Ethnizität wieder. Die Einbeziehung babylonischer Gottheiten deutet darauf hin, daß das Buch in Babylon oder unter babylonischem Einfluß entstanden ist. Es scheint der Kultur angepaßt worden zu sein, der sowohl Juden als auch Nichtjuden in der seleukidischen Epoche ausgesetzt waren. Es ist wahrscheinlich, daß man sich persischer Vorbilder bediente. Die Menschen dieser Zeit wußten um die freundliche Haltung der Perser. Es war jedermann klar, daß es bei dem erwähnten Reich nicht um das persische, sondern das griechische Reich ging.

Aus der Perspektive eines Historikers handelt es sich nicht um eine antisemitische Geschichte, sondern vielmehr um einen Text, der die jüdische Angst vor Antisemitismus ausdrückt. Aber es geht um mehr als das. Die grundlegende Frage, die es zu stellen gilt, die aber selten aufgeworfen wird, ist: Woher kommt der Antisemitismus? Warum klagt man die Juden an und nicht alle grünäugigen Männer und alle rothaarigen Frauen? Ein alter jüdischer Witz aus Deutschland besagt, daß alle schlechten Dinge von Juden und von Radfahrern verursacht werden. Dann wird die Frage gestellt: warum gerade Radfahrer? Und die Gegenfrage: warum gerade Juden? Ist das eine logischer als das andere?

Oft führt man den Antisemitismus auf ökonomische, soziale und religiöse Ursachen zurück. Aber die Antwort ergibt sich aus dem Buch Esther. In Kapitel 3, Vers 8 heißt es: „Da gibt es ein Volk, verstreut und abgesondert unter den Völkern in allen Provinzen deines Königreichs, und ihre Gebräuche sind von denen jedes anderen Volkes verschieden, und die Gebräuche des Königs befolgen sie nicht“. Die Juden sind nicht besser oder schlechter als andere, aber sie sind eine Ethnizität („ein Volk“, „Am“ im Hebräischen), sehr wohl anders, eine andere Kultur und

Religion besitzend. Die Seleukiden konnten Menschen akzeptieren, die denselben Göttern unterschiedliche Namen gaben, aber den jeweiligen König als Gott oder Halbgott anerkannten. Aber Menschen anzuerkennen, die einen unsichtbaren Gott verehrten, die die Existenz anderer Götter verneinten und die sich weigerten, einen Menschen, den König, als Gott anzuerkennen, war nicht möglich. So konnten sie Jesus nicht als den Sohn Gottes anerkennen. Die Basis des Antisemitismus bestand aus dem kulturellen Unterschied zwischen den Juden und ihren Mitmenschen. Der oder die Autoren des Buches Esther bemerkten etwas, das modernen Akademikern Schwierigkeiten bereitet: die Ursache des Antisemitismus.

Ich habe es bereits gesagt: Wären die Juden in ihrem kleinen Landstrich mit seinen Tälern und Bergen geblieben, dann würden sie lediglich eine weitere Kuriosität sein, eine Gruppe von Menschen mit besonderen Gewohnheiten und Gebräuchen, wie wir sie in vielen Ecken der Welt finden. Aber sie verließen ihr Land – sie wurden nicht vertrieben. Sie taten das, was auch andere in der vergleichsweise offenen Welt des Römischen oder Persischen Weltreichs taten – sie ließen sich jenseits ihrer ursprünglichen Heimat nieder und wurden so zu einer Minderheit unter anderen. Aber alle anderen assimilierten sich, da sich ihre Kulturen nicht so stark von der ihrer Umgebung unterschieden. Den Juden war dies nicht möglich. Sie hatten im Verlaufe der Entwicklung ihrer Kultur Tabus und Barrieren zwischen sich und anderen errichtet. Man konnte nicht mit Juden essen, da sie Speisegebote hatten. Es war schwieriger, Ehen mit ihnen einzugehen als mit anderen, obwohl es gleichwohl und in erheblichem Maße geschah. Sie beschnitten ihre männlichen Nachkommen, was die meisten anderen nicht taten. Und überall bildeten sie natürlich eine Minderheit, zumeist eine recht kleine. Sie waren gut bekannt, anders, verletzlich, und da sie sich nicht selbst verteidigen konnten, eigneten sie sich in Krisensituationen als Sündenböcke. Waren sie nun als religiöse Gruppe oder als Volk anzusehen? In Kapitel 8 werde ich darauf zurückkommen, doch einiges muß schon hier gesagt werden.

Benedict Anderson (geb. 1936) von der Cornell-Universität geht in seiner Argumentation davon aus, daß ethnische bzw. nationale Gruppen soziale Konstrukte darstellen, vorgestellte Gemeinschaften, und sie „neuzeitlich" sind. Eine „wirkliche" Gemeinschaft sei eine Gruppe von Menschen, die ständig auf einer gemeinsamen sozialen Grundlage interagiere. Ethnizitäten dagegen stellten größere Gruppen dar, unter denen es kein wirkliches Gefühl der Gemeinschaftszugehörigkeit geben könne – dieser Gemeinschaftssinn sei eingebildet, obwohl diese Einbildung selbst sehr real ist. Die Realität dieser vorgestellten Gemeinschaften, dieser gesellschaftlichen Konstrukte, liege darin, so Anderson, daß sie ihre Berechtigung in neuzeitlichen Umgebungen, beginnend mit der Industriellen Revolution, auf der Grundlage einer gemeinsamen Sprache und eines gemeinsamen Bildungskanons verwirklichen.

Ethnizitäten und Nationen sind selbstverständlich soziale Konstrukte. Jede menschliche Gruppe, von der Familie über den Clan, den Stamm, die Ethnizität, die Nation oder den Staat, wird auf einer dauernden und dynamischen Basis durch die Interaktion der Individuen, die ihr angehören, errichtet und gebildet. Aber mit dieser Theorie stellen sich zwei Probleme: Daraus ergibt sich, was Anderson nicht gewollt hatte – tatsächlich lehnt er dies sogar ab –, daß soziale Konstrukte etwas Künstliches sind; ferner, daß Nationen und Ethnizitäten das Produkt der Moderne sind und aufgrund der Erfindung des Buchdrucks und der Schaffung von Kulturen in den einheimischen Sprachen entstanden. Sie entstanden, so scheint es, aus dem Nichts. Die sogenannten Primordialisten (Elliott D. Green und andere) argumentieren entgegengesetzt, und ich denke, sie haben aus mehreren Gründen recht. Die Juden sind ein gutes Beispiel für die Problematik in Andersons Analyse. Schon seit Beginn des ersten Jahrtausends v. d. Z. (und wahrscheinlich viel früher) sahen sie sich selbst und wurden von anderen als „ein Volk" gesehen. Es ist müßig zu raten, was genau damit gemeint war. Offensichtlich sahen sie sich selbst als eine Gemeinschaft – sozial, ethnisch, religiös und damit politisch und ökonomisch. Ihre Religion war und ist ein eindeutiges ethnisches Glaubenssystem. Ein Konvertit (immer ein Mann) wurde „Abraham, Sohn des Abraham" genannt. Der legendäre Vater des jüdischen Volkes wurde einbezogen, um deutlich zu machen, daß der Konvertit mit der Übernahme der Religion Erbe der gesamten ethnischen und kulturellen Tradition wurde. Es handelt sich hierbei also nicht um eine moderne Entwicklung, sondern um eine sehr alte.

Wie kam es dazu, daß die Juden als eine Gemeinschaft überlebten, wenn auch verstreut, selbst nachdem sie ihr Land verlassen hatten, und davor noch, als sie im Begriff waren, es zu verlassen? Die zionistische Geschichtsschreibung irrt nicht nur dahingehend, daß sie den Auszug der Juden aus ihrem Land als doppelte Katastrophe darstellt – die Deportierung der Juden 586 v. d. Z. durch die Babylonier nach dem Fall Jerusalems und der Zerstörung des Ersten Tempels, sowie die Vertreibung durch die Römer nach 70 n. d. Z. mit der Zerstörung des Zweiten Tempels –, sondern auch, indem sie eine bekannte Tatsache ignoriert: die Errichtung blühender jüdischer Gemeinschaften sowohl im mesopotamischen Raum als auch im Römischen Reich. 586 wurde nur die Elite des judäischen Staates nach Babylon deportiert. Von ihnen kehrte nur eine kleine Minderheit unter Kyros zurück.Jene, die an den Ufern von Babylon blieben, wie in den Psalmen berichtet wird, beweinten die „Heimat". Aber sie blieben als Bauern, Händler und Handwerker im kulturellen Zentrum der antiken Welt. Ähnlich betrauern heute viele Juden an den Ufern des Hudson das ferne jüdischen Vaterland oder schwärmen dafür und gehen dann nach Hause, um ihr Abendessen zu genießen. Das Weinen in Babylon hatte eine Funktion: Es schuf eine Art kultureller und religiöser Verbundenheit mit dem fernen Vaterland, das das Gefühl stärkte, eine besondere, eigenständige Gemeinschaft zu sein. Nicht viel später, während der griechischen Herrschaft, gründeten Juden Niederlassungen auf der Cyrenaica und auf den griechischen Inseln, und nach der Gründung Alexandrias auch in dieser Stadt. Die ptolemäischen Herrscher nutzten Juden als Händler im Süden Ägypten. Jüdische Historiker berücksichtigten zu wenig den langsamen evolutionären Prozeß, einen ungeplanten Prozeß, der zu einer doppelten Existenz der Juden führte. Sie blieben bis in die byzantinische Epoche im Land Israel vertreten, ob als große Minderheit oder als Mehrheit, wahrscheinlich bis zur arabischen Eroberung um 638. Auch im ersten Jahrhundert der muslimischen Herrschaft bildeten die Juden einen beträchtlichen Prozentsatz der Bevölkerung, denn die Juden verteidigten 1097 zusammen mit ihren muslimischen Nachbarn Haifa und Jerusalem gegen die Kreuzfahrer. Danach, so scheint es, konvertierten viele zum Islam oder verließen das Land.

Zur gleichen Zeit gelang es den Juden, ein Netzwerk oft blühender Niederlassungen in der Fremde zu errichten. Die Juden lebten also in Palästina und der Diaspora, ganz wie heute. Schon die Anwesenheit einer kleinen jüdischen Bevölkerung reichte aus, um ein kollektives Bewußtsein für die kulturelle und religiöse Kontinuität zu erzeugen. Es ist wichtig, sich das so entstandene kollektive Bewußtsein einer ethnisch-religiösen Gruppe vor Augen zu führen. Sie entwickelte sich evolutionär, obwohl diese Entwicklung durch traumatische, revolutionäre Episoden unterbrochen wurde. Diese Brüche hatten verschiedene Ursachen. Während das babylonische Exil ein einmaliges Ereignis war, gab es nicht nur einen Aufstand gegen die Römer, der zur Zerstörung des Zweiten Tempels (70 n. d. Z.) führte, sondern drei. Es folgte der sogenannte Aufstand der Diaspora (115 – 117), in dessen Verlauf die Juden der Cyrenaica und der griechischen Inseln versuchten, die römische Herrschaft abzuschütteln. Auf diesen folgte die katastrophale Bar-Kochba-Rebellion (132 – 136) mit ihren unzähligen Todesopfern (ihre Zahl wird auf bis zu 600.000 geschätzt) im Süden Israels (glücklicherweise nahmen die Juden im Zentrum und im Norden nicht daran teil und überlebten so). Die Aufstände gegen die Römer waren, wie gesagt, in einem weiten Maße das Ergebnis extremer religiöser messianischer Anschauungen. Für Simon Bar Kochba (sein Name lautete Bar Kosiba; Bar Kochba bedeutet „Sohn des Sterns“) wäre es viel schwieriger gewesen, die Unterstützung der judäischen Bevölkerung zu erlangen, hätte der große Rabbi Akiba nicht die ideologische Unterstützung geleistet. Dieser extremistische und unverantwortliche religiöse Fanatismus war also für die unzähligen jüdischen Opfer verantwortlich. Dies sollte den heutigen „großen Weisen“, Leuten, die eine ganze Menge wissen und wenig verstehen, eine Warnung sein. Man kann natürlich argumentieren, daß auch Niederlagen, Tod und Unglück die Gemeinschaft einten, so daß es im Gegensatz zu Andersons Analyse während und nach der römischen Zeit ein starkes Zusammengehörigkeitsgefühl gab.

Die Druckerpresse, so behauptet Anderson, habe einen großen Einfluß auf die Entstehung der Ethnizitäten bzw. Nationen gehabt. Bis in die Moderne wurden Bücher nicht gedruckt, sondern geschrieben und eifrig kopiert. Ein Charakteristikum jüdischer Ethnizität bestand darin, daß ihre Männer überwiegend des Lesens und Schreibens kundig waren. Auch vor der modernen Industrie, die nach Anderson eine Voraussetzung für den Aufstieg von Ethnizitäten und Nationen darstellt, gab es im Mittelmeerraum und, vielleicht nicht weniger bedeutend, im Nahen Osten viele Handelsmöglichkeiten. Eine auf Geld und Geldverkehr basierende internationale Marktwirtschaft war vorhanden. In diesem Sinne paßt Andersons Argumentation auf die Entwicklung von Ethnizitäten in vormodernen Zeiten, und die Juden sind ein vorzügliches Beispiel.

Während des ersten Jahrhunderts d. Z., in das die Zerstörung des Zweiten Tempels fiel, darauf wurde bereits hingewiesen, erhöhte sich die Zahl der Juden im Römischen Reich exponentiell, sowohl ethnisch als auch religiös. Die jüdische Ethnizität ist weder biologisch bedingt, noch ist Ethnizität dies generell.

Es gibt Parallelen zwischen Juden und anderen Ethnizitäten, von denen einige auf eine lange Geschichte zurückblicken können. Die jüdische Ethnizität ist keineswegs von Zionisten in der zweiten Hälfte des 19. Jahrhunderts erfunden worden. Die Engländer sind weder das Produkt der Industriellen Revolution, noch entstammen sie denselben biologischen Wurzeln: Sie sind eine Mischung aus der vorkeltischen Bevölkerung der Britischen Inseln, der Kelten (die um 1500 v. d. Z. nach Britannien eindrangen), von Römern, von Angelsachsen, Wikingern, Normannen und anderen. Aber sie teilen eine Kultur, genau wie die Juden. Auch die Mischung von Religion und Ethnizität ist nicht etwas speziell Jüdisches. Bis ins 19. Jahrhundert erging es den Armeniern ähnlich – sie waren alle Mitglieder der armenischen Kirche. Alle, die dieser Kirche angehörten, waren oder wurden Armenier. Die meisten Religionen sind universell ausgerichtet. Jedermann, der sich anschließt, mit welchem ethnischen Hintergrund auch immer, ist beispielsweise katholisch. Das Judentum wollte trotz seines missionierenden Charakters während einiger Abschnitte in der römischen Zeit nie eine universelle Religion für alle sein. Auch dies gilt in ähnlicher Weise für Armenier. Das Christentum ging, um alle anzusprechen, im Gegensatz zum Judentum Kompromisse mit heidnischen Glaubensvorstellungen ein und verwässerte seinen Monotheismus. Heidnische Götter wurden zu hunderten katholische Heilige. Gott teilte man in Gott, Gott Sohn, Gott Heiliger Geist und die göttliche Jungfrau Maria. Die protestantische Reformation versuchte, dies zu ändern. Man schaffte die Heiligen ab, behielt aber die Trinität, zumindest in den meisten protestantischen Richtungen. Polytheisten haben diese Probleme nicht. Und auch der Therawatha-Buddhismus, ursprünglich eine agnostische, wenn nicht sogar atheistische Philosophie, übernahm zahlreiche Boddhisatvas. Das Judentum, der Islam und der Zoroastrismus kommen dem Monotheismus am nächsten. Es sind dualistische Religionen, die an einen allmächtigen Gott glauben, der sich jedoch mit einem bösen Geist (Satan, Ahriman) herumschlagen muß. Das Christentum schloß einen Kompromiß mit dem Heidentum, da es sonst von den europäischen Heiden nicht akzeptiert worden wäre. Das Judentum und der Islam schlossen teilweise Kompromisse, sie füllten den Himmel mit Scharen von Engeln und zwei außerirdischen Welten, dem Paradies und der Hölle, wo man all die Verstorbenen wieder antreffen kann (wie unangenehm). Es waren die Ethnizitäten, die diese Glaubenssysteme hervorbrachten – Juden, Araber, Iraner usw. Und so sind, entgegen Andersons Postulat, Ethnizitäten alt.

Kehren wir zum Antisemitismus zurück. Mit dem Buch Esther beginnend, griff der Antisemitismus sowohl die jüdische Ethnizität als auch die jüdische Religion an. Meistens trat er auf, wenn die Aufnahmegesellschaft irgendeine Art von Krise durchlief, sei sie ökonomisch, politisch, militärisch oder kulturell, oder wenn eine unerwartete Naturkatastrophe eintrat, die man der jüdischen Minderheit zuschreiben konnte. Der Judenhaß basiert, dies habe ich versucht darzulegen, auf der Andersartigkeit der jüdischen Kultur. Mit dem Aufstieg des Christentums wurde daraus auch eine theologische Angelegenheit: Die jüdische Religion ist nicht nur anders, sondern sie hat das Christentum hervorgebracht. Die heiligen Schriften des Christentums schließen die jüdischen ein. Christliche Propagandisten mußten Heiden erklären, warum sie das Christentum annehmen sollten, ein Ergebnis des Judentums, und nicht das Original selbst. Jesus war ein Jude, die Apostel ebenso, und sie hatten nie etwas anderes zum Ausdruck gebracht. Saulus von Tarsus, der spätere Apostel Paulus, ist der eigentliche Begründer des Christentums, das die heidnische Welt missionieren wollte. Zwischen den beiden Religionen entwickelte sich schnell eine radikale Feindschaft. Die Kreuzigung wurde zum zentralen Thema. Das frühe Christentum entwickelte sich in der römischen Welt, und die Römer konnte man nicht anklagen, den christlichen Messias, den Sohn Gottes, gekreuzigt zu haben. Dies entspracht zwar den Tatsachen, aber man hätte damit die Verbreitung des Christentums im Römischen Reich verhindert. Es war also ein naheliegender Schritt der Kirchenväter, die Juden zu beschuldigen, die die Göttlichkeit Jesu ja nicht anerkannten. Aber wer konnte Gott ermordet haben? In Frage käme allenfalls ein von Satan Besessener. Und was wollte Satan? Satan wollte die Welt als Gegenpart Gottes regieren. Was aber wollten die Juden, die gemäß der christlichen Theologie für den Tod Jesu verantwortlich waren? Da sie von Satan besessen waren, wollten sie das, was Satan wollte, nämlich die Welt regieren. Dies ist der Ausgangspunkt der Anklagelegende, daß eine jüdische Verschwörung die Weltherrschaft anstrebt. Dies läßt sich aus den Werken der Kirchenväter belegen und wird fester Bestandteil der Theologie etwa bei Johannes (Ioannes) Goldmund (Chrysostomos auf Griechisch, 349 – 407), dem charismatischen Prediger in Antiochia und Byzanz (heute: Konstantinopel, Istanbul). Wenn man diese Predigten liest, glaubt man, den *Stürmer*, die berüchtigte Nazizeitung, zu lesen. Es ist wichtig hervorzuheben, daß sich diese Predigten nicht nur gegen die jüdische Religion richteten, sondern gegen die Juden als Gruppe, als Ethnizität, als Nation. Die Idee einer jüdischen Weltverschwörung wurde zu einem zentralen Bestandteil der antisemitischen Predigten bis in die Neuzeit, obwohl sie zwischen dem Untergang des Römisches Reichs und dem 12. Jahrhundert eher latent war, um dann wieder aufzuflammen. Mit der beginnenden Säkularisierung Anfang des 18. Jahrhunderts wurde es in antichristliche rassistische Ideologien übernommen. Der Ursprung des christlichen Antisemitismus liegt jedoch in dem Kampf um Anerkennung und Macht in den frühen christlichen Jahrhunderten. Um die neue Religion für die Heiden attraktiv zu machen, mußten die ältere Religion und ihre Anhänger, die Juden, als eine satanische Macht dargestellt werden. Die Furcht vor der ewigen Verdammnis und Satan selbst mußten bemüht werden, um die Ausbreitung der jüdischen Religion, die es gegeben hat, zu unterbinden.

Einen wesentlichen Beitrag zur Festigung der antisemitischen Weltanschauung leistete der heilige Augustinus von Hippo (354–430). Kurz bevor er starb, schrieb er 429 ein antijüdisches Pamphlet (*Contra Judaeos*). Die Juden hatten den Messias, den Sohn Gottes, abgelehnt, und dafür mußten sie bestraft werden. Sie sollten unterdrückt werden, diskriminiert, und er deutete an, es sei gerechtfertigt, ihnen ihren Besitz wegzunehmen. Man solle aber davon absehen, sie zu töten, denn ihre Existenz würde die Wahrheit des Christentums beweisen. Sie zu töten, wäre Sünde. Mit der Wiederkunft würden die Gerechten unter ihnen Christen werden. Die anderen würden die Verdammnis der Hölle erfahren. Dieser Argumentation folgten andere große katholische Theologen wie Thomas von Aquin (1225–1274). Die katholische Kirche sah die Juden als vom Satan besessene Sünder. Gleichzeitig schützte sie sie, zumindest in der theologischen Theorie, vor einem genozidähnlichen Schicksal. Die Kirche selbst plante nie einen Massenmord. Dies bedeutet keineswegs, daß in der christlichen Welt nicht zahlreiche Juden bei Massenmorden oder individuellen Verbrechen ermordet oder gefoltert wurden. Päpste und Bischöfe mußten manchmal intervenieren, um die Juden vor den Folgen ihrer eigenen Aufwiegelungen zu schützen. Die Juden wurden besonders in Westeuropa verfolgt und aus England (1290), Frankreich (1306), Spanien (1492) und vielen Gegenden Deutschlands vertrieben. Den Juden war es nie erlaubt, Skandinavien zu betreten. Während der Kreuzzüge und der Zeit des Schwarzen Todes kam es zu Massentötungen. In Osteuropa war das Gebiet der Ukraine während des Chmielnicki-Aufstands betroffen; man schätzt, daß 100.000 Juden von den Kosaken, gedeckt durch die orthodoxe Kirche, ermordet wurden. Dies wiederholte sich, wenn auch in geringerem Maße, ein Jahrhundert später während des Haidamaken-Aufstandes in der Ukraine (1750, 1768).

Mit der Zeit vervielfachten sich die Anklagen gegenüber den Juden. Man verbot ihnen, Land zu besitzen, man zwang sie zu Geldgeschäften, sie wurden zu Geldverleihern und Quasi-Bankiers. Man klagte sie des Zinswuchers, des Betrugs, an. Man klagte sie an, die lokale Kultur und schließlich Brunnen zu vergiften (wie während der Pestepidemien von 1347 – 1351), christliche Kinder zu töten und mit ihrem Blut ihr *matzot* (das Pessachbrot) zu backen. Arabische Fernsehstationen verbreiten diese Ritualmordlegende noch heute. Diese Anklagen wurden von christlichen Theologen übernommen.

Natürlich gilt es, die Theologie von der praktischen Politik zu unterscheiden. Die antijüdische Haltung der Kirche bedeutete nicht, daß die Juden in allen christlichen Ländern verfolgt wurden. Der Historiker Christopher Tuckwood wies jüngst darauf hin, daß in Frankreich die Juden während der Herrschaft der Merowinger (481 – 752) und Karolinger (753 – 987) als römische Bürger angesehen wurden. Man betrachtete sie als Mitglieder einer weiteren der vielen Sekten und subethnischen Einheiten des Königreichs. Die Kirche hatte gute Gründe, die Juden abzulehnen, denn das Judentum war noch, zumindest im Prinzip, ein missionierender Glaube, und der Haß zwischen beiden Religionen war äußerst lebendig. Das Christentum war die Staatsreligion, und die Juden wurden als Minderheit zumeist geduldet. Der Hauptprotagonist antijüdischer Maßnahmen war Agobard (770 – 840), Bischof von Lyon, der sich um die Missionierung der Franken bemühte und jüdische Konkurrenz fürchtete. Er war nicht besonders erfolgreich, da der König und die Aristokratie kein Interesse daran hatten, die Macht der Kirche zu stärken oder die jüdische Minderheit zu verfolgen. Eine ähnliche Situation entwickelte sich viel später in Polen zwischen dem 14. und 18. Jahrhundert. Der König und besonders die Aristokratie schützten die Juden gegen die Kirche und die Bürger. In Frankreich änderte sich die Lage radikal mit Beginn der Kreuzzüge. 1171 kam es zur ersten Blutbeschuldigung gegen die Juden in Blois.

Wenn der Ursprung des Antisemitismus in den kulturellen Unterschieden zwischen der jüdischen Kultur und der derjenigen, in der sie lebten, liegt, dann leuchtet es ein, daß dieser Unterschied seinen Ausdruck in den entgegengesetzten religiösen Gewohnheiten von Juden und Christen (und, wie später noch darzulegen sein wird, Muslimen) findet. Wie steht es nun um die ökonomischen, sozialen und politischen Faktoren? Wir glauben, der Antisemitismus sei vor allem das Ergebnis wirtschaftlichen Wettbewerbes oder, allgemein, der Stellung der Juden als eines Äquivalents, in verschiedenen Epochen, einer Mittelklasse und der sich daraus ergebenden Feindseligkeit der unteren Klassen einerseits und der wirtschaftlichen und gesellschaftlichen Interessen der oberen Klassen andererseits. Aus meiner Sicht erklärt dies den Antisemitismus nicht, aber damit ist nicht gesagt, daß ökonomische und soziale Ursachen nicht doch eine wichtige Rolle spielen. Dies gilt zweifellos, aber im Gegensatz zur marxistischen Interpretation ist es nicht die sozio-ökonomische Basis, die den ideologisch-religiösen Überbau herstellt, sondern es ist in diesem Falle umgekehrt. Wenn es keine Juden in der Gesellschaft gibt, so bedeutet das nicht, daß die antisemitische Ideologie, die sich aus ideologisch-religiösen Überzeugungen speist und über Generationen verbreitet wurde, fehlt. Als Beispiel kann auf Geoffrey Chaucers *Canterbury Tales*, verfaßt im 14. Jahrhundert, mit seinen offen antisemitischen Themen hingewiesen werden. Damals gab es nicht einen einzigen Juden im Land.

Ich schließe mich der Auffassung meines Lehrers und späteren Freundes, des verstorbenen Prof. Shmuel Ettinger[1] an. Er vertrat die These, daß der Antisemitismus zumindest latent eine Konstante in den westlichen Gesellschaften darstellt, ganz unabhängig von den wechselnden ökonomischen Bedingungen. Prof. Shulamit Volkov von der Universität Tel Aviv sprach vom Antisemitismus als einem „kulturellen Code". Da Juden üblicherweise den mittleren Schichten zuzurechnen sind, waren die Bedingungen zu verschiedenen Zeiten unterschiedlich. Zudem gab und gibt es Antisemitismus in Gesellschaften, in denen keine oder nur wenige Juden leben, so daß wirtschaftliche Gründe ihn nicht erklären können. Ein konstantes Phänomen kann nicht durch wechselnde Bedingungen erklärt werden.

Es gab Länder, besonders im späteren Mittelalter, die Juden zu sich einluden. Das Paradebeispiel ist Polen. Die ersten Juden tauchten dort unter der Herrschaft von Mieszko I. (960 – 992) in Zentralpolen auf, weitere ließen sich im 11. und 12. Jahrhundert nieder. Die Quellenlage ist allerdings dürftig. 1264 erließ Boleslaw III. von Kalisz ein Edikt mit speziellen Privilegien für Juden. Die Lage änderte sich im 14. Jahrhundert dramatisch, als der polnische König Kasimir III. (1303 – 1370) diese Privilegien erweiterte. Im Westen wurden die Juden beschuldigt, die Pest verursacht zu haben, woraufhin viele über Böhmen nach Osten flohen. Obgleich Polen aus unbekannten Gründen von der Seuche weniger betroffen war, wurden Juden 1348 beschuldigt, die Pest verursacht zu haben. Die polnischen Könige wollten ihre Städte entwickeln und luden Deutsche und Juden ein, um Handel und Gewerbe voranzubringen. Sie waren erfolgreich. König und Aristokratie schützten die Juden gegen die Kirche, und vom 14. bis zum 17. Jahrhundert wurde Polen als *paradisus Iudeorum* („Paradies für Juden") betrachtet – eine starke Übertreibung. Als der große Kosakenaufstand, angeführt von Bogdan Chmielnicki, 1648 ausbrach, wurden Juden und Polen angegriffen und massakriert. Polen und Juden schlossen sich zusammen, um ihre Städte zu verteidigen.

Dies bedeutet keineswegs, daß nicht auch ökonomische und andere Faktoren eine Rolle spielten – dies war meistens der Fall. Aber diese fanden ihre Basis auf

---

1 S. Shmuel Ettinger, Hrsg., mit Shmuel Almog und Lyael Maman: *Nationalism and Antisemitism in Modern Europe, 1815 – 1945*. New York: Pergamon Press, 1990.

bereits vorhandenen, weithin akzeptierten, geschichtlich bedingten Vorurteilen, die religiös motiviert waren.

Zusammenfassend kann man festhalten, daß der Antisemitismus in Europa eine weltanschaulich-religiöse Basis hatte, und daß ökonomische, soziale und politische Faktoren zwar eine wichtige, aber sekundäre Rolle spielten.

Es stellt sich die Frage, ob ein Begriff wie *Antisemitismus* alle Spielarten des Judenhasses – latent, verbal oder körperlich – abdecken kann. Für mich ist der Begriff Antisemitismus äußerst unlogisch. Es gibt keinen „Semitismus", den man ablehnen könnte. Es gibt keine „Semiten", lediglich verschiedene semitische Sprachen. So ist etwa Tigre, das in Äthiopien gesprochen wird, eine semitische Sprache, aber der Antisemitismus richtet sich nicht gegen die Tigre. Es wäre absurd, den Begriff „Anti-Indogermanismus" einführen zu wollen. Zwar gibt es indogermanische Sprachen, aber keine indogermanische Gruppe, welcher Art auch immer. Der Begriff Antisemitismus, wie wir ihn heute kennen, wurde 1879 von dem deutschen Journalisten Wilhelm Marr (1819–1904) geprägt. Interessanterweise begann Marr als radikaler Linker, ja pro-kommunistischer Revolutionär. Er war Mitglied des Frankfurter Paulskirchenparlaments von 1848. Er propagierte die allgemeinen Menschenrechte, die Juden selbstverständlich einschlossen. Nach der Revolution wurde er ein deutscher Nationalist und gründete eine antijüdische Organisation. Der Ausdruck *Antisemitismus* ersetzte in Deutschland das traditionelle religiös geprägte *Judenhaß*. Marr war Atheist und wollte keine Verbindung zur Religion. Gegen Ende seines Lebens bemühte er sich, wie mein Kollege Prof. Moshe Zimmermann von der Hebräischen Universität gezeigt hat, den Begriff zu ändern.[2] Marr suchte einen „wissenschaftlichen" Begriff, der Juden nicht erwähnen, sich aber unzweideutig nur auf Juden beziehen sollte. Der Begriff wird im Englischen mit Bindestrich benutzt (als „Anti-Semitism") anstatt der Originalschreibweise ohne Bindestrich. Dies ist völlig unlogisch, da es keinen Semitismus gibt, dem gegenüber man „anti" sein kann. Der eigentliche Inhalt, der Judenhaß, wird verschleiert. Damit wird der Begriff paradoxerweise sowohl für Antisemiten als auch ihre Gegner akzeptabel. Bestenfalls handelt es sich um eine Flucht vor der Realität. Antisemitische Muslime, die wenig über den Ursprung des Ausdrucks wissen, argumentieren gerne, da sie Semiten seien, könnten sie nicht antisemitisch sein. Dies ist natürlich blanker Unsinn, da es erstens keine „Semiten" gibt, und der Begriff zweitens explizit auf einer rassistischen Wahrnehmung der Juden, und nur der Juden, als des ultimativen Feindes beruht – genau wie es die antisemitischen Muslime tun.

---

2 Moshe Zimmermann: *Wilhelm Marr, the Patriarch of Antisemitism*. New York: Oxford University Press, 1986.

Mit dem Begriff „Antisemitismus“ können die verschiedenen Formen dieser Sozialpathologie nicht ausreichend erfaßt werden. Er unterscheidet weder zwischen Zeiten und Orten, noch zwischen harmloser Ablehnung von Juden, die oft nur eine leichte Form der Fremdenfeindlichkeit ist, und mörderischen Absichten und Taten. Es gibt keine Möglichkeit, soziale oder andere Nuancen zu bezeichnen. Trotz der mangelnden Differenzierung hat sich der Begriff sowohl im akademischen als auch außerakademischen Bereich durchgesetzt, so daß man ihn nicht umgehen kann. Deshalb benutze ich ihn in diesem Buch, in voller Kenntnis seiner Schwäche.

Es stellt sich die Frage, ob der moderne zeitgenössische Antisemitismus etwas qualitativ Neues oder schlicht eine Fortsetzung des alten Antisemitismus aus der vorsäkularen Zeit ist. Ich möchte mich wiederum Shmuel Ettinger anschließen, der, früher Marxist, die Hegelsche dialektische Methode benutzend feststellt: sowohl Fortsetzung der alten Formen und Elemente als auch Neuerungen[3]. Ohne die lange Tradition des Judenhasses scheint es zweifelhaft, ob sich der neue herausgebildet hätte. Wenn man sich die antisemitische Propaganda seit der Französischen Revolution, in der nationalistischen und später in der Nazi-Ideologie, ferner bei den Kommunisten und anderen Linken ansieht, so findet man dieselben Klischees wie in den vormodernen Zeiten. Der satanische, der böse Charakter der Juden bzw. des Judentums kommt wieder zum Vorschein; in den Augen der Antisemiten untergraben die Juden die menschliche Zivilisation. Der moderne Antisemitismus in seinen zahlreichen Spielarten klagt die Juden an, die Weltherrschaft anzustreben, die Kirchenväter lassen grüßen. Blutanklagen, die man den Juden im 21. Jahrhundert in der muslimischen Welt vorwirft, findet man schon 1144 in England. Aber es gibt auch Neuerungen. Dazu gehört die Politisierung des Antisemitismus, seine Instrumentalisierung im Rahmen nationalistischer Konzepte. Ferner ist der rassistische Antisemitismus zu nennen, der es den Juden unmöglich macht, sich zu assimilieren. Auch die Entschlossenheit, die in extremen Fällen von der Propaganda zu mörderischen Aktionen führt, zählt dazu. Nach 1945 boten die Gründung des Staates Israel und anschießend der israelisch-palästinensische Konflikt die Möglichkeit, die alten Haßmuster auf den neuen Staat und damit auf eine weniger angreifbare Ebene zu bringen.

Mit Beginn des 18. Jahrhunderts wurde der europäische Antisemitismus weltlich. Die Intellektuellen, speziell die französischen Enzyklopädisten, kritisierten die katholische Kirche, das Christentum im allgemeinen. François-Marie Arouet, genannt Voltaire, (1694 – 1778) wandte sich gegen die Juden sowohl als Teil seines Angriffs auf die Religion generell, als auch in Formen, die man als klaren Fall von Antisemitismus ansehen kann, indem er die Juden als solche und besonders

---

3 Als ehemaliger Marxist habe ich eine Neigung gegenüber dieser Art des Denkens.

ihren Glauben angriff. Der weltliche Antisemitismus übernahm alle Vorurteile des religiösen. Allerdings fehlte der, wenn auch oft sehr bescheidene, Schutz, den das Christentum Juden gewährt hatte. Der säkularisierte Antisemitismus verlor seinen ambivalenten Charakter, es blieb der Judenhaß.

Bei dem Vergleich zwischen vormodernem und modernem, vielleicht sogar postmodernem Antisemitismus ist die Stellung der katholischen Kirche zu betrachten. Schließlich war es die katholische Kirche, die letztendlich für die antijüdischen Einstellungen und politischen Maßnahmen in Europa bis zum Aufkommen der Reformation im 16. Jahrhundert verantwortlich war. Einige, wenn auch nicht alle, protestantischen Richtungen übernahmen das antisemitische Gepäck von der Kirche, von der sie sich abgespalten hatten. Die katholische Kirche behielt ihre feindliche Einstellung gegenüber den Juden bis ins 20. Jahrhundert. Die nationalsozialistische Judenverfolgung, gefolgt von dem Massenmord an den Juden, führte zu einer allmählichen Änderung. Dies wurde nach der langen Amtszeit von Papst Pius XII. (1939 – 1958) deutlich. Ein als Übergangskandidat gewählter Papst unterschied sich in seiner Einstellung zu den Juden deutlich von seinen Vorgängern: Angelo Roncalli (1881 – 1963) wurde im Alter von 77 Jahren Papst Johannes XXIII. (1958 – 1963). Während des Zweiten Weltkriegs diente er als päpstlicher Nuntius in Istanbul und setzte sich oft und energisch für die Rettung von verfolgten Juden ein. Dies war nicht unbedingt die Politik von Pius XII. Er arbeitete mit den Vertretern der palästinensischen Juden in Istanbul zusammen, deren Aufgabe es war, den bedrängten jüdischen Gemeinden in den von den Nazis besetzten Gebieten, wann immer es ihnen möglich war, zu helfen. Roncalli erhielt die Unterstützung von Gleichgesinnten im Klerus, besonders von dem deutschen Jesuiten Augustin Bea (1881 – 1968), der später zu einem wichtigen Theologen im Vatikan aufstieg. Johannes der XXIII. initiierte das 2. Vatikanische Konzil, das im Jahre 1965, zwei Jahre nach seinem Tod, die Erklärung *Nostra Aetate* („In unserer Zeit") veröffentlichte. In diesem Dokument werden die Juden, die nach Jesus lebten, davon freigesprochen, ihn ermordet zu haben. Die Formulierungen sind nicht besonders klar, und die Rolle, die die Jerusalemer Juden während der Kreuzigung spielten, bleibt vage. Heutige Forscher sehen nicht, wie die Juden den römischen Gouverneur von Judäa, in diesem Fall den brutalen Pontius Pilatus (er wurde später wegen seiner Grausamkeiten gegenüber den Menschen in Judäa, besonders den Samaritanern, abberufen), dazu hätten bringen können, das Todesurteil gegen jemanden, der vielleicht den Status eines Messias beanspruchte, aufzuheben. Aber die Änderung in der katholischen Haltung ist gleichwohl bemerkenswert. Die katholische Kirche gab ferner verschiedene Stellungnahmen gegen den Antisemitismus heraus. Einen gewissen Rückschritt gegenüber den Positionen von Johannes XXIII. gab es unter seinem Nachfolger Paul VI. (1963 – 1978), der zwar Israel besuchte, es aber diplomatisch nicht anerkannte. Unter Karol Wojtyla, Papst

Johannes Paul II. (1978 – 2005), bezog man klar gegen den Antisemitismus Stellung und bemühte sich, die Gräben gegenüber den Juden zu überwinden. Der Vatikan erkannte den Staat Israel an. Dies kam einer Kehrtwendung im katholischen Denken gleich, denn die Kirche hatte bis dahin gelehrt, daß die Juden, da sie Jesus nicht als Messias und Gottes Sohn anerkannt hatten, von Gott über alle Länder verstreut und an der Rückkehr ins Heilige Land gehindert wurden. Dieses göttliche Urteil griff nun nicht mehr. Der Papst besuchte Jerusalem im März 2000, und besonders sein Besuch in der Holocaust-Gedenkstätte Yad Vashem wurde als Ausdruck aufrichtiger Wertschätzung angesehen. Er wurde unter Israelis äußerst populär. Er besuchte Synagogen und pflegte die Freundschaft mit verschiedenen jüdischen Persönlichkeiten.

Der Vatikan ist entgegen der allgemeinen Vorstellung – und sie wird besonders von Juden geteilt – keineswegs so hierarchisch aufgebaut wie angenommen. Es gibt zahlreiche Unterorganisationen, und der Papst ist keineswegs allmächtig. Johannes Paul II. war nicht nur ein Freund der Juden, sondern er war in allem erzkonservativ. Die Erklärungen zum Antisemitismus erkannten an, daß sich Katholiken gegenüber Juden versündigt hatten, aber nicht die Kirche selbst. Die Kirche war, so wurde argumentiert, aufgrund theologischer Differenzen antijüdisch, aber sie war niemals antisemitisch, d. h. sie verfolgte Juden nicht als solche. Der moderne Antisemitismus wurde als antichristlich angesehen, und der Nazirassismus war ein Ausdruck der Rückkehr zum Heidentum. Diese Rechtfertigungsversuche haben wenig mit den Fakten zu tun. Die Geschichte des Christentums und speziell die der katholischen Kirche liefert zahlreiche Beweise dafür, daß die Juden als Volk verfolgt, diskriminiert, vertrieben wurden, und dabei blieb es nicht. Dies ereignete sich nicht nur während der Massenverfolgung im Laufe der Kreuzzüge oder der Massenvertreibung aus Westeuropa, sondern in vielen Einzelfällen. Die katholische Kirche unterschied nie zwischen Angriffen auf die jüdische Religion und brutalen Übergriffen auf gläubige Juden. Auf das Argument, daß die katholische Christenheit nichts mit dem Nationalsozialismus zu tun hatte und daß die Ermordung der Juden ein Rückfall in das Heidentum darstellt, wird noch einzugehen sein.

Das Hauptargument, mit dem die katholische Kirche vom Antisemitismus reingewaschen werden soll, zeigt, daß die Abkehr der Kirche vom Antisemitismus weder vollständig, noch weitgehend genug ist, um historische Tatsachen anzuerkennen. Es ist nicht besonders schwer zu verstehen, woher diese Geisteshaltung stammt. Nach katholischem Glauben ist die Kirche der Leib Christi auf Erden, also kann die Kirche per se keine Sünden begehen. Der Papst ist der Stellvertreter Christi, und den Papst anzuklagen, wie dies viele in Bezug auf Pius XII. wegen seiner unterlassenen Hilfeleistung während des Holocausts getan haben, erweist sich als schwierig. Antisemitismus wird heute von der katholischen Kirche als

Sünde definiert. Der Ausweg aus diesem Dilemma besteht darin, die Geschichte zu verleugnen und zu behaupten, die Kirche sei nie antisemitisch gewesen. Einzelne Katholiken können sündigen, sie sind Menschen, aber nicht die Kirche. Es bleibt hinzuzufügen, daß das Christentum nicht das einzige Glaubenssystem ist, das sich der Realität verweigert. Die protestantischen Kirchen in Europa gehen in ihrer Revision alter Vorurteile teilweise weiter als die katholische Kirche. Einige lutherische Geistliche aus Rheinland-Westfalen verfaßten 1980 eine Erklärung, in dem sie sich als schuldig gegenüber den Juden während des Holocausts erklärten. Sie formulierten dabei implizit, nicht explizit, eine Kritik an Martin Luther und seinem bekanntermaßen ausgeprägten Antisemitismus.

Ein weiterer Aspekt der Argumentation, daß der Nationalsozialismus eine heidnische Ideologie gewesen ist, soll nicht unerwähnt bleiben. Heidentum ist nach dieser Auffassung zu Massenmord und Genozid fähig, das Christentum nicht. Die Wahrheit stellt sich allerdings anders dar. Heidnische, polytheistische Glaubenssysteme haben durchaus Rechtfertigung für Tötung geliefert, sie aber üblicherweise nicht ausgelöst. Antisemitismus, wir haben dies dargelegt, existiert in polytheistischen Gesellschaften nicht. Heidentum und Polytheismus stellten für Juden immer einen Schutz dar. Man hätte wünschen mögen, daß die Juden unter ihnen, anstatt unter den monotheistischen Religionen, seien es Christen oder Muslime, gelebt hätten. Das Christentum lieferte eine Rechtfertigungsideologie für die Massenmorden nicht nur an Juden, sondern auch an (anderen) Christen, und dies millionenfach. Es wird noch im Zusammenhang mit dem Holocaust darauf einzugehen sein.

Der Nationalsozialismus war, wie wir gesehen haben, eine Religion oder eine Pseudoreligion. Sein Gott gleicht dem Gott des Monotheismus – man möchte hinzufügen: in erschreckendem Maße. Wie sein monotheistisches Äquivalent ist der Nazigott der Herr der Heerscharen, ein Gott, der straft und tötet, der rachsüchtig und brutal ist. Wie sein christlich-muslimisches Vorbild ist er ein unsichtbarer Gott, obwohl er menschenähnliche Züge aufweist.

Über den Nazi-Antisemitismus ist viel geschrieben worden, und ich behaupte nicht, etwas Neues gefunden zu haben. Aber einige Aspekte dieser mörderischen Ideen sind hervorzuheben. Der antisemitische Rassismus oder rassistische Antisemitismus hat ein christliches Vorbild. Das erste Gesetz gegen Konvertiten (conversos) aus dem Islam und dem Judentum auf Grundlage ihres „Blutes“ wurde in Toledo 1449, ein halbes Jahrhundert vor der Vertreibung der Juden und Muslime aus Spanien, erlassen. Darin wurde die Idee *limpieza de sangre*, der Reinheit des Blutes, erstmals formuliert. Allen Nachfahren von Juden oder Muslimen war es verboten, bestimmte Berufe im zivilen und kirchlichen Leben zu besetzen. Dieses Gesetz richtete sich wohlgemerkt gegen Christen, d. h. Personen, deren Vorfahren zum Christentum als dem „wahren Glauben“ übergetreten waren. Nun läßt sich nicht belegen, daß die Nazis dieses Gesetz kopierten, aber es gibt keinen Zweifel daran, daß sie genau so vorgingen. SS-Männer mußten nachweisen, daß sich zurück bis ins Jahr 1600 keine Juden unter ihren Vorfahren befanden. Was das iberische Vorbild anbetrifft, *limpieza de sangre*, so ist festzuhalten, daß es eindeutig der katholischen Theologie widersprach. Ihr sind Rassenunterschiede unbekannt. Sie beruht auf der Gleichheit aller Menschen vor Gott.

Der Rassismus im eigentlichen Sinne, d. h. der Aufbau einer sozialen Hierarchie auf der Grundlagen von Hautfarbe und Vererbung, entstand nicht in der sogenannten antiken (heidnischen) Welt. Die alten Ägypter, Sumerer, Assyrer oder Babylonier, Inder und Chinesen dürften kaum blond und blauäugig gewesen sein. Der Prophet Amos erklärte, vor Gott seien Schwarze (Kuschiten) den Juden gleich[4]. Die Sklaven im Römischen Reich waren mehrheitlich Kelten, Germanen oder Slawen. Ein freier schwarzer Mann konnte römischer Bürger werden. In den gotischen Kathedralen Europas lassen sich Statuen des heiligen Mauritius finden, der als Afrikaner dargestellt wird, so etwa im Magdeburger Dom (1240). Auch anderswo gibt es ähnliche Statuen. Rassismus ist das Ergebnis der Auseinandersetzung zwischen dem christlichen Spanien und später Portugal einerseits und den „Mauren" Spaniens und Nordafrikas andererseits. Der angenommene Unterschied „des Blutes", also der Abstammung, wurde mit der Hautfarbe verbunden. Diese Vorstellung wurde dann im Zuge des Aufkommens des Sklavenhandels auf Westafrika übertragen. Afrikaner wurden von anderen Afrikanern versklavt und verkauft, üblicherweise an arabische Händler. Sie wurden zu westafrikanischen Häfen, die von Iberern, später auch von anderen Europäern, errichtet worden waren, gebracht und an weiße Sklavenhändler verkauft. Außer Europäern gab es einige Afrikaner, Araber und Juden unter diesen Sklavenhändlern. Es bedurfte einer Ideologie, die eine derartige Behandlung von Menschen rechtfertigte. Man fand sie in der durch die Hautfarbe belegten rassischen Zweitklassigkeit. Die Hautfarbe war letztendlich das auffälligste Unterscheidungsmerkmal zwischen den Sklaven und den hauptsächlich weißen Händlern. Man schätzt, daß 11 bis 15 Millionen Menschen nach Amerika verschifft wurden. Von ihnen verstarben ca. 15 %, also etwa 2 Millionen, während der Reise (der Prozentsatz der Seeleute, die auf See starben, war damals sogar höher). Rassismus erweist sich somit als ein Produkt des europäischen Kolonialismus. Möglicherweise ist diese Ideologie jedoch älter. Die erste rassistische Gesetzgebung läßt sich auf 1449 datieren, also bevor die Europäer nach Nord- bzw. Westafrika gelangten. Mir scheint, daß hier noch Klärungsbedarf besteht.

---

4 Amos, Kap. 9, Vers 7: „Ihr seid doch wie die Söhne der Kuschiten in meinen Augen" – הלא כבני כושיים אתם לי

Es läßt sich also feststellen, daß der Rassismus der Nazis europäische Vorläufer hatte, und zwar entgegen der Behauptungen des Vatikans innerhalb der katholischen Welt. Meiner Auffassung nach läßt sich der Nazi-Antisemitismus und seine Quellen nur aus einer globalen Sicht angemessen beurteilen. Die Globalisierung ist letztlich das Resultat eines radikalen technischen Wandels während der letzten zwei Jahrhunderte. Der Antisemitismus wurde ebenfalls, neben allen anderen wichtigen ideologischen Entwicklungen, zu einem weltweiten Phänomen. Der radikale Antisemitismus als Spielart des Nationalismus entwickelte sich zusammen mit dem euro-amerikanischen Nationalismus Ende des 19. und Anfang des 20. Jahrhunderts. Er tauchte in Rußland, Frankreich, Deutschland, Süd- und Nordamerika, ja sogar in Australien auf. Diese Form des Antisemitismus erwuchs natürlich aus früheren Formen dieses Krankheitsbildes, wurde aber nun zu einer politischen Frage, und dies teilweise von großer Brisanz. Der rassistische Antisemitismus ist untrennbar verbunden mit seiner nationalistischen Wurzel. Allerdings ist er nicht ein notwendiges Ergebnis derselben – in den meisten Fällen blieb er, was er war, nämlich ein Ausdruck der sozialen, ökonomischen und ideologischen Krisen, die viele der ethnisch-nationalen Gesellschaften durchliefen.

Betrachten wir den Nazi-Antisemitismus aus einer anderen Perspektive, gilt es zu fragen: Welche Haupttriebkräfte standen hinter dieser neuen Prägung dieses Übels, die zu einem beispiellosen Genozid führte? Darauf würde ich erwidern, es war eine einfache Antwort auf die Probleme, mit denen sich die deutsche Gesellschaft damals aus nationalistischer Perspektive konfrontiert sah. „Die Juden sind an allem schuld" stellte eine akzeptable Lösung in dieser Situation dar. In gleicher Weise hatte man den Juden früher, zur Zeit der Pest, vorgeworfen, Brunnen zu vergiften. Historiker und Sozialpsychologen haben sich die Frage gestellt, warum derartige irrationale Einstellungen sich entwickeln und von einem beträchtlichen Teil der Bevölkerung angenommen werden konnten. Es ist schon schwer zu verstehen, warum die Frage überhaupt gestellt wurde – als ob Irrationalismus eine Domäne der Nazis wäre. Wir leben in der Zeit von Idi Amin, Ruhollah Khomeini und Ali Khamenei, von Muammar Ghaddafi, der Kim-Dynastie in Nordkorea, von Pol Pot und mancher anderer Figuren. Auch handelt es sich um keine Erscheinung der Moderne. Caligula, Nero und viele andere wie sie sind nicht das Produkt der industriellen Revolution oder des Kolonialismus. Ideologien, insbesondere religiöse, sind das Gegenteil rationalen Denkens. Die Idee, die Welt durch die Eroberung Jerusalems während der Kreuzzüge zu christianisieren, war alles andere als rational; gleiches gilt für die muslimischen „Kreuzzüge" vom 7. Jahrhundert an. Der islamische Radikalismus ist die jüngste Form dieser Ideologien. Aber es gibt jüdische Spielarten der gleichen Qualität. In Israel war der spirituelle Führer, wenn er wirklich spirituell war, der ultra-orthodoxen Shas-Partei, Rabbi Ovadia Yosef, dessen Worte für einen nicht unbeträchtlichen Teil der israelischen Gesellschaft Gesetz sind (2015 ist Shas ein Teil der Regierungskoalition), nichts anderes als ein Spiegelbild von Khomeini, verfügte jedoch glücklicherweise über weniger Einfluß. Seine Ausführungen stellen den Gipfel politischen Irrsinns dar. In den meisten Fällen, und dies gilt auch für den Nationalsozialismus, werden auf der irrationalen Grundlage höchst rationale praktische politische Entscheidungen getroffen. Niemand wird den rationalen Charakter der Entscheidungen im Bereich der deutschen Wirtschaftspolitik, Sozialstruktur und der Kriegsführung verneinen, obwohl dies alles auf einer irrationalen ideologischen Grundlage beruhte.

Daraus ergibt sich, daß die Neigung, irrationale Ideologien und irrationale Erklärungen der Wirklichkeit zu akzeptieren, zum Wesen des Menschen gehört. Die Gründe dafür muß man nicht lange suchen. Es gibt das Bedürfnis, sich die Welt, in der wir leben, zu erklären, und wenn rationale Erklärungen entweder nicht vorhanden sind oder unsere Wünsche und Vorstellungen oder gar unsere Existenz bedrohen, dann wenden wir uns irgendwelchen Erklärungen zu, und oft sind dies irrationale. Der Nazi-Antisemitismus ist ein gutes Beispiel dafür. Die moderne Welt ist in der Tat schwer zu verstehen und oft beängstigend. In den Augen der Nazis sind alle negativen Erscheinungen unserer Welt das Ergebnis jüdischer Verschwörungen. Sie zogen es vor, von „dem Juden" zu sprechen, als einem Stereotyp, dessen gesellschaftliche Realität nicht weiter erklärt werden mußte. In der vormodernen Zeit und im vormodernen christlichen Antisemitismus waren die Juden ein Symbol für das Böse geworden, mehr noch: sie repräsentierten den Satan. Die Nazis machten das Symbol zur Wirklichkeit: „Der Jude" war nicht mehr länger nur ein Symbol des Bösen, sondern selbst böse, der Satan selbst. In ihrem Denken wurden „der Jude" durch eine mystische Kraft in die Geschichte eingeführt, entsandt als ein satanisches, unruhestiftendes, korrumpierendes Element. „Der Jude" war nach ihrer Vorstellung der Satan in menschlicher Gestalt. Jemand, der in der christlichen Kultur aufgewachsen war, auch wenn er kein Christ mehr war, wußte, was zu tun war, wenn er dem Satan auf der Straße begegnete. Nun war der Satan in Form des lebendigen Juden, der vernichtet werden mußte, real geworden. Der Jude als der Satan zeigte sich in verschiedensten Formen, wie das Satan immer zu tun pflegt: als ein Virus, eine Mikrobe, klein und lebensbedrohlich zugleich, oder als einflußreiche Weltmacht. Die Juden waren sowohl die Kapitalisten des Westens als auch die Bolschewisten, eine lebensbedrohende Macht für die Menschheit im allgemeinen und für das deutsche Volk im besonderen. Jüdische Kapitalisten wollten die Welt bolschewisieren, wie Hitler in einer Rede am 30. Januar 1939 im Reichstag erklärte. Diese Furcht vor dem Satan bietet eine Erklärung für die extreme Form des Antisemitismus der Nazis.

Wie läßt sich das Verhältnis des Nazi-Antisemitismus zur katholischen Theologie beschreiben? Rassismus, so viel ist klar, steht im Widerspruch zum Christentum, denn alle Formen des Monotheismus sehen die Menschheit als eine Rasse, zumindest theoretisch. Für die Praxis muß dies nicht viel bedeuten. Die biblische Legende von Adam und Eva, die die drei Religionen teilen, versinnbildlicht diese Gleichheit. Moderne wissenschaftliche Erkenntnisse bestätigen dies: Wir sind zwar nicht das Ergebnis der mythologischen Figuren Adam und Eva, aber wir haben dieselben Vorfahren, wir stammen von den Primaten ab, die sich in Ostafrika zu Menschen entwickelten. Mehr als ein Drittel der Deutschen waren Katholiken, und die Kirche wollte sie nicht an die Nazis verlieren. Katholische Führer versuchten, sich mit dem neuen Regime zu arrangieren, besonders nachdem der Vatikan mit Deutschland ein Konkordat geschlossen hatte (20. 9. 1933), das die gegenseitigen Beziehungen regeln sollte. Im Herbst 1933 hielt der Münchner Kardinal Michael Faulhaber verschiedene Predigten (die Adventspredigten als Vorbereitung auf Weihnachten), die sich direkt und indirekt mit der Beziehung zu den Juden beschäftigten. Er betonte, daß die Jungfrau Maria, und nicht nur Jesus, durch unbefleckte Empfängnis zur Welt kam, und daß Jesus somit nicht wirklich ein Jude sei, da sein Vater Gott sei und seine Mutter nicht wie eine normale Menschenfrau geboren wurde. Es scheint nahezuliegen, daß es sich um eine theologische Interpretation handelt, die darauf abzielte, den Rassismus des Naziregimes leichter anzunehmen, ohne dem Rassismus zuzustimmen. Diese Art von Kompromiß stand im deutlichen Gegensatz zu der Verurteilung des Nationalsozialismus durch die deutschen katholischen Bischöfe vor der Machtergreifung. Dies war ein Vorzeichen der späteren patriotischen Identifikation der Kirche mit den deutschen Kriegsanstrengungen im Laufe des Zweiten Weltkrieges. Ihren Antisemitismus übernahmen die Nazis vom christlichen Antisemitismus. Indem sie das Christentum abschafften, wurden die Juden schutzlos.

Der Genozid war dieser Form des radikalen Antisemitismus immanent, eine logische Folge der Ideologie. Man mag es mit dem Embryo einer Giftschlange vergleichen. Alles ist angelegt, das Gift eingeschlossen, und wartet darauf, zu schlüpfen. Das Ergebnis war logisch, denn man kann nicht mit einem Virus verhandeln, ebensowenig kann man sich dem allmächtigen Bösen widersetzen, außer durch dessen radikale Beseitigung. Diese Möglichkeit ergab sich, nachdem alle anderen Lösungsversuche gescheitert waren. Der Weg zur Endlösung war nicht geradlinig, er war, wie u. a. Karl Schleunes gezeigt hat, verschlungen und abhängig von pragmatischen Überlegungen politischer, ökonomischer und anderer Art.[5] Zunächst galt es, die Juden aus Deutschland zu entfernen, erst durch Emigration, später dann durch Zwangsemigration. Dann galt es, sie mit Gewalt aus allen von Deutschen besetzten Gebieten zu beseitigen, und wenn dies nicht möglich war, mußte man sie logischerweise ermorden. Wenn du den Satan nicht tötest, wird der Satan logischerweise dich töten. Dies war die explizite Botschaft Heinrich

[5] Karl Schleunes: *The Twisted Road to Auschwitz*. Urbana: University of Illinois Press, 1990.

Himmlers, des Führers der SS, in seiner berühmten Rede in Poznan (Posen) im Oktober 1943.

Wir werden zu dieser Rede und ihren Argumenten zurückkehren, wenn wir uns mit dem Holocaust näher beschäftigen. Ich bin der Überzeugung, daß das Hauptmotiv für den Völkermord an den Juden im Antisemitismus zu sehen ist. Ich unterscheide mich damit von vielen meiner Kollegen, die pragmatische oder strukturelle Gründe anführen. Allerdings glaube ich nicht an monokausale Interpretationen. Ich beziehe also diese anderen Faktoren mit ein, messe ihnen aber nicht die gleiche Bedeutung bei wie dem Antisemitismus.

Bekanntermaßen war nach dem Zweiten Weltkrieg die Illusion weit verbreitet, der Antisemitismus sei geschwächt oder könne sogar verschwinden. Es dauerte nicht lange, bis klar wurde, daß der Antisemitismus lebendig geblieben war und sich in Richtungen entwickelte, die zwar nicht vollständig neu waren, doch neue Facetten zeigten. Bis in die 90er Jahre gab es drei „Wellen" des Antisemitismus in der westlichen Welt: 1958, 1968 – 1973 und 1987 – 1992. Mit „Wellen" meine ich, daß es gleichzeitig zu antijüdischen Vorkommnissen an geographisch weit voneinander entfernten Orten kam. Es gab keinen zentralen Ausgangspunkt der antijüdischen Propaganda, und niemand steuerte sie. Was 1958 und 1968 angeht, so lassen sich die ökonomischen Entwicklungen im weiten Sinne als Erklärung anführen. Die Ereignisse des Jahres 1987 und die späteren Ereignisse lassen sich nicht wirtschaftlich erklären, und dies gilt für den Antisemitismus von 1999 bis heute (2015). Jedenfalls sind, wie gesagt, monokausale Erklärungen nicht überzeugend, so daß ökonomische Faktoren mit einbezogen werden müssen. Die israelisch-palästinensische Konfrontation und der antisemitische Konsens, der in vielen muslimischen Ländern besteht, müssen ebenso berücksichtigt werden. Nach 1999 können wir offenkundig nicht mehr von „Wellen" sprechen, da sich der Antisemitismus in unterschiedlichen Formen als eine Konstante etabliert hat.

Der westliche Antisemitismus, und das ist nicht neu, zeigt sich in drei miteinander verwobenen Formen: die Neonazis, obwohl man nicht viel „Neo" darin erkennen kann, der muslimische Antisemitismus, hauptsächlich der zweiten und dritten Einwanderergeneration muslimischer Immigranten in Europa, und schließlich der gemäßigte oder radikale linke bzw. liberale Antisemitismus. Das Bild wäre nicht vollständig ohne den Hinweis, daß man in Ostasien, Indien und den meisten schwarzafrikanischen Ländern keinen Antisemitismus kennt. Wenn sich Spuren finden, so sind sie zumeist mit dem israelisch-palästinensischen Konflikt verbunden.

Aufgrund der gemeinsamen Grundlagen des Antisemitismus gibt es eine wachsende Verbindung zwischen den verschiedenen Richtungen des Antijudaismus. In den extremeren Formen wird der jüdische Einfluß als teuflisch-satanisch wahrgenommen und er enthält deutlich antiwestliche, globalisierungsfeindliche, antikapitalistische und hauptsächlich antikolonialistische Elemente, die leicht in Antisemitismus abgleiten. Die Juden werden wieder beschuldigt, die Banken, die Medien und die US-Regierung in konspirativer Weise zu kontrollieren. Die Folge ist, daß alle Juden, mit Ausnahme derer, die ebenso diese Vorwürfe erheben, darin vereinigt werden. Es handelt sich ganz offensichtlich um einen Rückgriff auf die *Protokolle der Weisen von Zion*. Israel wird unterstellt, es wolle das Land zwischen dem Nil und dem Euphrat kontrollieren; es wird als das Krebsgeschwür des Nahen Ostens, ja der ganzen Welt betrachtet. Die israelische Regierung wird als politische Führung aller Juden angesehen, sie wird angeklagt, den Westen zu kontrollieren oder die Speerspitze des westlichen Imperialismus zu sein. Konsequent zu Ende gedacht, führt dies zum Genozid: Ein Krebsgeschwür muß beseitigt werden, und im Falle Israels kann dies nur durch eine Massenvernichtung der israelischen Juden geschehen.

Es gibt natürlich Neonazis. Die Bezeichnung ist nicht ganz zutreffend, denn es gibt eine ganze Abfolge an Organisationen, Parteien und Ideologien, von der noch als demokratisch zu bezeichnenden radikalen Rechten über die antidemokratische Rechte bis hin zur extremen Rechten, und von dort zu den Rednecks, den eigentlichen Neonazis, den Skinheads und den neonazistischen Terroristen. Es ist nicht immer ganz einfach, die Unterschiede im einzelnen zu beschreiben, zumal sie oft ineinander übergehen. Aber man kann realistischerweise davon ausgehen, daß es in Europa ein Potential an Parteien der radikalen Rechten (nicht Neonazis) gibt, auf die etwa 20 % der Wähler entfallen, abhängig von dem jeweiligen Land und dessen allgemeiner Lage. Innerhalb dessen findet man an den Rändern (manchmal sind diese Ränder bedeutend) Neonazis, Skinheads und ähnliche Gruppen. Zur Zeit (2015) scheint es keine reale Gefahr zu geben, daß eine europäische Regierung von der radikalen Rechten übernommen wird. Organisationen wie die OSZE (Organisation für Sicherheit und Zusammenarbeit in Europa) beobachten die Situation und machen auf entsprechende Entwicklungen aufmerksam. Die Neonazis sind eine Randerscheinung, aber man sollte nicht vergessen, daß Hitler 1920 der Führer einer winzigen rechten Partei war (Deutsche Arbeiterpartei) und 13 Jahre später die Macht übernahm.

Neonazistische Bewegungen und Gruppierungen sind prinzipiell gegen Demokratie. Sie unterscheiden sich dahingehend von radikalen Rechtsparteien. Diese sind nicht demokratiefreundlich, sondern sie versuchen, diese zu nutzen. Beide haben das Ziel, auch wenn sie es bestreiten, ein autoritäres Regime, gleich welcher Art, zu etablieren. Die meisten, jedoch nicht alle, rechtsradikalen Parteien sind in der einen oder anderen Weise antisemitisch, obwohl dies für sie nicht mehr zentral ist. Andere nichteuropäische Minderheiten, speziell Muslime und Roma, nehmen teilweise ihren Platz ein. In vielen Fällen ist der Antijudaismus selbstverständlich, aber aus taktischen Gründen hält man sich damit zurück. Dies gilt etwa für die FPÖ in Österreich unter ihrem damaligen Führer Jörg Haider. Zeitweise hatte sie sogar einen jüdischen Pressesprecher (Peter Sichrowsky). Man verteidigte Kurt Waldheim, den früheren UN-Generalsekretär und späteren österreichischen Präsidenten, als an die Öffentlichkeit kam, daß er ein Mitglied einer Nazi-Unterorganisation war und daß er an Mordaktionen gegen anti-deutsche serbische Bauern beteiligt war. Eine weitere Anschuldigung, nach der er auch an der Verfolgung griechischer Juden und alliierter Kriegsgefangener beteiligt gewesen sei, die vom Jüdischen Weltkongreß erhoben wurde, konnte nie bewiesen werden. Die FPÖ sah etwa die Sozialpolitik der Nazis positiv. Ihre antijüdische Ausrichtung war zweifelsohne vorhanden, jedoch nicht offen ausgesprochen. Hier ist eine Ähnlichkeit mit der Front National (FN) von Jean-Marie Le Pen in Frankreich zu erkennen. Die FN unterstützte Nazis, die in Frankreich angeklagt waren, vertrat eine scharfe ausländerablehnende Politik, die sich speziell gegen Nordafrikaner richtete, und Jean-Marie Le Pen bagatellisierte den Holocaust und die Existenz von Gaskammern. Seit seine Tochter Marine die Führung übernommen hat, wurde die FN republikanischer und fordert die Beschränkung der Einwanderung und nicht ihre Abschaffung. Bei den Präsidentschaftswahlen 2012 kam die FN auf 18 %. Sie unterhält Kontakte zu extrem rechten Gruppen in Israel. Der Antisemitismus der Gründergeneration wurde deutlich gemildert.

Es gibt in Europa weitere rechte Bewegungen. Die niederländische Partei für die Freiheit (Partij voor de Vrijheid) von Geert Wilders mit ihrem gegen Immigranten gerichteten Programm entspricht der FN und FPÖ. Sie erreichte 2012 fast denselben Wähleranteil (ca. 18 %). Sie ist nicht antisemitisch, aber antiislamisch. Die Lega Nord in Italien, angeführt von Umberto Bossi, erreichte 2010 12 %, hat ein ähnliches Programm und ist ebenfalls nicht antisemitisch. Eine Ausnahme stellt die ungarische Jobbik-Partei unter der Führung von Gabor Vona dar, die radikal gegen Roma gerichtet und deutlich antisemitisch ist. Sie gründete eine Miliz, die Magyar Garda, die an die faschistischen Pfeilkreuzler des Zweiten Weltkriegs erinnert; auch sie erreichte ca. 17 % bei den letzten Wahlen.

Diese Rechtsaußenparteien lehnen die parlamentarische Demokratie nicht offen ab, sie versuchen vielmehr, sie für ihre Zwecke zu instrumentalisieren. Mit Ausnahme der niederländischen und britischen (National Party) Bewegungen beziehen sie sich auf die Nazi-Vergangenheit oder auf die faschistischen Kollaborateure in positiver Form. Dies macht sie faktisch zu antijüdischen Bewegungen.

Die Medien in Europa, in Israel und anderswo berichten häufig über die Neonazis und andere radikale Rechte, als ob sie eine Hauptbedrohung für die Juden darstellen würden. Sie sind ganz sicher eine Gefahr, aber keine bedeutende.

Die zweite Form des Antisemitismus findet sich in der zweiten und dritten Generation der muslimischen Einwanderer. Hierbei handelt es sich um etwas völlig anderes. Es gibt gegenwärtig etwa 23 Millionen Muslime in Europa; eine echte Völkerwanderung. Die Gründe für diese massenhafte Einwanderung sind vielfältig. Es gibt eine demographische Katastrophe Europas, einen drastischen Rückgang des natürlichen Wachstums. Um die Bevölkerung stabil zu halten, sind 2,1 Kinder pro Frau notwendig, in den meisten europäischen Ländern liegen die Zahlen wesentlich niedriger (Italien z. B. 1,41, Rußland 1,43, Deutschland 1,4). Rußland wird, so schätzen die Demographen, 30 Millionen Einwohner bis 2050 verlieren, wenn der gegenwärtige Trend anhält. Andere europäische Länder befinden sich in einer ähnlichen Krise. Dies bedeutet, daß die Bevölkerung altert und man junge Immigranten braucht, um den Lebensstandard aufrecht zu erhalten. Diese Immigranten können nur aus Asien und Afrika (in Großbritannien auch aus der Karibik) kommen, und die Mehrheit der Einwanderer stammt aus muslimischen Ländern. Sie stammen, was Frankreich anbetrifft, vor allem aus Algerien und Tunesien. Inder und Pakistani ebenso wie Afrikaner aus den ehemaligen britischen Kolonien (Uganda) strömen nach Großbritannien, Türken, Kurden und andere nach Deutschland, Marokkaner in die Niederlande und nach Schweden, um nur einige Beispiele zu nennen. Diese Immigranten konzentrieren sich, wie Immigranten dies immer tun, in bestimmen Gebieten am Rande der Städte oder in den ärmsten Stadtbezirken. Die erste Generation tut alles, um sich an die neuen Lebensumstände anzupassen. Aber sie wird immer von den Einheimischen und auch früheren Einwanderern an den Rand gedrängt und diskriminiert. Sie haben Probleme, Arbeit zu finden oder ein Geschäft zu eröffnen.

Im Falle der nach Europa immigrierten Muslime fühlt sich die zweite, dritte oder vierte Generation, die die jeweilige Sprache spricht, oft zu Recht, von Teilen der westlichen Welt diskriminiert und erniedrigt. Die Arbeitslosigkeit ist unter den Immigranten grundsätzlich höher und das Gefühl des Andersseins verstärkt sich. Für diese Menschen bleibt es eine Herausforderung, sich zu integrieren, und in vielen Fällen gelingt es. So sind etwa viele Nachkommen türkischer Migranten in vieler Hinsicht Deutsche geworden und sprechen die Sprache ihrer Vorväter nicht mehr. Gleiches gilt in Großbritannien für viele Inder und Pakistani. Einige haben wichtige Positionen in der britischen Gesellschaft inne. Aber es bleibt eine marginalisierte Minderheit übrig, die Auswege aus ihrer Frustration sucht. Die Unruhen in den *banlieues* der französischen Städte oder in den Migranten-Vorstädten Großbritanniens und vergleichbaren Gebieten anderswo richten sich gegen die Gesellschaften, die es versäumt haben, sie einzugliedern. In vielen Fällen sind die Juden ein einfacheres Ziel. Die Gründe dafür sind vielfältig: Zunächst sind auch sie eine Minderheit und damit angreifbarer. Im Falle Frankreichs kommen sie wie die Muslime aus Algerien, Tunesien und Marokko. In diesen Ländern haben sie die verhaßte französische Herrschaft unterstützt (in Algerien waren sie seit 1870 infolge des Crémieux-Gesetzes vollwertige französische Bürger). Ihr sozialer Status war als Nichtgläubige in den islamischen Gesellschaften allerdings ganz unten. In den Augen der Muslime waren sie tolerierte Bürger dritter Klasse. In Frankreich erscheinen sie den muslimischen Immigranten nun als Teil der herrschenden Klasse, die sie unterdrückt. Deshalb werden sie doppelt gehaßt. Darüber hinaus identifizieren sich die Muslime mit dem palästinensischen Kampf gegen Israel – dies, obwohl sie wenig darüber wissen. Sie glauben, daß die Palästinenser massenweise ermordet werden, oder zumindest einer massiven Unterdrückung ausgesetzt sind. Palästina ist in ihren Augen ein muslimisches Land, und die Juden sind Eindringlinge, die vom korrupten und unterdrückenden Westen unterstützt werden.

Für die enttäuschten und diskriminierten Muslime ist der Islam ein zentraler Punkt ihres Lebens, ein Ausdruck ihrer Kultur und Zivilisation. Die Geistlichen in den Moscheen sind nicht nur spirituelle Lehrer, sondern Führer in sozialen und politischen Fragen. Eine Reihe von Geistlichen entstammt radikalisierten Gemeinschaften, hauptsächlich aus Pakistan. Relativ wenige sind im Westen geboren, noch weniger sind Palästinenser. In einer wachsenden Zahl von Moscheen und angeschlossenen Schulen wird der radikale Islam gepredigt und gelehrt. Die umgebende Gesellschaft gilt als unmoralisch. Sie gilt es Gottes Willen gemäß, hauptsächlich durch Gewalt, zu islamisieren. Für diese radikale Minderheit sind die Juden ein Symbol dafür, was der wahre Islam am Westen ablehnen sollte.

Teile der „eingeborenen" westlichen Gesellschaft reagieren darauf mit Haß gegenüber den Muslimen, der sogenannten Islamophobie. Dies ist der ganz offensichtliche Ausdruck der mißlungenen Assimilation der Migranten in verschiedenen Ländern. Diese Islamophobie entfacht den muslimischen Groll, und da die Juden als Speerspitze des Westens angesehen werden, führt dies zu wachsenden antijüdischen Aktionen. Logischerweise sehen die Juden es als ihre Aufgabe an, Islamophobie als Teil ihrer anti-antisemitischen Kampagne zu bekämpfen.

Es stellt sich die Frage, inwieweit eine radikale Kritik an Israel und seiner Politik als antisemitisch angesehen werden kann. Dies soll im Zusammenhang mit der liberalen und linken Haltung Juden und Israel gegenüber betrachtet werden. In einigen liberalen Kreisen des Westens, insbesondere in Großbritannien, aber auch in Skandinavien und anderswo, stellt der Nahostkonflikt eine Quelle latenten Antisemitismus dar. Die Juden werden (wieder einmal) als ein Kollektiv gesehen (nun in Form von Israel), und alle Juden (ausgenommen diejenigen, die diese „liberalen" Ansichten teilen) werden als Teil dieses jüdischen Organismus begriffen – ein Rückgriff auf die jüdische Weltverschwörungstheorie. Israel wird als ein Apartheidsstaat, als ein protofaschistischer Staat angesehen. Die Gründung des Staates Israel wird als Fehler betrachtet. Dabei wird übersehen, daß die Juden ihn mit Hilfe der Sowjetunion und gegen anglo-amerikanische Intentionen gründeten. Fehler müssen korrigiert werden, und die Logik führt anti-israelische Liberale dazu, die Zerschlagung oder die Vernichtung Israels zu befürworten. Die über 6 Millionen israelischen Juden würden sich natürlich dagegen wehren. Dies führt logischerweise zu einem Genozid: Man kann nicht die Abschaffung Israels fordern, ohne den Tod einer großen Anzahl von jüdischen Bürgern in Kauf zu nehmen. Bestrebungen in Richtung eines Genozids sind mit dem Genozid selbst gleichzusetzen, wie in Artikel 3 c der Völkermordkonvention von 1948 (die 1951 in Kraft trat), die einstimmig von den Vereinten Nationen bestätigt wurde, festgehalten ist. Die westlichen Liberalen und unser Freund Mahmud Ahmadinedschad, der von der Vernichtung der „zionistischen Einheit" Israels spricht, sind also durchaus ähnlich.

Die Liberalen sprechen gerne von Menschenrechten, Humanismus, Fortschritt und Völkerrecht. Israel zu kritisieren, sofern es darum geht, dessen Politik zu ändern, aber nicht dessen Existenz in Frage zu stellen, ist selbstverständlich kein Antisemitismus. In Israel selbst ist radikale Kritik an der Regierungspolitik in allen Bereichen der Gesellschaft weit verbreitet und in den Medien und anderswo überall vertreten (ein Kapitel dieses Buches gehört dazu). Ein Blick in Zeitungen wie „Haaretz", „Jedi'ot Acharonot" oder „Maariw" oder eine endlose Reihe von Magazinen aller Art, ein Blick in die drei Hauptfernsehsender mag genügen, um sich davon zu überzeugen, wie kritisch die Politik der Regierung gesehen wird. Es gibt eine formale Gleichheit, und die arabischen Parlamentarier nehmen ihre Redefreiheit wahr. Es gibt israelische Araber als Richter und und nicht selten als Rechtsanwälte. Aber es gibt eine wichtige Unterscheidung zwischen der Kritik der israelischen Juden, deren Ziel es ist, Israel besser zu machen, der Ablehnung der nationalistischen und religiös-messianischen Politik und dem Wunsch einiger liberaler Kritiker außerhalb Israels, Israel abzuschaffen. Die liberale Kritik an Israel, die Israel nicht abschaffen will, ähnelt also der israelischen Selbstkritik. Sie hat nichts mit Antisemitismus zu tun. Wie überall, gibt es zahlreiche Abstufungen. So ist es einfacher, Positionen im einzelnen zu kritisieren. Wenn man die Existenz Israels kritisiert, so unterstützt man logischerweise in letzter Konsequenz den Genozid. Und da Israels Bevölkerung zu 80 % jüdisch ist, ist eine derartige Auffassung sowohl antisemitisch als auch auf Genozid ausgerichtet.

Die liberale Form des zeitgenössischen Antisemitismus findet ihre Parallele in sozialdemokratischen Kreisen und in extremer Form in kommunistischen, anarchistischen, radikal feministischen, maoistischen Gruppen oder unter den Globalisierungsgegnern. Die Sprache ist unterschiedlich. Sie ist antikapitalistisch, gegen die Globalisierung gerichtet und kombiniert die radikale Opposition gegen Israel mit dem Angriff auf den amerikanischen und generell den westlichen Imperialismus (der chinesische Imperialismus wird nicht attackiert). Wie in der liberalen Variante wird Israel als Apartheidsstaat angeklagt. Gefordert wird logischerweise die Abschaffung des Apartheidsstaates, der keine Legitimation habe und zerstört werden solle. Dies ist dieselbe antisemitische und auf den Genozid gerichtete Haltung wie bei den antisemitischen Liberalen.

Die Politik Israels auf der Westbank gegenüber den Palästinensern ist extremer Nationalismus, der ganz offensichtlich religiös gefärbt ist. Es ist kein Rassismus; die Menschen werden nicht aufgrund ihrer Hautfarbe oder ihres „Blutes“ unterschieden. In Südafrika wurde das Apartheidsregime auf der Grundlage der Hautfarbe von zwei großen ethnischen Gruppen getragen, den Buren und den englischsprechenden Weißen. Die weiße Hautfarbe war das Unterscheidungsmerkmal (das einzig gemeinsame) der Unterdrücker. Die wahren Gründe waren natürlich Machtpolitik und ökonomische Interessen. Ungeachtet der großen Unterschiede zwischen den verschiedenen schwarzen Ethnien hatten die Unterdrückten als gemeinsames Merkmal ihre dunkle Hautfarbe. Der wahre Grund der Unterdrückung lag in der Machtlosigkeit und der ökonomischen Ausbeutung. Nichts davon läßt sich auf die Westbank übertragen. Dort sind Unterdrückung und Besatzung das Ergebnis nationalistischer Ideologien. Die Palästinenser werden nicht aufgrund ihrer Hautfarbe verfolgt. In den Bussen gibt es keine getrennten Sitze – es gibt getrennte Sitze für ultraorthodoxe Männer und Frauen in Israel, doch ist dies auf den Fanatismus frauenfeindlicher religiöser Gruppen zurückzuführen. Es gibt keine getrennten Toiletten. Die jüdischen Nationalisten betrachten die Palästinenser als Feinde, die sie von ihrem Land entfernen wollen. Für die unterdrückten Palästinenser dürfte es kaum einen Unterschied machen, ob die Besatzung einen rassistischen oder nationalistischen Hintergrund hat. Aber es macht einen Unterschied, wenn es um die euro-amerikanischen Angriffe auf Juden und Israel geht. Israel ist kein Apartheidsstaat, obwohl die Gefahr besteht, daß es sich zu etwas Ähnlichem entwickeln könnte.

Der linke Antisemitismus weist eine Besonderheit auf: Er wird von einer erheblichen Anzahl Juden geführt und unterstützt, unter ihnen auch Israelis – ehemalige und gegenwärtige Bürger Israels. Sie dienen als Feigenblatt für radikale anti-israelische und antisemitische Propaganda. Dies ist nicht neu. Im Laufe der jüdischen Geschichte hat es zahlreiche Fälle gegeben, in denen Juden ihre Ethnizität bzw. Religion hinter sich gelassen und sich den Gegnern des Judentums bzw. der Juden angeschlossen haben. Ein typisches Beispiel stellt Johannes Pfefferkorn (1469 – 1521?) aus Köln dar. Unter Maximilian I. war er im Dominikanerorden aktiv. Er veröffentlichte eine Vielzahl von Angriffen gegen die Juden, insbesondere gegen ihre Religion. Dabei konzentrierte er sich auf den Talmud. Es ist nicht ungewöhnlich, daß Angehörige einer verfolgten Minderheit oder einer Minderheit, die Verfolgung fürchtet, ihrer mißlichen Lage zu entgehen versucht, indem sie sich der herrschenden unterdrückenden Gruppe anschließt. Sie versuchen, ihre Loyalität zu der neuen Gruppe durch Angriffe auf ihre Herkunftsgruppe unter Beweis zu stellen.

Inhaltlich gibt es wenig Unterschiede zwischen der Kritik der jüdischen Anti-Israel-Aktivisten und der der linksgerichteten Zionisten. Den letzteren geht es darum, vor der Schwächung der demokratischen Institutionen Israels zu warnen, besonders einer Schwächung des Rechtssystems und des obersten Gerichts, vor der Besatzungspolitik auf der Westbank und der Unterdrückungspolitik gegenüber den Palästinensern. Das Ziel dieser Kritik ist es, Israel als einen fortschrittlichen Sozialstaat zu entwickeln und einen Kompromiß mit den Palästinensern in Form der Zweistaatenlösung zu finden. Die jüdischen Anti-Israel-Propagandisten benutzen dieselben Argumente, um die Beseitigung Israels zu befürworten. Es besteht zwischen ihnen also ein offensichtlicher, fundamentaler Unterschied.

Die radikalen Anti-Israel-Aktivisten, die jüdischen eingeschlossen, propagieren einen Einheitsstaat zwischen dem Mittelmeer und dem Jordan, in der Erwartung einer palästinensischen Mehrheit und damit dem Ende der nationalen jüdischen Ansprüche. Ich habe bereits ausgeführt, daß dies ein auf Genozid angelegtes antisemitisches Programm ist. Aber es gilt darauf hinzuweisen, daß, falls das erreicht werden sollte, was sehr unwahrscheinlich ist, es zu einem permanenten Bürgerkrieg und zu einer humanitären Katastrophe führen wird, auch wenn anfangs niemand zum Massenmord an den israelischen Juden aufruft. Natürlich muß man zwischen den einzelnen Positionen differenzieren. Gemeinsam ist den jüdischen Israel-Gegnern, daß sie den Konflikt lediglich durch die Brille der Palästinenser betrachten und die jüdische Position völlig ignorieren. Als Beispiel läßt sich Noam Chomsky, der weltbekannte Linguist, anführen. Chomsky wuchs in einer Hebräisch sprechenden Familie auf. Er schrieb seine Doktorarbeit auf Hebräisch. Er ist sicher kein Antisemit, da er die Auslöschung Israels nicht explizit propagiert. Als Idealisierung würde er einen bi-nationalen sozialistischen Staat auf dem Gebiet des historischen Palästina-Israel ansehen. Als zweitbeste Lösung sieht er die Zwei-Staaten-Lösung. Er betrachtet Israel als einen Siedlerstaat, der die Einheimischen verdrängt hat. Aber er erkennt an, daß die jüdischen Siedler ein Recht auf Selbstbestimmung haben. In allen Streitpunkten teilt er die Positionen der Palästinenser und weist die jüdischen zurück. Im Mai 2010 wurde ihm die Einreise aus Jordanien in die Westbank verweigert. Er war eingeladen worden, an einer palästinensischen Universität einen Vortrag zu halten. Wahrscheinlich handelten die Grenzbeamten auf Anweisung von oben, d. h. des Innenministeriums, das damals von der ultra-orthodoxen und nationalreligiösen Shas-Partei besetzt war. Selbst das Büro des Ministerpräsidenten mißbilligte diese Entscheidung. Man sah sogar darüber hinweg, daß Chomsky sich gegen die Einladung des Präsidenten der Technischen Universität Haifa für einen Vortrag durch eine amerikanische Universität ausgesprochen hatte. Seine Kritik bewegt sich an der Grenze zum Antisemitismus, weil er Israel an Maßstäben mißt, die er niemals an andere Staaten anlegen würde. Aber er überschreitet diese Linie nicht. Dies trifft auch auf andere, weniger oder ähnlich bedeutende Personen zu.

Ein Beispiel für jemanden, der die Grenze überschreitet, ist Professor Ilan Pappe, jetzt Professor in Exeter, Großbritannien, der Israel 2008 verließ. Er war ein führendes Mitglied der israelischen kommunistischen Partei (Maki) und der Chadasch-Partei, die sie kontrolliert, und einer ihrer Parlamentskandidaten. Beide Parteien unterstützen die Zweistaatenlösung und erkennen das Recht beider Gruppen auf Selbstbestimmung an, verneinen aber ein historisches Recht der Juden auf Palästina-Israel. Pappe aber ging darüber hinaus und fordert nun einen bi-nationalen sozialistischen Staat, praktisch einen palästinensisch kontrollierten Einheitsstaat. Er unterscheidet sich von Chomsky, der erkannt hat, daß ein sozialistischer bi-nationaler Staat eine unerreichbare Utopie darstellt, es sei denn, man würde sie auf gewaltsamen Wege umsetzen. Pappes Sozialismus beinhaltet den Genozid als Möglichkeit. Es gibt also unterschiedlichste Standpunkte in den diversen Gruppen. Ihre Positionen beinhalten eine Zerschlagung Israels und einen Genozid.

Es gibt noch eine weitere jüdische Richtung, die die Abschaffung Israels fordert: extrem ultraorthodoxe (charedische) Gruppen. Sie sind religiöse Fanatiker. Zu den bedeutenderen zählen die Satmar-Chassidim (sie stammen aus Satu Mare, Rumänien), die von der chassidischen Teitelbaum-„Dynastie" geführt werden, und die „Neturei Karta" („Wächter der Stadt") aus Jerusalem. Sie definieren sich als anti-zionistische Orthodoxe. Weitere kleinere und noch radikalere Gruppen teilen diese Ideologie: Israel ist ein sündiges Land, da die Juden sich dort erst nach der Ankunft des Messias in großer Zahl niederlassen sollen. Israel sollte deshalb beseitigt werden. Im Dezember 2006 nahmen einige dieser Gestalten an einer iranischen Farce einer „Konferenz" teil, die herausfinden sollte, ob es den Holocaust gegeben hat oder nicht. Sie wurden herzlichst vom damaligen Präsidenten Ahmadinedschad begrüßt.

Die jüdische Anti-Israel-Haltung findet sich auch in Nord- und Südamerika.[6] Zweifellos fördert die Politik der israelischen Regierung unbeabsichtigt den Antisemitismus im Westen, vor allem in seiner liberalen und linken Variante. Radikale religiöse Siedler und junge fanatisierte Aktivisten (sie nennen sich „die Jugend der Hügel" – Hebräisch: *noar hagvaoth*) fällen palästinensische Olivenbäume, hindern palästinensische Bauern daran, ihr Land zu betreten, zünden Autos an, schlagen sie bei jeder Gelegenheit zusammen und brennen Moscheen nieder. Die israelische Armee unternimmt wenig, um die Palästinenser zu schützen. Man behandelt die Rowdies unter den Siedlern sehr nachsichtig, ganz anders als die Pa-

6 Robert S. Wistrich: *From Ambivalence to Betrayal*. SICSA und Lincoln: University of Nebraska Press, 2012.

lästinenser. Die Westbank ist eine „Wild West Bank", die Palästinenser befinden sich in einer ähnlichen Lage wie die amerikanischen Indianer. Die israelischen Gegner dieser Politik, z. B. die gemäßigte religiöse Gruppe B'Tselem („Ebenbild [Gottes]") oder Frauengruppen versuchen, die Würde der Palästinenser an den Armee-Checkpunkten zu wahren. Sie arbeiten gegen den Antisemitismus. Als Zionisten verteidigen sie nicht nur die Menschenrechte. Das Problem besteht darin, daß gegenwärtig (2015) die radikale Rechte die Regierung stellt und sich auf die Unterstützung einer Mehrheit der israelischen Juden stützen kann. Man fürchtet den palästinensischen Radikalismus, man fürchtet eine Änderung des Status Quo, der die jüdischen Interessen zu schützen scheint (aber dies nicht wirklich tut). Man fürchtet den Verlust der relativ guten ökonomischen Situation.

Die israelische Politik gegenüber der Hamas fördert ebenfalls den weltweiten Antisemitismus. Die Hamas, wie das nächste Kapitel zeigen wird, ist in der Tat eine antisemitische, Völkermord akzeptierende Gruppe. Aber die israelische Politik gegenüber der Hamas fördert ihre Diktatur im Gazastreifen. Die israelische Bodenoffensive 2014 war kontraproduktiv. Kurz zuvor bewegte sich die Hamas auf einen vorläufigen Waffenstillstand zu. Die Operation kostete mehr als 2000 Palästinenser das Leben, darunter viele Zivilisten und Kinder. Dies führte zweifellos zu einer Stärkung der Diktatur, weil die Bevölkerung in ihr ihren einzigen Verteidiger gegen israelische Angriffe sah. Neben der Blockade führte dies zu einem völlig kontraproduktiven Streit mit der Türkei. Zeitweise verweigerte Israel sogar die Einfuhr von Schokolade und Büchern. Das Ziel der Blockade war es, die Wiederbewaffnung zu verhindern – ein völlig unlogisches Argument, da es unwahrscheinlich ist, daß Gaza von Israel aus mit Waffen versorgt wird. Sie bekommen alles, was sie brauchen, durch die Tunnel unter der Grenze zwischen Gaza und Ägypten. Israel verweigerte die Lieferung von Baumaterialen, um den Tunnelbau zu verhindern. Auch dies ist fragwürdig, da es eine ganze unterirdische Stadt unter dem Gazastreifen gibt. Nur die Zivilisten haben Probleme, Baumaterialien zu bekommen. Letztendlich hat Israel die Blockade nach und nach aufgegeben. Sie erwies sich als ungerechtfertigt, ineffizient und kontraproduktiv. Die Forschung hat gezeigt, daß einer der Wege, Diktaturen und Regime zu bekämpfen, denen man Genozide zutrauen kann, darin besteht, sie in einen offenen und weitgehend freien Handel einzubeziehen. Die Bevölkerung profitiert davon und hat dann etwas zu verlieren. Daraus kann sich eine Abneigung gegen die diktatorische Herrschaft entwickeln. Israels Verhalten förderte die antisemitische Propaganda, besonders in liberalen und linken Kreisen.

Der liberale und linke Antisemitismus wird auf breiter Front von internationalen Organisationen unterstützt; hier ist der Einfluß der muslimischen Länder groß. Dies gilt zunächst für die UN und ihre verschiedenen Unterorganisationen. Zweitens, wenn auch weniger ausgeprägt, in regionalen Organisationen und NGO's. Israel hat die Rolle eingenommen, die früher der einzelne Jude besaß: Ausgrenzung des vollkommen Anderen, das vermeintlich das Wohlergehen der nichtjüdischen Gemeinschaft bedroht. Jedes Ereignis, so nebensächlich es auch sein mag, wird von den Medien aufgebauscht, sofern Israel daran beteiligt ist. Ereignisse von weitaus größerer Bedeutung, die gleichzeitig stattfinden, werden kaum erwähnt. Betrachten wir das israelische Kommandounternehmen vom Mai 2010. Ein türkisches Schiff sollte die israelische Blockade des Gazastreifens durchbrechen. Ein israelisches Kommando landete auf dem Schiff. In dem folgenden Handgemenge wurden neun Personen getötet. Für die türkische Regierung war dies ein Vorwand, ihre Beziehung zu Israel zu lockern und die mit der arabischen Welt zu stärken. Es handelt sich um eine erfolgreich Provokation Israels. Eine vernünftige israelische Regierung hätte sich entschuldigt, aber man verteidigte die nationale Ehre. Dieser Vorfall war für sich genommen nicht besonders wichtig, aber er wurde von der internationalen Presse ausführlich behandelt. Anti-israelische Parolen mit antisemitischen Anspielungen kamen zum Vorschein. Zur gleichen Zeit brannte es in Darfur und dem Ost-Kongo. In Zentralindien gab es gewaltsame Auseinandersetzungen mit den Maoisten und Somalia versank im Chaos. Israel widmete man wieder besondere Aufmerksamkeit. Dafür ist nicht zuletzt Israel selbst verantwortlich durch seinen bedachten Einsatz von Gewalt und seine Weigerung, sich zu entschuldigen. Aber die Reaktion der sogenannten internationalen Gemeinschaft scheint von tiefersitzenden Motiven geprägt zu sein. Hätte es sich um eine Auseinandersetzung zwischen Türken und griechischen Zyprioten gehandelt, hätte es eine vergleichbare Reaktion nicht gegeben. Griechische Zyprioten sind nun einmal keine Juden.

Die Vereinten Nationen repräsentieren Nationen, aber sie sind nicht vereinigt. Es gibt regionale Gruppen von Nationen, die wichtige Vereinbarungen treffen. Die Europäische Union, die Organisation Amerikanischer Staaten (OAS) oder die Vereinigung Südostasiatischer Nationen (ASEAN) sind bedeutende internationale Körperschaften. So auch die Arabische Liga, die 1945 von den Briten als Mittel der britischen Herrschaft über den Nahen Osten gegründet wurde. Sie entwickelte sich schließlich zu einer politischen Organisation, die gemeinsame politische Strategien zu entwickeln versucht. 57 Staaten gehören der Organisation für Islamische Zusammenarbeit (OIC) an. Die OIC und andere regionale Gruppen unterstützen die palästinensische Seite, einige vertreten extrem anti-israelische Positionen. Der UN-Menschenrechtsrat (HRC) verbringt einen Großteil seiner Zeit damit, Israel zu verurteilen. Man könnte glauben, nur dieses Land hätte Probleme mit Menschenrechten. Einige der dort vertretenen Länder wie Syrien unter Assad, Libyen zu Zeiten von Ghaddafi, der Jemen, der Iran und weitere Länder, die für ihren Umgang mit den Menschenrechten berühmt sind, haben die Organisationen in ein Instrument für anti-israelische Propaganda verwandelt. Es gehört zum guten Ton solcher Gruppen, Organisationen und UN-Komitees, Israel anzugreifen. Damit wird ein Deckmantel für antisemitische Propaganda geliefert. Nochmals: Es geht nicht darum, Israel vor Kritik zu bewahren. Die anti-israelischen Politik ist nicht an einem besseren Israel interessiert, sondern an der Abschaffung Israels. Das ist Antisemitismus.

Was ergibt sich als Schlußfolgerung aus diesen Überlegungen, den zeitgenössischen westlichen Antisemitismus zu analysieren? Der Antisemitismus, so scheint es, ist kein Vorurteil, sondern ein tiefsitzendes pathologisches Phänomen. Zumeist latent, aber in Krisenzeiten wie zur Zeit kommt es in verschiedenen Ausprägungen zum Vorschein. Der Konflikt im Nahen Osten verschärft diese Entwicklung und fördert sie zutage. Ich habe keinen Zweifel daran, daß der Antisemitismus schwächer würde – sowohl in der westlichen als auch in der muslimischen Welt –, wenn Israel und die Palästinenser auch nur eine zeitweise bzw. teilweise Regelung finden würden. Aber der Antisemitismus würde nicht verschwinden. Nur in einer wirklich pluralistischen Welt, in der nicht nur Individuen, sondern auch Gruppen ihre spezifischen ethnischen und religiösen kulturellen Traditionen pflegen können, kann der Antisemitismus abnehmen, möglicherweise sogar verschwinden. Nur in einer Welt, in der die theologischen Grundlagen des Antisemitismus der Vergangenheit angehören, für die Gegenwart keine Bedeutung mehr haben, kann der Antisemitismus im Westen unter Kontrolle gebracht werden. Nur in einer Welt, in der Israel und die Palästinenser eine friedliche Einigung erzielen, kann Israel darauf hoffen, sein Recht auf Selbstbestimmung wahrzunehmen, ohne bei anderen Antisemitismus hervorzurufen. Aber dies wird voraussichtlich in absehbarer Zukunft nicht eintreten.

Kapitel 5

Antisemitismus in der muslimischen Welt

Der extreme Antisemitismus ist zu einem hervorstechenden Merkmal dessen geworden, was ich hier als radikalen Islam bezeichne. Unverkennbar gibt es Auswirkungen dieses Antisemitismus auf die islamische Welt im allgemeinen. Es stellt sich die Frage, ob der Islam als solcher eine radikale religiöse Ideologie ist, und deshalb der Kampf gegen den radikalen Islam einen Kampf gegen den Islam allgemein darstellen würde, oder ob es sich mit dem Islam wie mit vielen anderen Religionen verhält, und man zwischen den verschiedenen Erscheinungsformen unterscheiden muß. Ich bin kein Islam-Experte; weder kann ich Arabisch ohne Schwierigkeiten lesen, noch habe ich mich in akademischer Weise mit dem Islam beschäftigt. Da nahezu alle relevanten Quellen, der Koran selbst, die Hadithe, die Scharia und einige der Hauptkommentare sowie alles – buchstäblich alles – Material, das sich mit der Haltung zu den Juden beschäftigt, in anderen Sprachen vorhanden ist, glaube ich, daß ich – wenn auch höchstwahrscheinlich nicht angemessen – in der Lage bin, mich mit diesem Thema zu befassen. Ich bin Mitglied des Beratungsgremiums MEMRI (Middle East Media Research Institute), das Material über muslimische Länder aus dem Arabischen, Urdu, Türkischen und Farsi übersetzt und Fernsehsendungen aller Länder des Nahen Ostens, einschließlich des Iran, aufzeichnet. Bekanntlich spiegelt der Koran zwei Abschnitte aus dem Leben des Propheten wider – in Medina und Mekka –, und zwischen ihnen gibt es Unterschiede. Die Beziehung des Propheten zu den Juden ist wegen der Anwesenheit dreier jüdischer Stämme in Medina entscheidend und zentral. Um diese Stadt zu erobern, ohne die er Mekka nicht hätte einnehmen können, mußte er diese Stämme bekämpfen. Tatsächlich löschte er sie aus. Er brach Waffenstillstände und andere Versprechen. Nun war dies im Hedschas des 7. Jahrhunderts nichts Ungewöhnliches, aber es wurde Teil der Heiligen Schrift des Islam. Die Beziehung der Muslime zu den Juden wurde vor diesem Hintergrund entscheidend geprägt. Zwar trifft es zu, daß es im Koran auch weniger unfreundliche Stellen gibt, ebenso wie Passagen, die die Juden positiver sehen, aber zweifellos überwiegen die feindseligen. Der Kampf des Propheten gegen die jüdischen Stämme ist nicht als Vergangenes anzusehen. Im modernen Islam wird ständig darauf Bezug genommen. Die Erfahrung mit diesen jüdischen Feinden spieget sich im gegenwärtigen politischen Diskurs. Das 21. Jahrhundert wird als direkte Fortsetzung des siebten angesehen, anders gesagt, das siebte ist im 21. gegenwärtig. Dies gilt nicht nur für die Vertreter des radikalen Islams, sondern für den Islam allgemein. Die Juden sind der Erzfeind, wie der Prophet selbst gezeigt hat. Das Problem wird dadurch verstärkt, daß der Islam der jüdischen Bibel viel zu verdanken hat und in vielen Dingen versuchte, ihre Lehren an die Welt der arabischen Stämme des 7. Jahrhunderts anzupassen. Der Koran erkennt Moses als einen der Propheten des Islam an, als einen Vorgänger Mohammeds, des wahren und letzten Propheten, ebenso Jesus, und weist ihm am Tag des Jüngsten Gerichts den Ehrenplatz zu. Er behauptet ferner, Juden und Christen hätten ihre Schriften gefälscht, da sie nicht anerkennen, daß sie dazu bestimmt waren, zur endgültigen Offenbarung, dem Islam, zu führen. Hätten die Christen und Juden ihre Bibeln korrekt interpretiert, wären sie Muslime. Der historische Hintergrund dieser Auffassungen sind die Auseinandersetzungen des Propheten mit seinen jüdischen Gegnern und der erbitterte Kampf gegen das christliche Byzantinische Reich. Mohammed und seine Nachfolger lehrten diese Feindschaft auf eine Weise, die als zeitgemäße Lehre in das 21. Jahrhundert übertragen wurde. Sicher, Juden, Christen und Zoroastrier (der Islam eroberte Persien und hatte sich mit den Anhängern dieser Lehre auseinanderzusetzen) werden als Anhänger der Buchreligionen anerkannt, und ihr Leben und Eigentum müssen geschützt werden, vorausgesetzt, sie akzeptieren die muslimische Herrschaft und ein Leben als Bürger dritter Klasse. Prinzipiell jedoch sieht der Islam auf seine Ursprungsreligionen, Judentum und Christentum, herab und betrachtet sie als veraltete Glaubenssysteme. Aus muslimischer Sicht griff Gott selbst durch seine Engel ein und diktierte dem Propheten die letzte Offenbarung.

Die Frage muß wiederholt werden: Gibt es einen prinzipiellen Unterschied zwischen dem radikalen Islam und dem Islam als solchem? Man gelangt zu der Antwort, indem man die Geschichte des Islam mit der anderer Religionen vergleicht. Christentum und Judentum sind keineswegs weniger fanatisch als der Islam, und sie verheißen all denen Hölle und Verdammnis, die ihre eigene Auffassung von Gott und dessen angebliche Gesetze nicht akzeptieren. Das Christentum wollte, und viele Christen wollen dies noch heute, daß alle Menschen seinen Grundsätzen folgen. Um dies zu erreichen, ermordeten Königreiche und Staaten, die von Christen und dem Christentum beherrscht wurden, Millionen von Menschen. Karl der Große tat dies mit den Sachsen, die Spanier mit den amerikanischen Indianern usw. Im Namen des Christentums wurden selbstverständlich unzählige Menschen ermordet, die sich der besonderen Interpretation der Heiligen Schriften durch die Mörder widersetzten. Diese durchaus aufrichtig gemeinten Überzeugungen waren bedeutend, wenngleich jedoch meistens Machterwägungen und ökonomische Belange hinter dem religiösen Fanatismus standen. So standen die Sachsen als echter und mächtiger Gegner den auf Expansion und Machtausübung bedachten fränkischen Herrschern entgegen. Italienische

Städte finanzierten teilweise die Kreuzzüge, da sie hofften, durch diese Eroberungen einen Zugang zum Gewürzhandel aus dem Fernen Osten zu erhalten. Unter dem Mantel des religiösen Fanatismus suchten die spanischen Konquistadoren nach Gold und Silber. Die spanische Inquisition, die sich gegen Christen richtete, an deren Loyalität dem neuen Glauben gegenüber man zweifelte (zum Teil zu Recht), war grundsätzlich ein Weg, um eine geeinte christliche Gesellschaft zu erschaffen, die ganz der Verbreitung des Glaubens in der Welt gewidmet war. Ökonomische und politische Interessen hinter solchen Strategien ändern nichts an dem festen Glauben an die Überlegenheit der wahren Religion.

Die Geschichte zeigt, daß die Juden sich nicht anders verhielten. Während der hasmonäischen Zeit beispielsweise, unter der Herrschaft von Alexander Iannaeus (Alexander Iannaios), 103 – 76 v. d. Z., wurden die Nichtjuden in Galiläa und Edom (Idumäa) gezwungen, zum Judentum überzutreten, obwohl die genauen Umstände unklar bleiben. Auf die heutigen jüdischen Fanatiker wurde bereits eingegangen. Erwähnt sei eine vor kurzem erschienene Publikation, „Des Königs Thora" (*torat hamelech*), in der die Tötung aller Ungläubigen (so, wie dieser Text sie definiert) gefordert wird.

Wahrscheinlich führten monotheistische Einflüsse die Hindus des extremen Flügels der BJP zu dem Angriff auf die Muslime in Gujarat in Indien Anfang 2008, nachdem ein muslimischer Mob dort die Hindus 2002 angegriffen hatte. Im allgemeinen versuchen polytheistische Religionen nicht, Andersgläubige zwangszubekehren. Allerdings hat auch das Christentum nicht immer fundamentalistische Ideologien in eine mörderische Praxis umgesetzt, während das Judentum schlechterdings nicht die Möglichkeiten dazu hatte. Im Christentum unterschieden und unterscheiden sich Theorie und Praxis sehr deutlich. Fundamentalistische Protestanten versuchen alles in ihrer Macht stehende, fast bis zur Gewaltanwendung, um Menschen zum einzig wahren Glauben zu bekehren, ebenso verhalten sich viele konservative Katholiken. Aber meistens haben die Dinge sich so entwickelt, daß man die Existenz anderer widerstrebend anerkennt. Um den Frieden in einer multireligiösen oder multikulturellen Gesellschaft aufrechtzuerhalten, ist gegenseitige Toleranz notwendig. Das Konzept der „Toleranz" ist in diesem Zusammenhang wichtig: Mit „Toleranz" ist gemeint, daß man den anderen tatsächlich haßt, aber aus pragmatischen Gründen bereit ist, ihn oder sie zu „tolerieren". So mußte die Balance zwischen Katholiken und Protestanten in der amerikanischen Kolonialzeit gewahrt werden, um den Unabhängigkeitskampf führen zu können. Dies führte zur Trennung von Religion und Staat, obwohl jedermann an Gott glaubte („In God We Trust") und die USA heute eine der religiösesten Gesellschaften der Welt sind (obwohl selbst dort die Religion an Einfluß verliert). War erst einmal das Prinzip der Toleranz akzeptiert, konnten Juden, später Muslime, Buddhisten, Mormonen und andere davon profitieren. In den Grundzügen ähnlich verlief die Geschichte in Großbritannien. Die Verfolgung der Katholiken wurde 1829 mit ihrer Gleichberechtigung aufgehoben. Dazu bedurfte es eines Prozesses, der damit begonnen hatte, daß der Vatikan 1766 die Legitimität des protestantischen Hauses Hannover anerkannte. Nach und nach verlieh man den protestantischen Dissenters die gleichen Rechte. Dieser Prozeß spielte sich auch in anderen christlichen Ländern ab. Die Theorie, also die Theologie, vertrat weiterhin die Exklusion. Die Hölle war das endgültige Schicksal der Protestanten, da sie nicht Katholiken, und der Katholiken, da sie nicht Protestanten waren. Darüber hinaus „verdammen" sich viele protestantische Sekten gegenseitig zu demselben traurigen Schicksal. Im praktischen Leben respektiert man sich jedoch gegenseitig. Es entwickelte sich eine neue Form der Ökumene, die sich der Redensart näherte, daß es mehr als einen Weg zu Gott gebe. Es wäre eine Übertreibung zu sagen, daß die unterschiedlichen christlichen Kirchen mit dieser Auffassung übereinstimmen, oder daß dies in den meisten Kirchen weithin akzeptiert wird. Aber während die Theologie in vielen Fällen kompromißlos bleibt, sind die Versuche, sie in gewalttätige Praxis umzusetzen, verschwunden.

Läßt sich etwas Ähnliches über den Islam feststellen? Das sogenannte Goldene Zeitalter in Spanien (also hauptsächlich das 10. bis 12. Jahrhundert) ist als ein Zeitabschnitt bekannt, in der die muslimische Kultur einen Höhepunkt erreichte, sowohl in den Naturwissenschaften als auch in der Philosophie, Literatur, Poesie und Kunst. Dabei spielten Juden eine wesentliche Rolle. Obwohl sie gemäß muslimischer Theologie nur als Bürger dritter Klasse betrachtet wurden, trugen sie zum Aufblühen von Kunst und Wissenschaft bei. Sie stellten Finanzminister, ja sogar Kriegsminister (Shmuel Hanaggid, oder Samuel Halevy ibn Nagrela, 993–1056, war Wesir und Kriegsminister von Granada). Man sollte nicht übertreiben: Es gab Höhen und Tiefen. Der religiöse Fanatismus brach gelegentlich in Form von Pogromen und Massakern durch. Aber insgesamt spielte der islamische Antijudaismus eine Nebenrolle. Die Praxis unterschied sich von der Theorie. Aber die Theorie war und ist durchaus problematisch. Im Koran wird gesagt, daß Menschen nicht gewaltsam bekehrt werden sollen, und daß Christen und Juden zu tolerieren sind. In den sogenannten monotheistischen Religionen neigt die Theologie dazu, auszuschließen und radikal zu sein, aber sie berücksichtigt durchaus die Realität, und dies führt in der Praxis zu nachsichtigeren Haltungen. Diese setzen sich im gesellschaftlichen und politischen Leben durch.

Aber es kann nicht bestritten werden, daß die Geschichte des Islam, ebenso wie die des Christentums, eine Geschichte fortgesetzter Aggression und Massenmorde ist. In diesem Zusammenhang ist anzumerken, daß die muslimischen Invasionen in Indien (hauptsächlich vom 11. bis 16. Jahrhundert) von Massakern an Hindus im großen Stil begleitet waren. Mit der Zeit verschwanden sie völlig. Buddhistische Klöster wurden zerstört und der Buddhismus praktisch in ganz

Indien ausgerottet, von einigen isolierten Gebieten im Norden und Nordosten abgesehen. Eine fundamentalistische monotheistische Lehre diente als Rechtfertigung für Massenmorde. Aber im 16. Jahrhundert verfolgte der Mogulkaiser Akbar (1542 – 1605) eine andere politische Strategie. Obwohl er ein gläubiger Muslim war, vertrat er eine Politik des religiösen Pluralismus. Jahangir (1569 – 1627) verhielt sich ähnlich. Er ordnete an, daß Hindus nicht anders als gläubige Muslime zu behandeln seien. Später, unter Aurangzeb (1658 – 1707), wurde dieser Kurs geändert, nun waren die Hindus wieder einem hohen Maße an Verfolgung ausgesetzt. Aus dieser flüchtigen Betrachtung der Regierung muslimischer Herrscher wird deutlich, daß auf derselben theologischen Grundlage unterschiedliche und gegensätzliche Wege beschritten werden können.

Das mörderische Potential wurde in Indien bei der Trennung Pakistans von Indien im Jahre 1947 deutlich. Es führte zu gegenseitigen Massenmorden an Hindus und Muslimen.

Daraus läßt sich die Schlußfolgerung ziehen, daß in Krisenzeiten wie der gegenwärtigen eine wachsende Zahl von Muslimen zu radikalen Formen unterschiedlicher Abstufung tendiert. Auf der anderen Seite sehen sich die Radikalen einer Opposition gegenüber, beispielsweise einer großen Zahl von Sufis, obwohl es nicht stimmt, daß Sufis prinzipiell Pazifisten sind. Sie sind es nicht. Gleichwohl stellt der Sufismus eine esoterische Version des Islam dar, die sich der Einkehr bedient, um Reinheit zu erreichen, um sich so der Gottheit zu nähern. Sie neigen also weniger als andere zum Radikalismus. Man schätzt, daß etwa 10 %, also mehrere Millionen, dieser Richtung angehören.

Die komplexe Geschichte der Beziehungen zwischen Muslimen und Juden kann exemplarisch am Leben des großen jüdischen Philosophen und Theologen Mosche ben Maimon, im Westen bekannt als Maimonides, auf Hebräisch als der Rambam (1135 – 1204), dargestellt werden. Er wurde in Cordoba geboren, und es spricht einiges dafür, daß seine Familie von den Berbern, die die Stadt eroberten, zur Annahme des Islams gezwungen wurde. Sie flohen nach Marokko, wo es ihnen möglich war, zum Judentum zurückzukehren (auf Rekonversion vom Islam stand die Todesstrafe). Von dort gingen sie nach Ägypten. Verständlicherweise verschwiegen sie ihr Judentum solange wie möglich, bis der Rambam sich gegen Anklagen verteidigen mußte, er sei rekonvertiert. Aber in Ägypten gelang es ihm, als Arzt eine bevorzugte Stellung am Hof zu erlangen. Das Leben und Eigentum seiner Glaubensbrüder war geschützt; es gab eine florierende jüdische Händlerschicht, deren Verbindungen bis nach Indien reichten. Sie waren bloß tolerierte Untertanen, ohne soziale und politische Rechte, von einigen Ausnahmen wie dem Rambam abgesehen. Nach der muslimischen Eroberung wurden in Mesopotamien die alten jüdischen Gemeinden, deren Ursprünge sich auf das babylonische Exil zurückführen lassen, zu Führern der jüdischen Welt unter der Führung von Rabbinern, die „geonim" (wörtlich: Weise) genannt wurden. Die Führerschaft wurde allgemein unter Sa'adia Ga'on (882 – 942) anerkannt, der, wie bereits erwähnt, (auf Hebräisch) mit jüdischen Führern in Tunis, Paris und anderswo korrespondierte. Auch hierin zeigt sich, daß im Islam, obwohl er eine radikale monotheistische ausschließende Religion ist, die Praxis sich oft von den theoretischen Grundlagen unterscheidet. Anders ausgedrückt, der Islam unterscheidet sich im Grunde nicht wesentlich vom Christentum (oder Judentum).

Einige Fachleute führen den heutigen radikalen Islam auf die Sekte der Wahhabiten (die „Wahhabiya") zurück, die auf der arabischen Halbinsel von Muhammad Abd al-Wahhab (1691 – 1787) begründet wurde. Seine Theologie ist fundamentalistisch: Sie verlangt Unterordnung unter die radikalste Interpretation der „heiligen Texte", begleitet von strikter Askese und der Ablehnung von allem, was Götzendienst nahe kommt. Dies schließt die Ablehnung aller Tendenzen ein, den Propheten als göttlich anzusehen, deshalb auch die Ablehnung, sein Grab zu verehren. Mohammeds Grab in Medina wurde 1804 zerstört, als die Familie ibn Saud, die die Wahhabiya als ihre Form des muslimischen Glaubens angenommen hatte, ihre Herrschaft über den Nedschd und Hedschas ausdehnte, die vergleichsweise blühenden Gebiete der arabischen Halbinsel. Der Wahhabismus lehnt jede Reform des Islam ab. Nachdem die Saudis die Halbinsel zwischen 1922 und 1933 erobert hatten, wurde der Wahhabismus die Staatsreligion der Monarchie. Aber von der propagierten Askese ist unter den etwa 5.000 Angehörigen der königlichen Familie nicht viel zu spüren, sie sind nicht gerade abgeneigt, den großen Reichtum zu genießen. Es scheint so, daß der Wahhabismus dem radikalen Islam zwar einige Anregungen geliefert hat, er jedoch nicht mit dem radikalen Islam gleichzusetzen ist. Der radikale Islam geht viel weiter, indem er sich insbesondere gegen konservative muslimische Herrscher richtet, revolutionäre Praktiken befürwortet und den Wunsch nach der Weltherrschaft betont. Die saudische Monarchie akzeptiert nun, zumindestens stillschweigend, die Verehrung der Gräber muslimischer Weiser, sie unterstützt die massenhafte Verehrung der Kaaba, des Schreins in Mekka, wo der Meteorit, der sich dort befindet, wie in heidnischen Zeiten angebetet wird. Der alte Wahhab muß sich im Grabe umdrehen. Es gibt einen unüberbrückbaren Gegensatz zwischen dem konservativen Anschein des Wahhabismus, der den radikalen Islam ablehnt und ihn als „Qutbismus" (siehe weiter unten) bezeichnet, und der Tatsache, daß man Schulen betreibt („madrasas"), in denen die Jugend mit entsprechenden Auslegungen des Korans indoktriniert wird. Gleichwohl wird versucht, den Kampf des saudischen Königshauses gegen den radikalen Islam zu unterstützen. Dieser ist, wie bereits wiederholt betont, ein Phänomen des 20. und 21. Jahrhunderts, nicht ein wiederauferstandenes Phänomen eines Dogmas aus dem 18. Jahrhundert.

Es ist wichtig, sich zu vergegenwärtigen, daß der Begriff „Fundamentalismus“ für den radikalen Islam nicht ganz angemessen ist. Er wurde von radikalen Protestanten, vor allem in den USA, geprägt. Er geht auf die Predigten von John Nelson Darby (1800–1882), einen englischen Prediger, den Gründer der Plymouth Brüder, zurück. Er besuchte die USA fünfmal und verbreitete die Botschaft des Dispensationalismus. Dieser beruht im Wesentlichen auf der Vorstellung, daß sich Gottes Eingriffe in die menschliche Welt in bestimmten, sich entwickelnden Abschnitten der Offenbarung ereignen. Darby predigte die Rückkehr zu den „Fundamenten“. Damit meinte er eine wortwörtliche Beachtung des Alten und Neuen Testaments. Daher der Begriff Fundamentalismus – natürlich unterscheidet sich dieser vom radikalen Islam, weil im radikalen Islam offensichtlich die muslimischen Schriften, die an die Stelle der Bibel treten, wörtlich befolgt werden müssen, und weil es im Islam keinen Dispensationalismus gibt. Der radikale Islam verficht offen und deutlich die Anwendung von Gewalt als Mittel, um seine Botschaft zu verbreiten. Dies haben die protestantischen Fundamentalisten in den verschiedenen Sekten seit langem hinter sich gelassen.

Der radikale Islam startete seine Erfolgsgeschichte mit der Gründung der Muslimbruderschaft durch Hassan al-Banna 1928. Ihre erste öffentliche Aktion war ein antijüdisches Pogrom. Al-Banna wurde 1949 unter der ägyptischen Monarchie wegen Verbreitung revolutionärer Parolen hingerichtet. Alle Formen des sunnitischen radikalen Islam sind von der Muslimbruderschaft abgeleitet, auch wenn sie sich heute im Detail in vielerlei Hinsicht unterscheiden. Ein Hauptideologe war Sayyid Qutb, ein Lehrer, der unter dem Nasser-Regime 1966 in Ägypten wegen seiner Opposition gegen die nationalistische Ideologie der Regierung hingerichtet wurde. Qutb ging davon aus, daß der Westen und die „moderne Welt“ im allgemeinen dekadent, korrupt und im Niedergang befindlich seien, und für den Islam die Zeit gekommen sei, die Welt zu regieren. Die Schwäche des Islam erkläre sich daraus, daß die Muslime die Gesetze der wahren Religion nicht mehr strikt befolgten und sich von der Moderne, dem Kapitalismus und dem Kommunismus hätten einfangen lassen, weswegen sie vom Westen besiegt und erobert worden seien. Wenn sie zu Gott zurückkehrten, seine Befehle achteten, wie sie im Koran, in den Hadithen (den Sprüche des Propheten) und der Scharia (den Gesetzen und Sitten des Islam) niedergelegt sind, würde sich dies nach Qutb und seinen Anhängern ändern: Allah wird sie belohnen, indem er sie zur politischen, militärischen und kulturellen Herrschaft zurückführt, wie sie sie im Mittelalter innehatten. Unter Allahs Führung, so die Ideologie, werden sie alle jene korrupten muslimischen Regierungen beseitigen, die sich nicht an die Gebote des Glaubens halten, den ausländischen Einfluß aus den Ländern der Muslime verdrängen und die Gebiete wiederbesetzen, die einmal islamisch waren und später aufgegeben wurden, vor allem Spanien (auf Arabisch: Andalus) und Palästina. Die Welt soll und wird geteilt werden in das Gebiet des Islam und das „Gebiet des Krieges“ (Dar el-Harb), d. h. den Rest der Welt, gegen den es Krieg zu führen gilt. Das letztendliche Ziel ist die Weltherrschaft. Qutb und nach ihm der radikale Islam waren grundsätzlich antinationalistisch. Es gibt für sie keine Nationen, denn die Muslime bilden *eine* Nation, die „umma“. Die territorialen Unterteilungen zwischen einzelnen Staaten sind rein technischer Natur unter muslimischer Herrschaft und dienen nur praktischen Lösungen. Dies bedeutet ebenfalls eine Opposition zum arabischen Nationalismus.

Qutb wurde durch die Lehre von Abu Alah el-Maududi (1903 – 1979) beeinflußt, einem indischen Muslim, der in Hyderabad geboren wurde (er starb in den USA an den Folgen einer Erkrankung), und der die meiste Zeit seines Lebens in Pakistan verbrachte. Er war noch deutlicher als Qutb. Die gesamte Menschheit mußte zum Islam bekehrt werden, was nur mit Gewalt gelingen kann. Der Begriff „Dschihad“, den man auch als inneren Kampf eines Mannes (selbstverständlich nicht einer Frau) um die richtige religiöse Überzeugung erklären kann, wurde von Maududi lediglich in seinem kriegerischen Sinne benutzt, als bewaffneter Kampf, um den Islam in der Welt zu verbreiten. Er wandte sich ausdrücklich gegen alle Formen partizipatorischer Regierung und betrachtete die Demokratie als eine gegen den Islam gerichtete westliche Ideologie. Allah hatte bereits in seinen heiligen Schriften erlassen, wie die Menschheit regiert werden sollte. Jede Form von Demokratie stellt eigentlich Blasphemie dar. Demokratie bedeutet, daß sich die Menschen nach ihrem Weltverständnis selbst regieren können. Dies ist eine Rebellion gegen das gottgegebene Gesetz. Die islamische Welt sollte nach Maududi und ähnlichen Ideologen von Geistlichen regiert werden, die im islamischen Recht bewandert sind. In jeder islamischen Gesellschaft soll ein beratender Ausschuß aus geistlichen weisen Männern, der die „Schura“ genannt wird, über die Fragen des menschlichen Zusammenlebens gemäß dem muslimischen Recht entscheiden (es gibt Parallelen zu jüdischen Ultraorthodoxen, die glauben, daß das alltägliche Leben durch Rabbiner bestimmt werden solle; ein gegenwärtiges Beispiel ist die Shas-Partei, die tatsächlich von Rabbi Ovadia Yosef beherrscht war).

Eine weitere ideologische Persönlichkeit war Abdallah Azzam (1941 – 1989), ein Palästinenser, der unter den Einfluß von Maududi und Qutb geriet und viele ihrer Lehren wiederholte. Azzam war der Lehrer von Osama bin Laden. Seine Lehren hatten also weitreichende Konsequenzen, denn sie richten sich nicht nur gegen den Westen, sondern, wenn dieser auch die Hauptrichtung bleibt, auch gegen die Hindus in Indien und anderswo, gegen die Japaner und Chinesen.

Der Westen wird entsprechend der Auffassung des radikalen Islam von Juden regiert, die die Medien, die Wirtschaft und die Regierungen kontrollieren. Die Feindschaft gegen die Juden ist also integraler Bestandteil der antiwestlichen Haltung.

Es sei noch einmal darauf hingewiesen, daß der Ausdruck „Antisemitismus“ sich nur auf Juden bezieht, nicht auf andere. Er entstand als Alternative zu dem Begriff „Judenhaß“, der die christliche Feindschaft gegenüber Juden ausdrückte. Der Begriff wurde von Wilhelm Marr, einem antichristlichen deutschen Nationalisten und Rassisten geprägt, der Wert darauf legte, eine nicht christlich besetzte Sprache zu verwenden. Muslimische Antisemiten argumentieren gelegentlich, daß sie selbst Semiten seien und somit nicht antisemitisch sein könnten. Dies ist natürlich Unsinn, denn es gibt keine Semiten, sondern nur semitische Sprachen, und sie haben nichts mit Antisemitismus (Judenhaß) zu tun.

Material über den muslimischen Antisemitismus ist in großer Anzahl und in verschiedenen Formen vorhanden. Es umfaßt Bücher, die von den oben erwähnten Ideologen und ihren Anhängern stammen, die Presse, die elektronischen Medien, das Internet, Predigten in den Moscheen (die vom Fernsehen gesendet werden), Statements und Vorträge usw. Es muß daran erinnert werden, daß die antisemitische Botschaft Teil der muslimischen Erziehung und politischen Propaganda ist. Dies bedeutet, daß sie zwar äußerst wichtig ist, daß sie aber nicht dieselbe Qualität wie der nationalsozialistische Antisemitismus hat, obwohl die Parallelen unübersehbar sind. Das Fernsehen und das Internet sind wahrscheinlich die effektivsten Mittel, um den Antisemitismus in der muslimischen Welt zu verbreiten. Von dem Sender Al Jazeera, der als Plattform für viele Radikale dient, aber auch Liberale und Gegner des Radikalismus zu Wort kommen läßt, bis zu Manar TV, dem Sprachrohr der Hisbollah, und ähnlichen, vor allem ägyptischen Sendern, wird der sunnitische Antisemitismus unter Millionen sunnitischen Zuschauern verbreitet. Der schiitische Antisemitismus wird in ähnlicher Weise auf den entsprechenden Kanälen verbreitet.

Es stellt sich die Frage, ob die Vorstellungen, die sich hier ausdrücken, reine Propaganda sind, die nicht für bare Münze genommen werden, oder ob sie in politisches Handeln umgesetzt werden sollen. Es bleibt nur der Blick in die Geschichte: Politische Bewegungen, insbesondere, aber nicht nur, radikale, werden versuchen, ihre Programme zu verwirklichen, wenn sie die Möglichkeit dazu erhalten. Das offensichtlichste Beispiel dafür ist natürlich der Nationalsozialismus, der am entschiedensten versuchte, seine antisemitische und rassische Ideologie in eine entsetzliche Wirklichkeit umzusetzen. Dasselbe gilt für den Bolschewismus. Man tat alles, um die verhaßte „Bourgeoisie“ bzw. jene, die man dafür hielt, die Angehörigen der Mittelklasse, durch Massenmord und in Gulags zu vernichten. Die Ideologie von der „Diktatur des Proletariats“ wurde zum Massenterror, wo immer die Sowjets herrschten. Natürlich gab es, bedingt durch ökonomische, soziale und politische Kräfte, Abweichungen von der reinen Lehre sowohl im Nationalsozialismus als auch im Bolschewismus. Aber beide versuchten mit aller Kraft, derartige Widrigkeiten zu überwinden. Dies gilt ebenfalls für nicht-radikale

Weltanschauungen. In den USA etwa wurde die Idee der Grenze, verbunden mit der Mission, den leeren Raum zu besiedeln, obwohl er nicht leer war – verschiedene Indianerstämme lebten dort –, zu einem Alptraum für die „Native Americans“ (oder die „First Nations“ in Kanada). Im Interesse der USA entwickelte man 1823 die Monroe-Doktrin, die eine europäische Intervention auf dem amerikanischen Kontinent ausschließen sollte. Der gegenwärtige amerikanische Imperialismus ist ein weiteres Beispiel: Die US-Administrationen (besonders unter George W. Bush) intervenierten militärisch im Irak und in Afghanistan, um unwilligen Bevölkerungen die amerikanische Idee der Demokratie nahezubringen.

Die Drohungen gegenüber Juden und Israel, sowohl von sunnitischen als auch schiitischen Ideologen und Politikern, müssen deshalb ernst genommen werden: Sollte unser lieber Freund, Mahmud Ahmadinedschad, der ehemalige iranische Präsident, oder einer seiner Nachfolger je in der Position sein, Israel zu vernichten oder dem ganzen jüdischen Volk ernsthaft zu schaden, muß man davon ausgehen, daß die Chance genutzt würde – mit oder ohne Atombombe. Dasselbe gilt für die sunnitischen Radikalen. Den Artikel 3 c der Völkermordkonvention habe ich bereits erwähnt, er setzt den versuchten Völkermord und die genozidale Propaganda mit Völkermord gleich. Es kann kein Zweifel daran bestehen, daß die verschiedensten Äußerungen der radikalen Islamisten ein Angriff auf Israel und die Juden in diesem Sinne sind. Aber ist es ein realistisches Programm? Betrachtet man die internationale Situation des Jahres 2015: bisher nicht.

Ein Hauptproblem beim radikalen Islam, dies wurde bereits erwähnt, besteht darin, daß seine Auffassungen sich im allgemeinen Islam verbreitet haben. Der wahrscheinlich einflußreichste sunnitische Theologe 2015 ist Scheich Yusuf al-Qaradawi, ein Ägypter, der in Katar lehrt. Er unterstützte aktiv den Aufstand gegen das Mubarak-Regime in Ägypten im Jahr 2011. Seine herausragende Stellung wurde noch bedeutender durch den Tod von Muhammad Sayid el-Tantawi, dem Oberhaupt der theologischen Fakultät der al-Azhar-Universität in Kairo (1928–2010), der wahrscheinlich wohl ein wenig gemäßigter war. Am 28. Januar 2009 erschien al-Qaradawi auf Al Jazeera (ein Sender, der von vielen Millionen im Nahen Osten gesehen wird) und erklärte: „Im Verlauf der Geschichte brachte Allah Leute über sie (die Juden; YB), die sie für ihre Verderbtheit bestraften. Die letzte Bestrafung erfolgte durch Hitler … Nächstes Mal wird es durch die Gläubigen geschehen.“ Am 28. September desselben Jahres erklärte er: „Ich werde selbst als ein *shahid* (Märtyrer; YB) enden, der Juden erschießt.“ Der Holocaust wird also nicht geleugnet, sondern gut geheißen. Diese Auffassung unterscheidet sich nicht wesentlich von den Lehren des Lubawitscher Rebbe, des verstorbenen Menachem Mendel Schneerson. Al-Qaradawi, der von vielen dem „mainstream“ zugeordnet wird, formuliert auch moderater. Er erwähnt Israel selten, ebenso wie andere sunnitische Prediger, die nicht gegen Israel predigen, sondern gegen die Juden im allgemeinen. Der muslimische Geistliche Muhammad Hussein Ya'kub erklärte im Januar 2009 im ägyptischen Fernsehsender E-Rahma TV: „Falls die Juden Palästina an uns zurückgeben, werden wir dann beginnen, sie zu lieben? Natürlich nicht ... Erstens sind sie Ungläubige, zweitens sind sie Feinde ... Die Juden werden nie aufhören, uns zu bekämpfen und uns zu töten ... unser Kampf gegen die Juden ist ein ewiger Kampf ... wir werden sie bekämpfen, besiegen und vernichten, bis kein einziger Jude mehr auf dem Erdboden übrig ist." Ein anderer Geistlicher, Hussam Fawzi Jabbar, erklärte im ägyptischen Fernsehsender A-Nas TV am 11. Juli 2010, die Juden „hassen, gemäß ihrer Natur, den Frieden, lieben Verrat, Unmoral, Betrug, Mord und Blut. Das ist ihre Natur ... deswegen wurde der Westen der Juden überdrüssig und schuf für sie ein neues Land in Palästina. Sie vertrieben sie und entfernten sie aus ihrer Umgebung und gaben ihnen ein neues Land auf Kosten des Islam und der Muslime ... Hitler hatte recht ... in dem, wie er mit den Juden umging." Jabbar äußerte sich auch zum Kommunismus und erklärte: „im atheistischen kommunistischen Rußland steckten sie die Muslime in einen Fleischwolf und machten Hackfleisch aus ihnen".

Der Vergleich des Zionismus mit dem Nationalsozialismus ist ein anderer Aspekt der radikalen Propaganda und wird nicht nur von den radikalen Islamisten vertreten. Dr. Ghazi Hussein, ehemaliger Botschafter der PLO in Wien, veröffentlichte in der syrischen Tageszeitung „'Al-Ba'ath'", dem Hausblatt des säkularen Assad-Regimes, am 8. Juli 2010 einen Artikel. Er schreibt, daß die „ideologische Nähe zwischen den beiden rassistischen Bewegungen, dem Zionismus und dem Nationalsozialismus", zum Ha'avara-Abkommen[1] zwischen den Zionisten und den Nazis geführt, und deutsche und österreichische Juden dazu gebracht habe, „nach Palästina zu emigrieren, um dort den Staat Israel zu errichten und die Reste der arabischen Palästinenser zu verdrängen ... Die zionistische Weltbewegung nutzte die Tatsache, daß die USA und der Rest der Welt ihre Tore für jüdische Emigranten auf Wunsch von Golda Meir auf der Flüchtlingskonferenz in Evian in der Schweiz (sic! Evian liegt in Frankreich) 1938 geschlossen hatten.[2] Die Konferenz beschloß, daß alle Länder die jüdischen Emigranten zurückwiesen, um sie nach Palästina zu schleusen. Das Ziel der Zionisten und der USA bestand darin, den Juden nur zwei Möglichkeiten zu lassen: nach Palästina zu emigrieren oder in Nazi-Gefangenenlager geworfen zu werden (sic!)". Er fährt fort: „Israel hat seit seiner Gründung Verbrechen an der arabischen palästinensischen Bevölkerung begangen, die schlimmer sind als die, die Deutschland angeblich an den

[1] Das Abkommen zwischen der Jewish Agency für Palästina und den deutschen Behörden aus dem Jahr 1933 ermöglichte es wohlhabenden deutschen Juden, einen Teil ihres Kapitals nach Palästina zu transferieren, indem sie deutsche Landmaschinen kauften. Der Wert des Exports nach Palästina betrug ca. 8 Millionen Pfund.

[2] Das ist natürlich völliger Unsinn.

nicht-zionistischen Juden und seinen anderen Feinden in Ungarn begangen hat (sic!). Dies wird im Gefolge des Holocausts, den Israel in Gaza beging, vollkommen deutlich".

Nun könnte man in Dr. Hussein leicht einen unzivilisierten Ignoranten sehen, aber das wäre falsch. Er ist ein ausgewiesener Akademiker, anerkannt in der Welt und gehört keiner radikalen islamistischen Gruppierung an.

Unter gebildeten Menschen in der arabischen und muslimischen Welt sind Artikel aus so verschiedenartigen Medien nicht ohne Folgen. Mehr noch, man sollte nicht vergessen, daß Millionen größtenteils analphabetischer Bauern und Arbeiter täglich solche giftversprühenden Fernsehsendungen sehen. Ausgesprochen antisemitische Aussagen sind keineswegs auf den Personenkreis des radikalen Islam beschränkt. Die Propaganda richtet sich nicht nur gegen die „Zionisten", sondern ausdrücklich gegen die Juden als solche. Nach traditionellem islamischen Recht und während des Mittelalters galten und gelten Juden, Christen und Zoroastrier als „Völker des Buches". Vorausgesetzt, sie akzeptieren einen Status als Bürger dritter Klasse, werden ihr Leben und Eigentum vom Islam geschützt. Möglicherweise im Gefolge von Qutb findet sich in gegenwärtigen Aussagen, sowohl im allgemeinen als auch im radikalen Islam, keine Spur mehr davon.

Ein wesentliches Element im muslimischen Antisemitismus ist seine Bezugnahme auf tatsächliche oder erfundene historische Ereignisse. Wie schon kurz erwähnt, haben sie mit der Geschichte der Vernichtung der jüdischen Stämme in Medina durch den Propheten 627 und 628 zu tun. Über Einzelheiten mögen sich die Historiker streiten, aber die Grundzüge sind recht deutlich. Es gab drei jüdische Stämme in und um Medina (damals Yathrib). Wie sie dorthin gelangten, ist eine unbeantwortete Frage (muslimische Quellen behaupten, sie seien nach den jüdischen Aufständen gegen die Römer dorthin gekommen, aber es ist unklar, warum, und wie es dazu gekommen sein soll). Sie führten dort die Landwirtschaft ein und pflanzten Palmen, und so kamen sie zu politischem Einfluß auf lokaler Ebene. Andere, nichtjüdische, Stämme scheinen aus dem Jemen gekommen zu sein. Der Prophet Mohammed verließ seine Geburtsstadt Mekka 622 und gründete seine neue Religion in Medina. Durch eine Reihe von Ereignissen wurde er der drei jüdischen Stämme überdrüssig und vertrieb zwei von ihnen (Banu Nadir und Banu Qunayca) und vernichtete den dritten (Banu Qurayza), indem er alle Männer tötete und alle Frauen und Kinder versklavte (ein klarer Fall von Genozid). Auf diese Weise errichtete er seine Oberhoheit in Medina. Daraufhin machte er sich auf, seinen eigenen Stamm, die Quraysh, zu besiegen, und besetzte Mekka (630). Die Gründung der neuen Religion war somit teilweise dem Sieg über Juden zu verdanken, obwohl Mohammed eindeutig viele seiner Lehren jüdischen und christlichen Schriften entnahm. Dies alles könnte als Vergangenheit betrachtet werden, aber wie bereits angedeutet, stützt sich der radikale Islam darauf und interpretiert diese Ereignisse neu. Er bezieht sich ständig darauf und betrachtet sie als bestimmend für sein Vorgehen im 21. Jahrhundert. Für den zeitgenössischen Islam im allgemeinen und den radikalen Islam im besonderen ist die Feindschaft gegenüber den Juden untrennbarer Bestandteil der Grundlagen des Islam und wird ein wesentliche Faktor ihrer Einstellung und politischen Strategien. Die Sicht des 7. Jahrhunderts als Gegenwart und nicht Vergangenheit läßt die Unterscheidung zwischen geschichtlichen Epochen verschwinden und verstärkt auf diese Weise paradoxerweise den Ansatz, der in diesem Buch bevorzugt wird.

Es stellt sich natürlich sofort die Frage, ob dieses Muster auch in anderen Glaubensformen zu finden ist. Zweifellos gibt es hier Parallelen zum Judentum und Christentum und wahrscheinlich auch zu anderen Glaubenssystemen. Die Kreuzigung Jesu wird im Christentum allgemein, sowohl bei Katholiken als auch bei Protestanten, und besonders bei radikalen Christen, als etwas angesehen, daß auch heute noch, zweitausend Jahre danach, unmittelbaren Einfluß auf das Verhalten von Individuen und Gruppen hat. Im Judentum tritt dies noch deutlicher zutage. Die Legende vom Exodus aus Ägypten ist von enormer Bedeutung in der zeitgenössischen jüdischen (und nichtjüdischen) Kultur. Israelische Archäologen sind äußerst begierig darauf, irgendwelche Spuren der frühen Königreich Juda und Israel zu entdecken. Die Geschichte der großen jüdischen Aufstände und der letzte fanatische Widerstand in Massada gegen die Römer (73 n. d. Z.) sind grundlegende Bestandteile der israelischen Identität. Aber nicht nur die monotheistischen Religionen liefern uns dafür Beispiele: Für Buddhisten sind die Einzelheiten aus Buddhas Leben und dem seiner bedeutendsten Schüler von genauso großer Bedeutung wie Jesus für die Christen oder Moses für die Juden (dabei wissen wir nicht einmal, ob es eine Person dieses Namens gegeben hat, oder mehrere oder keine). Man bedenke den Einfluß der buddhistischen Texte nach 2.500 Jahren, obwohl es erst mehrere Jahrhunderte nach Buddhas Tod buddhistische Texte gab. Die zeitgenössischen Historiker haben, so scheint es, immer noch nicht verinnerlicht, was dies bedeutet. Sie sprechen noch immer von antiker, mittelalterlicher und neuer Geschichte, als wären sie in irgendeiner Weise voneinander unabhängig.

Die antijüdischen Traditionen des frühen Islam – und es gibt weniger judenfeindliche Teile im Koran – müssen teilweise als Erklärung für die Heftigkeit des muslimischen Antisemitismus gesehen werden. Natürlich stellen diese Überlieferungen keine unabhängigen Faktoren dar, und ihre Relevanz für die heutigen Haltungen und politischen Strategien sind nicht die Ereignisse des 7. Jahrhunderts, sondern die Krisen, die die muslimische Welt in den vergangenen einhundert Jahren durchlebt hat. Dennoch ist ihre Macht in der heutigen Welt von entscheidender Bedeutung. Es ist nicht nur der Koran, sondern auch die Hadithe – die wirklichen oder erfundenen Aussagen des Propheten –, eine große Sammlung von Sprüchen, die muslimische Geistliche als Heilige Schrift betrachten, die die tiefe Feindschaft gegenüber den Juden widerspiegelt. Zwei Themen unter anderen werden in diesen alten Texten immer wieder behandelt und von Zeit zu Zeit in der gegenwärtigen Ideologie wieder eingeführt: erstens, die Juden stammen von Schweinen und Affen ab, und zweitens, der Krieg gegen die Juden ist ewig, bis die Juden versuchen, sich unter Steinen und Büschen zu verstecken – eine Baumart ausgenommen –, und die Muslime jeden einzelnen von ihnen finden und töten werden.

Gemäß dreier Stellen im Koran (5:60, 2:65, 7:166) und zahlreicher Hadithen wurden die Juden bestraft, weil sie den Schabbat nicht einhielten und wurden in Affen und Schweine verwandelt. Eigenartigerweise ereignete sich dies gemäß der gängigsten Überlieferung ausgerechnet in Eilat („Iliya"). In vielen, wenn nicht den meisten, islamischen Traditionen stammen die heutigen Juden von Affen und Schweinen ab. Diese Beleidigung wird nicht nur von radikalen Islamisten verbreitet, sondern auch in allgemeinen Äußerungen. So erklärte Muhammad Sayid el-Tantawi, der Großscheich von al-Azhar in Kairo, am 22. April 2002, daß die Juden „die Feinde Allahs sind, Nachkommen von Affen und Schweinen"[3]. Scheich Abd Al-Rahman Al-Sudayyis, Imam an der Al-Haraam-Moschee, der bedeutendsten Moschee in Mekka, die vom saudischen Königshaus kontrolliert wird, nannte die Juden „den Abschaum der menschlichen Rasse, die Ratten der Welt, die Friedens- und Vertragsbrecher, die Mörder des Propheten und die Abkömmlinge von Affen und Schweinen".[4] Diese und ähnliche Äußerungen werden nicht von radikalen Islamisten vorgebracht, sondern von Mitgliedern des Establishments. Der ehemalige ägyptische Präsident Mursi machte im Jahr 2010 eine ähnliche Aussage.

Es ist unnötig, darauf hinzuweisen, daß der radikale Islam eine wesentliche Rolle in der Verbreitung dieser Gehässigkeiten spielt. So findet sich im Gazastreifen eine Reihe von Verbreitern dieser Perlen der Weisheit. Scheich Ibrahim Madhi beispielsweise, der Imam der Scheich Ijlin-Moschee, der Hauptmoschee von Gaza, fordert von seinen Zuhörern: „Lanzen müssen auf die Juden gerichtet werden, die Feinde Allahs, das Volk, das Allah in seinem Buch verflucht hat. Allah beschrieb sie als Affen und Schweine, Anbeter von Kälbern und Idolen".[5]

Diese Schmähungen sind in die Alltagskultur eingedrungen. Am 7. Mai 2002 strahlte der Fernsehsender Iqra'a TV, der von Saudi-Arabien und Ägypten getragen wird, ein Programm aus, das sich an Frauen und Kinder wendete, „The Muslim Woman Magazine". Ein Mädchen von dreieinhalb Jahren wurde interviewt. Sie wurde befragt, ob sie Juden möge. Ihre Antwort war „nein". Sie wurde gefragt, warum. Sie antwortete, weil die Juden „Affen und Schweine" seien. Als sie gefragt wurde, wer das gesagt habe, antwortete sie „Unser Gott ... im Koran".

3 www.palestine-info/arabic/palestoday/readers/mashhoor/22_4_01.htm.

4 www.alraialaam.com/20-4-2002/ie5/frontpage.htm#03.

5 Palestine Television, Palestine Authority, 3. August 2001.

Der Moderator schloß mit den Worten: „Eltern können sich von Allah kein gläubigeres Kind als sie wünschen. Die nächste Generation von Kindern müssen wahre Muslime sein. Wir müssen sie jetzt unterrichten, solange sie Kinder sind, so daß sie wahre Muslime werden." Die vielleicht beste Zusammenfassung dieser Ideologie wurde von Dr. Faisal al-Qassam auf Al Jazeera am 15. Mai 2001 geliefert: „Die Söhne Zions, die unser Gott als die Söhne von Affen und Schweinen beschrieben hat, werden nicht eher abgeschreckt, als bis es einen echten Holocaust gibt, der sie alle auf einmal vernichten wird." In der Al-Jandoul-Moschee in Taif in Saudi-Arabien predigte Scheich Ba'd bin Abdallah Al-Ajameh Al-Ghamidi im Jahr 2011, daß „das gegenwärtige Verhalten von Affen und Schweinen, ihr Verrat, Bruch von Übereinkommen und die Schändung heiliger Stätten ... verbunden ist mit den Taten ihrer Vorfahren während der frühen Zeit des Islam – was die große Ähnlichkeit zwischen den heutigen Juden und den Juden, die zur Zeit der Anfänge des Islam lebten, beweist."[6] Salim 'Azzouz von der religiösen Liberalen (sic!!) Partei in Ägypten, der für Al-Ahrar schreibt, schreibt über den israelischen Abzug 2002 aus dem Libanon, daß „sie lediglich die nackte Haut retteten, wie Schweine fliehen. Und warum soll man „wie" sagen, wenn sie doch Schweine und Affen sind?"[7]

Die Geschichte vom ewigen Krieg gegen die Juden und von seinem Ausgang – nämlich, daß die Juden versuchen werden, sich zu verstecken, doch bis auf den letzten Mann ausgerottet werden – wird in vielen zeitgenössischen Medien wiederholt. Als repräsentativ kann man einen Artikel ansehen, der von Dr. 'Abd e-Tahman Al-Bar von der ägyptischen Muslimbruderschaft und Aktivist einer Einrichtung, die sich der ideologischen Erziehung widmet, am 24. November 2011 online veröffentlicht wurde. Der Autor führt aus, daß ein Gefährte des Propheten in dessen Namen erklärte, „der Tag des Jüngsten Gerichts wird nicht kommen, bis die Muslime die Juden bekämpfen und sie töten. Die Juden werden sich hinter Steinen und Bäumen verstecken, und die Steine und Bäume werden rufen: Oh Muslim, Diener Allahs, ein Jude hat sich hinter mir versteckt, komm und töte ihn – mit Ausnahme des gharqad-Baumes, dies ist der Baum der Juden."[8] Im Deutschen bezeichnet man diesen Baum als Bocksdorne. Al-Bar zitiert hier einen bekannten Hadith. Es gibt unzählige Aussagen muslimischer Geistlicher, die diese Absicht zur Vernichtung der Juden wiederholen.

Sowohl die sunnitischen als auch schiitischen Radikalen betreiben den Antisemitismus an einer weiteren Front: im Umgang mit dem Holocaust. Dabei kann man zwei Strategien unterscheiden: eine, die den Holocaust verleugnet bzw. relativiert, und eine andere, die sagt: Ja, er hat stattgefunden, und die Nazis haben

---

6 www.alminbar.cc/alkhutab/khutbaa.asp?mediaURL=4331.

7 Al-Ahrar, Ägyptn, 30. Mai 2000.

8 Ikhwanonline.com, 24. November 2011.

die Juden zu Recht getötet. Es ist zu schade, daß sie ihr Werk nicht vollendet haben – beim nächsten Mal werden die (muslimischen) Gläubigen, wie wir in al-Qaradawis Aussage gelesen haben, es tun und die Vernichtung der Juden zu Ende führen. Es gibt zahlreiche derartige Aussagen. Der ägyptische Geistliche Mazen Sirsawi sagte in Al-Hekma TV am 4. September 2011: „… der Holocaust – also das Ereignis, in dem die Juden angeblich massakriert worden sind usw. Falls er sich wirklich ereignet hat, so haben sie es verdient."

Offene Verleugnung des Holocausts bzw. seine Herunterspielung ist in der muslimischen Welt sehr weit verbreitet. Aus der Vielzahl der Belege seien nur einige Beispiele herausgenommen. Fathi Shihab von der Muslimbruderschaft bemerkte über den Holocaust: „das Märchen wurde vom amerikanischen Geheimdienst erfunden …, um den Atombombeneinsatz in Hiroshima und Nagasaki und die Anklage der militärischen Führer der besiegten Länder vor den Gerichtshöfen in Nürnberg und Tokio zu rechtfertigen." Die Alliierten, so fuhr er fort, „schlachteten die illegale Einwanderung von Millionen von Juden aus Europa in die USA während des Krieges aus, indem sie behaupteten, sie wären in den Gefangenenlagern der Nazis verschwunden."[9] Eine etwas ausgefeiltere Version wurde von Dr. Muhammad 'Abd Al-Rahman Al-Marsi, ebenfalls einem Mitglied der Muslimbruderschaft, verbreitet, der anführt, die Zionisten benutzten „die Unterdrückung der europäischen Juden durch Hitler, um die jüdische Auswanderung nach Palästina zu rechtfertigen, mehr noch, um den Westen dazu zu bringen, die zionistische Unternehmung in Palästina zu fördern."[10]

Was den Holocaust anbetrifft, so ist das schiitische Regime im Iran noch radikaler als sein sunnitischer Gegenpart, sofern das überhaupt möglich ist. Man gründete eine „Gesellschaft für den Zweiten Weltkrieg". Einer aus diesem Kreis, Hamid Reza Nikbakhsh, veröffentlichte ein E-Book mit dem Titel „Der Holocaust – die größte Lüge der Juden" (Juni 2009). Es wurde auf der iranischen Website Wwii.ir am 27. Juli 2011 hochgeladen. Er schreibt: „Die Juden starben nicht, weil sie Juden waren, sondern aufgrund zufälliger Umstände". Die Zahl von sechs Millionen Opfern sei „vollkommen erfunden". Die Nazis seien keine Antisemiten gewesen – schließlich sind auch Araber Semiten. Nazi-Deutschland verfolgte die Juden als Vergeltung für den Krieg, den reiche kommunistische Juden (sic!) 1933 mit den Sanktionen gegen Deutschland begonnen hatten. Der Kommunismus, so argumentiert er, war eine jüdische Philosophie, und die Deutschen waren gegen die Sowjetunion. Viele Juden seien als Arier anerkannt worden, und der Autor nennt auch eine exakte Zahl: „Mindestens 2.269 Personen jüdischen Blutes dienten in der deutschen Armee als Offiziere" mit Hitlers persönlicher Billigung.

---

9 Ikhwanonline.com, 31. Januar 2010.

10 Ibid., 13. Oktober 2011.

Hitler selbst ordnete an, „Juden für die Naziarmee zu rekrutieren". Dann kommt er zu den Hauptunkten: „Da die Deutschen Arbeitskräfte benötigten, ist es unmöglich, daß sie Juden töteten." Ganz im Gegenteil, „die jüdischen Arbeiter wurden ausreichend ernährt." Natürlich verneint er die Existenz von Gaskammern, um Juden zu töten: „... Gerüchte über Gaskammern entsprechen nicht der Wirklichkeit". Es habe keine deutsche Absicht gegeben, die Juden auszurotten. „Die Vertreter derartiger Thesen können kein gültiges Dokument oder einen von Hitler unterschriebenen Befehl in Bezug auf die Vernichtung der Juden vorlegen". Im iranischen Fernsehen gibt es zahlreiche ähnliche Stellungnahmen während der letzten Jahre, und der damalige Präsident Ahmadinedschad berief eine Konferenz in Teheran an, die den Holocaust leugnete.

Was die offizielle sunnitische Seite anbetrifft, so ist es vielleicht interessant, Hussein Triki, den ehemaligen Vertreter der Arabischen Liga in Argentinien, zu zitieren. Triki, ein Tunesier, erschien am 2. März 2011 auf Al-Alam TV (einer iranischen Fernsehstation!, obwohl er Sunnit ist). Er sagte: „Der Holocaust ist eine Erfindung des Weltzionismus. Dies ergibt sich schon daraus, daß man unterschiedliche Zahlen vorlegt." Salman Al-Odeh, ein saudischer Geistlicher, brachte am 13. August 2012 im saudischen Rotana Khalijia TV die Leugnung des Holocausts in Zusammenhang mit der mittelalterlichen Blutanklage der Christen gegen die Juden. Zum Holocaust bemerkte er, „das Problem liegt darin, daß man ihn übertreibt. Er wurde zu einem Mythos von gewaltigen Ausmaßen ... Die Juden begannen, dasselbe zu machen ... gegen das palästinensische Volk, indem sie einen Holocaust in Gaza durchführen." Dann erzählte er die Geschichte eines Arztes, der von einer jüdischen Familie gebeten wurde, sie mit Menschenblut zu versorgen, und der dann herausfand, daß „sie Matzen mit Menschenblut machten. Sie essen sie, weil sie glauben, daß sie dies ihrem falschen Gott Jahwe näher bringt." Dies ist nur ein Beispiel für die Übernahme der Motive der christlichen antisemitischen Blutlegende in der muslimischen Welt.

Selbstverständlich gibt es auch andere Äußerungen aus der muslimischen Welt. Der liberale Saudi Mansour Al-Hadj bemerkte über seine frühe Erziehung in Saudi-Arabien: „Wir lernten nicht, daß der Holocaust ein Verbrechen war; wir lernten vielmehr, daß die Muslime dazu bestimmt sind, die Juden eines Tages zu töten ... sie seien Prophetenmörder, die Allah verflucht und in Affen und Schweine verwandelt habe."[11]

So wie es liberale Muslime gibt, die den gewalttätigen Antisemitismus ablehnen, der sowohl dem alltäglichen als auch dem radikalen Islam gemein ist, gibt es auch liberale und antiradikale Muslime, die sich der Holocaustleugnung entgegenstellen. In Großbritannien publizierte Mehdi Hassan am 15. Februar 2012

[11] Aafaq.org/English, 24. Oktober 2011.

einen Artikel, in dem er darauf hinwies, daß eine Meinungsumfrage 2006 gezeigt habe, daß ein Viertel der Muslime nicht wußte, was der Holocaust war, und daß nur ein Drittel glaubte, daß er stattgefunden habe. Er bemerkte: „Der Genozid der Nazis darf nicht relativiert oder verallgemeinert werden. Es war ein beispielloser Akt industrieller Metzelei, ein einzigartiges Verbrechen gegen die Menschlichkeit.“[12] Und Abdulaziz Al-Nasser aus Katar sprach, als er Präsident der UN-Generalversammlung war, am 21. Januar 2012 in der New Yorker Park East-Synagoge sehr bewegend über den Holocaust.

Im September 2011 veranstaltete die Al-Akhawayn-Universität in Marokko eine dreitägige Konferenz über den Holocaust, die vom muslimischen Kurator des jüdischen Museums in Casablanca, Zhor Rhihel, geleitet wurde. Der marokkanische König Mohammad VI. hatte bereits 2009 in einer Rede an den Holocaust erinnert und „von der Pflicht, sich zu erinnern, die uns die Shoah auferlegt“, gesprochen[13].

Ein weiteres Element im islamischen Antisemitismus ist die Neigung, Zionismus und Nazismus zu vergleichen. Dies ist offensichtlich verbunden mit Formen der Holocaustleugnung. Eine der vielen Aussagen, die zitiert werden können, stammt von Tawfiq Okasha, einem Präsidentschaftskandidaten in Ägypten, der auf Al-Faraeen TV am 9. Februar 2012 erklärte, daß „Hitlers Grundsatz, daß die beste Rasse die Welt beherrschen solle ... dieselbe Philosophie ist, wie die der Israelis und Juden.“ So „folgte eine Schlacht – entweder die Juden würden Hitler vernichten ..., so daß sie ihr Ziel, die Welt zu beherrschen, weiter verfolgen konnten, oder Hitler würde die Juden auslöschen ... dies führte die Juden dazu, eine sehr wichtige Rolle im 2. Weltkrieg zu spielen, die zu Hitlers Niederlage führte.“

Ein weiteres Element des islamischen Antisemitismus ist der Variante der Nazis sehr ähnlich: Die Juden werden beschuldigt, nicht nur hinter der amerikanischen bzw. westlichen Verschwörung gegen den Islam zu stehen, sondern hinter allen größeren Kriegen und Katastrophen seit dem Ersten Weltkrieg. Derartige Aussagen lassen sich bis in die Mitte der 80er Jahre des 20. Jahrhunderts zurückverfolgen. So hält die Hamas-Charta vom 18. August 1988 (jedermann im Internet zugänglich) in Artikel 22 fest: „Sie (die Juden) waren für den Ersten Weltkrieg verantwortlich, der zur Abschaffung des Kalifates führte. Sie häuften Gewinne an, setzten die Balfour-Deklaration durch und gründeten die Vereinten Nationen (sic!!), um durch diese Organisation die Welt regieren zu können. Sie waren verantwortlich für den Zweiten Weltkrieg, der ihnen enormen Profit aus dem Waffenhandel brachte und es ihnen ermöglichte, ihren eigenen Staat zu errichten. Sie schlugen die Errichtung der Vereinten Nationen (sic!) und des Sicher-

---

[12] Aafaq.org/English, 15. Februar 2012.

[13] Jewishjournal.com, 27. September 2011.

heitsrats vor ... Überall wo es Krieg gibt, ziehen sie im Hintergrund die Fäden." Aber noch einmal: Derartige Ausführungen sind nicht auf Organisationen des radikalen Islam, wie die Hamas, beschränkt. In einer Veröffentlichung für die saudische Armee mit dem Titel „Der muslimische Soldat" (Al Jundi al-Muslim) wurde vom religiösen Büro der Armee am 1. Mai 2004 folgendes geschrieben: „Fast alle Revolutionen und Rebellionen der Vergangenheit stellen das Werk der Juden dar. Sie tun das, weil es in der Thora, im Talmud und in den Protokollen (der Weisen von Zion natürlich; YB) befohlen ist. Den Befehlen zufolge müssen sie alle Nichtjuden vernichten, so daß sie ihr Ziel erreichen können – die Welt zu regieren ... Das internationale Judentum hat eine Schattenregierung etabliert, die von 300 Teufeln, sie selbst nennen sich ‚die Älteren', geleitet wird ... Die Juden sind verantwortlich für den Ersten und Zweiten Weltkrieg" (übrigens wird in diesem Artikel der Gründer der modernen Türkei, Kemal Pascha Atatürk, auch als Jude bezeichnet; YB). Saudi Arabien, daran muß erinnert werden, wird als Alliierter des Westens im Kampf gegen den radikalen Islam angesehen.

Auf der Website der Muslimbrüder in Ägypten schrieb ein Mahmoud 'Abd el-Rahman[14]: „Seit Generationen ist die menschliche Gesellschaft mit dem Problem des jüdischen Zionismus konfrontiert. Alle Nationen und Kulturen sind sich einig über die Natur des zionistischen Charakters ... nämlich die Verherrlichung von Geld, Sex, Raub, Eigennutz und Verrat. Man kann dies im pharaonischen Ägypten sehen, und in den kanaanitischen, amalekitischen (sic!), babylonischen, persischen und römischen Zeiten." In fast allen Texten werden die „Zionisten" als Juden angesehen und umgekehrt.

Wenn auch von geringerer Bedeutung im radikalen Islam, so lassen sich doch auch antichristliche Aussagen in erheblicher Anzahl finden. In einer Predigt, die er am 5. September 2006 in der A-Rahma-Moschee in Mekka hielt, bemerkte Scheich Marzuk Salam al-Hamdi, daß „die Juden und Christen Ungläubige sind, Feinde Allahs, seines Propheten und der Gläubigen ... sie glauben nicht an Moses, sie glauben nicht an Jesus. Würden sie wirklich an sie glauben, hätten sie sich bereits dem Islam angeschlossen, da jeder Prophet die Ankunft des Propheten Mohammed verkündete ... Aber wenn die Ungläubigen unter Muslimen leben und sich an die Vorgaben des Propheten halten, gibt es kein Problem damit, wenn sie die Kopfsteuer (*jiziah*; YB) an das muslimische Schatzamt zahlen. Weitere Bedingungen sind ..., daß sie ihre Kirchen und Klöster nicht reparieren, diejenigen nicht wieder aufbauen, die zerstört sind, daß sie drei Tage lang jeden Muslim verköstigen, der an ihrer Haustür vorbeigeht ... daß sie aufstehen, wenn ein Muslim sich setzen möchte, daß sie nicht versuchen, Muslime im Bezug auf ihre Kleidung und ihre Reden nachahmen, daß sie nicht auf Pferden reiten, daß sie kein Schwert

---

[14] Ikhwanonline.com, 23. Mai 2011.

tragen, daß sie sich nicht selbst bewaffnen, daß sie keinen Wein verkaufen, daß sie kein Kreuz zeigen ..., denn wenn sie diese Gesetze übertreten, werden sie schutzlos sein."[15] Oder, wie Professor Nasser bin Suleiman am 13. Juni 2004 auf Majd-TV (Saudi Arabien) erklärte: „Zehntausende von Muslimen dienen in der US-Armee, und der Islam ist die zweigrößte Religion in Amerika. Bereits heute ist Amerika besiegt ... Amerika wird vernichtet. Aber wir müssen geduldig sein."

Problemlos könnten noch unzählige antisemitische Zitate aufgeführt werden, aus dem Maghreb, aus Ägypten, dem Nahen Osten, der Türkei, dem Iran und Pakistan – aber es lohnt nicht. Es gibt nur sehr wenig, wenn überhaupt, bedeutende Propaganda dieser Art aus der großen Zahl der Muslime in Indien, Indonesien, Westafrika und anderen Ländern. Bevor eine Zusammenfassung der hauptsächlichen antisemitischen Themen versucht werden kann, sind noch einige Punkte aufzuführen.

Es scheint einen Unterschied zwischen dem sunnitischen und schiitischen Antisemitismus zu geben. Dies liegt nicht nur daran, daß die Feindschaft zwischen diesen Hauptzweigen des Islam gewalttätig und möglicherweise und tatsächlich (im Irak zum Beispiel) mörderisch ist. Der offizielle Iran umgeht den Antisemitismus, konzentriert seinen Haß auf den jüdischen Staat und die sogenannten westlichen Zionisten und vermeidet – nicht immer, aber meistens –, die Juden als solche anzugreifen. Die Tatsache, daß er zu den wenigen muslimischen Ländern gehört (die anderen sind die Türkei, Marokko und, in geringem Maße, Tunesien), die eine geringe Anzahl von Juden beherbergen (etwa 9000), mag Teil der Erklärung sein. Der Iran scheut keine Kontakte mit den Ungläubigen, weil dies natürlich für die Verfolgung seiner ökonomischen und anderen Strategien wesentlich ist, und Antisemitismus unter Kontrolle gehalten werden muß. Dies bedeutet nicht, daß das iranischen Fernsehen nicht voll der wildesten Beschuldigungen gegen die Juden ist. In diesen Fällen werden sie aber als „Zionisten" bezeichnet. Die sunnitischen Radikalen sind offen und zutiefst antijüdisch.

Der Antisemitismus des radikalen Islam muß ferner klar vom bolschewistischen und nationalsozialistischen unterschieden werden. Er wird bis heute (2012) nicht zentral gelenkt, auch wenn Al-Kaida versucht, verschiedene Gruppe in vielen Ländern zu kontrollieren. Aber Al-Kaida hat heute nur eine begrenzte Bedeutung. Es scheint zu früh zu sein, um zu sehen, ob der Versuch des sogenannten Islamischen Staates (ISIS), in Syrien und dem Irak ein neues Kalifat zu errichten, gelingen wird. Bis zu welchem Grad sich die verschiedenen Organisationen des radikalen Islams in der Bekämpfung der Juden unterscheiden, variiert von einem Land zum anderen. Darüber hinaus vergrößern sich die Unterschiede zwischen

---

[15] www.alminbar.net/alkhutab/khutbaa.asp?mediaURL=4068.

den radikalislamischen Gruppen. Manchmal bekämpfen sie sich gegenseitig, wie zum Beispiel im Sudan, wo der „reine“ Ideologe Hassan al-Turabi mit dem militärischen Regime Omar Hassan el-Baschirs in Konflikt geriet. Dies unterscheidet sich sehr vom zentralisierten bolschewistischen oder Nazi-Regime, aber die Tatsache, daß der radikale Islam zersplittert ist, bedeutet nicht, daß er weniger gefährlich ist. Es läßt sich sogar die These vertreten, daß derartige Gruppen ohne Zentrum gefährlicher sind, da sie so schwer zu bekämpfen sind.

Ferner muß man einen anderen wichtigen Punkt bei der Analyse des islamischen Antisemitismus berücksichtigen: seine relative Bedeutung im Zusammenhang der allgemeinen radikalislamischen Anschauung. Es handelt sich heute, so möchte ich behaupten, eindeutig um einen zentralen Punkt im Kampf gegen den Westen mit dem Ziel, die Welt zu kontrollieren. Hier lassen sich Parallelen zum Nationalsozialismus ziehen. In beiden Fällen wird den Juden unterstellt, die Feinde der radikalen Ideologie und ihrer Anhänger zu kontrollieren.

Es wäre ein Fehler, dem radikalen Islam eine durchdachte Ideologie zuzuschreiben, wie man sie vom Marxismus-Leninismus oder dem unstrukturierteren Nationalsozialismus kennt. Aber es gibt gemeinsame Elemente in den meisten, wenn nicht sogar allen Gruppierungen des radikalen Islam, und es ist wert, sie aufzuführen. Die Grundlage des radikalen Islams besteht in der Auffassung, daß die muslimische Welt in der Neuzeit einen Niedergang parallel zum Aufstieg des Westens erlebte. Dies ist auf die Abkehr der Muslime von der reinen ursprünglichen islamischen Lehre zurückzuführen. Die Muslime folgten den Schmeicheleien der westlichen kapitalistischen oder kommunistischen Werte. Als Folge verloren sie nicht nur die Kontrolle über ihre Länder, sondern über sich selbst als Individuen, und Gott-Allah verließ sie. Die Lösung besteht darin, Allahs Gebote wieder zu befolgen, buchstäblich alle, denn dann wird Allah sich seinem Volk wieder zuwenden und es zum Herrscher der Welt machen. Dies wird der Menschheit Erlösung und den Weltfrieden bringen. Um dies zu erreichen, müssen die Muslime kämpfen. Der Begriff „Dschihad“ wird nun als Kampf gegen die ungläubige Welt ausgelegt. Die ersten Ziele sind die muslimischen Abtrünnigen und die muslimischen Herrscher, die sich dem Westen unterworfen haben. Sie müssen beseitigt und bestraft werden (Bestrafung bedeutet immer töten). In den Augen wahrer Muslime gibt es keine Grundlage für die Einteilung in Nationen, Nationalitäten oder ethnische Gruppen, welcher Art auch immer. Die Muslime sind eine weltumspannende Nation. Lediglich aus praktischen Gründen sind Einteilungen in Nationen oder Nationalitäten hinzunehmen.

Bevor wir fortfahren, lohnt es sich, nach Parallelen zu diesen Dogmen zu suchen. Die Rückkehr zu Gottes Gesetzen als Versprechen zukünftiger Erlösung ist ein Thema, über das die anderen monotheistischen Religionen ständig reden. Dies gilt für die fundamentalistischen Protestanten ebenso wie für die orthodoxen und ultraorthodoxen Juden. In der Vergangenheit schlachtete man wegen dieser Dogmen die Gegner ab. Derartige religiöse Propaganda ist deshalb ernst zu nehmen, besonders da der radikale Islam und der Islam allgemein darauf bestrebt ist, diese Vorstellungen in die Wirklichkeit umzusetzen. Das galt ebenso für den Marxismus-Leninismus und den Nationalsozialismus. Die Parallelen sind offensichtlich. Beide treten als säkulare Ideologien auf, aber es handelt sich tatsächlich eindeutig um religiöse Ideologien. Sie strebten die Verringerung oder Beseitigung nationaler Bestrebungen an, in dem einen Fall aller Nichtrussen, im anderen aller Nichtdeutschen.

Nach der Beseitigung der nicht-radikalen muslimischen Staaten und Regierungen sieht der sunnitische radikale Islam seine Hauptaufgabe in der Vernichtung des „Westens“. Damit sind üblicherweise Nordamerika und Europa gemeint, neuerdings aber auch Südamerika, Indien und Japan; aber dabei handelt es sich um Ziele für die Zukunft. Da der „Westen“ es darauf angelegt hat, den Islam zu vernichten, muß das naheliegende Ziel sein, alle amerikanischen und europäischen Einflüsse in der muslimischen Welt (Militärbasen, militärische Präsenz usw.) zu vernichten. Der „Westen“ wird von den Juden beherrscht. Sie führen den Kreuzzug gegen den Islam, da sie die Banken, die Medien, die intellektuelle Welt und die Regierungen kontrollieren. Die Juden sind aus Sicht des radikalen Islam der Inbegriff der Homosexualität, Pornographie, allgemeinen Unmoral. Sie sind generell der Abschaum der Erde, nicht wirkliche Menschen, sondern Abkömmlinge von Affen und Schweinen. Sie sind die Feinde Gottes und müssen deshalb vernichtet werden. Im Widerspruch zum islamischen Gesetz verweigert der radikale Islam sogar die Anerkennung der entsprechenden Existenzrechte für die Juden. Israel als jüdischer Staat, und weil dieser Staat auch islamisches Land besetzt, muß mit Gewalt vernichtet werden. Diese Idee, nebenbei angemerkt, daß alles Land, das „legitim“ durch Gewalt erobert wurde, ein islamisches „waqf“, d. h. heiliger islamischer Besitz, ist, ist natürlich Teil des Traums von der Eroberung der Welt. Auf diese Weise werden Sizilien, Süditalien, Nordindien und andere Gebiete als „legitimes Land“ für den Islam beansprucht.

Auch hier gibt es gewisse Unterschiede zwischen der Sunna und der Schia. Der Wunsch, Israel zu vernichten, d. h. die Absicht eines Genozids, findet sich in beiden Strömungen. Im iranischen Falle handelt es sich hauptsächlich um strategische Interessen, obwohl Irans Vertreter, die Hisbollah, eine schiitische Bewegung, selbstverständlich sehr stark ideologisch ist. Ein Unterschied läßt sich ausmachen. Der schiitische Messianismus ist wesentlich ausgeprägter. Auch im sunnitischen Islam gibt es eine messianische Persönlichkeit, den Mahdi, den Boten Gottes, der die Welt auf das Jüngste Gericht vorbereitet, aber seine Rolle ist nicht hervorgehoben. Der sudanesische Mahdi Muhammad Ahmad) wurde bereits erwähnt. Alle anderen Möchtegern-Mahdis wurden abgelehnt. Unter den Schiiten ist der Glaube an die Wiederkehr des 12. Imam, wie erwähnt, sehr stark. Er ist offensichtlich besonders ausgeprägt unter den radikalen konservativen Anhängern des Regimes. Kürzlich wurde in zahlreichen iranischen Publikationen der jetzige Führer Ali Khamenei als „Imam" bezeichnet. In der schiitischen Sprachregelung bedeutet dies, ihn Messias zu nennen. Ahmadinedschad bezog sich ständig auf die Ankunft des 12. Imams, obwohl es schwierig einzuschätzen ist, wie tief diese ideologische Strömung im Iran reicht.

Ein weiterer Unterschied besteht darin, daß es im Iran ein Quasi-Parlament, die „Madschlis", gibt. Obwohl die Wahlen manipuliert und seine Rechte von den Geistlichen streng begrenzt und kontrolliert werden, ist es dennoch eine Art Sicherheitsventil für die Herrscher, um auf kontrollierte Weise Dampf abzulassen. Im radikalem sunnitischen Islam gibt es keine Form der partizipatorischen Regierung. Wie bereits gesagt, gibt es nur ein beratendes Gremium von Geistlichen, die „Schura", die bei alltäglichen Entscheidungen berät.

Ferner kann man die Position vertreten, wenn auch mit großer Vorsicht, daß die radikalen Schiiten ihre Entscheidungen eher rational treffen als ihre sunnitischen Brüder. In diesem Falle meine ich nicht die heutige Version der früher noch radikaleren Bewegungen der Muslimbruderschaft, d. h. nicht die jetzigen Führer der islamistischen Parteien nach dem Arabischen Frühling, z. B. in Tunesien, Ägypten, oder dem Jemen, sondern die dschihadistischen Gruppen in der ganzen Welt. Nicht jeder sunnitische Geistliche kann ohne weiteres als „mainstream", „konservativ", „radikal" oder „Dschihadist" eingeordnet werden. Wir haben es mit einem Kontinuum des muslimischen Radikalismus zu tun, das sich von moderaten antiwestlichen Positionen über den ideologischen und fundamentalistischen Islam (wie etwa dem Wahhabismus) bis zum radikalen Dschihadismus erstreckt. Einzelne wechseln ihren Standpunkt in diesem Kontinuum und vertreten manchmal Ansichten, mit denen sie mehrere Positionen einnehmen. Derartige innere Widersprüche gibt es auch bei der Forderung der muslimischen Theologie, christliche, jüdische (und zoroastrische) Minderheiten zu tolerieren und ihre physische und wirtschaftliche Existenz zu sichern, sofern sie einen Status als Bürger dritter Klasse in einer muslimischen Gesellschaft und den gegenwärtigen Ruf des radikalen Islams nach völliger Vernichtung der Juden akzeptieren. Aber der Islam kann mit derartigen Widersprüchen leben, so wie jedes von Menschen erfundene Glaubenssystem. Hier geht es um Religionen, und Religionen sind *per definitionem* irrationale Produkte des (relativ) rationalen menschlichen Verstandes.

Einige radikale Ideologen, wie etwa Qutb, und in seinem Gefolge auch al-Qaradawi, haben darauf hingewiesen, daß es möglich sei, daß der Islam die Weltherrschaft auch auf nicht gewaltsamen Wege erringe, da die westliche Zivilisation an ihrer Dekadenz und ihren inneren Widersprüchen zugrunde gehen wird. Lassen sich dafür reale Anzeichen finden? Meines Erachtens durchaus. Es gibt einen deutlichen Niedergang im Westen, und es erscheint nicht unlogisch, seine Lage mit der des Römischen Reichs im 4. und 5. Jahrhundert zu vergleichen. Einige der Hauptgründe sind die weltweite Bevölkerungsexplosion, die wirtschaftliche Unsicherheit, die darauf beruhende wachsende Kluft zwischen reichen und armen Ländern und innerhalb der reichen Länder selbst, die ökologischen Katastrophen usw. Die Folgen sind Massenmigrationen aus armen Ländern in reichere und ebenso Binnenmigration innerhalb der entwickelten Länder. Die Weltwirtschaft wurde nicht nur durch die amerikanischen Immobilienblase und die Unzuverlässigkeit des Bankensystems betroffen, sondern beispielsweise ebenso durch die Migration von etwa 200 Millionen chinesischen Bauern während der letzten zwei Jahrzehnte in die Städte. Die Auswirkungen werden erst jetzt (2014) spürbar. Wie bereits gesagt, emigrierten bisher 23 Millionen Muslime nach Europa. Es gibt ebenfalls eine Wanderbewegung von Ukrainern, sogar Polen (obwohl Polen ein bemerkenswertes Wachstum aufweist) nach Mittel-, West- und Nordwesteuropa. Die Muslime emigrieren nicht nach Europa, weil sie den Kontinent für den Islam erobern wollen – sie suchen ein besseres Leben. Es gibt faszinierende Parallelen zu den hauptsächlich germanischen, aber auch mongolischen Ethnizitäten, die versuchten, in das Römische und später in das Byzantinische Reich (zwischen dem 4. und 11. Jahrhundert) einzuwandern. Sie strebten nicht danach, Rom zu vernichten, sondern sie wollten dem Hunger entkommen. Die gegenwärtigen Wanderungsbewegungen werden zweifellos die kulturelle und ethnische Landschaft Europas verändern. Dabei gibt es keine Art von zentraler Wanderungsbewegung. Die Grenzen zwischen den Migranten sind tief: Die Türken vermeiden es, in kurdischen Moscheen zu beten (und viele Türken in Deutschland z. B. werden ohnehin säkular), und die Nordafrikaner in Frankreich besuchen nicht die Moscheen der Senegalesen. Die Pakistani in Großbritannien mögen die Hindus oder die Einwanderer aus der Karibik nicht. Die Integration stellt ein weiteres Problem dar. Die jeweils Ankommenden sind immer die Diskriminierten – und dies über zwei bis drei Generationen. Für einen „echten" Franzosen ist es einfacher, Arbeit zu finden als für einen Schwarzafrikaner. Die Entstehung von Ghettos ist nicht neu – irische, italienische, jüdische, deutsche und schwarze Ghettos waren in den USA während der großen Einwanderungswellen und der Flucht der Schwarzen aus dem Süden die Regel. Auch in Israel gibt es solche Ghettos, die durch die Einwanderung von nordafrikanischen und in jüngster Zeit äthiopischen Juden entstanden. Ich werde zum muslimischen Antisemitismus in diesem Zusammenhang weiter unten zurückkehren. Klimaänderungen spielen eine zusätzliche Rolle. Das ist nichts Neues. Radikale klimatische Veränderungen im 11. und 12. Jahrhundert waren für schwere Dürren in Ägypten und im Gebiet des heutigen Palästina und Syrien verantwortlich. Massensterben und Epidemien waren die Folge. Noch nie dagewesene Kältewellen brachten Bagdad Frost und Schnee, der Euphrat fror zu. Dies war der Hintergrund für die Invasion der Seldschuken in Anatolien (1061) und den langsamen Niedergang des Byzantinischen Reichs. Derartige externe Faktoren sind natürlich nur die eine Seite. Der demographische Niedergang in den Ländern der ersten Welt, die Unfähigkeit von Regierungen und Gesellschaften, die ökonomischen Talfahrten zu kontrollieren, und die kulturelle Entwicklung, die diesem Trend entgegenläuft – auf der einen Seite das Erblühen von Literatur, Dichtkunst, Kunst, Theater und Musik, auf der anderen Seite Verfall in Formen von Kultur, die für eine große Mehrheit der Bevölkerung der ersten Welt unerreichbar sind –, sind größtenteils innere Angelegenheiten. Auch dafür gibt es Parallelen in der Vergangenheit. Hat der radikale Islam recht, wenn er einen inneren Zusammenbruch der westlichen Zivilisation erwartet? Ich glaube nicht, obwohl es über 1,3 Milliarden Muslime auf der Welt gibt und ihre Zahl steigt. Aber der Islam selbst, und das schließt seine radikalen Spielarten ein, ist denselben Prozessen unterworfen. Die vom radikalen Islam vorgeschlagene Medizin wird nicht heilen, sondern wird – selbst wenn sie nur teilweise eingesetzt wird – mehr Chaos und mehr Unzufriedenheit hervorrufen, zum Teil, weil sehr große Teile der Weltbevölkerung den radikale Islam nicht als Lösung für ihre Nöte annehmen wollen – und das schließt China, Japan und Indien mit ein. Der Westen ist trotz aller Krisen stark und widerstandsfähig. Es gibt zweifellos ein Nachlassen der Zuversicht und einen allgemeinen Pessimismus, die den intellektuellen Diskurs durchdringen. Andererseits gibt es auch einen parallelen Anstieg des gewalttätigen Nationalismus und (wieder) eine wachsendende Forderung nach gewaltsamen Maßnahmen – trotz der Tatsache, daß so etwas in der Vergangenheit scheiterteum echte und eingebildete Feinde zu bekämpfen. Aber die Warnung vor einem schleichenden Niedergang des Westens ist da, genährt zudem durch übertriebene Selbstkritik und einen allgemein pessimistischen Ausblick auf Leben und Hoffnung für die Zukunft. Der Westen, und dazu zählen auch Indien, Japan und in wichtigen Belangen ebenso China, muß Lösungen zumindest für einige seiner Hauptprobleme finden, um eine Katastrophe zu verhindern.

Eines der Hauptprobleme, das die Haltung der Muslime zu den Juden berührt, wurde bereits angesprochen: Das Versagen bei der Integration der Muslime in die europäische Zivilisation. Dies habe ich im vorigen Kapitel behandelt, aber hier muß ein weiterer Aspekt ausgeführt werden: Die Islamophobie ist nicht nur eine Gefahr für die Juden, sondern für die gesamte Gesellschaft. Diese Minderheit der zweiten und dritten Generation muslimischer Migranten, vor allem in Westeuropa (auch in Schweden), vertritt antisemitische Überzeugungen, die sich gelegentlich in gewalttätigen Ausbrüchen ausdrücken, rebelliert gegen die Gesellschaft, die sie nicht integriert hat. In den Juden sehen sie eine Minderheit, die in ihren Herkunftsländern (Nordafrika, Türkei, Naher Osten) verachtet und diskriminiert wurde, und die jetzt Teil der herrschenden Gruppen in europäischen Gesellschaften ist. Der israelisch-palästinensische Konflikt fördert diese Feindseligkeit, da die populistische Propaganda von Massenmorden an palästinensischen Muslimen durch Juden in einem Land spricht, das, der islamistischen Ideologie gemäß, eigentlich zum Islam gehört. Aber bei all seiner unbestrittenen Wichtigkeit, der Nahostkonflikt ist, wie bereits erklärt, ein Auslöser, und die dahinterstehende Wirklichkeit ist Verbitterung über die tatsächliche und als solche wahrgenommene Diskriminierung durch die weiße europäische Mehrheit gegenüber den Neuankömmlingen. Was würde geschehen, wenn, durch irgendein Wunder, im Nahostkonflikt ein Kompromiß erreicht würde? Es würde eindeutig zu einer Erleichterung der Situation in der gesamten muslimischen Welt und in Europa führen. Allerdings ist der Antisemitismus und seine islamische Variante ein zu zähes Unkraut, als daß er in absehbarer Zukunft absterben würde.

Darüber hinaus kommt islamistische Propaganda im wesentlichen nicht aus Europa, sondern aus Pakistan und einigen arabischen Ländern. Die Propaganda beruht, wie der radikale Islam im allgemeinen, auf der antijüdischen Geschichte des 7. Jahrhunderts, aber der tiefere Grund sind heutige Probleme. Deshalb liegt es auf der Hand, daß eine Strategie gegen den wachsenden Antisemitismus unter den europäischen Muslimen ihre Integration in die europäischen Gesellschaften ist. Dies wurde von der OSZE) schon zweimal diskutiert, 2004 in Berlin und 2005 in Cordoba. Ich hatte die Ehre, an diesen Konferenzen aktiv teilzunehmen und an der Formulierung der Beschlüsse mitzuarbeiten. Unter den vorgeschlagenen Maßnahmen befand sich die allgemeine Verurteilung der Islamophobie (dies wurde auch von der israelischen Delegation unterstützt).

Der radikale Islam stellt in der Tat eine aktuelle Gefahr dar, die die Welt mit dem „Politizid“ (siehe dazu das Kapitel zum Genozid) bedroht, für die der 11. September das Muster darstellt. Worin besteht nun die Verbindung zwischen der Ideologie des radikalen Islam und Ideologien ähnlicher Prägung? Aus meiner Sicht gibt es wichtige Parallelen ebenso wie klare Unterschiede zwischen dem radikalen Islam, dem Bolschewismus und dem Nationalsozialismus. Interessanterweise entstanden alle im selben Jahrzehnt, nämlich zwischen 1917 und 1928, wesentlich beeinflußt durch den Ersten Weltkrieg. Hitlers erster politischer Brief datiert vom September 1919. Darin führt er aus, daß die Juden aus Deutschland entfernt werden müssen. 1920 schloß er sich der Deutschen Arbeiterpartei an, aus der später die Nationalsozialistische Deutsche Arbeiterpartei wurde. 1917 begründete Lenin mit der bolschewistischen Revolution die Sowjetunion. 1928 gründete Hasan al-Banna die Muslimbruderschaft in Ägypten. Alle drei Ideologien suchten die Weltherrschaft zu erlangen, wollten ein utopisches Regime des klassenlosen Friedens errichten, vereinigt im Glauben an die einzige Wahrheit, die man verkündete – selbstverständlich waren es unterschiedliche Wahrheiten. Die Weltherrschaft sollte mit Gewalt errungen werden. Alle die, die sich weigerten, das Licht der Wahrheit zu erkennen, galt es zu vernichten. Alle drei Ideologien sind in ihren Grundzügen „religiös“, wenn wir unter Religion Versuche verstehen, Natur und Gesellschaft durch unverrückbare Dogmen zu erklären, die auf einer übernatürlichen Instanz beruhen. Der Nationalsozialismus glaubte an unverrückbare Gesetze der Natur, die die Herrschaft des Stärkeren über den Schwächeren anordneten, und er glaubte an einen Gott, der im Einklang mit diesen Gesetzen herrschte. Der Bolschewismus glaubte an die unverrückbaren Gesetze der Natur, wie sie sich in den Dogmen des dialektischen Materialismus in der Natur und des historischen Materialismus in der Gesellschaft ausdrückten. Der radikale Islam glaubt an die Herrschaft Allahs, wie sie von ihm im Koran, den Hadithen und der Scharia offenbart wird.

Alle drei Ideologien stehen im Widerspruch zur Selbstbestimmung der Nationen und Nationalitäten. Der Nationalsozialismus postulierte eine Hierarchie unter den Nationen. An der Spitze standen die nordischen Völker der arischen Rasse, angeführt von den Deutschen. Zwischen ihnen und einer asiatischen Nation wie etwa den Japanern waren Allianzen möglich. Alle andere Nationalitäten würden in der neuen Hierarchie unterworfene Völker sein. Der Stalinismus nutzte die Parole „sozialistisch im Inhalt, nationalistisch in der Form“ als einen Weg, dem russischen Volk („das großrussische Volk“) die Vorherrschaft zu sichern. Alle anderen hatten den Befehlen aus Moskau zu gehorchen. Die Haltung des radikalen Islam zum Nationalismus, den arabischen Nationalismus natürlich eingeschlossen, war, wie ausgeführt, negativ.

Der Nationalsozialismus und der radikale Islam sind grundsätzlich offensichtlich antifeministische Ideologien. Aber auch in Sowjetrußland gab es keine Frau im herrschenden Politbüro. Alle Ideologien sind gegen jegliche Form tatsächlicher partizipatorischer Systeme, gegen die Demokratie im wesentlichen Sinne. Sie lehnen sie als westliche Dekadenz (Nationalsozialisten), bourgeoise Diktatur (Bolschewismus) oder Blasphemie (radikaler Islam) ab.

Alle drei Ideologien waren bzw. sind antijüdisch. Im Stalinismus zeigte sich die zugrundeliegende antisemitische Tendenz zunächst in den 30er Jahren in der langsamen Auslöschung der jiddischen Kultur und Sprache; Hebräisch wurde als jüdische nationalistische Sprache verboten. In den 40er Jahren, besonders in den letzten vier bis fünf Jahren von Stalins Herrschaft (er starb 1953), wurde der Antisemitismus zu einem vorherrschenden Charakteristikum der sowjetischen Innenpolitik. Die Juden wurden von der Deportation bedroht, aber Stalin starb, bevor dies umgesetzt werden konnte. Es ist überflüssig darauf hinzuweisen, daß der Antisemitismus eine zentrale Bedeutung für die Nazis darstellt. Der radikale Islam sieht, wie gezeigt, die Juden als die tatsächlichen Herrscher des Westens, den Hauptfeind des Islam. Dabei sind die Unterschiede zu den Nazis deutlich: Der radikale Islam verfügt nicht wie Nazi-Deutschland über einen souveränen Staat, um seine Ziele durchzusetzen (man verfügte über einen in Afghanistan, und dort könnte ein wichtiges Zentrum wieder errichtet werden; oder die ISIS des neuen Kalifen, Baghdadi). Noch immer ist er höchstwahrscheinlich eine kleine Minderheit unter Muslimen, die sich einer Opposition der gemäßigteren Kräfte in der muslimischen Welt gegenübersieht. Es handelt sich um eine diffuse Bewegung ohne eine zentrale Führung. Dies alles ähnelt in keiner Weise der gewaltigen Macht, über die Nazi-Deutschland auf seinem Höhepunkt verfügte. Die Ziele sind ähnlich, mit dem Unterschied, daß sich die Nazi-Vorstellung nur allmählich entwickelte und ihren Höhepunkt im Krieg erreichte, während der radikale Islam, auch in seinem gegenwärtigen, relativ unorganisierten Zustand, eine deutliche und ausgereifte Vernichtungsabsicht hat.

Kapitel 6

Genozid

Der Begriff „Genozid“ steht in engem Zusammenhang mit dem Holocaust. Bekanntlich wurde er von Rafal Lemkin, einem polnischen jüdischen Rechtsanwalt, geprägt, dem es 1941 gelang, in die USA zu fliehen. Zum ersten Mal verwendete er ihn in seinem monumentalen Buch *Axis Rule in Occupied Europe*, das 1944 veröffentlicht wurde. Seit der Vorkriegszeit, als er sich mit den Genoziden an den Armeniern und den Assyrern in der osmanischen Türkei und dem Genozid an den Herero und den Nama in Deutsch-Südwestafrika (Namibia) beschäftigt hatte, wollte er an einem internationalen Gesetz gegen die Vernichtung von Menschengruppen arbeiten. Aber der Zweite Weltkrieg stand deutlich im Zentrum seiner Aufmerksamkeit, als er das Buch schrieb, das in erster Linie auf Informationen beruhte, die ihm von polnischen Diplomaten in den USA geliefert wurden, sowie auf der Erklärung der Alliierten vom 17. Dezember 1942, die die Tatsache anerkannte, daß die Juden von Nazi-Deutschland ermordet wurden. Dies wird deutlich, wenn man sein Buch liest und die Konvention über die Verhütung und Bestrafung des Völkermordes (die Völkermordkonvention) vom 9. Dezember 1948, die stark von Lemkin beeinflußt war, betrachtet. Der Begriff Genozid ist eine Zusammensetzung des griechischen Begriffs *genos* (Volk) und des lateinischen Ausdrucks *cidere* (morden). Lemkins eigene Interpretation des Inhalts ist etwas widersprüchlich. Auf der einen Seite richtet Lemkin seine Aufmerksamkeit auf die Auslöschung ethnischer oder nationaler Gruppen, auf der anderen Seite aber setzt er sich mit der Vernichtung der Strukturen und Kulturen von Gruppen, also nicht nur mit ihrer Ermordung, auseinander. Lemkin gehörte zu einer Gruppe, die die US-Abgeordneten, die sich während der Endphase des Krieges mit der Bestrafung von Nazi-Verbrechern nach Kriegsende beschäftigten, beriet. Darüber hinaus war er in die Vorbereitung für die Anklagen bei den Nürnberger Prozessen eingebunden. Der Begriff „Genozid“ erscheint in den Akten des Hauptprozesses, aber wie der Genozid an den Juden, der einen nicht unwichtigen Teil der Verhandlungen ausmachte, findet er im Urteil keine Erwähnung. Das Hauptaugenmerk lag auf den Kriegsverbrechen und den Verbrechen gegen die Menschlichkeit. Die Unterscheidungen zwischen den einzelnen Formen dieser Verbrechen wurden nicht klar gezogen. Die von Nazi-Deutschland begangenen Kriegsverbrechen und Verbrechen gegen die Menschlichkeit schlossen Massenmorde, Folter und ähnliche

Taten ein. Der Begriff „Genozid" wurde nicht klar definiert. Deshalb haben sich jene, die meinen, daß das, was wir heute ungenau den Holocaust nennen, etwas ist, das über den Genozid hinausgeht, oder daß es sich um eine andere Kategorie handelt, geirrt – und da schließe ich mich ein, weil ich ebenfalls den Holocaust von anderen Genoziden getrennt hatte.[1] Nein: Der Begriff Genozid betrifft auf jeden Fall den Holocaust, der, um es deutlich zu sagen, der Genozid an den Juden durch die Nazis und ihre Anhänger, Alliierten und Kollaborateure war.

Lemkin schlug bereits vor dem Zweiten Weltkrieg ein internationales Gesetz gegen das vor, was er später Genozid nannte. 1933 sandte er einen Vorschlag an eine internationale Konferenz in Madrid, die sich mit der Thematik beschäftigte. Er bezog sich nicht auf Deutschland – niemand konnte sich 1933 vorstellen, daß Deutschland für ein Verbrechen derartigen Ausmaßes verantwortlich sein könnte –, sondern auf die Armenier im Ersten Weltkrieg und die Herero 1904/05. Lemkin ging es um eine allgemeine Verurteilung. Doch als deutlich wurde, was im Zweiten Weltkrieg den Juden und Polen geschah, war dies der wesentliche Auslöser dafür, daß Lemkins Ideen von den Vereinten Nationen angenommen wurden. Er beeinflußte den Wortlaut der Völkermordkonvention bis zu einem gewissen Grad, aber sie entsprach nicht genau dem, was er vorgeschlagen hatte. Letztendlich war die Konvention das Ergebnis eines politischen Kuhhandels zwischen Ost und West, wobei eine Anzahl mittlerer und kleinerer Staaten, besonders Lateinamerikas, ebenfalls einen nennenswertem Einfluß darauf hatte, wie man aus der Akte der *travaux préparatoires* entnehmen kann. Letztendlich war das Resultat nicht unproblematisch. Die Konvention definiert Genozid als die Absicht und deren Vollzug, eine ethnische, nationale, rassische oder religiöse Gruppe als solche als Ganzes oder teilweise zu vernichten. Fünf Typen von Handlungen werden unterschieden, von denen jede als Genozid gilt: die Tötung von Mitgliedern einer entsprechenden Gruppe; physischer oder mentaler Schaden, der der Zielgruppe zugefügt wird; die Entziehung der Lebensgrundlagen der besagten Gruppe; die Verhinderung von Geburten; die Entführung von Kindern. Diese fünf Handlungstypen sind äußerst problematisch: Wie kann man physischen oder mentalen Schaden messen? Wenn hunderttausende Juden in Gaskammern hineingepfercht werden, heißt das, daß ihnen Lebensgrundlagen entzogen werden? Wenn man alle

---

[1] Der Begriff „Holocaust" stammt von dem griechischen Wort *holokaustos*, vollständig verbranntes Opfer, das dem Gott oder den Göttern gewidmet ist, und ist deshalb ungeeignet für den Völkermord an den Juden. Aber der Begriff „Holocaust" hat sich im Englischen für den Genozid an den Juden eingebürgert, und da es keinen Grund gibt, über Semantik zu diskutieren, benutze ich ihn ebenfalls. Der hebräische Begriff „Shoah" ist ebenfalls einigermaßen problematisch. In der Bibel bezieht er sich manchmal auf Naturkatastrophen, selbst auf die Wüste, und gelegentlich auf Opfer. Theoretisch wäre der jiddische Begriff „khurbn" („Desaster"), auf Hebräisch *khurban*, der beste. Aber solange bei einem Begriff klar ist, was damit gemeint ist, nämlich der Völkermord an den Juden, ist dies zweitrangig.

jüdischen Frauen ermorden wollte, kann das als Geburtenverhinderung gewertet werden? Und wenn Kinder entführt werden, ist es dasselbe wie Kindermord – oder besteht nicht doch die Möglichkeit, daß, wenn die Kinder aufwachsen, sie zu der Gruppe zurückkehren, aus der sie entführt wurden? Die Konvention definiert in Paragraph 3, wie bereits erwähnt, die erklärte Vernichtungsabsicht einer menschlichen Gruppe als ein genozidales Verbrechen. Nur Staaten, d. h. Regierungen der UN-Mitglieder, können einen anderen Staat, möglicherweise auch einen nichtstaatlichen Täter (dies geht aus dem Wortlaut nicht eindeutig hervor), wegen Völkermordes anklagen. Diese Anklage kann dann vor die UN gebracht werden, was in der Praxis den Sicherheitsrat meint, der als einzige Institution vorbeugende oder bestrafende Maßnahmen ergreifen kann. Was bedeutet es, sich an den Sicherheitsrat zu wenden? Nun, das ist so eine Sache ... Der Sicherheitsrat besteht zur Zeit aus 15 Mitgliedern, fünf davon sind die ständigen Mitglieder mit Veto-Recht (P-5): die USA, Großbritannien, China, Frankreich und Rußland. Dies bedeutet, daß sich die fünf und mindestens drei nichtständige Mitglieder einig sein müssen, um tätig zu werden. Ferner kann eine Koalition von Staaten, regionaler oder welcher Art auch immer, jegliche vorbeugende oder bestrafende Maßnahme wirksam blockieren. Es muß also ein breiter Konsens vorliegen, und der ist üblicherweise sehr schwer zu erzielen. Die UN sind keine unabhängige Institution, und der Generalsekretär kein Diktator. Man ist von den Mitgliedstaaten und deren Interessenlage abhängig. Die UN können handeln, wenn ein Konsens erreicht wird, und dies geschah in einigen Ausnahmesituationen in den letzten Jahren: Zwischen März und Juni 2001 kam es in Mazedonien zu Auseinandersetzungen der mazedonischen Mehrheit und der albanischen Minderheit, die in massive Gewalt auszuarten drohten, und die Möglichkeit eines Völkermordes konnte nicht ausgeschlossen werden. Die NATO intervenierte unter UN-Mandat, und die Gefahr ging zurück. Eine ähnliche Situation entwickelte sich in Kenia nach den umstrittenen Wahlen 2007/08, als es zu einem gegenseitigen Abschlachten zwischen verschiedenen ethnischen Gruppen, die um Land und Macht stritten, kam. Ein Kompromiß, der bis heute (2015) hält, wurde von Kofi Annan erreicht. In beiden Fällen, und es gibt weitere, hatte niemand – weder die P-5 noch eine andere Gruppierung von Staaten – ein Interesse daran, etwas zu verhindern. Niemand hatte in den entsprechenden Gebieten ökonomische oder andere Interessen, die den Interventionen von UN und NATO entgegenstanden. Es ist unmöglich festzustellen, ob ein Genozid verhindert wurde, da glücklicherweise entsprechende Entwicklungen nicht eintraten, aber es gab gute Gründe dafür, eine solche Gefahr anzunehmen.

All dies trifft nicht auf Ruanda zu. Wie man weiß, hätte der Völkermord leicht verhindert werden oder kurz nach dem Ausbruch beendet werden können, hätte die entsprechende UN-Behörde (mit Kofi Annan als Hauptperson) die Rekrutierung und Aktivierung eines kleinen zusätzlichen Truppenkontingents erlaubt. Aber von den ständigen Mitgliedern des Sicherheitsrats unterstützte Frankreich das mörderische Hutu-Regime, die USA hatten keine Interessen in Ruanda und waren also nicht bereit zu handeln; die anderen Mächte sowie die Afrikanische Union standen abseits. In diesem Fall waren es nicht die gegensätzlichen Interessen als vielmehr der Mangel an Interessen, der den Genozid möglich machte; moralische Überlegungen erwiesen sich als zweitrangig. Die Amerikaner gingen fälschlicherweise davon aus, daß, würden sie die Situation als einen Genozid bezeichnen, sie gezwungen würden einzugreifen – und das geschah unter einer demokratischen Administration, die vorgab, moralischen Prinzipien verpflichtet zu sein. Etwa 800.000 Tutsi und zehntausende Hutu-Oppositionelle hätten mit vergleichsweise geringem Aufwand gerettet werden können. Heute (2015) sehen wir die Folgen des Völkermords in Ruanda in den brutalen Massenmorden im östlichen Kongo, wo bisher etwa zwei Millionen Menschen starben.

In Darfur kann solange nichts unternommen werden, weil China das völkermordende Regime in Khartum unterstützt. Die Situation in Darfur unterscheidet sich von der in Ruanda. In Ruanda kam es zu einem Kampf zwischen einem auf eine „ethnische" Mehrheit gestützten diktatorischem Regime und einer „ethnischen" Minderheit, der es gelungen war, eine Armee zu organisieren (die Frage, ob Hutu und Tutsi als Ethnizitäten anzusehen sind, wird später behandelt). In Bezug auf Darfur darf der ökologische Hintergrund nicht übersehen werden: Über Jahrhunderte, wenn nicht länger, hatten schwarze Stämme im Zentrum eines Gebiets von der Größe Spaniens Staaten errichtet, die auf landwirtschaftlichen Gemeinschaften aufbauten. Da es in Darfur keine Flüsse oder Bäche gibt, aber Regenzeiten (Juni bis September), die Bewässerungskanäle und Brunnen zeitweise füllen, waren die Beduinen, die die halbtrockenen Gegenden um das Zentrum durchziehen, zunehmend bestrebt, um die landwirtschaftlichen Gegenden zu kämpfen, wo ihre Rinderherden (vornehmlich im Süden) und Kamele, Pferde, Schafe und Ziegen (hauptsächlich im Westen und Norden) überleben könnten. Darfur wurde sowohl während der britischen Kolonialzeit (1916–56; allerdings die Briten verhinderten den Ausbruch von Gewalt) als auch später vom unabhängigen Sudan weitgehend vernachlässigt. Als man im Sudan Öl entdeckte (im Süden) und es somit die Möglichkeit zu geben schien, die Einnahmen dieser Quelle zu verteilen, forderten die schwarzen Stämme, hauptsächlich die Fur, die Massa'alit, die Zaghawa und andere (eingeschlossen die Tunjur, die wahrscheinlich arabischer Abstammung, aber mit den Fur verbündet sind), daß die Zentralregierung diese Region nun entwickeln solle. Die Beduinen-Stämme um das von Schwarzen landwirtschaftlich genutzte Land herum verbündeten sich mit der Zentralregierung gegen die Schwarzen. Beide Parteien sind Muslime, und Teile der Regierung in Khartum (geführt von Hassan al-Turabi, einem islamistischen Ideologen) versuchten, die schwarzen Darfurer in ihrem Machtkampf in der Hauptstadt Khartum zu instrumentalisieren. Letztendlich brach 2003 eine Rebellion aus, die zu hauptsächlich von beduinischen Milizen, Dschandschawid genannt, ausgeführten Massenmorden und Massenvergewaltigungen führte. Sie richteten sich gegen die aufständischen schwarzen Stämme und wurden von der Zentralregierung und der sudanesischen Armee unterstützt. Die sudanesischen Mörder werden von China unterstützt, da rund 60 % der Ölkonzessionen im Sudan von chinesischen Firmen gehalten, und nach glaubwürdigen Quellen 70 % des Öls nach China exportiert werden (2010). Die Ölquellen befinden sich im Moment hauptsächlich im unabhängigen Südsudan, aber die Pipeline endet in Port Sudan, das sich unter der Kontrolle der Regierung in Khartum befindet. Das und andere Faktoren, die noch behandelt werden, haben China veranlaßt, gegen jede Art von ernsthaftem Druck auf das Regime im Norden aufzutreten, und das bedeutet: keine Aktionen im isolierten Darfur. Mit anderen Worten: Der Einfluß der westlichen Mächte auf die Vorgänge in Darfur ist minimal, und China und sein russischer Verbündeter (der Waffen an die Mörder in Khartum liefert) verhindern zusammen mit der Arabischen Liga, die keinen Streit mit dem sudanesischen Regime von Omar el-Baschir will, jede Handlung, den andauernden Genozid zu beenden.

Die problematische Konstruktion der Konvention zeigte sich, als die UN 2004 eine Untersuchungskommission für Darfur einrichteten. In ihrem Bericht vom 1. Februar 2005 klagt die Kommission die sudanesische Regierung aller möglichen Formen von Massenverbrechen an – mit Ausnahme des Genozids. Der Grund ist in der Tatsache zu sehen, daß man keine Absicht nachweisen konnte, da es keine Dokumente gibt, die Entsprechendes belegen. Die Kommission stellte fest, daß das Regime in Khartum sich schwerster Verbrechen schuldig gemacht habe, doch Genozid? – Nein. Das Problem besteht nicht nur darin, daß es unmöglich ist, an sudanesische Unterlagen zu kommen, sondern es ist natürlich in höchstem Maße unwahrscheinlich, daß ein kriminelles Regime derartiges zu Papier bringt. „Sensible“ Angelegenheiten werden mündlich oder elektronisch behandelt, Aufzeichnungen auf Papier vermieden. Aber nicht nur das. Folgt man dieser Argumentationslinie, so kann man sagen, daß auch der Holocaust kein Genozid war. Es gab keinen schriftlichen Befehl von Hitler und kein Dokument, in dem ausdrücklich festgehalten wird, daß alle Juden überall zu töten sind. Man folgte einer Sprachregelung, und der Gebrauch der Sprache der Vernichtung wurde umgangen. Der Beweis liegt in den Handlungen, und es ist nicht besonders schwierig, die Nazi-Sprache zu dechiffrieren. Ein amerikanischer Witz besagt (und Netanjahu benutzte ihn in seiner Rede vor den UN): Wenn etwas wie eine Ente aussieht, wie eine Ente läuft und wie eine Ente quakt, dann handelt es sich um eine Ente. In Darfur wurden die seßhaften schwarzen Stämme angegriffen, zerstört, vergewaltigt und getötet. Ist das nicht Beweis genug? Offensichtlich nicht für die juristisch argumentierenden Köpfe in den UN.

Ein gegenteiliges Beispiel von Massengewaltanwendung, die wahrscheinlich verhindert worden ist, bietet Burma (Myanmar). Die Militärdiktatur unter Than Shwe bedrohte die Existenz einer Anzahl ethnischer Gruppen in diesem Land, wie die Karen, die Kachin und die Muslime (Rohingya) in Arakan. Than Shwe wurde von China aus wirtschaftlichen Gründen unterstützt – China besitzt Öl- und Gaskonzessionen und hofft auf die Lieferung von Elektrizität aus Wasserkraftwerken. China investierte massiv in Burma, aber es war nicht die einzige ausländische Macht, die so verfuhr: Das demokratische Indien besitzt Gaskonzessionen, und Thailand bezieht einen Teil seiner elektrischen Energie aus Burma. Der Westen, vor allem die USA, verhängte Sanktionen; die innere Lage war instabil. Die meisten Burmesen unterstützten die von Daw Aung San Suu Kyi (die den größten Teil der vergangenen Jahre unter Hausarrest stand) geführte Opposition. Es ist unklar, was genau in der regierenden Militärjunta geschah, aber es scheint, daß sich der gemäßigte Flügel durchsetzte. Man ernannte Thein Sein zum Präsidenten. Dieser ließ Frau Suu Kyi frei; seitdem verfolgt man scheinbar eine Liberalisierungspolitik und wendet sich mehr Japan statt China als Hauptinvestor zu. Die Probleme mit den ethnischen Gruppen bleiben ungelöst, besonders die mit den Rohingya-Muslimen (etwa 800.000) an der Grenze zu Bangladesch, die von radikalen Buddhisten mit stillschweigender Regierungsunterstützung brutal verfolgt werden, und den verschiedenen Kachin-Gruppen (ca. 1,2 Millionen) an der Grenze zu China. Aber die Gefahr massiver Gewaltanwendung hat sich trotzdem dramatisch verringert.

2004 schuf Kofi Annan das Amt eines Sonderberichterstatters für die Verhinderung des Völkermordes und berief Professor Juan E. Mendez, einen Argentinier und Opfer der argentinischen Militärjunta, der in die USA emigriert war. Mendez versuchte zwischen 2004 und 2005 sein möglichstes, um verschiedene schwierige Situationen, hauptsächlich in Afrika, zu entschärfen. Aber in seiner Position war er ein Leichtgewicht innerhalb der byzantinischen UN-Bürokratie. Wenn er eine Regierung kontaktierte, in deren Land Gefahr massiver Gewaltanwendung droht, machte er sich verdächtig. Er hätte ja den UN berichten können, daß die entsprechende Regierung die Konvention nicht einhält. Von 2007 bis 2011 bekleidete Dr. Francis M. Deng, gegenwärtig südsudanesischer Botschafter bei den UN, diese Position (zur Zeit (2015) wird dieses Amt von Dr. Adama Dieng, dem Botschafter des Senegal, innegehalten). Die Grundsituation hat sich nicht geändert: Damit die UN, und in diesem Fall der Sonderberichterstatter, von denen bisher jeder eine ausgezeichnete Wahl war, wirksam tätig werden kann, ist ein Konsens der fünf ständigen Mitglieder des Sicherheitsrats unerläßlich, ebenso wie der gute Wille vieler anderer Staaten. Und da dies nicht einfach zu erreichen ist, bleibt die

Konvention ein wertloses Stück Papier, bis ein Konsens erreicht ist. Man könnte hinzufügen, daß bei einem Konsens der Konvention keine besondere Rolle zukommt.

Aus all dem wird deutlich, daß die Konvention an einer inhärenten Unfähigkeit leidet, in vielen, möglicherweise den meisten, realen Situationen angewandt zu werden. Aber das gerade skizzierte Problem ist nicht das einzige. Die Definition von Genozid ist auf ethnische, nationale, rassische und religiöse Gruppen beschränkt. Warum Rasse? Im Jahr 1948 machte dies Sinn. Der Begriff wurde, wenn auch fälschlicherweise, dazu benutzt, um nationale bzw. ethnische Gruppen zu beschreiben. Maßgebliche demokratische Politiker sprachen von der britischen, der deutschen, der jüdischen oder der russischen Rasse, wenn sie das meinten, was wir heute Ethnizitäten oder Nationalitäten nennen. Es gibt keine Rassen. Wir alle sind Nachfahren von Menschen, die sich vor etwa 150 bis 250.000 Jahren in Ostafrika aus den Hominiden, einer Untergruppe der Affen, entwickelten. Unsere Vorfahren wanderten vor vielleicht 70 bis 60.000 Jahren allmählich aus Ostafrika aus und verbreiteten sich über den gesamten Globus. Es gibt nur eine Rasse, und die Unterschiede verschiedener Hunde- und Katzenarten sind größer, als die zwischen den Menschen. Die Farbe der Haut, der Augen oder der Haare, die Körperform oder Körpergröße sind sekundäre bzw. tertiäre Mutationen und von geringer Bedeutung. Ein australischer Aborigine, der eine Harvard-Absolventin heiratet, wird gesunde Kinder haben. Es gibt keine Rassen, aber Rassismus. Betrachten wir dies genauer. Rassismus gab es, wie betont, in der antiken Welt nicht. Im Römischen Reich konnte ein freier schwarzer Mensch römischer Bürger werden (*civis Romanus sum*). Der Rassismus entwickelte sich im Kampf zwischen Christen und Muslimen um die Vorherrschaft in Spanien im 14. und 15. Jahrhundert. Das erste Gesetz, das die „Reinheit des Blutes" beschreibt (*limpieza de sangre*), wurde im kastilischen Toledo 1449 erlassen. Es richtete sich, wie erwähnt, gegen die Nachfahren der Muslime und Juden. Nach der Eroberung Nordafrikas wurde die Diskriminierung auf Afrikaner ausgedehnt. Das Unterscheidungsmerkmal war die Hautfarbe, die ein Anzeichen dafür war, daß sie von unterschiedlichem „Blut" waren. Die iberischen Niederlassungen an der westafrikanischen Küste entwickelten sich zu Festungen und wurden die Basis für den Sklavenhandel. Afrikanische Sklaven wurden von anderen Afrikanern versklavt, dann an arabische Händler verkauft, die sie an die Westküste transportierten. Hier wurden sie von Sklavenhändlern, hauptsächlich Spaniern, Portugiesen und später Engländern und Niederländern, aber auch anderen Europäern und einigen Arabern, Schwarzen und Juden, nach Süd- und Nordamerika verschifft. Die ideologische Grundlage für die Auffassung, diese Sklaven seien keine vollwertigen Menschen, war ihre Hautfarbe. Rassismus führt nicht notwendigerweise zum Genozid. Man streitet darüber, ob der Transport über den Atlantik mit seinen hohen Verlusten als Genozid bezeichnet werden kann, nach meiner Meinung nicht. Das Ziel der Sklavenhändler war, so viele Sklaven wie möglich zu liefern. Mit einem toten Sklaven verdienten sie kein Geld. Forschungen deuten daraufhin, daß die Verluste zumeist auf Krankheiten zurückzuführen sind. Dies betraf die Seeleute zwischen dem 16. und 18. Jahrhundert in ähnlicher Weise. Es gab keine Absicht, eine bestimmte Gruppe zu vernichten. Man kann argumentieren, daß die Sklaverei gleichwohl die ethnischen Gruppen zerstörte, aus denen die Sklaven stammten. Aber dies geschah nicht in der Absicht, diese Gruppen als solche zu vernichten, und es geschah nicht durch die weißen Händler, sondern durch andere afrikanische Stämme.

Rassismus ist das Ergebnis des europäischen Kolonialismus. Aber noch einmal: Es gibt keine Rassen. „Rassische" Gruppen in einem Dokument der UN aufzuführen, ist außerordentlich problematisch, da man dies als Anerkennung des Rassismus ansehen könnte. Eine weitere, gegenwärtige Schwierigkeit ergibt sich daraus, daß in vielen Gegenden der Begriff „Rassismus" benutzt wird, um Ultranationalismus zu bezeichnen.

Die Konvention führt fünf Formen von Handlungen auf, die als Genozid anzusehen sind. Um es offen zu sagen, erzeugt das Verwirrung. Mitglieder der Zielgruppe zu töten, ist der erste Punkt, und das ist offensichtlich. Der letzte Punkt, die Entführung von Kindern, ist fragwürdig. Wird ein Mensch getötet, ist das endgültig. Wird ein Kind entführt, besteht zumindest die Chance, daß es irgendwann zurück zu seiner Familie oder Gesellschaft findet. Entführung ist, so schrecklich es auch sein mag, kein Mord. Verhinderung von Geburten kann man ähnlich betrachten – es ist nicht Mord. Wenn wir den Holocaust als Maßstab heranziehen, so ergibt die ganze Liste noch weniger Sinn. Wurden durch die Vernichtung hunderttausender Juden in den Gaskammern Lebensbedingungen geschaffen, die das Überleben der Gruppe unmöglich machten? Wenn es die Absicht war, alle jüdischen Frauen zu töten, welchen Sinn macht es, über Verhinderung von Geburten zu sprechen? Und Kinder können nicht entführt werden, wenn sie ermordet wurden. Wenn man die fünf Bedingungen als gleichwertig ansieht, sind sie nicht stimmig.

Gemäß der Konvention ist Genozid die Absicht und deren Durchführung, gewisse Gruppen teilweise oder vollständig zu vernichten. Aber es besteht ein großer Unterschied zwischen beiden Fällen: Wenn eine Gruppe völlig vernichtet ist, so ist sie auf der Welt nicht mehr vorhanden. Wenn der Genozid nur teilweise ausgeführt wurde, kann sich die Gruppe erholen und zur alten Stärke zurückfinden. Die Konvention unterscheidet nicht den Fall, daß die *Absicht* der völligen Auslöschung besteht, der Täter sein Ziel aber nicht erreicht (wie im Falle des Holocausts), von dem Fall, in dem der Täter seine Absicht verwirklichen konnte. In der Tat gibt es kein Beispiel, zumindest keines in größerem Umfang, von Vernichtungsabsicht bzw. „erfolgreicher" Vernichtung. So wurden beispielweise die Indianer der

Karibik völlig von den Spaniern vernichtet, aber dahinter steckte keine Absicht. Es war beabsichtigt, sie als Arbeitssklaven zu benutzen, aber die Bedingungen waren derart (wie die Konvention sagt), daß das Überleben nicht möglich war. Die Minen- und Plantagenbesitzer mußten afrikanische Sklaven importieren. Dies war wesentlich teurer. Eingeborene Indianer in Brasilien werden heutzutage durch die Handlungsweisen der weißen Farmer mit der Vernichtung bedroht. Aber sie kämpfen dagegen. Die vielleicht bestehende Absicht einer völligen Vernichtung wurde nicht umgesetzt, so hoffen wir. Die Ausrottung von Teilen der Gruppe ist Genozid. Die Konvention enthält nicht genügend Differenzierungen, sie ist also keine Hilfe.

Sollte man die Konvention aufgeben? Keineswegs. Sie stellt Völkerrecht dar und sie ist ein Mittel der Prävention und Bestrafung. Je mehr das Völkerrecht beachtet wird – und wir werden die Frage nach dem Völkerrecht stellen müssen –, desto größer sind die Chancen, die Konvention zum Ausgangspunkt zu machen, von dem aus etwas zur Verhütung von Massengewalt getan wird. Kann sie geändert oder erweitert werden? Es scheint unmöglich zu sein, denn es gibt 193 Mitgliedsstaaten der UN und dazu noch den Sicherheitsrat mit seinen fünf ständigen Mitgliedern. Es bestehen also keine Chancen dazu.

Im Jahre 2002 wurde die Grundlage für den Internationalen Gerichtshof (International Criminal Court/ICC) in Den Haag gelegt. Dieser Gerichtshof ist ein großer Schritt nach vorn im Kampf gegen Völkermorde. Es wurde versucht, Einzelne des Massenmordes anzuklagen, darunter Hassan Omar el-Baschir, Präsident des für den Völkermord verantwortlichen sudanesischen Regimes. Aber der Gerichtshof hat keine Zähne: Die USA, China, der Sudan, Jemen und Katar und einige andere, Israel eingeschlossen, haben sich geweigert, ihm beizutreten – Rußland hat den Vertrag nicht ratifiziert –, weil man um die eigenen Interessen fürchtet. Es ist unwahrscheinlich, daß Herr Baschir der Absicht zustimmen wird, ihn vor Gericht zu bringen. Der Gerichtshof ist also ein Versprechen, das es noch zu erfüllen gilt.

Es scheint einen allgemeinen Konsens auf akademischer Ebene zu geben, wie mit Völkermorden umzugehen ist: Man muß nicht um Definitionen streiten, man kann die mangelhaften Definitionen der Konvention ignorieren, solange es um Analyse und mögliche vorbeugende Mechanismen geht. Ich stimme dieser Ansicht zu, und es gibt eine philosophische Begründung dafür: Unsere gesellschaftlichen und geschichtlichen Definitionen decken nur bedingt die Realität ab. Die Realität ist immer vielschichtiger als unsere Definitionen. Definitionen werden sich immer als problematisch erweisen, besonders wenn sie versuchen, die Realität zu umschreiben, statt sich der Realität anzupassen. Das bevorzugte Vorgehen im Großteil der entsprechenden Literatur ist eher die Beschreibung als die Definition. Es besteht eine wachsende Übereinstimmung, in alle Diskussionen über

Genozid den von Barbara Harff und Ted R. Gurr 1988 geprägten Begriff „Politizid“ einzubeziehen.[2] Politizid meint die Absicht und deren Vollzug, eine existierende oder willkürlich definierte Gruppe von Menschen aus politischen, ökonomischen oder sozialen Gründen zu vernichten. Das klassische Beispiel für den Politizid ist der Kampf gegen die „Kulaken“ in der Sowjetunion zwischen 1930 und 1933. Schätzungsweise 3,4 Millionen Menschen in der Ukraine starben an Hunger, schlechter Behandlung in Arbeits- und Gefangenenlagern oder wurden hingerichtet. Wer war ein Kulak? Ein vergleichsweise erfolgreiche Bauer mit, sagen wir, zwei Kühen. Ein durchschnittlicher Bauer hatte nur eine Kuh, ein armer Bauer oder Landarbeiter keine. Aber wenn der Kulak ein Parteimitglied war, sein Land und seine Kühe der Kolchose gegeben hatte, die in nahezu allen Fällen von oben verordnet worden war, und dann in dieser Kolchose Funktionär wurde, dann war er kein Kulak. Wenn er keine Kühe und kein Land hatte, aber sich der Partei widersetzte, wurde er zum Kulaken, weil er von der Partei so bezeichnet wurde. Die Kulaken wurden von einer fiktiven zu einer realen Gruppe, da eine große Zahl von Menschen von den Herrschenden als solche definiert wurden. Die bolschewistische Devise lautete, die Kulaken als Klasse zu eliminieren. Dies wurde als Massenmord durchgeführt, vor allem durch den künstlich herbeigeführten Hungertod, da die Partei die Nahrungsmittel benötigte, um das Getreide im Ausland zu verkaufen und damit die industrielle Grundlage der UdSSR zu erschaffen. Durch die Weltwirtschaftskrise von 1929 fielen die Agrarpreise stärker als die für die Industriegüter. Die Getreideexporte mußten also gesteigert werden. Darüber hinaus benötigte man im Inland Getreide, um die wachsende Arbeiterschaft zu ernähren. Die Bauern wurden in genossenschaftliche Landwirtschaftsbetriebe (*Kolchose*) gezwungen, die die Partei kontrollierte. Das Land wurde konfisziert, um riesige staatliche Landwirtschaftsbetriebe (*Sowchose*) zu errichten, die Produktion zu maximieren, auf Kosten der Bauern, denen man Land und Vieh wegnahm. Kolchos-Verantwortliche, die versuchten, ihre Mitglieder zu beschützen, wurden deportiert und/oder inhaftiert und/oder in Gulags gebracht und/oder getötet. War der „Tod durch Verhungern“ (*Holodomor* auf Ukrainisch) ein Politizid? Nach meiner Meinung mit Sicherheit.[3] War es ein „klassischer“ Genozid im Sinne der Konvention? Ich denke nicht, denn Stalin wollte die Ukrainer nicht vernichten. Ja, sie ermordeten die Führung der ukrainischen kommunistischen Partei, der sie bourgeoisen Nationalismus vorwarfen, aber das taten sie, mit Ausnahme der Russen, mit jeder ethnischen oder nationalen Gruppe in der UdSSR. Das Ziel war Unterdrückung und Kontrolle, nicht die Vernichtung. Die Kader, die das letzte Getreide, sogar die Aussaat, ohne die es kein Getreide im nächsten Jahr gibt, von den verhungernden

---

2 Barbara Harff, Ted R. Gurr: Toward Empirical Theory of Genocides and Politicides: Identification and Measurement of Cases Since 1945, in: *International Studies Quarterly*, 32, S. 359 – 371.

3 Ich habe auch einmal eine andere Meinung vertreten.

Bauern nahmen, waren tausende junger ukrainischer Kommunisten, die sich mit dem Regime identifizierten.[4]

Man kann sogar fragen, ob der Genozid in Ruanda den Kriterien der Konvention entspricht. Hutu und Tutsi sind keine real zu unterscheidenden ethnischen Gruppen. Sie sprechen dieselbe Sprache (Kinyarwanda), gehen in dieselben Kirchen und teilen dieselbe Kultur. Es handelt sich hauptsächlich um eine soziale Differenzierung nach Klassen: Die Tutsi waren, wie bekannt ist, während der Monarchie im alten Ruanda die landbesitzende Aristokratie. Die westlichen Kolonialmächte, hauptsächlich die Belgier, führten Ausweise ein, die jeden Menschen entweder als Hutu oder Tutsi einordneten (oder Twa, ein „Pygmäen"-Waldvolk), so daß die beiden Gemeinschaften, die virtuelle, keine wirklichen Ethnizitäten waren, durch von außen kommende Erlasse zu wirklichen wurden.

In den letzten zwei Jahrzehnten ist der Begriff „ethnische Säuberung" zunehmend in Gebrauch gekommen. 1993 definierte eine Expertenkommission der Vereinten Nationen ethnische Säuberung als „die geplante absichtliche Vertreibung von Personen einer bestimmten ethnischen Gruppe aus einem bestimmten Territorium durch Gewalt oder Einschüchterung, um das entsprechende Gebiet ethnisch einheitlich zu gestalten." Würde diese Definition akzeptiert, würde die ethnische Säuberung nicht unter „Genozid" fallen, da der Genozid die Vernichtung einer Gruppe ist, während ethnische Säuberung die Vertreibung und nicht notwendigerweise die Vernichtung bedeutet. Wird die ethnische Säuberung von Massenmorden begleitet, trifft die Definition Genozid oder Politizid zu. War die ethnische Säuberung durch Israel 1948 ein Genozid? Aus den Gebieten, aus denen später der Staat Israel wurde, flohen die Araber, wie viele Zivilisten dies tun, wenn Kämpfe in der Nachbarschaft stattfinden. Sie hofften natürlich, zurückzukehren; in diesem Fall konnten sie dies nicht. Teilweise wurden die Bewohner auch von den israelischen Truppen vertrieben, oder sie flohen, obwohl das israelische Militär und/oder Zivilbehörden sie aufforderten, sogar baten, zu bleiben (etwa in Haifa, Tiberias, Jaffa). Ein Teil der arabischen Bevölkerung blieb und wurde zu dem, was heute Israels palästinensische Minderheit ist. In diesem Fall war die ethnische Säuberung – und darum handelte es sich – nicht von Massenmorden begleitet, obwohl es zu Tötungen kam. Das bekannteste Beispiel ist die Zerstörung des Dorfes Deir Yassin (nach palästinensischen Quellen gab es 107 Tote). Es gab auch Fälle von Ermordung jüdischer Zivilisten durch Palästinenser. So wurden 47 Ärzte und Krankenschwestern auf dem Weg zwischen dem jüdischen Teil von Jerusalem und dem Skopusberg ermordet. Aber es gab keine Massen-

4 Die Hauptverantwortlichen waren Wjatscheslaw Michailowitsch Molotow (Skrjabin), ein Russe, Lasar Moissejewitsch Kaganowitsch und Lew Sacharowitsch Mechlis, zwei Juden. Möglicherweise hat man sie eben deswegen dorthin gesandt, weil sie Juden waren, um den Haß der Bauern von den russischen und ukrainischen Kommunisten abzulenken.

greueltaten. Anders gesagt: Nicht jedes Ergebnis interethnischer Kämpfe, die in vollständiger oder, wie in diesem Fall, teilweiser ethnischer Säuberung enden, ist Völkermord. Immer wenn ethnische Säuberungen mit Massenmorden einhergehen, denen die Absicht zugrunde liegt, eine Gruppe teilweise oder als Ganzes zu vernichten, handelt es sich eindeutig um einen Genozid. Definitionen hinken der Wirklichkeit hinterher, und so kann es kaum verwundern, daß es in Einzelfällen zu Unstimmigkeiten kommt. Die heftigen Kämpfe zwischen Griechenland und einer wiedererstarkten nationalistischen Türkei nach dem Ende des Ersten Weltkriegs führten zu Massengreueltaten und Massenmorden in Kleinasien. Zwischen 1919 und 1921 tötete die griechische Armee eine unbestimmte Zahl von Türken. Im Gegenzug ermordeten die Streitkräfte unter Kemal Pascha massenweise Griechen in und um Izmir, einem Gebiet, in dem Griechen seit der Antike siedelten. Im September 1922, nachdem die türkischen Streitkräfte die Griechen aus diesem Gebiet vertrieben hatten, zerstörte ein wahrscheinlich von Türken gelegtes Feuer die griechischen und armenischen Stadtteile völlig. Es folgten massenhafte Übergriffe der türkischen Streitkräfte, und die meisten Griechen flohen nach Griechenland. Im Vertrag von Lausanne (1923) wurde den Griechen schließlich faktisch diktiert, daß die restliche griechische Bevölkerung Kleinasien zu verlassen hatte und im Gegenzug eine kleinere Zahl von Türken Griechenland. Etwa 1,5 Millionen Christen, nicht nur Griechen, gelangten nach Griechenland, etwa 500.000 Muslime in die umgekehrte Richtung. Handelt es sich hier um einen Genozid oder einen Politizid? Es gab keine Absicht der Türken, die griechische Bevölkerung insgesamt zu vernichten, aber sie beabsichtigten, sie zum großen Teil zu vertreiben, nicht notwendigerweise durch Mordaktionen. Meiner Meinung nach handelt es sich nicht um einen Genozid, obwohl sich eine Reihe von in großer Zahl begangenen Greueltaten feststellen läßt. Doch die Frage der Definition ist meines Erachtens zweitrangig. Es handelt sich um ein menschliches Desaster, das möglicherweise hätte verhindert werden können.

Auch wenn wir es mit den Definitionen nicht so genau nehmen wollen, so brauchen wir doch einen möglichst klaren Begriff. Wir können uns dabei zunächst auf Frank Chalk und Kurt Jonassohn beziehen: „Ein Genozid stellt eine einseitige Form der Tötung dar, in der ein Staat oder andere Art von Autorität beabsichtigt, eine Gruppe zu vernichten. Die Gruppe und ihre Mitglieder werden vom Täter definiert.“[5] Ich bevorzuge die einfache Aussage: „Ein Genozid beinhaltet die Absicht und Durchführung derselben, eine menschliche Gruppe als Ganzes oder in Teilen zu vernichten.“ Beide Definitionen schließen den Politizid ein und lassen sich auf die Vergangenheit und die Gegenwart anwenden. Aber wir müssen uns

[5] Frank Chalk, Kurt Jonassohn: *The History and Sociology of Genocide. Analyses and Case Studies*. New Haven: Yale University Press, 1990, S. 23.

immer darüber bewußt sein, daß die Realität ein breites Spektrum von Formen des Massenmordes bzw. der Vernichtung von menschlichen Gruppen beinhaltet. Es ist oft schwierig, Abgrenzungen vorzunehmen. Doch sie alle gehören zum selben Verhaltensmuster: Massenmorde oder Massengewalt (*mass atrocities*), wie der heute bevorzugte Begriff lautet.

Eine Frage von zentraler Bedeutung, die gestellt werden muß, ist, ob Genozide und ähnliche Erscheinungen etwas Modernes darstellen, also auf das 20. Jahrhundert und vielleicht das 19. Jahrhundert beschränkt sind. Die Antwort ist eindeutig – nein. In Talheim in Deutschland und in Schletz in Österreich fand man deutliche Anzeichen dafür, daß vor etwa 7.000 Jahren, im Neolithikum, eine Gruppe eine andere massakrierte. In Talheim konnte man 34 Personen nachweisen, in Schlenz möglicherweise bis zu 200[6]. Die Antike liefert uns unzählige ähnliche Fälle. Damit wird das Argument widerlegt, für Massenmorde sei moderne Technologie notwendig. Bei der Eroberung Karthagos (146 v. d. Z.) schlachteten die Römer mindestens 150.000 Bewohner ab und versklavten mehr als 25.000, und sie hatten keine Maschinengewehre. Oder nehmen wir das 31. Kapitel des biblischen Buches Numeri. Die Midianiter verhielten sich nicht freundlich gegenüber den Israeliten. Moses forderte daher im Namen Gottes, sie zu töten. Als die Israeliten alle Männer getötet hatten, war Gott damit nicht zufrieden. Moses forderte deshalb in seinem Namen, auch die restlichen zu ermorden. Die Israeliten töteten daraufhin alle Frauen und Jungen. Sie ließen nur die Mädchen am Leben – man kann sich vorstellen, warum. Es ist dabei zweitrangig, ob sich dies wirklich ereignete (höchstwahrscheinlich nicht), aber es vermittelt eine klare Vorstellung von der Botschaft, wie sich in einem „Heiligen Text" menschliche Gruppen untereinander „angemessen" zu verhalten haben. Andere antike Texte beinhalten Ähnliches.

In seinem bemerkenswerten Buch „Blood and Soil" (Blut und Boden) entfaltete Professor Ben Kiernan von der Yale-Universität die Geschichte des Genozids vom antiken Sparta und Karthago bis in die Gegenwart. Es sollte mehr Bücher dieser Art geben. Kiernan sieht den Kampf um Boden als die wesentliche Triebkraft für Genozide. Er schließt dabei den Holocaust naheliegenderweise aus. Die Juden besaßen kein Land. Er beschäftigt sich auch nicht mit den Völkermorden, die vor der griechisch-römischen Zeit stattgefunden haben. Mir scheint die einseitige Betonung des Territoriums, des Landbesitzes, so wichtig sie sind, nicht ausreichend. So, wie ich es sehe, liegen die Gründe tiefer.

Es stellt sich die Frage, ob Religion Menschen „zivilisiert", ob also der oben zitierte biblische Text eine Ausnahme darstellt. Nein, keineswegs. Es wurde be-

---

6 Stig Förster: Krieg und Genozid, in: *Mittelweg* 36, Jahrgang 18, Oktober/November 2009, S. 71 – 86.

reits ausführlich dargelegt, daß das Christentum den Tod von Millionen Menschen – Heiden, Muslimen und Juden, aber auch eine riesige Anzahl von Christen – zu verantworten hat. Und dies im Namen der Religion der Liebe. Ähnliches gilt für den Islam. Die Texte der Hindus sind voll von Schlachten und Massenmorden, allerdings nicht ausgeführt im Namen der Religion. Die chinesische(n) Religion(en) hatte(n) weder positive noch negative Auswirkungen. Der Buddhismus ist theoretisch gegen das Töten, aber seine Anhänger waren sehr wohl für Massenmorde verantwortlich. König Anawrahta von Bagan (Pagan) in Myanmar, ein gläubiger Buddhist, gelangte durch Gewalt in den Besitz der heiligen buddhistischen Texte, der Tripitaka, indem er die Mon-Region in SüdburmaBurma, wo sie sich befanden, 1057 eroberte. Ein offensichtlicher Widerspruch: Um in den Besitz von Texten zu gelangen, die das Töten verbieten, tat er eben dies. In diesem brutalen Krieg kamen viele Menschen ums Leben.

Es gibt natürlich eine andere Seite. Religionen spiegeln die menschlichen Wünsche, Bestrebungen, Hoffnungen usw. wider. Es gibt also so etwas wie einen humanistischen religiösen Glauben, dem eine große Zahl von Menschen überall anhängt. Die Widersprüche zwischen dieser humanistischen Haltung und der traurigen Geschichte von religiös motivierten Massenmorden ist etwas, womit die Menschen zu leben gelernt haben, wie mit allen anderen Paradoxen der Religion und der menschlichen Existenz überhaupt.

Wenn es wahr ist, wie ich es behauptet habe, daß Massenmorde und Genozide seit undenklichen Zeiten und davor existieren, lautet die nächste Frage: Warum? Wenn wir die Frage stellen, warum Menschen sich untereinander in großer Zahl töten, müssen wir die Frage stellen: Wer sind wir eigentlich? Wir sind, kurz gefaßt, Raubsäugetiere mit einem Revier. Zweifellos sind wir Säugetiere. Wir sind Raubtiere, da wir davon leben, daß wir andere Tiere und Fisch essen. Wir sind Jäger und Fischer. Heute jagen wir nicht mehr selbst. Wir gehen in den Supermarkt, um Fleisch und Fisch zu kaufen (von den Vegetariern sehen wir ab). Wir sind ferner Sammler und ernähren uns von Gräsern. Unsere Vorfahren haben bestimmte Sorten entdeckt, die gelb werden und Körner ausbilden, die sich zu Mehl und schließlich Brot verarbeiten ließen. Andere haben den Mais nutzbar gemacht. Wie Rinder essen wir Gras, wenn auch in unterschiedlicher Form, und wir sammeln Früchte vom Boden, von Büschen und von Bäumen. Wir sind gleichwohl schwache Raubtiere, wir können nicht alleine jagen und fischen und auf lange Sicht ohne andere Menschen Getreide anbauen oder Früchte sammeln. Wir sind also Herdentiere, wie Wölfe oder Paviane. Wir können nicht außerhalb der Herde existieren, wie immer wir sie auch nennen: Familie, Clan, Stamm, Ethnizität, Nation, Staat. Es gibt natürlich Individuen, die behaupten, sie würden zu keiner Gruppe gehören, sie seien nur Menschen, Universalisten. Sie mögen dies glauben, aber irgendwann wird man Steuern von ihnen verlangen. Dann müssen sie zur Kenntnis nehmen, daß sie Mitglied einer Herde sind, ob sie es wollen oder nicht.

Um zu existieren, zu jagen oder zu sammeln, benötigt man ein reales oder ein virtuelles Territorium. Aber was ist ein virtuelles Territorium? Der Antisemitismus etwa existiert, weil es Gesellschaften gibt, die glauben, die Juden seien fremde Eindringlinge in „ihrem“ Territorium, und sie dies nicht mögen. Es ist keine reale Invasion, weil diese Fremden üblicherweise in dem realen Territorium der herrschenden Gruppe sehr nützlich sind. Das „Territorium“, in das die Juden „eindrangen“, existiert in der Vorstellung der dominierenden Gruppe, und sollte deshalb „virtuell“ genannt werden.

Wenn eine andere Gruppe in unser reales oder virtuelles Territorium eindringt, gibt es für uns anscheinend fünf Optionen: Variante 1: akzeptieren und integrieren, da sie eine Verstärkung darstellen; Variante 2: sie versklaven oder sie zwingen, einen niederen Status zu akzeptieren und die Arbeiten auszuführen, die wir nicht tun wollen; Variante 3: sie vertreiben; Variante 4: sie töten. Soweit ich es sehe, beruhen alle Beziehungen zwischen Gruppen, die sich auf demselben Territorium (real oder virtuell) im Verlauf der Menschheitsgeschichte gegenüberstanden, auf diesen vier Varianten, einzeln oder in Kombinationen. Unsere nächsten Verwandten, die Schimpansen, mit denen wir mehr als 98 % unserer DNA teilen, verhalten sich ähnlich: Wenn eine Schimpansengruppe in das Territorium einer anderen eindringt, kann es zur Akzeptanz, zur Vertreibung oder zur Tötung kommen. Aber es gibt eine fünfte Variante: die Akzeptanz der anderen Gruppe und die gegenseitige Anpassung. Vor etwa 400 Jahren wäre es unmöglich gewesen, sich einen ständigen Frieden zwischen England und Frankreich vorzustellen. Heute betrachten wir es als völlig außer Frage stehend, einen Kriegszustand zwischen den beiden Ländern als möglich zu betrachten. Bis zum Zweiten Weltkrieg war die viele Jahrhunderte währende Feindschaft zwischen Deutschen und Franzosen eine unwiderrufliche geschichtliche Tatsache. Heute sind sie alliierte Staaten. Dasselbe gilt in vielen anderen Fällen (so z. B zwischen Polen und Litauen, zwischen Argentinien und Paraguay, usw.).

Gibt es in unserer genetischen Ausstattung einen „Tötungsinstinkt“? Als Laie kann ich darauf keine Antwort geben, aber es ist offensichtlich, daß es eine deutlich ausgeprägte menschliche Neigung zum Töten gibt. Der Beweis dafür ist einfach zu erbringen: Alle menschlichen Gesellschaften haben Regeln bzw. Gesetze, die das Töten innerhalb der Gruppe untersagen. Würde man dies erlauben, wäre kein gesellschaftliches Leben möglich. Aber da wir nun einmal diese Veranlagung haben, gibt es Gesetze, die dies verbieten. Aus demselben Grund haben wir ebenfalls Gesetze gegen Diebstahl, Betrug und so weiter. Und schließlich haben wir einen Gott erfunden, der uns diese Gesetze „gibt“. Denn ohne diese höchste Autorität könnte es sein, daß wir uns nicht daran halten. Es ist überaus interessant zu sehen, wie diese Gesetze funktionieren. Im Dekalog heißt es: „Du sollst nicht morden“ (*lo tirtzakh*). Es heißt nicht „Du sollst nicht töten“ (*lo taharog*). Töten ist erlaubt, wenn das Opfer einer anderen Gruppe angehört. Wenn junge Männer (heute gilt dies auch für junge Frauen) in eigenartigen Kleidern, die man Uniformen nennt, andere junge Menschen, die in ähnliche Uniformen gekleidet sind – oder auch nicht uniformiert sind –, aber zu einer gegnerischen Gruppe gehören, töten, dann bekommen sie Orden. Töten ist erlaubtes Morden, Morden ist verbotenes Töten. Letztendlich sind wir alle Raubtiere, etwa nicht?

Wenn es so um unsere Instinkte und unser menschliches Verhalten bestellt ist, ist es dann nicht hoffnungslos, einen Kampf gegen Genozide zu führen – ja gegen jede Form von Massenmorden?

Nein, das wäre meiner Meinung nach die falsche Schlußfolgerung. Aus einem einfachen Grund: Unsere biologische Ausstattung enthält ein ähnlich starkes Verlangen, das Leben zu bewahren, nicht nur unser eigenes, sondern das Leben innerhalb unserer Gesellschaften, das Leben im allgemeinen. Wenn die oben angeführte Beschreibung der Art und Weise, wie Gruppen agieren, zutreffend ist, dann besteht die Möglichkeit von Akzeptanz und Integration statt Versklavung, Mißhandlung und Mord. Mehr noch. Kein Mensch (oder allgemeiner keine menschliche Gesellschaft, und dies gilt auch für andere Säugetiere) kann ohne Familienbande existieren, ohne Liebe und gegenseitigen Respekt. In menschlichen Gesellschaften, und manchmal auch tierischen, findet dies seinen Ausdruck in Beziehungen innerhalb von Clans, Ethnizitäten usw. Menschen entwickeln Sympathien, Zusammenarbeit und Kooperation, da diese Einstellungen die Grundlage für das Überleben der Gruppe darstellen. Wir bewerten diese Gefühle positiv, da sie die Garantie für das Überleben der Gemeinschaft darstellen. Wir unterstützen sie durch die Entwicklung rechtlicher Strukturen und moralischen Bewußtseins, die sie als etwas höchst Erstrebenswertes erscheinen lassen. Wir leben mit diesen widersprüchlichen Tendenzen, den „positiven“, lebensbejahenden, die Sigmund Freud, den Sexualtrieb betonend (meiner Meinung nach mehr, als dies gerechtfertigt ist), die *libido* nannte, und den „negativen“, den einige von Freuds Schülern den Todestrieb nannten (auch „Thanatos“ genannt, nach einem kleineren „negativen“ griechischen Dämonen, der den Tod repräsentiert). Diese widersprüchlichen Tendenzen in uns entwickeln sich zu göttlichen Qualitäten (siehe Kapitel 3). In der zoroastrischen Tradition steht dem lebensbejahenden Gott Ahura Mazda der böse Geist Ahriman gegenüber. In der Bibel, sowohl im Alten wie im Neuen Testament, werden sie von Gott und Satan repräsentiert. Es handelt sich um nichts anderes als die Wahl zwischen „gut“, das belohnt wird, und „böse“, das bestraft wird (die Problematik dieser „Wahlfreiheit“ wird im nächsten Kapitel im Bezug auf den Holocaust erörtert). Die Möglichkeit, gegen den Tötungsinstinkt vorzugehen, liegt in dem sehr realen Wunsch nach Leben. Wir können den Vergleich mit

Primaten heranziehen. Es gibt eine Schimpansenart in der Demokratischen Republik Kongo, im Dschungel südlich des Kongo-Bogens, die Bonobo. Es gibt etwa 10.000 von ihnen, und sie sind etwas kleiner als ihre Verwandten, die Schimpansen. Wahrscheinlich sind sie damit besser an das Leben im Dschungel angepaßt. Sie haben, von Schlangen und Menschen abgesehen, keine natürlichen Feinde, und deshalb haben sie keine aggressive Instinkte, wie die Schimpansen – und die Menschen –, ausgebildet. Sie sind relativ friedliche Geschöpfe (dies trifft nicht immer zu, besonders in Gegenden, wo sie in Kontakt mit Menschen kommen). Ihre DNA gleicht der unseren sehr. Unter entsprechenden Umständen können Menschen also dasselbe friedvolle Verhalten entwickeln wie diese ihre Verwandten. Aber die menschliche Gesellschaft ist selbstverständlich völlig anders, und von daher ist es extrem schwierig, gegen die Neigung zu Töten vorzugehen. Aber es ist nicht hoffnungslos. Es muß, um Barbara Harff zu zitieren, mit *theoriegeleiteter praktischer Durchführbarkeit* thematisiert/angesprochen werden oder, wie ich wiederholt dargelegt habe, mit einem *ethisch begründeten politischen Zynismus*. Nichts kann ohne eine starke grundlegende moralische Motivation erreicht werden.

Eine weitere wichtige Frage stellt sich. Setze ich die Moral absolut oder sehe ich sie als sozial bedingt an, scheint sie also relativ? Diese Frage betrachte ich nicht als Philosoph, sondern als Historiker, als ein jüdischer Historiker und ein Historiker der Juden, und unter diesem Gesichtspunkt ist dieses Problem von zentraler Bedeutung. Die Geschichte der Menschheit belegt, daß Gesellschaften moralische Normen entwickeln, um sich zu schützen und ihre Zukunft zu sichern. Sie sind bezogen auf das Verhalten des Einzelnen zu seiner sozialen Gruppe. Einer der Hauptgründe, warum Menschen Religionen erfunden haben, liegt darin, daß durch die Erfindung einer nicht-menschlichen, dem Menschen überlegenen Kraft oder Kräfte die Möglichkeit gegeben ist, die für die Gruppe und ihr Überleben entscheidenden Regeln durchzusetzen. Moralische Normen erweisen sich nur dann als wirksam, wenn sie mehr oder weniger akzeptiert werden. Besteht kein Konsens über sie, werden sie wirkungslos. In dieser Hinsicht gibt es große Ähnlichkeiten zwischen den Moralkodizes in sehr unterschiedlichen Gesellschaften. Im Wesentlichen geht es darum, ich habe bereits darauf hingewiesen, daß in einer Gesellschaft Töten, Diebstahl, Betrug usw. verhindert wird. Gelingt dies nicht, wird die Gesellschaft im Chaos versinken, sie zerfällt, wie Thomas Hobbes (1588 – 1679) gezeigt hat. All dies außerhalb der Gesellschaft zu tun, wird oft nicht eingeschränkt, solange es zwischen den Gesellschaften keine Vereinbarungen gibt. Gegenwärtig besteht die reale Möglichkeit, daß moralische Normen von einer wachsenden Zahl von Gesellschaften (Ethnizitäten, Nationen, Staaten) auf der Grundlage eines Konsens angenommen und somit Töten, Diebstahl und Raub in interethnischen, internationalen und zwischenstaatlichen Beziehungen verhindert werden. Das ist die Grundlage für die Existenz der UN und des Völkerrechts.

Bin ich also in Bezug auf Moral Relativist? Nein und ja. Trotz der eben dargelegten Argumentation, – nein, denn wenn meine Argumentation zutreffend ist, Moral also ein funktionales soziales Konstrukt ist, trifft dies auf alle Gesellschaften zu, weil alle Gesellschaften gemeinsam vereinbarte moralische Regeln benötigen, und einige dieser Regeln lassen sich in nahezu allen finden. Wenn das stimmt, so ist die Moral nicht relativ, sondern fast absolut. Was für Mord, Diebstahl usw. zutrifft, gilt auch für den Genozid: Je mehr moralische Standards von einer wachsenden Zahl von Staaten akzeptiert werden, um so geringer wird die Gefahr, daß die Welt im Chaos versinkt. Die Moral wird dann zu einer ganz praktischen Alternative. Die Forschung hat gezeigt, daß es wesentlich kostspieliger ist, mit dem Erfolg eines Genozids fertig zu werden, als ihn durch Präventionsmaßnahmen zu verhindern. Bleiben wir bei einer ökonomischen Betrachtung: Länder bzw. Staaten oder Mächte benötigen bestimmte Produkte oder Rohstoffe. Sie sind ferner darauf angewiesen, Produkte zu verkaufen. Wenn etwa ein Genozid im südlichen Sudan stattfindet, durch den eine Pipeline verläuft, die sich in chinesischem Besitz befindet, so hat dies Auswirkungen auf die chinesische Ölversorgung. Der Verkauf von Fertigprodukten gerät ins Stocken, wenn eine große Zahl von potentiellen Käufern ermordet wird. Auch unter diesem Aspekt erweist sich, daß es weltweit ökonomischer ist, Völkermorde und Massengewalt zu verhindern. Sowohl auf der individuellen, der sozialen als auch globalen Ebene ist moralischen Normen ein Vorrang einzuräumen, sollen soziale Strukturen, lokal, regional und global dauerhaft existieren.

Und ja, ich bin ebenfalls ein Relativist, gerade weil moralische Normen vom Vorhandensein menschlicher gesellschaftlicher Strukturen abhängen. Nun ist unser Universum in dauernder Bewegung und sein einziges Ziel ist der Tod. Ausnahmslos. Welten, Galaxien, Sterne entstehen und sterben. Auf unserem Planet hat sich Leben entwickelt; Lebensarten erscheinen und sterben aus. Vor etwa 65 Millionen Jahren liefen noch Dinosaurier am Kurfürstendamm herum, aber ich muß dem Leser mit tiefem Bedauern berichten, daß die Dinosaurier leider ausgestorben sind. Auch Gesellschaften sterben. Menschen existieren höchstens seit nur etwa 200.000 Jahren, ein winziger Bruchteil der bisherigen Existenz der Erde, die auf 4,5 Milliarden Jahre geschätzt wird. Es ist ganz sicher, daß auch die Menschheit verschwinden und aussterben wird, früher oder später. Wenn das geschieht – und es wird geschehen –, so verschwinden dann die Errungenschaften, die Kultur, die Probleme, und auch die Götter und die Moral. Wenn also unsere moralischen Vorstellungen vom Vorhandensein menschlicher Gesellschaften abhängen, werden sie mit ihnen verschwinden. Moral, wie alles andere, ist relativ.

Werfen wir einen Blick auf das 21. Jahrhundert: Stellt der Genozid eine reale Gefahr dar? Trotz aller Gewalt, besonders in Afrika, sind nach UN-Veröffentlichungen die Opferzahlen seit dem ruandischen Genozid 1994 zurückgegangen. Ist also die Gefahr gebannt? Eine mögliche Antwort darauf findet sich in den Analysen des amerikanischen Soziologen Rudolf J. Rummel[7]. Nach Rummels Schätzungen wurden zwischen 1900 und 1987 etwa 169 Millionen Zivilisten und unbewaffnete Kriegsgefangene getötet. Verantwortlich dafür waren Regierungen oder andere politische Akteure; ferner starben oder fielen etwa 34 Millionen Soldaten, einschließlich der beiden Weltkriege. Es wurden also etwa viermal so viel Zivilisten wie Soldaten getötet. Die Ermordung von Zivilisten bezeichnet er als „Demozid", aber der Begriff hat sich nicht durchgesetzt. Die Tatsache, daß die Zahlen zurückgegangen sind, mag eine vorübergehende Erscheinung sein. Es ist nicht möglich, daraus langfristige Schlußfolgerungen zu ziehen. Unbestritten sind Genozide eine ständige und dauernde Bedrohung der Menschheit, ebenso wie ökologische Veränderungen und Katastrophen, Wirtschaftskrisen, die von einem wachsenden Abstand zwischen Reich und Arm begleitet werden oder zwischen den entwickelten und unterentwickelten Ländern, Pandemien und einiges mehr.

Viele meiner Kollegen werden darauf hinweisen, daß die Antwort in der Entwicklung und Anwendung des Völkerrechts besteht. Fassen wir noch einmal das Gesagte zusammen: Das Völkerrecht ist eine wundervolle Angelegenheit, wenn Staaten und Nationen darin übereinstimmen, danach zu handeln. Unglücklicherweise sind wir noch nicht so weit. Sogar kleine Staaten wie Israel können das Völkerrecht ignorieren (etwa hinsichtlich der Siedlungen in den besetzten Gebieten der Westbank). Große Mächte finden viele Wege, sich darüber hinwegzusetzen, auch wenn sie Lippenbekenntnisse ablegen. Es wird noch ein langer politischer Prozeß sein, bis das Völkerrecht zu einer universellen akzeptierten Norm wird.

Kehren wir noch einmal zum Problem zurück, das Definitionen verursachen. Mein Kollege David J. Scheffer hat gezeigt, daß zwischen den drei Arten von internationalen Verbrechen – Kriegsverbrechen, Verbrechen gegen die Menschlichkeit und Genozid – zahlreiche Gemeinsamkeiten bestehen. Man kann feststellen, daß seit 1945 mit dem Begriff „Verbrechen gegen die Menschlichkeit" im wesentlichen Genozide gemeint waren. Man kann darauf hinweisen, daß die Konzentration auf den Begriff „Genozid" seine Wirksamkeit als eine Beschreibung für etwas, das bekämpft werden sollte, mindert. Die UN-Untersuchungen im Sudan haben die Zwecklosigkeit dieser Art von Konzentration auf den „Genozid" gezeigt. Scheffer befürwortet deshalb den Begriff „Massengreueltaten" (*mass atrocities,*

---

7 Unter anderem: *Understanding Conflict and War*. Hoboken: Wiley, 1976; *Democide*. New Brunswick: Transaction, 1994 (deutsche Ausgabe: *‚DEMOZID' – der befohlene Tod. Massenmorde im 20. Jahrhundert*. Münster: LIT, 2006); *Death by Government*. Piscataway: Transaction, 1997; *Statistics of Democide*. Münster: LIT, 1998.

mass atrocity crimes) als eine umfassende Beschreibung für alle drei Formen – oder vier, *ethnic cleansing*, also „ethnische Säuberung" eingeschlossen – dieser Verbrechen.[8]

Der Vorschlag ist verständlich, denn er würde eine Vereinfachung für das internationale Recht bedeuten. Aber es bleibt ein Problem. Alle Beschreibungen/Definitionen von „Genozid" beziehen sich auf die Auslöschung von Gruppen und nicht von Einzelnen, wie das in Kriegsverbrechen oder Verbrechen gegen die Menschlichkeit oft der Fall ist. Genozid stellt in meinen Augen eine überzeugendere Definition oder Beschreibung dar. Man bezieht sich auf die Vernichtung von Gruppen ganz allgemein. Wenn eine Gruppe „als solche" vernichtet wird, ist die Menschheit schwächer und verarmt. Der Begriff „Massengreueltaten" wird zunehmend im akademischen und politischen Diskurs verwendet. Das ist, glaube ich, nicht unproblematisch. „Genozid" erscheint mir nach wie vor der angemessenere Begriff. Es könnte sich allerdings als richtig herausstellen, daß eine übertriebene Konzentration auf die Benutzung des Begriffs „Genozid" dazu führen könnte, antigenozidalen Handlungen vorzubeugen, da eine Absicht schwer zu beweisen ist. Trotzdem sollte der Begriff „Genozid" im Fokus stehen, denn auf diese Weise läßt sich das ultimative Verbrechen am besten beschreiben.

Naheliegenderweise muß gefragt werden, wie sich der Holocaust, der Genozid an den Juden, in die allgemeine Geschichte des Genozids einfügt. Einfacher gefragt, wie sind der Holocaust und andere Genozide zu vergleichen?

Wenn wir irgendeinen Genozid untersuchen, können wir, wenn wir über das nötige Quellenmaterial verfügen, die Elemente, die dazu geführt haben und die in dieser menschlichen Katastrophe aktiviert wurden, untersuchen. Ich möchte behaupten, daß sich alle Elemente in dem einen oder anderen Genozid, den Holocaust eingeschlossen, wiederfinden. Im ruandischen Genozid sehen wir, daß die Feindschaft zwischen den Hutu und Tutsi auf dem sozialen Gedächtnis beruhte, das die Unterdrückung der Hutu-Bauern durch die herrschende Klasse von Landbesitzern in der vorkolonialen Monarchie festhält. Diese wurden als Tutsi bezeichnet. Unter der belgischen Herrschaft nach dem Ersten Weltkrieg nutzten die Kolonialherren diesen Gegensatz im Sinne von „Teile und Herrsche". Man zwang die Bevölkerung, sich auf dem Personalausweis als Hutu, Tutsi oder Twa zu erklären. Die Belgier unterstützten zunächst die alte herrschende Klasse der Tutsi (etwa 15 % der Bevölkerung) und später die Hutu-Mehrheit. Tötungen gab es auch vor der Unabhängigkeit (1962), als die Hutu die Macht übernahmen. Allerdings verblieben ein Großteil des fruchtbaren Landes, das Vieh und die Handelshäuser in den Händen der Tutsi, und sie überwogen auch in der intellektuel-

---

8 David J. Scheffer: Genocide and Atrocity Crimes, in: *Genocide Studies and Prevention*, vol. 1, no. 3, Dezember 2006, S. 229–250.

len Klasse. Die Regierungen wechselten, und es fanden Massaker an den Tutsi statt. Schließlich kam ein Hutu-Regime an die Macht, das größtenteils von Hutu geführt wurde, die nie zur alten Monarchie gehört hatten, weil sie aus den nordwestlichen Landesteilen stammten, die unabhängig gewesen waren: die autoritäre Hutu-Regierung unter Juvenal Habyarimana. Es gab auch viele demokratische und liberale Hutu, die sich gegen das Regime wandten. Die Tutsi und einige Hutu flohen nach Uganda, wo sie zu einer bedeutenden Macht wurden. 1990 drang eine hauptsächlich aus Tutsi bestehende Streitmacht in das nördliche Ruanda ein und bedrohte das Hutu-Regime. Durch internationalen, und in Afrika hauptsächlich tansanischen, Druck wurde versucht, den Bürgerkrieg zu verhindern und einen Kompromiß zur Machtteilung zu erarbeiten. Eine Vereinbarung wurde erreicht, aber die Hutu-Machthaber verweigerten sich; höchstwahrscheinlich bereiteten sie ein Massaker an ihren Hutu-Gegnern und den Tutsi vor. Habyarimana starb am 6. April 1994, als sein Flugzeug abgeschossen wurde – es ist nicht klar durch wen. Unmittelbar danach wurden Hutu-Oppositionelle ermordet, und der Massenmord an den Tutsi begann. Mindestens 800.000 Tutsi, wahrscheinlich mehr, wurden in einem Zeitraum von nur drei Monaten durch Parteimilizen, die Interahamwe und die Impuzamugambi, die die Hauptrolle bei der Verfolgung spielten, ermordet. Dies wurde durch eine funktionierende Bürokratie ermöglicht, die auf die vorkoloniale Monarchie zurückgeht. Sie wurde durch die deutschen Kolonialherren, die das Land bis zum Ersten Weltkrieg regierten, weiterentwickelt. Der eigentliche Ausbau erfolgte nach dem Ersten Weltkrieg unter der belgischen Kolonialmacht. Die Bürokratie war erstaunlich effizient. Die Hutu-Machthaber nutzten auch das Radio (Radio des Mille Collines), um die Hutu gegen die Tutsi aufzustacheln. Schließlich rückte die Tutsi-Armee vor und besiegte die Hutu. Der Genozid wurde gerechtfertigt durch eine erfundene Ideologie, die argumentierte, die Tutsi seien Eindringlinge, also keine wirklichen Ruander. Man entmenschlichte sie, man nannte sie „nyenzi“ (Kakerlaken). Aber die wahren Motive lagen in dem Wunsch, die Macht zu erhalten, sich das Eigentum der Tutsi (Land und Vieh) anzueignen und ihren Platz in der intellektueller Führung einzunehmen. Die Gefahr, die die vorrückende Tutsi-Armee darstellte, war ein weiterer Anreiz.

Wenn man diesen Völkermord mit dem an den Armeniern vergleicht, so fallen sofort Ähnlichkeiten auf: Der historische Hintergrund der Massaker an den Armeniern 1896 und 1908 ist die osmanische Reaktion auf die Unabhängigkeitsbewegungen auf dem Balkan. Die Armenier bildeten einen wesentlichen Teil der Händlerschicht in den türkischen Städten. Sie standen im Wettbewerb mit ethnischen Türken. Es gab eine sowohl politisch als auch militärisch reale Bedrohung durch das zaristische Rußland, dessen Armee nach Anatolien hätte eindringen können. Die von den Osmanen verfolgte armenische Minderheit hätte sich ihnen anschließen und von der Türkei abfallen können, wie dies die christlichen Völker auf dem Balkan getan hatten. Und in der Tat, als die russischen Truppen 1914 in die Van-Region in Anatolien eindrangen, schlossen sich ihnen verzweifelte, von den Türken verfolgte Armenier an. Es gab auch armenische Einheiten in der zaristischen Armee, denn Armenier bewohnten auch einen Teil des unter zaristischer Herrschaft stehenden Transkaukasiens. Als sich die Russen zurückzogen, massakrierten die Türken alle armenischen Zivilisten, derer sie habhaft werden konnten. Dahinter stand der Wunsch der Führer des „Komitees für Einheit und Fortschritt" (Jungtürken), also der wahren Machthaber im osmanischen Staat, die Macht zu erhalten und sie durch die Errichtung eines neuen türkischen Reichs, das sich von den Dardanellen bis nach Kasachstan erstrecken sollte, auszudehnen. Militärische und ökonomische Motive überlagerten also die alte Feindschaft und wurden durch den Wunsch nach Macht und Expansion verstärkt. Wie im Falle Ruandas machten eine recht effiziente Bürokratie, die von Frankreich, Deutschland und Österreich gelernt hatte, und moderne Kommunikationsmittel, wie Telegraf, Eisenbahn usw., die Massenmorde möglich. Man benutzte auch Milizen – im osmanischen Fall bestanden sie zum Teil aus entlassenen Kriminellen, zum Teil aus kurdischen und tscherkessischen Stammesgruppen, ähnlich wie in Ruanda. In Ruanda unterstützte Frankreich das mörderische Hutu-Regime; in der Türkei hatten Deutschland und Österreich diese Rolle inne.

Ein Vergleich verschiedener Fälle von verschiedenen Genoziden wird Variationen der Hintergründe zeigen, die Völkermordaktionen begründen. Sie beinhalten in der Regel Macht, wirtschaftliche Faktoren, militärische Bedrohungen oder „Gelegenheiten" und häufig, aber nicht immer, ideologische Konstrukte, die dazu neigen, den „Nutzen", der zum Genozid führt, zu verschleiern. Dies trifft praktisch auf alle Völkermorde oder Massenmorde zu. Diese Vergleichbarkeit macht den Begriff Genozid, also die Vernichtung einer menschlichen Gruppe, als Erklärungsmuster sinnvoll und historisch wertvoll.

Der Holocaust enthält einige der oben erwähnte Elemente. Die SS war eine Parteimiliz, die zu einer regulären, aber eigenständigen Streitmacht innerhalb der deutschen Armee wurde, während die ukrainischen, weißrussischen und baltischen Hilfspolizeieinheiten und andere Einheiten für viele der Mordaktionen verantwortlich waren. Ökonomische Überlegungen beeinflußten die Tötungsaktionen. Wenn es allerdings zu Interessenkonflikten zwischen Ökonomie und Ideologie kam, war die Ideologie ausschlaggebend. Selbstverständlich gab es keine militärische Bedrohung Deutschlands durch die Juden, aber in den Köpfen der Nazi-Führerschaft existierte sie. Das läßt sich leicht belegen. Man kann deshalb von einer eingebildeten Bedrohung sprechen, da das bolschewistische Rußland und das kapitalistische Amerika von den Nazis als Ausdruck derselben (erfundenen) jüdischen Weltverschwörung gesehen wurden, die Deutschland mit Krieg und Vernichtung bedrohte.[9] Selbstverständlich benutzten die Deutschen eine eingespielte Bürokratie, um die Juden (und andere) zu ermorden.

Aber die Hauptparallelen zwischen dem Holocaust und anderen Genoziden liegen woanders. Die Hauptparallele liegt in dem Leiden der Opfer. Es gibt keinen Unterschied im Leiden von Juden, Tutsi, Pequot-Indianern, Russen, Chinesen und anderen Menschen, die sich einem Völkermord ausgesetzt sahen. Es gibt keine Leidensstufen; es gibt keine Stufen der Folter; der Mord an Kindern ist ein Mord an Kindern; Vergewaltigungen lassen sich nicht in „schlimmer und weniger schlimm" differenzieren; das gleiche gilt für den Genozid insgesamt. Die Vorstellung, die Opfer bezüglich ihres Leids zu unterscheiden, ist nicht nur abstoßend, sondern schlicht unlogisch.

Eine weitere Parallele besteht darin, daß die Täter auf die effektivste ihnen zur Verfügung stehende Technik zurückgreifen. Die osmanischen Türken benutzten Eisenbahnen, Maschinengewehre, Telegrafen usw. – sie benutzten kein Gas, weil sie keins hatten. Die Deutschen benutzten es, da sie es hatten, und sie verwendeten es effektiver als andere Instrumente. Die Römer benutzten in Karthago ihre Flotte, Waffen, mit denen sie Mauern brechen konnten, und Kavallerie, um Karthago von möglichen Verbündeten zu trennen. Allgemein gesagt: In allen Völkermorden wurden die entwickeltesten Mittel eingesetzt. Doch es gibt einen Sonderfall: Die Deutschen entwickelten eine neue Industrie: die Todesfabriken. Lebende Juden wurden angeliefert, und innerhalb kürzester Zeit wurden jüdische Leichen produziert, verbrannt und beseitigt. Diese Fabriken – in Chelmno, Belzec, Sobibor, Treblinka und Birkenau – waren organisierte moderne Betriebe, höchst effizient und produktiv. Ihr Produkt waren Leichen, und es wurden davon Millionen produziert. Dafür gibt es, so weit ich sehe, in der menschlichen Geschichte keinen Präzedenzfall. Und hinzu kommt offensichtlich die Absicht und zielgerichtete Maßnahme, die Zielgruppe zu vernichten, Sadismus und Brutalität eingeschlossen – wie bei allen Genoziden.

Gibt es, was den Holocaust anbetrifft, Elemente, die einzigartig sind? Ja, meiner Meinung nach gibt es sie. Als erstes ist die Absicht einer vollständigen Vernichtung zu nennen. Der Holocaust wurde nicht vorausgeplant, die Planungen liefen parallel zu den Massenmorden. Zwischen Mitte und Ende 1941 entwickelte sich ein Konsens innerhalb der Nazi-Elite, mit dem Ziel, jede Person, die von den Unterdrückern (also nicht durch Selbstdefinition) als Jude bezeichnet wurde, zu registrieren, zu kennzeichnen, zu enteignen, zu erniedrigen, zu konzentrieren, zu transportieren und zu töten. Jede einzelne Person, überall auf der Welt, ohne Ausnahme, sollte diese Stationen in kurzer Zeit durchlaufen. Es gibt in der

9 Siehe das Memorandum von Hitler an Göring vom August, 1936, in: *Akten zur auswärtigen Politik, 1918 – 1945,* Serie E (1933 – 1937), Bd. V, 2, Göttingen, 1977, S. 793 – 795.

menschlichen Geschichte kein weiteres Beispiel für einen Staat, der einen derartigen Prozeß organisiert hat.

2002 publizierte Bryan M. Rigg ein Buch mit dem Titel *Hitlers jüdische Soldaten*[10]. Darin behauptete er, daß Juden in der Wehrmacht dienten. Tatsächlich gab es Deutsche in der Wehrmacht, die eine jüdische Großmutter oder einen jüdischen Großvater hatten. Rigg übersieht dabei, daß aus Sicht der Nazis diese Personen nicht als Juden, sondern als Deutsche angesehen wurden, wenn auch unter einem gewissen Vorbehalt. Sie waren den antijüdischen Gesetzen nicht unterworfen. Auch sie selbst sahen sich nicht als Juden. Zu behaupten, die Soldaten unter ihnen seien jüdische Soldaten gewesen, grenzt ans Lächerliche. Sogenannte Halbjuden (oder auch *Mischlinge*), also Deutsche mit zwei jüdische Großeltern, wurden dagegen diskriminiert. Doch bis zum Kriegsende konnten die Nazi-Behörden sich nicht entscheiden, wie mit ihnen zu verfahren sei. Einige wurden zur Zwangsarbeit rekrutiert, einige Kinder wurden in das Ghetto in Theresienstadt in Böhmen deportiert, andere ließ man in Ruhe. Abgesehen von einer winzigen Zahl wurden sie aus der Armee ausgeschlossen. Rigg erwähnt den Fall von Erich Milch, einem Luftwaffengeneral, mit engen Beziehungen zu Göring. Es wurde darüber diskutiert, ob er ein „Halbjude" war. Diese Fälle ändern nichts an meiner Aussage, daß die Nazi-Ideologie darauf abzielte, jede einzelne Person, die als jüdisch bezeichnet wurde, zu vernichten. Darunter fielen in Deutschland alle Personen mit drei jüdischen Großeltern. In Osteuropa genügte es, ein bis zwei jüdische Großeltern zu haben, um getötet zu werden.[11]

Zweitens handelte sich beim Holocaust um ein global angelegtes Projekt. Bei einer Unterredung mit Amin el-Husseini, dem Führer der palästinensischen Muslime, am 28. November 1941 führte Hitler aus, daß er nach dem gewonnen Krieg dafür Sorge tragen würde, daß alle Nationen die Juden so behandeln würden, wie dies im von Deutschen beherrschen Europa geschehen sei. Am 31. Juli 1941

---

10 Bryan Rigg: *Hitler's Jewish Soldiers. The untold Story of Nazi Racial Laws and Men of Jewish Descent in the German Military.* Lawrence: University of Kansas Press, 2002. (Deutsch: *Hitlers jüdische Soldaten.* Paderborn: Schöningh, 2003).

11 Es gab einige wenige Juden, denen es gelang, ihre jüdische Identität zu verbergen und die in der Wehrmacht unter falschen Voraussetzungen dienten. Hier waren sie sicher. Dies ist korrekt. Einer war z. B. Chaim Ben-Zwi aus Ostpolen. Er hatte als Jugendlicher Deutsch gelernt und sprach es fließend. Er war Schneider, und die Deutschen benutzten ihn als Zwangsarbeiter. Er reiste viel, nahm eine polnische Identität an und heiratete eine polnische Frau. Dies wurde aufgedeckt und er wurde verhaftet. Es gelang ihm, aus dem Lager zu fliehen und wiederum als Pole zu leben. Er war mit einem deutschen Offizier befreundet, der um seine wirkliche Identität wußte und ihm half, entsprechende Papiere zu bekommen, die ihn als Volksdeutschen auswiesen. Damit war es ihm möglich, innerhalb der deutschen Armee als Schneider zu arbeiten. Er erhielt Wehrmachtspapiere und überlebte auf diese Weise. Er war nicht ein jüdischer Soldat Hitlers, sondern ein Jude, der sich als Nichtjude in Hitlers Wehrmacht versteckte. Siehe dazu mein *Death of the Shtetl*, S. 287, Fußnote 20.

unterzeichnete Göring ein an Reinhard Heydrich, den Leiter des Reichssicherheitshauptamtes, der zentralen Polizeiorganisation der SS (errichtet im September 1939), gerichtetes Dokument, das ihn anwies, einen Vorschlag für die Gesamtlösung des Judenproblems im deutschen Einflußbereich zu erarbeiten. Da Nazi-Deutschland, zusammen mit seinem japanischen Alliierten, auf weltweiten Einfluß bedacht war, stellt dies ein globales Projekt dar. Dabei würde es sich, wie das Dokument ausführt, um die Endlösung des Judenproblems handeln. Auf der Wannseekonferenz am 20. Januar 1942 wurde eine Länderliste erstellt, darunter Französisch-Nordafrika, das sich noch unter französischer Kontrolle befand. Die Liste stammte von der jüdischen Reichsvereinigung, der von den Nazis kontrollierten Zentralorganisation der deutschen Juden, die gezwungen worden war, diese Liste zu erstellen. Eine zweite Seite des Dokuments, die auf der Wannseekonferenz nicht benutzt wurde, listet die jüdische Bevölkerung in allen Ländern der Welt auf. Es gibt weitere Dokumente, die die globale Ausrichtung des Projekts belegen. Im Sommer 1942, als Rommels Armee an der Grenze zu Ägypten stand, sandte die SS Wilhelm Rauff, einen SS-Kommandeur, der zuvor verantwortlich für die Ermordung von Juden in mobilen Gas-Lastwagen gewesen war, mit einem SS-Kommando nach Athen. Sie sollten die ägyptischen und palästinensischen Juden vernichten, sobald die Deutschen diese Gebiete erobert hatten.

Drittens, die Ideologie, die hinter alledem steht, ist alles andere als pragmatisch. Es ist gezeigt worden, daß in Bezug auf die meisten Genozide Ideologien eine mobilisierende Funktion erfüllen. Größtenteils sind diese Ideologien konstruiert. Gleichwohl glauben ihre Urheber an das, was sie predigen. Gelegentlich handelt es sich auch nur um zynische Beispiele reiner Propaganda. Sie erfüllen eine wichtige Aufgabe: Menschen müssen davon überzeugt werden, daß sie andere Menschen töten, weil es notwendig und moralisch gerechtfertigt sei. Anders ausgedrückt, diese Ideologien verdecken ganz oder teilweise die realen Motive für einen Genozid. Das Beispiel Darfur wurde ausführlich dargestellt. Die Beduinenstämme, aus denen sich die Mörder der schwarzen Bauern rekrutieren, leiten ihr Recht davon ab, daß sie Nachfahren des Stammes des Propheten in Mekka sind. Diese Ideologie wurde von Ahmat Acyl Aghbash, einem gebildeten Beduinen (er starb 1982), entwickelt.

Selbstverständlich gibt es auch Fälle, in denen man keine ideologische Verklärung benötigt. Der Massenmord und die Genozidpolitik der angelsächsischen Amerikaner gegenüber den eingeborenen Amerikanern speiste sich aus dem Wunsch nach Macht, Land und Rohstoffen; man benötigte keine zusätzliche Rechtfertigung. Gute Indianer waren tote Indianer. Oft diente das Christentum als eine quasi-ideologische Rechtfertigung. Bei der Zerstörung Karthagos durch die Römer handelt es sich um die Konkurrenz zweier Großmächte. Von Cato dem Älteren stammte die bekannte Formulierung „*Ceterum censeo Carthaginem de-*

lendam esse" („Ferner denke ich, daß Karthago zerstört werden sollte"). Eine ideologische Rechtfertigung war überflüssig. In Ruanda und Armenien war eine ideologische Rechtfertigung hilfreich.

Der Holocaust stellt, was den "Pragmatismus" anbetrifft, eine Ausnahme dar. Die Juden besaßen weder Land noch Macht. Es gab keine von allen oder den meisten Juden anerkannte politische Vertretung der Juden in irgendeinem Zentrum jüdischen Lebens. Es gab keine gemeinsame politische Repräsentation der deutschen Juden, als Hitler an die Macht kam. Erst acht Monate später, im September 1933, beanspruchte eine politische Organisation, die deutschen Juden zu vertreten, die *Reichsvertretung der deutschen Juden* (RV), später in *Reichsvertretung der Juden in Deutschland* umbenannt, denn die Nazis wollten nicht anerkennen, daß es deutsche Juden gab, sondern nur, daß Juden in Deutschland lebten. Aber auch diese Vertretung repräsentierte nicht alle Juden, da die orthodoxen mit den liberalen und Zionisten nichts zu tun haben wollten. Die besonders Assimilierten schlossen sich nicht an. Dies erfolgte erst viel später auf Druck der Nazis. Ähnlich war die Situation in Großbritannien. Der „Board of Deputies of British Jews", gegründet im 18. Jahrhundert, war eine Vereinigung von sowohl aschkenasischen als auch sephardischen Synagogen. Viele Juden, heute ist es die Mehrheit, haben keinen Bezug zu Synagogen.

In Frankreich vereinte Napoleon die Juden per Dekret 1808 durch die Errichtung des *Consistoire général des Juifs*, die religiöse Repräsentation der Juden in Frankreich. Aber seit dem frühen 20. Jahrhundert gehen die meisten französischen Juden nicht mehr in die Synagogen. 1943 bildete sich im Untergrund der CRIF (*Conseil Représentatif des Institutions juives de France*), der alle politischen und religiösen Gruppen einschließlich des *Consistoire* umfaßte, um gegen die Deutschen zu kämpfen. Nach dem Krieg spaltete sich der CRIF. Heute handelt es sich um eine rechtsgerichtete zionistische Gruppe mit begrenztem Einfluß unter den französischen Juden.

Ähnlich ist die Lage in Amerika. Es gibt keine gemeinsame Vertretung der amerikanischen Juden. Es gibt verschiedene Vertretungen wie etwa die „Conference of Presidents of Major American Jewish Organizations" (die ähnlich wie im Falle Frankreichs auf einen Anstoß von außen gegründet wurde, nämlich durch Präsident Eisenhower im Jahre 1956). Die meisten amerikanischen Juden verbindet nichts mit einer Vertretung auf nationaler Ebene, seien sie säkular oder religiös. Die berühmte politische jüdische Lobby AIPAC (America-Israel Public Affairs Committee) ist eine selbsternannte Gruppierung reicher amerikanischer Juden, die jede rechtsgerichtete Politik einer israelischen Regierung unterstützt. Die liberalen Juden haben eine eigene Organisation, „J-Street". Und beide pflegen in guter jüdischer Tradition ihre gegenseitige Abneigung.

In Polen gab es am Vorabend des Holocausts ebenfalls eine einheitliche jüdische Vertretung (ich werde darauf im nächsten Kapitel zurückkommen). Man findet immer die gleiche Situation vor: keine gemeinsame Repräsentanz. Die Tatsachen sind eindeutig, und ich habe darauf immer wieder verwiesen: Die jüdische Zivilisation ist gekennzeichnet durch fortwährende Kontroversen, durch den Mangel an Einheit. Es gab keine wie immer geartete ethnisch-nationale Einheit der Juden, als die Nazis die Macht ergriffen. Es gab nichts derartiges, abgesehen vielleicht in einer fernen Vergangenheit. Auch zur Zeit gibt es keine Einheit, da Israel selbst alles andere als geeint ist und es keineswegs die andere Hälfte der Juden, die außerhalb lebt, vertritt, auch wenn dies behauptet wird. Die Nazi-Idee einer jüdischen Weltverschwörung war ein Spiegelbild ihres eigenen Wunsches, die Welt zu kontrollieren, und die Errichtung einer politischen Vertretung der Juden entsprach ihrer ideologischen Absicht, aber sie entbehrte jeglicher Grundlage. Eine jüdische Anekdote antwortet gewissermaßen auf diesen Anspruch der Nazis: Einem Juden wird erzählt, alle Juden seien Teil einer weltweiten Verschwörung, die die Welt beherrsche. Er antwortet auf jiddisch: „halevai" („Ich wünschte, es wäre so"). Für die Nazi-Ideologie stellte die Behauptung einer jüdischen Weltverschwörung ein zentrales Element dar – es entbehrt jeglicher Grundlage.

Die Idee einer jüdischen Weltverschwörung ist heute nicht nur Bestandteil des islamischen Antisemitismus. Sie erlebte auch in Deutschland im sogenannten Historikerstreit vor etwa dreißig Jahren eine Wiederauferstehung. Die Kontroverse drehte sich um die Reinterpretation von Deutschlands Nazivergangenheit und des Holocausts. Ausgangspunkt war die Behauptung des revisionistischen deutschen Historikers Ernst Nolte (geboren 1923). Er versuchte – falscherweise – zu argumentieren, daß die Angriffe der Nazis auf die Juden durch die Angriffe der jüdischen Welt auf Nazi-Deutschland ausgelöst wurden.

Etwas Spezifisches und zugleich Neues kennzeichnet den Holocausts. Es gab keinen rationalen Grund, sich gegen die Juden zu richten. Sie verfügten weder über eine Armee, noch bedrohten sie das Nazireich. Es läßt sich feststellen, daß die Ideologie, die zum Genozid führte, im Gegensatz zu allen anderen Genozid-Ideologien völlig „unvernünftig" war: Ohne den antisemitischen Feldzug, daran habe ich keinen Zweifel, wären die meisten deutschen Juden gute Nazis geworden, genauso wie ihre Eltern sich als gute und loyale Untertanen des Kaisers erwiesen hatten. Die Nazis sahen in den Juden den Satan, der hinter allen ihren Feinden stand, und der Krieg richtete sich hauptsächlich gegen sie. Das läßt sich durch eine Vielzahl von Beispielen belegen, etwa an der Zerstörung des Ghettos von Lodz, des letzten Ghettos auf polnischem Boden, das bis zum Frühjahr 1944 bestand. Es bestand fort, weil in den Werkstätten durch Sklavenarbeit wichtige Hilfsmittel für die deutsche Wehrmacht hergestellt wurden, wie Uniformteile, Stiefel, Lederartikel usw. Die Armee war daher an der Existenz des Ghettos interessiert. Lodz wurde von den Alliierten nie bombardiert, da es wenig Sinn machte, die Kleidungsproduktion zu unterbrechen. Für die Nazis war Lodz also ziemlich sicher. Zudem verdienten die verantwortlichen Nazis an ihren jüdischen Sklaven; mehr noch, solange das Ghetto existierte, wurden die verantwortlichen Deutschen nicht an die Ostfront geschickt. Aber im Frühjahr 1944 machte Himmler deutlich, daß ökonomische Interessen der ideologischen Forderung, alle Juden zu vernichten, nicht entgegenstehen durften. Schon im Juni wurde ein Teil der Ghettobewohner ins Vernichtungslager Chelmno und der Rest im August nach Auschwitz verbracht. Es ließen sich leicht hunderte weitere Beispiele anführen. Die Politik war antimodern, antikapitalistisch, schlicht irrational. Es gibt in der Geschichte, soweit ich sehe, keinen Massenmord, der so klar gegen die ureigensten Interessen der Mörder gerichtet war: Eine wehrlose Bevölkerung, die keine Bedrohung darstellte, wurde aus rein ideologischen Gründen ermordet - aus Gründen, die den Charakter eines Alptraums hatten.

Der Nazi-Rassismus hatte, viertens, einen antisemitischen Kern: Die Gottgefälligen waren die Arier der nordischen Rasse – Deutsche, Skandinavier, Holländer, Flamen, Engländer (und Isländer) –; sie hatten nicht nur das Recht, sondern die Pflicht, die Welt zu beherrschen, zusammen mit ihren Verbündeten (den Japanern, obwohl diese kaum blonde und blauäugige Arier waren). Es würde eine Hierarchie geben mit allen anderen Völkern unterhalb dieser Herrscher. Keine Juden, denn bis dahin würden die Juden vernichtet worden sein. Die Juden verkörperten den Satan, sogar ihre Vernichtung konnte ihren Einfluß auf andere nicht völlig eliminieren. Der jüdische Geist würde als tödliche Gefahr weiter existieren. Es läßt sich argumentieren, daß der Nazi-Rassismus auf einem antisemitischen Kern beruhte, ohne den er seiner Logik beraubt wäre: Letztendlich basierte der Nazi-Rassismus auf einer Dichotomie, wie sie dem Christentum innewohnt, der Dichotomie zwischen Gott und dem Satan. Der jüdische Satan war unverzichtbar. Dies alles mag sehr theoretisch klingen, aber es wurde an deutschen Universitäten gelehrt, Bücher und Artikel wurden verfaßt, um es zu beweisen. Mehr noch, es läßt sich feststellen, daß diese Idee einer neuen, auf Rassen basierenden Weltordnung eine wirklich revolutionäre Idee darstellte – vielleicht die revolutionärste Ideologie, die man sich vorstellen kann: In der Vergangenheit hatte es unzählige Fälle gegeben, in denen eine Religion eine andere ersetzte, eine Nation eine andere, ein Reich ein anderes, oder eine aufsteigende soziale Klasse eine andere (durch die Französischen Revolution versuchte der dritte Stand, Aristokratie und Klerus zu verdrängen, in der kommunistischen Idee sollte das Proletariat an die Stelle der Bourgeoisie treten). Aber nie hat eine Ideologie den Versuch unternommen, eine rassistische Ordnung zu errichten, also eine Ordnung, die auf etwas beruht, das nicht existiert, nämlich Rassen. Das stellt etwas völlig Neues dar.

Als fünftes ist das Ziel der Zerstörung, die Juden, zu nennen. Die Juden sind ein Volk, eine Zivilisation, eine Ethnizität mit einer Religion, ob sie gläubig oder, so wie ich, nicht gläubig sind. Oder, so läßt sich argumentieren, sie sind eine Religion mit einem Volk, mit einer Ethnizität. Dieses kleine Volk hatte hauptsächlich in der Vergangenheit durch seine Literatur, in erster Linie natürlich durch die Bibel, enormen Einfluß auf die christlich-muslimische Welt gehabt. Für Europa stellt die Französische Revolution den wesentlichen Wendepunkt dar. Ihre Ideologie beruhte im wesentlichen auf drei Säulen: der griechischen Zivilisation mit ihrer Philosophie und Literatur, der römischen Welt mit ihrer sozialen und politischen Gesetzgebung und Ordnung, ferner ihrer Architektur, Literatur und Philosophie, und Jerusalem, also der ethischen Forderungen, die durch hebräische Propheten verkündet wurden – und es macht keinen Unterschied, ob Juden selbst diese Prinzipien beachten (sie tun es zumeist nicht). Konsequenterweise lehnten die Nazis das Erbe der Französische Revolution ab, die konservative und liberale Demokratie, die Sozialdemokratie, den Humanismus, den Individualismus und so fort. Für sie stellten die Juden ein Symbol all dieser Werte dar, die es zu vernichten galt. In der griechischen Zivilisation sahen sie etwas Großartiges, das sie zu kopieren dachten. Selbstverständlich lehnten sie die philosophischen Lehren ab. Wie auch immer, als die Nazis zur Macht kamen, gab es weder Griechen noch Römer, wohl aber Juden, die sie als eine der Grundlagen der Französischen Revolution ansahen. Ihr Angriff auf die Juden war also nicht unlogisch. Nochmals, dies klingt alles sehr theoretisch – aber das war es nicht, wie jeder, der den Unterricht an deutschen Schulen oder höheren Lehreinrichtungen beschrieben oder analysiert hat, bestätigen wird. Die Juden als Symbol wurden übertragen auf die lebenden Juden. Der Versuch, das Symbol zu vernichten, bedeutete also in der Realität, die Träger, die lebenden Juden, zu vernichten.

Ferner gilt es festzuhalten, daß es sich um einen industriell durchgeführten Genozid handelte, den ersten seiner Art, entstanden im Zentrum der modernen Zivilisation. Deutschland war eine Quelle des modernen liberalen Humanismus, und das moderne Deutschland wurde ganz sicher aus jüdischer Sicht als das Mekka des Fortschritts angesehen. Osteuropäische Juden, die im Zarenreich verfolgt wurden, flohen in das aufgeklärte Deutschland. Die großen jüdischen Literaten des 19. und 20. Jahrhunderts studierten und lebten sogar eine Zeit in Deutschland (dies gilt auch für den einzigen israelischen Nobelpreisträger für Literatur Schmuel Joseph [Shai] Agnon, 1888 – 1970). Die Katastrophe ergab sich aus einem Zusammenspiel der Moderne und einer reaktionären Geisteswelt, keineswegs, wie etwa Zygmunt Bauman argumentiert, allein aus der Moderne.[12]

---

[12] Zygmunt Bauman: *Modernity and the Holocaust*. Ithaca, N.Y.: Cornell University Press, 1989.

Es gibt weitere Faktoren, die den Holocaust von anderen Genoziden unterscheiden, und zwar strukturell. Die Unterschiede liegen weder in dem, was die Opfer erleiden mußten (dies trifft in gleicher Weise für alle Genozide zu), noch in ihrer Anzahl (es gab Genozid-Ereignisse mit einer höheren Zahl an Opfern), noch in dem Verhältnis zwischen Opfern und der Gesamtzahl der verfolgten Gruppe (der Prozentsatz der Armenier und Tutsi war vergleichsweise höher). Daraus folgt, daß der Holocaust, also der Genozid an den Juden, nicht einzigartig war. Würde man sagen, daß er einzigartig war, so würde man sagen, daß es sich um ein geschichtliches Ereignis handelt, das wir vergessen können und das ohne Bedeutung für die Lebenden ist – es handelt sich um ein einzigartiges Ereignis, das sich nicht wiederholen wird. Die Einzigartigkeit würde bedeuten, daß etwas von außen den geschichtlichen Ablauf beeinflußte, ein Gott oder ein Satan. Aber der Genozid an den Juden war das Produkt von Menschen, und diese Menschen wurden von bestimmten Motivationen getrieben. Es war weder Gott noch Satan beteiligt. Den Holocaust kann man als präzedenzlos, nicht als einzigartig bezeichnen. Es kann wieder geschehen, natürlich nicht in genau derselben Weise, denn es gibt keine genauen Wiederholungen in der Geschichte. Dies bedeutet, daß wir alles in unserer Macht Stehende tun müssen, daß er nicht zu einem Vorbild wird, sondern zu einer Warnung. Dies sollte die generelle Haltung in Bezug auf den Holocaust und Genozide sein.

Sowohl die Forschung als auch der Kampf gegen den Genozid sollten meiner Meinung nach damit beginnen, sich mit der bisher extremsten Form dieser pathologischen Erscheinung, also dem Holocaust, zu beschäftigen.

Wenn ich „extrem“ sage, beziehe ich dies auf die strukturellen Faktoren, die den Holocaust zu einem Präzedenzfall machen. Es ist unmöglich, sich mit allen Genoziden bzw. genozidähnlichen Verbrechen zu beschäftigen, dies gilt sowohl in analytischer als auch pädagogischer Hinsicht. Es scheint mir logisch zu sein, sich dem Thema zu nähern, indem man mit dem extremsten Fall, dem Holocaust, beginnt. Dann kann man Vergleiche ziehen, Unterschiede und Parallelen herausarbeiten und den Versuch unternehmen, eine Typologie dieser Form des menschlichen Verhaltens zu entwickeln. Auf dieser Grundlage kann man mit der Analyse fortfahren, sich der Gegenwart nähern und versuchen, eine Risikoeinschätzung vorzunehmen, in der Hoffnung, Vorschläge politisch-praktischer Art zu entwickeln, die dazu führen könnten, die Gefahr zu minimieren. Risikomanagement stellt etwas anderes als Warnungen dar. Diese sollten, soweit die Theorie, vorhersagen, wann und wo derartige Massengewalt auftreten könnte. Es gab Versuche, derartige Modelle zu entwickeln, aber sie waren wenig erfolgreich. Alle Bemühungen in dieser Richtung basierten auf der Annahme von *rebus sic stantibus* (*Bestimmung der gleich bleibenden Umstände*). Man geht also von einem statischen Zustand aus, aber das ist prinzipiell unmöglich; nichts ist statisch. Dazu möge man Heraklit von Ephesos (oder den Buddhismus) zu Rate ziehen.

Besonders aus Sicht eines jüdisch-israelischen Historikers ist es interessant anzumerken, daß die Studien zum Genozid mit den Bemühungen eines jüdischen südafrikanischen Rechtsanwalts, Leo Kuper, begannen. Er verließ seine Heimat wegen des Apartheidsregimes und ließ sich in Kalifornien nieder. Dort schrieb er zwei bedeutende Bücher, die man mehr oder weniger als die grundlegenden ansieht: *Genocide, Its Political Use in the 20th Century* (Yale University Press, 1981) und *The Prevention of Genocide* (Yale University Press, 1985). Er und viele seiner Nachfolger waren Juden. Anzumerken ist, daß die Beschäftigung mit den Genoziden sich erst in den letzten zwanzig Jahren entwickelt hat. Es kann nicht überraschen, daß es zunächst Juden waren, alles andere wäre sehr verwunderlich. Von Anfang an ging es um die Kombination von Forschung und praktischen Anwendungsmöglichkeiten.

Auf diesem Weg versuchte eine Gruppe von uns, die Dinge voranzubringen. Sie nennt sich heute „Genocide Prevention Advisory Network“ (www.gpanet.org). Es handelt sich um eine lockere informelle Gruppe von etwa 19 Akademikern aus verschiedenen Ländern. Es handelt sich nicht um eine NGO, sondern um eine informelle Vereinigung von Leuten aus verschiedenen Gruppen, ohne Sekretariat und ohne eigene finanzielle Mittel. Es gibt eine Webseite und einen ehrenamtlichen Vorsitzenden (zur Zeit Dr. Tetsushi Ogata, der in Kalifornien unterrichtet). Man trifft sich üblicherweise einmal im Jahr. Es handelt sich keineswegs um die einzige Gruppe, nicht einmal um die wichtigste, die sich mit der Thematik beschäftigt. Es gibt eine weltweite Organisation mit hunderten von Mitgliedern, die „International Association of Genocide Scholars“ (IAGS), – die meisten GPANet-Mitglieder) sind auch Mitglieder der IAGS –; es gibt die „International Crisis Group“ (ICG), die „Genocide Watch“ und viele andere Gruppen und NGOs, die sich mit der Frage der Verhinderung von Genoziden beschäftigen. Die GPANet) mag als Beispiel für diese Gruppen dienen. Ich will kurz ihre Geschichte beschreiben, aus dem naheliegenden Grund, da ich eines der Gründungsmitglieder bin. Es begann mit einem Treffen 1996 in einem wunderbaren Hotel in den bayerischen Alpen. Wir beschlossen, eine informelle Gruppe zu bilden, die die Unterstützung einer Regierung suchen sollte. Zufällig wurde ich Berater des damaligen schwedischen Ministerpräsidenten Göran Persson, als er entschied, in Schweden eine Einrichtung zu schaffen, die sich mit pädagogischen Maßnahmen in Bezug auf den Holocaust beschäftigen sollte. 1998 initiierte er die „International Task Force for Holocaust Education, Remembrance and Research“ (ITF), und ich wurde gebeten, die akademische Beratung zu übernehmen. Herr Persson initiierte eine internationale Konferenz, das „Stockholm Forum on Holocaust Education“. Sie fand im Januar 2000 statt, es nahmen 46 Regierungschefs bzw. Premierminister daran teil. Ich fungierte als Vorsitzender des akademischen Komitees. Zusammen mit Stephen Smith, dem Gründer des „Holocaust remembrance and education institute“, genannt Beth Shalom (in Nottinghamshire in England), verfaßte ich eine Erklärung, die als Schlußdokument des Stockholmer Forums gedacht war und nicht mehr. Sie wurde jedoch zu einem internationalen Dokument, und heute (2015) haben sich alle 31 Regierungen, die Mitglied des ITF) (mittlerweile umbenannt in „International Holocaust Remembrance Alliance“ – IHRA) sind, zu den in der Erklärung formulierten Prinzipien bekannt. Wir sahen darin einen Erfolg. Darauf schlug ich Herrn Persson vor, ein ähnliches Forum in Bezug auf die Genozidprävention einzuberufen, um etwas Ähnliches zu erreichen. Auf einer Konferenz 2004 erklärte der damalige UN-Generalsekretär Kofi Annan, daß er im Begriff sei, einen Sonderberater für die Genozidvorbeugung zu ernennen. Er hatte dies offensichtlich schon vorbereitet, nutzte aber die Konferenz, um es bekanntzugeben. Der erste Berater war Juan E. Mendez (der sich später dem GPANet) anschloß). Ich verfaßte eine weitere Erklärung für diese Konferenz, diesmal bereits mit der Zielsetzung, sie zu einem international politisch relevanten Dokument werden zu lassen. Sie baut auf der Erklärung von 2000 auf und bezog sich auf die Verbindung zwischen dem Holocaust und anderen Genoziden. Trotz der einmütigen Annahme durch 55 Regierungsvertreter schmückte sie lediglich die Papierkörbe rund um die Welt – mit anderen Worten, es war ein totaler Fehlschlag. Wir mußten andere Wege beschreiten.

Mit der Stockholmer Erklärung versuchte ich klarzumachen, was ich unter Holocaust verstand. Mit den ersten Worten wird festgestellt „Holocaust (Shoah)“, denn der Begriff *Shoah* wird außerhalb Israels nur für den Genozid an den Juden benutzt. Der Begriff „Holocaust“ findet breite Verwendung. Manche Katholiken bezeichnen die Abtreibung so, manche Historiker verwenden den Begriff für den Genozid an den eingeborenen Amerikanern oder den Hawaiianern. Sogar die Tötung von Tieren wird mit dem Begriff „Holocaust“ belegt. Strenggenommen ist es nicht relevant, mit welchem Begriff man den Genozid an den Juden belegt, aber der Begriff Holocaust wird dafür weithin akzeptiert, da sich jeder Genozid von anderen unterscheidet. Der Begriff Holocaust-Shoah sollte für den Genozid an den Juden vorbehalten sein.

Wie man weiß, ist Networking entscheidend, und durch das ITF) gelang es mir, zahlreiche Kontakte und Freundschaften zu Diplomaten aus zahlreichen Ländern herzustellen. Besonders die Schweizer Regierung war daran interessiert, die Bemühungen voranzubringen, damit Präventionsmaßnahmen ergriffen werden konnten. Unsere Gruppe und weitere Experten wurden herangezogen. Dies war besonders wichtig, da unsere Gruppe aus Personen unterschiedlicher Disziplinen mit verschiedenen Ansätzen bestand. Die theoretische Grundlage für alle praktischen Schritte ist, so denke ich, eine ausreichende Datenbasis, um ein

Risikomanagement zu ermöglichen; also einschätzen zu können, wo Massengewalt zu Genozidsituationen führen kann. Derartige Einschätzungen müssen auf einem quantitativen Ansatz beruhen. Es gilt, das Datenmaterial vor dem Hintergrund ökonomischer, sozialer, politischer und ideologischer Faktoren der jeweils spezifischen Gesellschaft zu analysieren. Die Analyse der Genozide der Vergangenheit kann zu Modellen führen, die heutige politische Entscheidungsträger bei ihren Überlegungen unterstützen. Vergleiche zwischen gegenwärtigen Situationen und vergangenen können sich ebenfalls als hilfreich erweisen. Pioniere derartiger Bemühungen waren Barbara Harff, Ted Gurr, Gregory Stanton und andere. Sie stützten sich dabei auf die theoretische Arbeit von Helen Fein und anderen aus unserer Gruppe und natürlich vielen anderen, die ihr nicht angehören.

Besonders wichtig für die Genozidvorbeugung ist die Rolle des Völkerrechts. Nun beanspruche ich nicht, ein Experte auf diesem Gebiet zu sein, aber es gibt Probleme bei dem Zusammenspiel von Völkerrecht und politischen Entscheidungen, die man gleichwohl behandeln kann. Seit Hugo Grotius (de Groot; 1583–1645) Betrachtungen über die Möglichkeit des Völkerrechts im 17. Jahrhundert anstellte, hat man sich damit beschäftigt. Zweifellos haben internationale Abkommen, etwa die Behandlung von Kriegsgefangenen, der Schutz vor Piraterie und ähnliche Abkommen den Weg zur Gründung des Völkerbunds nach dem Ersten Weltkrieg und der Vereinten Nationen im Jahre 1945 geebnet. Der Völkerbund war offensichtlich ein Fehlschlag, aber er war ein Vorläufer der UN. Auch wenn die UN weit davon entfernt sind, als internationale Organisation den Weltfrieden garantieren zu können – wenn dies überhaupt möglich ist –, sind sie doch wesentlich effektiver als ihr Vorgänger. Die Notwendigkeit einer effektiven internationalen Organisation wird deutlich, wenn man sich die Situation der Menschheit vor Augen führt. Die Tatsache, daß unsere Wirtschaften, unsere Ökosysteme und unsere politischen und militärischen Verhältnisse immer mehr zusammenhängen, bedeutet, daß wir nicht nur wissenschaftliche und kulturelle Fortschritte teilen, sondern auch die schwierigeren politischen Probleme. Eine ökonomische Krise betrifft den gesamten Globus. Die chinesische Industrie hängt vom Export in die USA ab, die Schulden der USA werden zum großen Teil von China gedeckt. Die Wirtschaftskrise Europas beeinflußt entscheidend die russische und indische Ökonomie. Die Tatsache, daß die USA ganz offensichtlich bestrebt sind, nicht länger vom nahöstlichen Öl abhängig zu sein, wird die gesamte Wirtschaft und politische Struktur des Nahen Ostens verändern. Für uns alle, dies läßt sich objektiv feststellen, erweist sich der Abbau von Gefahren und das Vorbeugen gegenüber Krisen als lebensnotwendig. Aber es gab schon immer einen Unterschied zwischen Wirklichkeit und Wahrnehmung, d. h. Information bedeutet nicht Erkenntnis, und die letztere hinkt hinterher.

Auf der Erde leben heute höchstwahrscheinlich mehr Wissenschaftler als jemals zuvor. Wir befinden uns in der Situation eines Flugzeugs, das zunehmend an Geschwindigkeit gewinnt, ohne daß die Piloten es zu beherrschen vermögen. Wenn es ihnen nicht gelingt, wird es zum Absturz kommen. So läßt sich unser gegenwärtiges Problem beschreiben. Eine zügige Entwicklung des Völkerrechts ist absolut notwendig. Auch wenn das Ziel in weiter Ferne ist, so gibt es zunehmend Bemühungen, es zu erreichen. Aber – und dies ist ein großes Aber – es gibt offensichtlich ein großes Mißverhältnis zwischen den Bemühungen der Fachleute und der Bereitschaft vieler Regierungen. Man kann nicht sagen, daß das Völkerrecht zahnlos sei, aber es hat, um im Bild zu bleiben, Milchzähne. Die großen Mächte und einige kleinere, ja sogar sehr kleine, ignorieren es, wenn es ihren Interessen zuwiderläuft, und es gibt keine Mittel, es international durchzusetzen. Mein eigenes Land Israel ist ein gutes Beispiel: Die jüdischen Siedlungen auf der Westbank verstoßen, wie schon erwähnt, eindeutig gegen das Völkerrecht, dies besonders, da Israel das Territorium nicht annektiert hat. Israel mag argumentieren, daß es offiziell ganz Jerusalem annektiert hat, aber die sogenannte Internationale Gemeinschaft (international sehr wohl, aber keine Gemeinschaft) hat diese Annexion nicht anerkannt und hat wiederholt klargemacht, daß der Status von Jerusalem nur durch Verhandlungen bestimmt werden kann. Hinsichtlich der Westbank wurde ebenso klar betont, daß es sich um besetztes Territorium handelt, das Teil eines palästinensischen Staates sein wird oder soll, dessen Grenzen auf den Waffenstillstandslinien von 1948/49 beruhen (den sogenannten Grenzen von 1967). Die Siedlungen sind illegal. Aber alle israelischen Regierungen, sowohl die von der Arbeitspartei gestellten als auch die rechtsgerichteten, ignorierten und ignorieren weiterhin den ausländischen Druck, und man läßt sie, zumindestens gegenwärtig, gewähren. Aber Israel steht nicht alleine. Kenianische Truppen drangen ohne Zustimmung des Sicherheitsrats in Somalia ein. Herr Baschir, der Präsident des Sudans, ist vom Internationalen Gerichtshof angeklagt, einen Genozid begangen zu haben. Aber er reist ungehindert herum. Die Aufzählung ließe sich fortsetzen.

Im September 2005 akzeptierte der World Summit – nach einigen kontroversen Verhandlungen – einstimmig, was Gareth Evans und Mohamed Sahnoun (von der International Crisis Group – ICG) sowie Michael Ignatieff aus Kanada bereits 2001 vorgeschlagen hatten, nämlich die Erklärung „Responsibility to Protect“ (R2P; „Schutzverantwortung“). Sie zielt auf die Verhinderung von Massengreueltaten: Kriegsverbrechen, Verbrechen gegen die Menschlichkeit, ethnische Säuberungen und Genozid. Der World Summit wurde von Göran Persson geleitet, also kann er als eine Art Fortführung des Stockholmer Forums zur Genozidprävention von 2004 gesehen werden. Die Hauptverantwortung für den Schutz von Zivilisten wird den einzelnen Staaten zugewiesen, aber es wird auch betont, daß, sofern ein Staat dies nicht leistet, die internationale Gemeinschaft/UN einspringen muß. Aber wie? Das wird nicht klar ausgedrückt. Diplomatische und ökonomische Maßnahmen werden vorgeschlagen, und als letztes Mittel sind militärische Aktionen möglich.

R2P ist ein weiterer Versuch, das Völkerrecht zu einer verbindlichen Form zu entwickeln. Aber es scheint nicht erreicht worden zu sein. Wenn in den UN Einmütigkeit herrscht, sollte man argwöhnisch werden. Dies bedeutet zumeist, daß keine Interessen verletzt werden und sich die Entscheidungen als harmlos erweisen. Bis heute (2015) wurde viel darüber gesprochen, aber es wurde nicht wirklich umgesetzt. Wenn die UN in einer Krise einig sind, so braucht man keine weiteren Grundlagen; besteht Uneinigkeit, so verhindert dies die Anwendung von R2P;. Am 27. Mai 2008 erklärten die Vertreter Chinas und Rußlands bei einer Sitzung des Sicherheitsrats, daß sie sich selbst nicht daran gebunden fühlen, da sie ihre Souveränität dadurch beeinträchtigt sehen – sie erklärten sie also für irrelevant. Aber das bedeutet nicht, daß es um etwas Unnützes geht. Unter der Leitung von Dr. Edward Luck (2007 – 2012) und später von Jennifer Welsh hat das entsprechende UN-Büro grundlegende Dinge vorbereitet. Das Hauptproblem bleibt bestehen: die mangelnde Möglichkeit, nationale Souveränität im Interesse globaler vorbeugender Maßnahmen zu überwinden.

Was kann sonst getan werden? Eine der Möglichkeiten besteht darin, allmählich die Grundlage für regionale Treffen und Diskussionen auf einer mittleren diplomatischen Ebene zu erreichen, hauptsächlich getragen von kleineren und mittleren Staaten, um ein internationales Netzwerk von Konsultationen zu schaffen. Ein derartiger Ansatz ist von der Schweiz initiiert worden, aufgegriffen durch Argentinien, die Niederlande, Tansania, Bangladesch und einige andere Staaten. Einige Treffen fanden statt, und regionale Initiativen haben die ersten Institutionen gebildet. Man hofft, allmählich auch Druck auf die größeren „Spieler“ ausüben zu können. Natürlich ist dies ein langer Weg, und selbstverständlich ist es nicht der einzige. Es existieren auch NGOs, etwa die Aegis in Großbritannien, die sich mit Ruanda und dem Sudan beschäftigt.

Es besteht Einigkeit darüber, daß der mangelnde Wille der politischen Entscheidungsträger die Vorbeugung verhindert. Aber dies ist aus meiner Sicht zu einfach. Es liegt nicht notwendigerweise am mangelnden Willen, sondern an der allgemeinen ökonomisch-politischen Interessenlage. In demokratischen Ländern hängt es nicht zuletzt von der sogenannten öffentlichen Meinung ab (ein Begriff, der kontrovers ist). Wenn man die Lippenbekenntnisse der Politiker zu internationalen moralischen Normen „Scheinmoral“ nennen kann, so gilt dies um so mehr in Bezug auf die öffentliche Haltung gegenüber Genoziden. Ein Einwohner der kanadischen Provinz British Columbia lebt weit entfernt vom Kongo; wenn man seinen Morgenkaffee zu sich nimmt, denkt man nicht gerade an die dort stattfindenden Massenmorde und Massenvergewaltigungen. Selbstverständlich wird man seiner Abscheu Ausdruck verleihen und sagen, daß etwas unternommen werden muß. Es gibt also eine öffentliche Meinung, aber sie führt zu keinen Aktionen. Der öffentliche Druck in demokratischen Ländern kann theoretisch dazu führen, daß gehandelt wird. Aber die Politiker wissen nur zu gut, daß sich ihre Wähler nicht sonderlich für Kongolesen, sondern für Steuern, Krankenkassen und die Ausbildung ihrer Kinder interessieren. Wenn man etwas über die öffentliche Meinung erreichen will, so so gelingt dies nur langfristig. Es gilt, dafür zu sensibilisieren, daß Genozide und Massengewalt in Afrika sehr wohl die Bürger in Kanada oder Europa bedrohen können. Bildung kann dabei helfen. Es ist schwierig, aber nicht unmöglich.

Bildung ist nicht genug. Der einzige Weg, etwa China dazu zu überreden, Druck auf das Regime im Sudan auszuüben und internationale Aktionen in Darfur zu ermöglichen, besteht darin, Chinas ökonomische Interessen zu garantieren. Wenn man sich nicht auf die Ebene der praktischen Politik begibt, scheint die Genozidprävention hoffnungslos. Die Motivation für ein derartiges Engagement kann nur eine moralische sein, aber im praktischen Sinne: Nur eine derartige Moral kämpft gegen den Verlust von Menschenleben. Schließlich ist es für uns alle wichtig, Leben zu schützen – „Laßt es uns um Gottes willen tun“, dies gilt auch für die nicht an Gott Glaubenden. Und von einer derartigen moralischen Überzeugung begibt man sich in die Niederungen des politischen Lebens. Daher mein Vorschlag für einen Slogan für Aktivisten, die gegen den Genozid handeln: *moralisch motivierter politischer Zynismus*.

Was bedeutet dies nun? Ganz einfach – wenn man nicht durch das sinnlose Sterben von Individuen und Gruppen motiviert wird, wird man nicht handeln. Ebensowenig helfen moralische Appelle. All dies ist wirkungslos ohne praktische politische Schritte.

Jeder Versuch, sich mit Massengewalt gegen Gruppen – die ich genozidhafte Situationen nenne – zu beschäftigen, bedarf einer differenzierten Betrachtung. Man muß sie von bewaffneten Konflikten und möglichen bewaffneten Konflikten unterscheiden. Diese werden geführt aus ökonomischen, politischen, militärischen, kulturellen oder ideologischen Gründen, in denen keine Seite über die Möglichkeit verfügt bzw. dies anstrebt, die gegnerische Gruppe als solche zu vernichten. Bei einer genozidhaften Situation verfügt eine Seite über solche Möglichkeiten und über solche Absichten. Ein Konflikt kann durch einen Kompromiß, die Intervention von Dritten, Erschöpfung, den Sieg einer Seite (ohne daß die andere vernichtet wird), die Einsicht, daß keine Seite den Sieg erringen kann, oder durch eine Kombination verschiedener Elemente dieser Art beigelegt werden. Ein Genozid ist per definitionem das Gegenteil eines Kompromisses. Ist ein Genozid eingetreten, so sind die Folgen extrem schwer zu handhaben, die Verluste in jeder Beziehung hoch, sowohl menschlich als auch ökonomisch und politisch; es kostet Generationen. Dies sind allgemeine Betrachtungen, die Realität ist wesentlich komplizierter. Aber noch einmal, man muß differenzieren zwischen Konflikten und Genoziden. In Kaschmir und bei den israelisch-palästinensischen Auseinandersetzungen haben wir es mit Konflikten zu tun. Ein Konflikt kann sich zu einem Genozid ausweiten, und ein Genozid kann sich zu einem Konflikt zurückentwickeln. Hinsichtlich des Nahen Ostens kann es keinen Zweifel geben, daß die Palästinenser die Juden vertreiben möchten, im Falle der Hamas läuft dies ganz klar auf einen Genozid hinaus, auf die Vernichtung Israels und seiner jüdischen Einwohner. Radikale jüdische Siedler haben entsprechende Wünsche geäußert, sie wollen die Palästinenser vertreiben. Auch dies kann zu einem Genozid führen. Aber wie bereits ausgeführt, ist die Wahrscheinlichkeit dafür zur Zeit aufgrund der internen und externen Situation gering. Ein Kompromiß bleibt möglich.

Die Gefahr eines Genozids kann sich zu einem normalen Konflikt wandeln. Die tamilische Minderheit in Sri Lanka scheint vor der realen Bedrohung eines Genozids durch die singhalesische Mehrheit gestanden zu haben, aber verschiedene Einflußnahmen, sowohl extern als auch intern, führten dazu, daß der singhalesische Sieg zwar von massenhafter Gewalt und Massentötungen begleitet war, diese entwickeln sich aber nicht zu einem Genozid. Die Chancen für einen politischen Kompromiß blieben bestehen.

Diese Unterscheidungen sind wichtig, um Gegenstrategien entwickeln zu können. Man kann Konflikte durch Mediation, Kompromisse, nicht-militärische Einwirkung von außen beeinflussen, aber welche Strategien sind anzuwenden, um Genozide zu verhindern? Eine Möglichkeit scheint darin zu liegen, politische Akteure, die die Gefahr, die in der Inaktivität liegt, erkennen, für diplomatische Aktivitäten zu gewinnen. Dies läßt sich beispielhaft an der Entstehung des chinesischen Imperialismus diskutieren.

Zwar kann ich Chinesisch nicht lesen und bin auch kein China-Experte (obwohl ich chinesische Geschichte studiert habe), aber ich denke, meine Kenntnisse der chinesischen Geschichte und Politik reichen aus, um einige Schlußfolgerungen ziehen zu können. Beginnen wir mit Wladimir I. Lenin. In seiner Schrift *Der Imperialismus als höchstes Stadium des Kapitalismus*[13] analysiert Lenin, wie der Kapitalismus in den entwickelten Ländern die Notwendigkeit entstehen läßt, Kolonien zu errichten und wie dies dazu führt, weite Gebiete der Welt zu beherrschen. Das heutige China scheint ein exzellentes Beispiel für die von Lenin beschriebenen Prozesse zu sein: Interne ökonomische Entwicklungen zwingen China dazu, nach außen zu expandieren. Natürlich besteht heute weder die Notwendigkeit noch der Wunsch, Gebiete physisch zu besetzen – abgesehen von Gebieten in der Nachbarschaft (aber dies trifft im Falle von China nur sehr bedingt zu) –

[13] Zhisn i'Znanie, Moskau, 1917.

und die militärische Eroberung wäre nicht nur kontraproduktiv, sondern völlig überflüssig. Ökonomische Durchdringung ist wesentlich effektiver.

Das jährliche Wirtschaftswachstum Chinas liegt zwischen 7 und 11 % pro Jahr. Dies bedeutet, daß die chinesische Nachfrage nach Energie nicht nur gewaltig ist, sondern daß sie exponentiell wächst. 2007/8 bezog China 88 % der Energie aus eigenen Ressourcen, hauptsächlich Kohle, Atom- und Wasserkraft, daneben etwas Öl. Aber die restlichen 12 % sind problematisch, sie kommen aus dem Ausland, hauptsächlich in Form von Öl und Gas. Blicken wir nach Afrika, so sehen wir, daß Chinas Handel mit Afrika von 3 Milliarden Dollar (2005) auf 55 Milliarden (2006) und 107 Milliarden (2007) stieg. 2009 war er nochmals um 50 % gestiegen, und 86 % aller Importe waren Öl, Gas und Erze. Zum Vergleich: Der US-amerikanische Handel mit Afrika belief sich 2008 auf 140 Milliarden Dollar, China lag also auf dem zweiten Platz. Zwar betrug der Ölimport aus Afrika nur 4 % des chinesischen Energieverbrauchs, aber wir haben es mit einer dynamischen Entwicklung zu tun. Etwa 80 % der chinesischen Ölimporte werden der chinesischen Industrie zugeführt, während 70 % der amerikanischen im privaten Autoverkehr verbraucht werden. Amerikanische Investitionen beziehen sich hauptsächlich auf die Länder Nigeria, Südafrika und Ghana, während die chinesischen Interessen sich auf problematische Länder wie den Sudan, Angola, Äquatorialguinea und Kongo-Brazzaville (dies ist weniger problematisch) beziehen. Amerika und Europa beziehen noch immer 66 % der afrikanischen Ölimporte gegenüber knapp 9 % der chinesischen (2009). Aber die chinesischen wachsen, während die westlichen sinken.

Interessanterweise investieren die Chinesen massiv in die Infrastruktur, also Straßen, Pipelines, öffentliche Einrichtungen usw. Dies geschieht in Form von Krediten, die in Öl oder auf ähnliche Weise zu sehr niedrigen Zinsen zurückgezahlt werden können. Ein derartiger Kredit an Angola (2007) über 6 Milliarden Dollar wurde zu einem Zins von 1,5 % abgeschlossen und später auf 0,25 % gesenkt. In einigen Fällen fallen keine Zinsen an. Eine Straße zwischen Accra und Kumasi in Ghana wurde kostenlos errichtet. Chinesische Arbeiter, Ingenieure und Experten kann man in vielen afrikanischen Ländern antreffen. Der Westen, besonders die USA, bietet höhere Kredite, aber zu höheren Zinsen. Die westlichen Versprechungen werden selten eingehalten: Der Westen versprach Investitionen über 25 Milliarden Dollar zwischen 2005 und 2009, realisiert wurden 3 Milliarden. Die Chinesen versprachen auch 25 Milliarden, und man kann davon ausgehen, daß das meiste Geld tatsächlich investiert wurde. Es kann nicht überraschen, daß viele afrikanische Länder ihre Zukunft in den Beziehungen zu China, einer wachsenden Macht, sehen. Der Westen erscheint ihnen dagegen im Abstieg befindlich. Auf der internationalen Bühne kann China auf eine wachsende Zahl von Staaten als Unterstützer rechnen.

Der Konflikt im Sudan ist genozidhaft. Dies trifft zweifellos auf Darfur zu, ebenfalls auf den Kampf zwischen Nord- und Südsudan, der zwischen 1983 und 2005 zu mehr als 2 Millionen toten Südsudanesen führte, und auch auf den genozidhaften Bürgerkrieg im Südsudan zwischen den Dinka und Nuer (und den Shilluk).

Solange das Regime in Khartum von China, Rußland und der Arabischen Liga geschützt wird, ist keine Hilfe für Darfur und den Südsudan in Sicht. Ein chinesisches Veto schwebt über dem Sicherheitsrat. Dies rechtfertigt keineswegs, daß seitens der Amerikaner und Europäer nichts unternommen wird.

Aus chinesischen Dokumenten ergibt sich, daß die chinesische Außenpolitik von der Notwendigkeit getrieben wird, den Zugang zu Energie, seltenen Metallen und technischem Know-how zu erschließen, um das Wachstum aufrecht zu erhalten. Daraus ergeben sich zwei Folgerungen: Sich nicht in die inneren Angelegenheiten anderer einzumischen, wie immer es um derartige Regime bestellt sein mag; zweitens, Allianzen zu bilden und eine unilaterale Politik zu vermeiden. Dies hat historische Gründe: China hat drei Perioden der Fremdherrschaft erlebt: die Mongolen (Yuan-Dynastie, 1271 – 1368), die Mandschu (Qing-Dynastie, 1644 – 1911), und den Westen und die Japaner (vom Opiumkrieg 1840 angefangen bis 1949). Man könnte so weit gehen zu sagen, daß vor dem Ende des Zweiten Weltkriegs China zuletzt unter der Ming-Dynastie (1368 – 1644) unter chinesischer Herrschaft stand. Diese 276 Jahre stellten die einzige Unterbrechung der Fremdherrschaft dar. Daraus folgt ein Bestreben, jegliche Form von ausländischer Intervention in innerchinesische Angelegenheiten zu verhindern. Tibet und Xinjiang (die westlichste chinesische Provinz mit einem Bevölkerungsanteil von 45 % muslimischen turksprachigen Uiguren) werden historisch und traditionell als chinesisch angesehen, und die dort lebenden ethnischen Gruppen als tendenziell feindlich. Durchaus konsequent vermeidet es China, sich in die inneren Angelegenheiten anderer Länder einzumischen.

Das zweite Prinzip widerspricht dem ersten. China, als Weltmacht, folgt unmittelbar auf die USA, und „Zusammenarbeit" ist notwendigerweise ein Teil der chinesischen Außenpolitik. Soweit man weiß, hält China etwa 20 % der US-Staatsanleihen. Ein Zusammenbruch Amerikas oder eine Rezession würden ernste Folgen für China haben. Die amerikanische Wirtschaft ist noch bedeutend größer als ihr chinesisches Gegenüber, und das amerikanische Wohlergehen ist im chinesischen Interesse. Allianzen und Kooperationen müssen also angestrebt werden. Eine realistische Genozidpräventionspolitik muß also die chinesische Interessenlage berücksichtigen. Sie muß herausarbeiten, daß sie im chinesischen Interesse ist. Dies ist sicherlich schwierig, aber nicht unmöglich.

Offiziell ist China ein kommunistisches Land, aber der chinesische Kommunismus hat sich in einen Staatskapitalismus verwandelt. Mao wird noch immer als Gründer des modernen Chinas verehrt, aber die radikalen Reformen unter Deng Xiao-Ping (1904 – 1997) haben die kommunistische Sozialstruktur hinweggeweht. Karl Marx mag auf Postern auftauchen, die Intelligenzija etwas über Lenin oder Stalin wissen. Aber es ist höchst unwahrscheinlich, daß man etwas über Friedrich Engels weiß, Marx' engem Mitarbeiter und Finanzier, der in Manchester eine Fabrik besaß (und die Arbeiter dort ausbeutete!!). Das heutige China erscheint mehr als das China der Ming-Dynastie als ein China, das der Sowjetunion gleicht. Auf dem Höhepunkt der Ming-Dynastie, im 15. Jahrhundert, betrug die Bevölkerung über 160 Millionen. Ein auf dem Konfuzianismus basierendes strenges Prüfungssystem rekrutierte eine große Anzahl von Bürokraten, um das große Land zu verwalten. Strenggenommen basierte das System auf Moralvorstellungen, und die zukünftigen Beamten wurden nicht wirklich in praktischen Verwaltungsdingen ausgebildet, aber es erwies sich als effizient genug. Was den Vergleich interessant macht, ist die Tatsache, daß neue Bevölkerungsschichten einbezogen wurden. Auch wenn die meisten Analphabeten waren, konnten reiche Bauern und Kaufleute – eigentlich gesellschaftlich noch unter den Bauern stehend – hohe Positionen erreichen und dank ihres Reichtums in die untere Aristokratie aufsteigen. Die Loyalität zum Kaiser und seinem System waren natürlich die Hauptziele dieser Kaderrekrutierung. Das gegenwärtige „kommunistische" System unterscheidet sich davon nicht sonderlich. Um die Kader für die neue Aristokratie des Staatskapitalismus, also die Kommunistische Partei, zu rekrutieren und sich ihrer Loyalität zu versichern, wurde ein Kontrollsystem etabliert, das die Neuen prüft. Die traditionelle konfuzianische Sozialmoral hat sich theoretisch in eine sozialistische Moral gewandelt. In der Realität geht es um private Initiative, getrieben von Profitstreben. Statt Konfuzius bemüht man marxistische Terminologie, mit ähnlichem Ergebnis. China wird von einem Herrscher regiert, ob er (eine „sie" ist nicht möglich) Jiang Zemin, Hu Jintao, oder Xi Jingpin heißen mag, ist nebensächlich. Die Familiendynastie wurde durch eine Dynastie einer herrschenden Clique ersetzt. Auch hier sind die Unterschiede minimal. Es handelt sich um ein Großreich, und die wesentliche Ideologie ist chinesischer Nationalismus, nicht Kommunismus.

China auf ökonomischer Ebene gegenüberzutreten ist keine Option (dies gilt selbstverständlich auch für die militärische Ebene). Aber für die Diplomatie bieten sich Möglichkeiten. Vergessen wir den Kommunismus: Wir haben es mit dem zweitmächtigsten kapitalistischen Reich der Welt zu tun, wahrscheinlich in naher Zukunft sogar dem mächtigsten. Unter Berücksichtigung der ökonomischen Interessen sollte es möglich sein, Wege für einen Dialog zu finden. Moralpredigten führen zu nichts. Keineswegs sind die chinesischen Diplomaten oder Herrscher „schlecht"; sie verhalten sich wie ihre westlichen Gegenspieler während des Aufstiegs ihrer Reiche. Dabei verhalten sich die Chinesen moralischer/zivilisierter als ihre Vorgänger. Aber moralische Argumente haben kein Gewicht, solange sie nicht von ökonomischen begleitet werden. Wenn die internationale Politik ein Morast ist, so müssen wir hohe Stiefel anziehen, um uns darin zu bewegen.

Es gibt Beispiele und Parallelen, natürlich nicht völlig deckungsgleich. Das kaiserliche Deutschland ebenso wie das kaiserliche Japan, vielleicht kann man auch das zaristische Rußland um die Wende zum 20. Jahrhundert hinzuzählen, wurden, wie mein Kollege Jeffrey Herf es genannt hat, von einem „reaktionären Modernismus" beherrscht; mit anderen Worten, eine nicht- oder halbliberale Herrschaft ermöglichte den Aufstieg des modernen Kapitalismus[14]. Im Falle Deutschlands, Japans und Rußlands erfolgte dies auch durch die weiterhin herrschende Aristokratie, die sich dem modernen Kapitalismus anpaßte. In allen drei Fällen gab es ein halbautonomes parlamentarisches System, das als Sicherheitsventil diente. Herf beschäftigte sich mit Deutschland und wandte den Begriff auf die Nazi-Variante an, wo sich die traditionellen Kapitalisten der Diktatur anpaßten. Aber diese Schicht war eine direkte Fortsetzung der feudalkapitalistischen Interessengemeinschaft, die das kaiserliche Deutschland zuvor regiert hatte. Besonders aufschlußreich ist der Fall Japans in der Meiji-Ära (1868 – 1912, unter dem Meiji-Kaiser Mutsuhito), als die südliche Daimyo-Aristokratie, die sich in Opposition zu dem reaktionären Tokugawa-Shogunat befand, den Shogun stürzte und mit Hilfe der Gentry, der Samurai, eine sozioökonomische Revolution anstieß. Mit Übernahme der kapitalistischen Prinzipien katapultierte sich Japan in die Position einer Großmacht.

Daraus läßt sich eine Schlußfolgerung ziehen: Der Aufstieg der Mittel- und Oberschicht mit unternehmerischen Fähigkeiten, die Entwicklung des Kapitalismus ganz allgemein, geht nicht zwangsläufig einher mit der Demokratie. Demokratische Rechte und Gepflogenheiten, von rein formalen Ausnahmen abgesehen, entwickelten sich nicht bzw. wurden zurückgedrängt. Dies gilt besonders für die Entwicklung unter den Nazis. Kapitalismus und Demokratie entwickeln sich keineswegs Hand in Hand. China scheint dies zu belegen: Eine Einparteienherrschaft, basierend auf einem traditionellen Rekrutierungssystem, hat eine Variante des Staatskapitalismus hervorgebracht. Sie beruht auf der Profitmaximierung und der Bürokratisierung des Staates, kontrolliert durch eine neue Form der Aristokratie. Es gibt mehr Milliardäre in China als in den USA, und die Diktatur erweist sich als komfortabler Sicherheitsmechanismus für privates Unternehmertum. Regierungskontrollierte Industrien, Handels- und Bankhäuser existieren parallel zu privaten Unternehmungen. Korruption ist weit verbreitet. Demokratie ist nicht notwendig,

---

[14] Jeffrey Herf: *Reactionary Modernism. Technology, Culture, and Politics in Weimar and the Third Reich.* Cambridge, New York: Cambridge University Press, 1984.

und die Hoffnung, daß China sich demokratisiert, könnte sich als Illusion erweisen.

Wenn diese Analyse zutrifft, bleibt die Genozidprävention schwierig. Sie basiert darauf, daß politische Führer, ob durch die politische Meinung oder anderweitig, beeinflußt werden können. In nicht- oder halbdemokratischen Ländern ist dies schwierig, wenn nicht unmöglich. Dies gilt nicht nur für China. Rußland ist ein halbdemokratisches Land, und der Druck der öffentlichen Meinung sehr begrenzt. Der Iran und die meisten arabischen Länder sind allenfalls Halbdemokratien, und der Aufstieg des radikalen Islams scheint darauf hinzudeuten, daß die Dinge sich verschlechtern. Einige afrikanische Länder sind Diktaturen (etwa Äquatorialguinea), andere (wie der Sudan) werden von autokratischen Führern oder Gruppen regiert. Eine ähnliche Situation finden wir in Lateinamerika. Demokratische Länder haben ihre Schwierigkeiten. Zu ihnen zählen die USA, natürlich die Europäische Union, einige afrikanische und lateinamerikanische Staaten, Japan, Australien, Neuseeland, Thailand und das riesige Indien. Pakistan wird von Unruhen erschüttert, der Radikale Islam steht vor der Tür. Wie ist Genozidprävention vor diesem Hintergrund zu sehen?

Es ist unmöglich zu behaupten, daß die Demokratie, wie wir sie heute kennen (also die formale Gleichheit aller Bürger beiderlei Geschlechts, und eine Form von repräsentativer Regierung), der Normalzustand in der menschlichen Geschichte gewesen ist. Das antike Athen beruhte wie die meisten großen antiken Reiche auf der Sklaverei. Selbstverständlich gab es im Mittelalter keine Demokratie, und von einem kurzen revolutionären Zwischenspiel abgesehen war auch Frankreich nach der Französischen Revolution keine Demokratie. Die US-amerikanische Verfassung wurde hauptsächlich von Sklavenhaltern verfaßt. Die Schwarzen, als Untermenschen beschrieben, hatten in der Hälfte der Staaten der Union keine Rechte. Abgesehen von einer kurzen Periode nach dem Bürgerkrieg waren die Schwarzen erneut ihrer Rechte beraubt. Sie erlangten sie erst durch die Bürgerrechtsbewegung des Jahres 1968. Ich würde behaupten, daß die Vereinigten Staaten vor 1968 keine Demokratie waren. Ähnliches gilt für Großbritannien, bevor das Frauenwahlrecht nach dem Ersten Weltkrieg durchgesetzt wurde. Demokratie ist grundsätzlich etwas Neues; etwas, das sich erst in den letzten etwa einhundert Jahren durchgesetzt hat. George W. Bush lag offensichtlich daneben, als er verkündete, wenn Leute frei sind, wählen sie die Demokratie. Keineswegs. Sie folgen ihrem Herdeninstinkt, die meisten Menschen folgen einem Führer, einer charismatischen Persönlichkeit, die ihnen den Weg weist. Demokratie ist der Ausdruck einer entwickelten menschlichen Zivilisation, die unseren natürlichen animalischen Instinkten zuwiderläuft. Demokratie ist ein zartes Pflänzchen, das ständig gepflegt und geschützt werden muß. Es hat sich gezeigt, daß Menschen in der Lage sind, demokratische Gesellschaften zu entwickeln, aber dies ist keine einfache Aufgabe. Man hat zu Recht darauf hingewiesen (etwa der bereits zitierte Rummel), daß Genozide in Demokratien die absolute Ausnahme darstellen, obwohl sie sich ereignen können. Sie sind wesentlich wahrscheinlicher in autoritären und diktatorischen Regimen. Genozidprävention bedeutet also zunächst die Verteidigung und Förderung der Demokratie. Jeder, der für die Genozidprävention kämpfen will, muß wissen: Der Kampf für die Demokratie und der Kampf gegen Genozide sind zwei Seiten einer Medaille. Ich muß hinzufügen, daß die jüdische Gesellschaft ebenfalls nie demokratisch war. In frühen Zeiten war das Regierungssystem monarchisch, danach wurden die jüdischen Gemeinschaften durch wohlhabende Oligarchien, unterstützt von spirituellen, klerikalen Führern, zumeist Rabbis, regiert. Die israelische Demokratie ist neu und gefährdet.

Ganz offensichtlich verändert sich unsere Welt sehr schnell. Ebenso klar dürfte es sein, daß man Demokratie nicht mit Gewalt exportieren kann, wie die amerikanischen Fehlschläge im Irak und in Afghanistan belegen. Ebensowenig kann Genozidprävention mit militärischen Mitteln erreicht werden. Auch Genozide können gewöhnlich so nicht verhindert werden, obwohl es Ausnahmen gibt, und in Extremsituationen mag es keine andere Option als die militärische geben. Im Fall des Holocausts war es die militärische Niederlage Nazi-Deutschlands, die den Genozid an den Juden beendete, obwohl dies nicht das Ziel der Alliierten war (eher trifft das Gegenteil zu). China kann nicht bedroht werden, weder ökonomisch noch militärisch (es wäre eine verrückte Vorstellung). Der einzige Weg ist langsame, geduldige und andauernde Diplomatie, gestützt auf reale Interessen, Massengewalt aus einer Kombination von ökonomischen, moralischen und politischen Gründen zu verhindern.

Der Sudan liefert ein Beispiel. Die Fortsetzung des Konflikts bedroht die chinesischen Ölinteressen. Die Weigerung des Südens, die Ölversorgung zuzulassen, beunruhigt Peking. „Zusammenarbeit", unter diesem Schlagwort überdenkt China vielleicht seine Position und arbeitet mit anderen zusammen, um eine Lösung für die eigenen Ölinteressen zu finden, und den nicht-islamischen Völkern im Sudan das Überleben zu sichern.

Welche Schlußfolgerung läßt sich ziehen? Vorbeugung in Bezug auf Genozide und andere Formen massenhaften Mordens, ethnischen Säuberungen, Politiziden und so weiter kann nur aufgrund sorgfältiger theoretischer Untersuchungen erreicht werden. Diese Forschungen sind relativ neu, und sie brauchen Zeit, bis sie Resultate liefern. Die Verhinderung von Genoziden erweist sich als extrem schwierig. Bei einem derartigen Bemühen können Organisationen und einzelne Persönlichkeiten hilfreich sein. Es gilt, Regierungen und solche Persönlichkeiten zu finden, die zur Zusammenarbeit bereit sind, und den Druck auf die UN und den Sicherheitsrat erhöhen helfen. Der einzige Weg, Ergebnisse zu erzielen, ist die stille, beständige Diplomatie, die versucht, Brücken zu bauen zwischen Interessen,

Nationalismen, verschiedenen Kulturen. Die erwähnte Initiative (der Schweiz und anderer Länder) sollte unterstützt werden. In den wesentlichen demokratischen Ländern sollte man sich bemühen, die Öffentlichkeit zu sensibilisieren. In der öffentlichen Meinung sollte sich Besorgnis ausdrücken. Unter extremen Umständen können auch militärische Optionen, wie Friedensmissionen, geprüft werden. Multilaterale Militärinterventionen wären, sanktioniert durch die UN, das letzte Mittel. Dabei darf nicht vergessen werden, daß militärische Intervention das Versagen der Vorbeugung belegt. Sie führt oft – in den meisten Fällen – zu weiteren Problemen, die sich als schwer lösbar erweisen. In einer globalisierten Welt mit freiem Handel, sogar mit Ländern, in denen die Genozidgefahr real ist, mag dies kein guter Weg sein, die Gefahren zu beseitigen. Wirtschaftsblockaden sollten nicht völlig ausgeschlossen werden, auch wenn sich viele als kontraproduktiv erwiesen haben. Sie sollten nur in Erwägung gezogen werden, wenn andere Maßnahmen gescheitert sind, bevor man zu militärischen Aktionen greift. Die Diplomatie ist das Hauptmittel, um tätig zu werden. In Bezug auf die nicht- bzw. halbdemokratischen Systeme Chinas und Rußlands muß Diplomatie deren zentrale ökonomische politische Interessen berücksichtigen.

Besteht Hoffnung? Ja, ich denke. Vielleicht.

Kapitel 7

Noch einmal über den Holocaust nachdenken[1]

Warum eigentlich? Immerhin verfaßte ich 14 Bücher über den Holocaust, beschäftigte mich damit in einigen hundert Artikeln und Reden. Kann ich wirklich noch etwas hinzufügen?

Selbst mußte ich nicht durch diese Hölle gehen. Ich wurde 1926 geboren. Meine Eltern und ich stammen aus Prag, und wir wanderten aus der damaligen Tschechoslowakei nach Palästina aus. Wir verließen Prag in der Nacht vom 14. auf den 15. März 1939, der Nacht, in der die Deutschen Böhmen und Mähren (also die heutige Tschechische Republik) besetzten. Es war drei Wochen vor meinem dreizehnten Geburtstag. Mein Vater (1895 – 1975) war seit seinen Jugendtagen ein überzeugter Zionist. Er bereitete unsere Ausreise nach Palästina 1934 vor, als er das Land besuchte, um herauszufinden, wie er dort seinen Lebensunterhalt bestreiten könnte. Er war um die vierzig und nicht in der Lage, schwere Arbeit in der Landwirtschaft zu verrichten. Er sah sich in den Städten um. Als Student an der Deutschen Universität in Prag war er Mitglied einer jüdischen Studentengruppe namens „Barissia" gewesen. Diese verteidigte die jüdische „Ehre" gegen antisemitische deutsche Studenten, indem man sie zum Duell herausforderte. Dabei war er eigentlich nahezu Pazifist. Während des Ersten Weltkriegs diente er als Infanterieleutnant in der österreichisch-ungarischen Armee, wurde von den Italienern gefangengenommen und 1918 gegen einen italienischen Offizier ausgetauscht, da er schwer erkrankte. Nach dem Krieg wurde er Mitglied der Zionistischen Arbeiterpartei („Poalei Zion") und der Tschechischen Sozialdemokratischen Partei. Er war der Vorsitzende des Unterstützungskomitees für zionistische Pioniere aus der Tschechoslowakei, die sich auf die Ausreise nach Palästina vorbereiteten. 1923 heiratete er Uly (Gusta) Fried (1899 – 1993). Meine Großeltern väterlicherseits kamen aus einem tschechisch sprechenden Gebiet in Mähren, aber sie sprachen auch Deutsch. Mein Vater war recht arm, aber es gelang ihm, Ingenieur zu werden. Er mochte diesen Beruf nicht, und er wurde schließlich Hauptbuchhalter in

---

1 Mein Buch *Die dunkle Seite der Geschichte* (Frankfurt: Jüdischer Verlag im Suhrkamp-Verlag, 2001) erschien ursprünglich mit dem Titel *Rethinking the Holocaust* (New Haven: Yale University Press, 2001).

einem Prager Kohleunternehmen. In seiner Freizeit betätigte er sich als Pianist, Komponist, Dichter und Autor (hauptsächlich für das Feuilleton). Er schrieb auch ein zionistisches Antinazibuch und stand offensichtlich auf der Schwarzen Liste der Nazis. Meine Mutter stammte aus einer wohlhabenden Prager Familie – ihr Vater war Bankdirektor in Prag, starb aber 1919 an der Spanischen Grippe. Seine Frau, meine Großmutter, verlor alle Ersparnisse in der Nachkriegsinflation, und wir mußten in eine bescheidene, doch komfortable Wohnung ziehen. Sie blieb dort, nachdem wir emigriert waren, heiratete ihren Schwager und wurde nach Theresienstadt deportiert. Die Deutschen ermordeten sie im Juli 1942 nahe Baranowicze (Baranawitschy), im heutigen westlichen Weißrußland.

Mein Vater hatte nicht genug Geld, um ein Visum für Palästina als „Kapitalist“ zu erhalten – dazu waren 1.000 englische Pfund notwendig, ein Vermögen in den dreißiger Jahren. Er verkaufte, was er besaß, nahm Kredite auf, wurde von Freunden unterstützt, und schaffte es schließlich 1938, das Geld zusammenzubekommen. Dabei überwand er zahlreiche bürokratische Hindernisse. Anfang 1939 trafen unsere Visa ein. Wir verließen Prag mit dem Zug, in dem auch Max Brod saß, Franz Kafkas Testamentsvollstrecker, der selbst ein bedeutender Schriftsteller und Dichter war. Es befanden sich auch noch andere Zionisten in dem Zug, aber auch zahlreiche deutsche Sozialdemokraten flüchteten, da die Deutschen offensichtlich beabsichtigten, die tschechischen Gebiete zu besetzen. Als wir die polnische Grenze in Moravská Ostrava nach Mitternacht des 15. März erreichten, hatten die Deutschen bereits die Zügel in der Hand. Männer mit Hakenkreuzbinden betraten den Zug, aber der tschechische Stationsvorsteher erkannte die Situation, zeigte Grün, damit der Lokführer fahren konnte. Der Zug überquerte die Grenze bis zur Station auf der polnischen Seite, die knapp 200 bis 300 Meter entfernt war. Wir waren in Sicherheit. Der Zug brachte uns durch Polen nach Rumänien. Wir gelangten mit dem ersten palästinensisch-jüdischen Passagierschiff nach Haifa. Auf der Har Zion erreichten wir am 23. März den Hafen von Haifa. Ich mußte den Holocaust nicht erleiden.

Mein Großvater väterlicherseits starb 1937; meiner Großmutter, aus einer türkisch-jüdischen Familie stammend, die vor einigen Generationen über Ungarn nach Böhmen gekommen war, gelang es, sich zu ihrem Bruder in New York zu retten. Dieser war zum Christentum übergetreten und hatte eine Amerikanerin geheiratet. Sie behandelten meine Großmutter recht schäbig, und mein Vater unternahm große Anstrengungen, sie nach Palästina zu bringen. Aber die britischen Behörden verweigerten dies wieder und wieder. Schließlich erhielt er 1944 die Genehmigung und schickte sie nach New York. Er erhielt die Antwort, daß meine Großmutter gestorben sei. Großvater hatte einen Bruder in Brünn, der nach Theresienstadt deportiert und schließlich in Auschwitz ermordet wurde; seine beiden Söhne wurden von den Deutschen erschossen, weil sie einer tschechischen Untergrundgruppe angehörten. Zu dieser Zeit spielte ich Fußball in der Schulmannschaft von Haifa (rechter Verteidiger). Ich sah meinen Vater weinen, als seine Mutter starb, und ebenso beide Eltern, als sie erfuhren, daß meine Großmutter mütterlicherseits und ihr Mann nicht überlebt hatten. Mein Vater ist immer noch mein Vorbild. Sein Bild – es stammt von meiner Mutter (sie war unter anderem eine Malerin) – hängt in meinem Studierzimmer, in dem ich schreibe. Ich ähnele ihm im Aussehen, meine Stimme, meine Körpersprache gleichen seiner. Aber es mangelt mir an seiner moralischen Aufrichtigkeit und charismatischen Persönlichkeit. Nochmals, ich mußte nicht durch den Holocaust.

Seit Ende 1942 wußte ich im großen und ganzen, was sich in Europa ereignete. 1944 war ich Mitglied des Palmach, der Untergrundarmee der Haganah, und ich erhielt mehr Informationen. Im Februar 1945 unternahm unsere Einheit einen illegalen Marsch und eine militärische Übung am Toten Meer. Damals war das Gebiet unbewohnt. Vorhanden waren nur die Pottasche-Werke, die aus dem Meer Mineralien gewannen. Vom Nordufer aus starteten wir in einer kalten Nacht unser Abenteuer in die Wüste. Wir bekamen Besuch von dem Kommandeur des Palmach, Yitzhak Sadeh (dem späteren Gründer der israelischen motorisierten Streitkräfte), und Ruzka Korczak; sie war die erste jüdische Partisanin, die aus der Region Vilnius (Wilna) Palästina erreichte. Sie hatte dort gekämpft und war von der Roten Armee befreit worden. Da sie kein Hebräisch sprach, wurde ihr Jiddisch, das wir nicht verstanden, übersetzt. Sie berichtete uns vom Holocaust – alles, was sie wußte. Ihre Person und ihre Geschichte machten auf mich einen gewaltigen Eindruck.

1946 erhielt ich von der Britischen Mandatsverwaltung ein Stipendium für das Universitätscollege Cardiff (Prifysgol Cymru y Mynwy) in Wales. Ich beschäftigte mich nicht mit dem Zweiten Weltkrieg, der noch zu allgegenwärtig war, und selbstverständlich nicht mit dem Holocaust. Ich wollte das Judentum zu meinem Gegenstand als Historiker machen und würde mich später auf die jüdische Gemeinde in Palästina konzentrieren. Aber in Wales wollte ich meinen Horizont erweitern und studierte Allgemeine Geschichte. Ich wandte mich der Wirtschafts- und Sozialgeschichte England des 16. und 17. Jahrhunderts zu, walisischer Geschichte, mittelalterlicher Geschichte, der Geschichte Japans des 16. und 17. Jahrhunderts, der Geschichte Chinas und des New Deal. Ich verbrachte ein Jahr in einem katholischen Kloster (St. Teilo's), das ein Studentenheim unterhielt. Ich wollte etwas über das Christentum lernen. 1948 kehrte ich zurück, um am israelischen Unabhängigkeitskrieg teilzunehmen. Danach ging ich, ohne Stipendium (aber ich mußte die Studiengebühren nicht zahlen), wieder nach Cardiff, um mein Studium abzuschließen. Ich erhielt meinen M. A. mit Auszeichnung. In Leeds widmete ich mich der zionistischen Jugendarbeit und kehrte 1952 nach Hause zurück. Hier trat ich dem Kibbuz Shoval im Süden Israels, dem Negev, bei, den ich 1993 verließ. Der Kibbuz akzeptierte meine Doktorstudien, und 1960 machte ich meinen Doktor mit einer Arbeit über die jüdische Gemeinde in Palästina („Jischuw“) während des Zweiten Weltkriegs. Ich arbeitete am Institut für Zeitgenössische Jüdische Studien an der Hebräischen Universität (1961) und wurde 1977 Professor Ordinarius (der Literaturnobelpreisträger Shai Agnon nannte dies sarkastisch „ein kompletter Professor“). Ich wurde Institutsdirektor, schrieb Bücher usw. Zunächst vermied ich es, mich mit dem Holocaust zu beschäftigen, aber 1962 traf ich Abba Kovner. Er war der erste, der über die jüdischen Aufstände im nazibesetzten Europa berichtete. Er war ein Kommandeur der Partisanen, der nach dem Krieg nach Palästina gekommen war, und wurde zu einem bekannten Dichter, Schriftsteller und einer Persönlichkeit des öffentlichen Lebens. Er sagte zu mir, mein erstes Buch, das auf meiner Doktorarbeit beruhte, sei nicht schlecht, aber warum, so fragte er, würde ich meine Zeit vergeuden. „Wie meinen Sie das?“, fragte ich. „Nun“, antwortete er, „ganz einfach, was ist das wichtigste Ereignis der jüngsten jüdischen Geschichte, vielleicht der gesamten jüdischen Geschichte?“ „Der Holocaust“, antwortete ich. „Also, warum beschäftigen Sie sich nicht damit?“ „Ich habe Angst“, war meine Antwort. Das, so entgegnete er, sei ein ausgezeichneter Ausgangspunkt. Er hatte mich überzeugt. Seit über 50 Jahren erforsche ich nun die mit dem Holocaust verbundenen Ereignisse.

An unserem Institut beschäftigte sich Dr. Shaul Esh, ein Philologe und Experte des deutschen Judentums, mit dem Holocaust. Er starb bei einem Autounfall 1968, und ich wurde sein Nachfolger. Während der letzten 50 Jahre habe ich manche meiner Positionen geändert und ich lerne noch immer. Zu meinem Glück wurde Israel Gutman Mitarbeiter an unserem Institut, ein Historiker, Überlebender, Teilnehmer des Aufstandes im Warschauer Ghetto. Wir wurden enge Freunde und arbeiteten bestens zusammen. Die entscheidende Frage, die wir uns stellten, bezog sich auf Raul Hilberg und sein monumentales Werk „Die Vernichtung der europäischen Juden“[2]. Hilberg sah den Holocaust als Werk der deutschen Bürokratie. Er versuchte, dies in beeindruckender Weise durch unzählige Dokumente – sie stammten hauptsächlich von den während der Nürnberger Prozesse 1945/46 gesammelten Quellen – zu belegen. Er stellte sich nie die Frage, was die Bürokraten denn dazu gebracht hatte, das zu tun, was sie taten. Er bemerkte oft, daß er keine großen Fragen stellen wolle, für den Fall, daß er lediglich kleine Antworten gebe. Sein Werk fragte – wie konnte es geschehen? Er stellte nie die Frage – warum? In seinem Buch erscheinen die Juden im wesentlichen als passives Objekt der Verfolger, Opfer, die von ihren Führern, den „Judenräten“, irregeführt worden waren. Die Judenräte waren von den Deutschen eingesetzt worden und waren für

2 Berlin 1982; das Original erschien 1961 in Chicago unter dem Titel *The Destruction of the European Jews* (Quadrangle Press).

die jüdische Gemeinde im Ghetto verantwortlich gewesen. Die Führer mögen oft menschlich untadelig gewesen sein, aber sie wurden, so Hilberg, willige Werkzeuge im Plan der deutschen Mörder. Er beachtete die Bedeutung des jüdischen Widerstandes kaum, da die Zahl der von den jüdischen Widerstandskämpfern getöteten Deutschen sehr gering anzusetzen ist. Er erwähnte die jüdischen Partisanen nicht, weder ihre Herkunft, noch daß es sich um zehntausende handelte. Den unbewaffneten jüdischen Widerstand, die Versuche, die gemeinschaftlichen Strukturen zu erhalten, die Gesundheitsfürsorge aufrechtzuerhalten, Erziehung zu ermöglichen und ein politisches und religiöses Leben im Untergrund aufrechtzuerhalten, den Lebensmittelschmuggel in die osteuropäischen Ghettos sah er ebenso als eine Funktion an, die Arbeitsfähigkeit zu erhalten, die Juden auszubeuten und sie schließlich zu vernichten. Die Tatsache, daß die Mordaktionen oft nicht durch eine zentralisierte Bürokratie, sondern durch lokale Funktionäre, Militär, Polizei, SS oder zivile Gruppen, ja Individuen, aus einer gemeinsamen ideologischen Haltung heraus, veranlaßt wurden, es also keiner ausdrücklichen Befehle von oben bedurfte, wurde von Hilberg nie akzeptiert. Auch berücksichtigte Hilberg nicht die Forschungsergebnisse deutscher Historiker, die das Zusammenspiel von Berliner Zentrale und den Aktionen der untergeordneten Nazistellen in der Peripherie aufdeckten. Diese handelten oft selbständig. Die Ideologie stellte für Hilberg, einen Politikwissenschaftler, nicht mehr dar als einen Deckmantel für das Geschehene. Seine nichtsdestotrotz große Arbeit beruhte hauptsächlich auf deutschen Quellen. Er beschäftigte sich mit dem deutschen Versuch, die Juden zu vernichten, nicht mit den Juden, ebensowenig mit dem besetzten Europa oder mit den gegen die Deutschen kämpfenden Alliierten. Er behandelte den Holocaust nie in seiner Komplexität. Es stellt sich also die Frage – läßt sich so ein realistisches Bild von den Ereignissen erlangen?

Ich wurde Hilbergs Freund, ich schätzte seine Suche nach Wahrheit, seine Integrität, sowohl in akademischer als auch persönlicher Hinsicht, und er äußerte Ähnliches über mich. Aber wir waren nie einer Meinung. Bei öffentlichen Auftritten trugen wir zahlreiche Kontroversen aus – danach tranken wir zusammen Kaffee. Seine Thesen wies ich zurück, obwohl kein anderer so viel zur Erforschung des Holocausts beigetragen hat. Seine exemplarische Studie der Bürokratie ist ein wichtiger Teil, um die Frage nach dem „wie“ zu beantworten. Zusammen mit Israel Gutman vertrat ich die These, daß der Holocaust in erster Linie aus dem Antisemitismus in seiner rassistischen Variante entstand, die sich als eine Mutation des bereits vor den Nazis existierenden Antisemitismus entwickelt hatte. Er enthielt sowohl frühere Elemente dieser Pathologie als auch neue Elemente. Diese Ideologie motivierte die Bürokraten dazu, den Genozid zu organisieren, obwohl viele von ihnen nur eine vage Vorstellung dieser Ideologie hatten; aber sie entwickelte sich zu einem gesellschaftlichen Konsens. Die Erklärung der funktionalistischen

Schule, wie sie von dem großen deutschen Historiker Hans Mommsen und heute von meinem guten Freund Götz Aly vertreten wird, akzeptiere ich nicht. Ideologie wird hier nur als notwendiger Hintergrund für den Genozid gesehen. Der Holocaust wird als ein Ergebnis der Radikalisierung der deutschen Gesellschaft und der nationalsozialistischen Herrschaft erklärt, als Folge einer Serie von schweren inneren Krisen, auf die das Regime keine adäquaten Antworten fand. Diese Krisen – ökonomisch, sozial, ideologisch und systemisch – führten das Regime dazu, die Lösung in der Suche nach Sündenböcken zu sehen, dies waren zuallererst und hauptsächlich die Juden. Aber sie können nicht erklären, warum die Juden diese Rolle übernehmen mußten.[3] Meine Erwiderung besteht darin, daß Strukturen an sich – weder ökonomische, soziale, noch systemimmanente – nicht zu Mord führen. Menschen töten und sie müssen für dieses Töten einen Grund oder Gründe anführen. Wenn sie eine Begründung akzeptieren, die zur Vernichtung der ins Auge gefaßten Gruppe führt, werden sie versuchen, ihre Idee durchzusetzen, wenn sich die Gelegenheit dazu ergibt und dies ihrer Meinung nach notwendig ist. Dieser Konsens ermöglicht es lokalen Akteuren, die über wenig oder keinen Kontakt zum Zentrum verfügen, Tötungen vorzunehmen, da sie sicher sein können, daß dies von oben gedeckt wird. Das „Zentrum" seinerseits leitet und initiiert die Radikalisierung solcher Aktionen. Es ergibt sich ein Zusammenspiel von Zentrum und Peripherie. Die Ideologie stellt keinen „Hintergrund" dar, sondern steht im Vordergrund der Aktion. Konsens bedeutet, daß es kaum noch notwendig ist, Überzeugungsmaßnahmen einzuleiten, obwohl Nazi-Deutschland enorme Energie darauf verwendete, die Ideologie zu propagieren. Der radikale Antijudaismus stand immer im Zentrum.

Soweit die kurze Zusammenfassung meiner Argumente, die ich in verschiedenen Büchern vertreten habe. Aber es gibt eine Frage, die mich beschäftigt, da sich nicht viele Historiker damit auseinandersetzen: die Beziehung zwischen Ideologie, Antisemitismus, Krieg und Holocaust. Es ist nicht wenig über den Zusammenhang von Krieg und Holocaust geschrieben wurden. Es geht dabei hauptsächlich um die Frage, inwieweit die Erfolge der deutschen Kriegsmaschinerie sich auf die Planung und Durchführung des Genozids in den besetzten Gebieten der Sowjetunion und Osteuropas auswirkten. Aber hierbei handelt es sich nicht um die von mir aufgeworfene Frage. Ich frage, warum der Krieg ausbrach, und ob

---

[3] In seinem zuletzt erschienen Buch *Warum die Deutschen? Warum die Juden?* (Frankfurt: S. Fischer, 2011), argumentiert Aly, daß die Grundlage für den Antisemitismus des 19. und 20. Jahrhunderts der Neid auf die erfolgreiche jüdische Minderheit darstellt. Er stützt diese provokative These auf eine breite Quellenbasis, und in der Tat ist seine Argumentation teilweise überzeugend. Aber selbstverständlich erklärt „Neid" den Antisemitismus nicht allein. Aly ignoriert den historischen Hintergrund des europäischen und deutschen Antisemitismus, der in einer aufstrebenden Industriegesellschaft wie der deutschen den Neid hervorbrachte. Und Neid führt logischerweise nicht zwangsläufig zum Mord.

es einen Zusammenhang zwischen den Gründen für den Kriegsausbruch und der antisemitischen Ideologie gibt. Ich frage nicht, wie der Krieg ausbrach. Viele Historiker haben sich mit dem Zusammenspiel der verschiedenen Akteure in politischer, militärischer, ökonomischer Hinsicht beschäftigt; ebenso mit den diplomatischen Entwicklungen auf globaler Ebene usw. Aber warum strebten die Nazis den Krieg überhaupt an – es dürfte den meisten klar sein, daß der Krieg nicht ausbrach wegen des Streits zwischen Polen und Deutschland über Danzig bzw. den Grenzverlauf. Ebenso klar ist, daß weder der Westen – Großbritannien und Frankreich –, noch die Sowjetunion den Krieg wollten. Warum also dann? Und wo lagen die Ziele der Nazis, die den Krieg wollten? Ganz offensichtlich hätte es ohne den Krieg den Genozid an den Juden bzw. den genozidalen Massenmord von Nazi-Deutschland nicht gegeben.

Unter Historikern besteht weitgehende Einigkeit darüber, daß die Deutschen und nicht die Sowjetunion, die andere Diktatur, den Krieg wollten. Damit stellt sich als erste Frage: Wer in Deutschland wollte den Krieg? Wir haben Berichte von vielen ausländischen Journalisten und diplomatischen Vertretern, die sich 1938/39 in Deutschland aufhielten. Sie berichten übereinstimmend, daß die allgemeine deutsche Öffentlichkeit keinen Krieg wollte. Das Regime erfreute sich der Unterstützung der meisten Deutschen. Aber sie glaubten Hitler, der wiederholt seinen Friedenswillen betonte, sein Bestreben hervorhob, nur einen ehrenvollen Frieden anzustreben, der Deutschlands Position in der Mitte Europas garantieren und die sich aus der Niederlage des Ersten Weltkriegs ergebenden Resultate aufheben würde. In der Tat hatte Deutschland bereits den Versailler Vertrag von 1919 annulliert. Man konnte das Saarland im Westen 1935 wieder angliedern, das Rheinland 1936 remilitarisieren, das 1919 entmilitarisiert worden war; es war gelungen, eine mächtige Armee aufzubauen, mit Großbritannien war 1935 ein Flottenabkommen geschlossen worden, das eine Flotte von einem Drittel der britischen erlaubte; 1938 war Österreich annektiert und im September 1938 die Tschechoslowakei zerschlagen, im März 1939 Böhmen und Mähren besetzt, ebenso die litauisch-deutsche Stadt Memel. All dies wurde ohne Krieg erreicht, und die Leute glaubten Hitler, daß alle territorialen Ansprüche nach der Regelung mit Polen erledigt sein würden. Dann würde es einen ehrenhaften Frieden geben. Verständlicherweise waren die Menschen 21 Jahre nach dem Ersten Weltkrieg, in dem Millionen deutscher Soldaten getötet oder verwundet worden waren, kriegsmüde. Es gab Millionen von Kriegswitwen und Frauen, die sich um kriegsversehrte Männer zu kümmern hatten, ebenso wie um vaterlose Familien. Ja, es gab Millionen von Mitgliedern der Nazipartei, viele fanatisiert, viele Karrieristen, die bereit waren, dem Führer zu folgen. Aber die Mehrheit der Menschen hoffte, daß kein Krieg ausbrechen würde. Seitens der Bevölkerung gab es keinen Druck, einen Krieg zu beginnen.

Aber vielleicht wollte das Großkapital den Krieg? Aufgrund des nunmehr gegebenen Zugangs zu den Archiven der führenden Industriekonzerne, der großen Banken und anderer Sektoren der deutschen Wirtschaft in den dreißiger Jahren zeigt sich, daß es ebenfalls keinen Druck aus dieser Richtung gegeben hat. Die Geschäfte liefen blendend. 1938 gab es praktisch keine Arbeitslosigkeit, die deutschen Exporte nach Südosteuropa florierten, und trotz aller ideologischen Gegensätze boomte der Handel mit der UdSSR. Die Nazis hatten die unabhängigen Gewerkschaften beseitigt, die Kapitalisten hatten intern die Ruhe, die sie sich wünschten. Gegen territoriale Gewinne ohne Krieg war nichts einzuwenden. Viele, wohl die meisten Leute träumten von einer deutschen Hegemonie über Osteuropa, aber daraus leitete sich kein Druck für bewaffnete Aktionen ab.

Es bleibt zu fragen, ob die Armee den Krieg wollte. Selbstverständlich waren sie keine Pazifisten, und man hatte den Traum deutscher Nationalisten, Osteuropa zu kontrollieren, nicht aufgegeben. Die deutsche Armee hatte Rußland im Ersten Weltkrieg besiegt, und Deutschland hatte im Vertrag von Brest-Litowsk mit den Bolschewisten im März 1918 die Kontrolle über Osteuropa, inklusive der Ukraine und des Baltikums, erreicht. Deutsche Truppen verblieben dort selbst nach der Kapitulation im November 1918. Man hoffte auf eine Revision der deutschen Niederlage und der weiteren deutschen Herrschaft im Osten. Deutsche Freikorps waren für Chaos und Verwüstungen besonders in den baltischen Staaten verantwortlich, Mord, Raub, Vergewaltigung eingeschlossen. Viele deutsche Offiziere der Jahre 1938/39 waren in diese Vorgänge verwickelt gewesen. Die Nazi-Ideologen und deutsche Nationalisten hatten sicher ähnliche Vorstellungen in Bezug auf Osteuropa. Aber die deutsche Armeeführung sah im September 1938 Deutschland durch eine machtvolle Koalition aus Frankreich, Großbritannien, den USA und der Tschechoslowakei bedroht. Sie entschlossen sich, Hitler zu stürzen, sollte sich die Situation zuspitzen. Der Chef des Generalstabes, General Ludwig Beck, trat im August 1938 zurück, da er den Krieg ablehnte. Sein Nachfolger (seit dem 1. 9. 1938), General Franz Halder, teilte seine Einstellung und versuchte, den Widerstand gegen Hitler zu organisieren. Er wurde dabei von einigen wichtigen Militärführern, wie General Erwin von Witzleben, unterstützt. Einige weniger bedeutende Akteure, wie Theo Kordt und Ewald von Kleist-Schmenzin, wurden nach London und Paris gesandt, um Unterstützung zu suchen (oder begaben sich wie der ehemalige Bürgermeister von Leipzig, Carl Goerdeler, aus eigenem Antrieb dorthin). Eine entschlossene Gruppe innerhalb der deutschen militärischen Abwehr, geführt von Hans Oster, trug sich mit Putschplänen. Es gab sogar Pläne, Hitler zu ermorden. Einige der Verschwörer tauchten später, im Juli 1944, im Zusammenhang mit dem Attentat gegen Hitler wieder auf. Aber die Entscheidung des britischen Premierministers Neville Chamberlain und des französischen Premiers Edouard Daladier, eine friedliche Lösung um beinahe jeden Preis anzustreben, nahm derartigen Plänen die Erfolgsaussichten. Die westlichen Mächte zwangen die Tschechen, sich zu ergeben. Hitler gewann die diplomatische Schlacht. Das Münchener Abkommen vom September 1938 beinhaltete die Abtrennung der deutschen Siedlungsgebiete und nahm den Putschplänen die Basis. Eine Rebellion gegen eine erfolgreiche politische Führung mußte sich als aussichtslos erweisen. Aber ganz offensichtlich wollten viele der führenden Offiziere wie ihre zivilen Verbündeten keinen Krieg, den sie als hochriskant ansahen. Gegen den deutschen Expansionismus hatten sie nichts einzuwenden, und auch nicht gegen die Idee, die deutschsprachigen Gebiete der Tschechoslowakei abzutrennen bzw. diese zu besetzen. Aber sie fürchteten den Krieg, da er zu Deutschlands Niederlage führen würde.[4] Mit Sicherheit strebten sie keinen Krieg an.

Wer also wollte den Krieg? Die Antwort ist ganz banal – Hitler. Selbstverständlich, aber ebenso selbstverständlich stand er nicht alleine; der Führungszirkel der Partei, hauptsächlich die Gauleiter, etwa 50 bis 60 Personen, und die zentralen Parteifiguren (Himmler, Goebbels, Rosenberg und andere) waren sich einig. Und sie kontrollierten die Millionen Parteimitglieder, die davon überzeugt waren, daß Hitler das Richtige tat. Ihre Politik wurde von einer Ideologie unterstützt, die den Parteimitgliedern eingehämmert wurde, und sie wurde durch die damals verfügbaren Medien der Bevölkerung eingeimpft. War es nur Propaganda, oder glaubten die Menschen an die Ideen und glaubten sie an den Diktator? Glaubten sie, daß er entsprechend handeln würde, wenn es möglich sein würde? War die Ideologie ein Nebel, hinter dem man die realen Motive, die ökonomischen, sozialen, politischen und militärischen, entdecken kann – waren es, mit anderen Worten, eigentlich ganz pragmatische Überlegungen? Oder gab es solche pragmatischen Überlegungen nicht, bzw. waren sie nur zweitrangig? Und das, was die Propaganda vermittelte, waren doch die eigentlichen Schubkräfte? Läßt sich eine verläßliche Grundlage finden, auf der diese Frage beantwortet werden kann, zumindestens teilweise?

Es scheint, daß ein derartiges Dokument existiert. Bedingt durch die Struktur des Nazi-Regierungssystems wurden alle wichtigen Entscheidungen von Hitler getroffen. Es ist also naheliegend zu fragen, was Hitler dachte, und inwieweit er die treibende Kraft in Bezug auf den Krieg war. Dies läßt sich durch ein Dokument belegen, das Historikern seit den Nürnberger Prozessen 1945/46 bestens bekannt ist: ein Memorandum von Hitler an Göring vom August 1936[5]. Göring

---

4 Ich versuche hier eine Zusammenfassung der Ereignisse zu geben und beziehe mich auf das, was weitgehend Konsens ist. Siehe z. B. Michael Burleigh: *The Third Reich*. London: PAN-Macmillan, 2000, S. 677 – 687; Klaus-Jürgen Müllers Kapitel „Zu Struktur und Eigenart der nationalkonservativen Opposition bis 1938“, in: *Der Widerstand gegen den Nationalsozialismus*, hrsg. Jürgen Schmädeke und Peter Steinbach. München: Piper, 1985, S. 333 – 340.

5 *Akten zur deutschen auswärtigen Politik, 1918 –1945, Serie E (1933 – 1937)*, Bd. V., Nr. 2, Göt-

hatte sich zum entscheidenden deutschen Wirtschaftsführer entwickelt. Er wurde im Oktober 1936 persönlich für einen Vierjahresplan verantwortlich, der Deutschland kriegsbereit machen sollte (innerhalb von vier Jahren). Es scheint so, als ob das Memorandum das Resultat eines Gespräches zwischen den beiden war, und Göring darum gebeten hatte, um Klarheit darüber zu schaffen. Das Memorandum wurde offensichtlich von Hitler selbst geschrieben. Es befaßt sich mit der ökonomischen Voraussetzung für den Krieg, etwa der Menge der Rohstoffe. Da es Hitler an ökonomischer Kenntnis fehlte, scheint es offensichtlich zu sein, daß die entsprechenden Unterlagen von Görings Mitarbeitern zur Verfügung gestellt wurden. Einleitend wird gegenüber Göring dargelegt, warum Deutschland Krieg zu führen habe. Das Memorandum sollte in keiner Form an die Öffentlichkeit gelangen. Dies macht es bedeutend. Es hielt die private Kommunikation zwischen den beiden Männern fest. Es war keineswegs ein Propagandadokument. Hitler hielt in der ihm eigenen Form folgendes fest: „Seit dem Ausbruch der französischen Revolution treibt die Welt in immer schärferem Tempo in eine neue Auseinandersetzung, deren extremste Lösung Bolschewismus heißt, deren Inhalt und Ziel aber nur die Beseitigung und Ersetzung der bislang führenden Gesellschaftsschichten der Menschheit durch das international verbreitete Judentum ist. ... Ich möchte nur in diesen Zeilen meine Überzeugung niederlegen, daß diese Krise nicht ausbleiben kann und nicht ausbleiben wird und daß Deutschland die Pflicht besitzt, seine eigene Existenz dieser Katastrophe gegenüber mit allen Mitteln zu sichern und sich vor ihr zu schützen, und daß sich aus diesem Zwang eine Reihe von Folgerungen ergeben, die die wichtigsten Aufgaben betreffen, die unserem Volk jemals gestellt worden sind. Denn ein Sieg des Bolschewismus über Deutschland würde nicht zu einem Versailler Vertrag führen, sondern zu einer endgültigen Vernichtung, ja Ausrottung des deutschen Volkes."

Hitler sah die Gefahr einer Apokalypse: Der Bolschewismus ziele darauf ab, dem internationalen Judentum die Weltherrschaft zu ermöglichen. Dies würde die Existenz des deutschen Volkes bedrohen, und es seien, um dies zu vermeiden, alle Möglichkeiten auszuschöpfen. Bolschewismus und Judentum wurden als identisch angesehen. Diese Sichtweise ist nicht neu, und die Nazipropaganda verbreitete diese Auffassung unter den deutschen Volksmassen seit langem. Aber die Bedeutung des Dokuments liegt in der Tatsache, daß es nicht aus Propagandagründen verfaßt wurde, sondern die authentische Meinung und Haltung des Diktators widergibt. Göring hatte nichts einzuwenden. Im Oktober 1942 hielt er eine Rede vor Vertretern deutscher Bauern. Darin führte er aus, daß, sollte Deutschland den Krieg verlieren, die Juden das deutsche Volk vernichten würden.

tingen, 1977, S. 793 – 795. Das Memorandum trägt weder Datum noch Hitlers Unterschrift, aber nach neuesten Forschungen muß es auf die Zeit zwischen dem 22. und dem 25. August 1936 datiert werden.

Ein anderes Dokument ist allen, die sich mit der Geschichte des Holocausts beschäftigt haben, bekannt: Hitlers Rede vor dem Reichstag vom 30. Januar 1939 (da es Filmaufnahmen gibt, läßt sich die Rede ansehen). Die Passage, die sich mit der Zukunft der Juden beschäftigt, wurde unzählige Male zitiert, aber ihre Bedeutung scheint oft mißverstanden worden zu sein. Hitler sagte:

„Wenn es dem internationalen Finanzjudentum in und außerhalb Europas gelingen sollte, die Völker noch einmal in einen Weltkrieg zu stürzen, dann wird das Ergebnis nicht die Bolschewisierung der Erde und damit der Sieg des Judentums sein, sondern die Vernichtung der jüdischen Rasse in Europa."

Die Absicht und das Ziel der Juden bestand nach Hitler in der Bolschewisierung der gesamten Welt (nicht nur Deutschlands oder Europas). Die Gefahr für die Welt ging von den jüdischen Kapitalisten im Westen im Zusammenspiel mit den jüdischen Bolschewisten (oder bolschewistischen Juden) in Moskau aus. Sie wollten die Welt bolschewisieren. Mit anderen Worten: Die jüdische Weltverschwörung war kapitalistisch-bolschewistisch, allumfassend, weltweit und finster. Das internationale Judentum agierte so bereits in der Vergangenheit, etwa im Ersten Weltkrieg („noch einmal"). Wenn man die beiden Dokumente zusammen sieht, ergibt sich eine ziemlich klare Vorstellung von dem, was Hitler, und mit ihm die gesamte Nazi-Führerschaft, dachte und wollte. Angesichts einer derartig globalen Gefahr blieb als einzige Lösung der Krieg. Um 1938/39 planten Hitler und sein engster Kreis den Krieg. Er befürchtete, andernfalls zu alt zu sein, um Deutschland zu führen und dem Westen die Chance zur rechtzeitigen Aufrüstung zu geben. Damit würde ein deutscher Sieg schwieriger. Noch einmal, hier handelt es sich nicht um Propaganda, sondern um die wahren Beweggründe für Hitlers Politik.

Man kann unzählige Äußerungen von hohen und niedrigen Nazi-Offiziellen und -Ideologen finden, die diese Ideen wiederholten. Damit soll nicht gesagt sein, daß pragmatische Überlegungen keine Rolle spielten, oder daß Entwicklungen in der deutschen Gesellschaft und die Haltung vieler Deutscher, wie Historiker immer wieder betonen, nicht zu berücksichtigen wären. Aber sie sind eingebettet in eine Politik, die grundsätzlich ideologisch und nicht pragmatisch ausgerichtet war. Man kann sagen, daß, wo immer pragmatische Überlegungen ideologischen widersprachen, wenn auch erst nach längerem Hin und Her, sich die Ideologie durchsetzte. Dies läßt sich an der Konzeption des Lebensraums, einem von der Nazipropaganda, wie allgemein bekannt, gern benutzten Begriff, zu dem viele Studien durchgeführt worden sind, erläutern.

Der Begriff Lebensraum, der einer wachsenden deutschen Bevölkerung, in erster Linie den Bauern, Siedlungsraum verschaffen sollte, war keineswegs eine Erfindung der Nazis. Ebensowenig war es die Vorstellung, daß Deutschland Raum brauchte, um etwa an Rohstoffe zu gelangen, um im Konzert der europäischen Großmächte mitspielen zu können. Diese Vorstellungen entstanden in der zweiten Hälfte des 19. Jahrhunderts und waren Bestandteil der kolonialistischen imperialen Träume des Zweiten Reichs (1870 – 1914). Die Errichtung eines Kolonialreichs wurde von Teilen der herrschenden Elite der deutschen Gesellschaft getragen, um die Zukunft Deutschlands als Industriemacht zu sichern, in der Hoffnung – und diese Hoffnung wurde schnell enttäuscht –, Rohstoffe billig zu bekommen. Parallel dazu fanden Bemühungen, hauptsächlich in Südwest-Afrika (heute Namibia), statt, deutsche Bauern anzusiedeln. Dies ging zu Lasten der einheimischen Bevölkerung, hauptsächlich der Herero und Nama. Diese Politik führte zum ersten Genozid des 20. Jahrhunderts (1904 – 05). Die Vertreter der kolonialen Abenteuer sahen sich in Deutschland jedoch einer starken Opposition gegenüber. Der Gegenentwurf, daß Deutschland in Europa expandieren sollte, also in Osteuropa, fand viele Anhänger.

Hitler und die nationalsozialistischen Führer hielten nichts von einem Kolonialreich. Hitler strebte nach einem Abkommen mit Großbritannien. Großbritannien sollte die deutsche Expansion in Europa akzeptieren, Deutschland im Gegenzug die Unverletzlichkeit des britischen Empires anerkennen.

In seinen Äußerungen, besonders in seinem Zweiten Buch, das 1928 geschrieben, aber zu seinen Lebzeiten nicht veröffentlicht wurde, betonte er die Notwendigkeit, ein deutsches Kolonialreich in der Ukraine und auf dem Kaukasus zu errichten, obwohl Forderungen zur Wiederherstellung der deutschen Kolonien erhoben wurden, größtenteils aus taktischen Gründen, und Vorbereitungen getroffen wurden, um Menschen auszubilden, die die künftigen Kolonien verwalten sollten. Aber eine Ausdehnung nach Osteuropa und dem Kaukasus war wichtiger. Sie würde die Versorgung Deutschlands mit Agrarprodukten, Rohstoffen und Öl garantieren, und ebenso das notwendige Gebiet für die landwirtschaftliche Ansiedlung deutscher Bauern, besonders deren jüngerer Söhne, zur Verfügung stellen, und so der Landteilung zwischen den Nachkommen der Bauern vorbeugen.

Beruhte diese Expansionspolitik auf wirtschaftlichen und gesellschaftlichen Realitäten? Kaum. Deutschland konnte alles, was es brauchte, durch Handel mit den Sowjets erhalten, im Gegenzug für Maschinen und Industrieprodukte, die die UdSSR dringend benötigte. Dies geschah, noch bevor der Molotow-Ribbentrop-Vertrag zwischen den beiden Diktaturen am 23. August 1939 unterzeichnet wurde. Nachdem der Vertrag unterzeichnet worden war, wurde deutlich, wie sehr die Sowjets auf Deutschland angewiesen waren – Stalin hätte nicht nur seine Mutter, sondern alle russischen Mütter verkauft, um einer Konfrontation mit Nazi-Deutschland aus dem Weg zu gehen. Doch wer kontrollierte die großen Gebiete, die die Nazis besetzen wollten? – Der Moskauer jüdische Bolschewismus (oder das bolschewistische Judentum). So war Krieg gegen die Juden notwendig, um die Kontrolle über Osteuropa zu erhalten, und dann über ganz Europa und darüber hinaus. Dabei sollte daran erinnert werden, daß, als Nazi-Deutschland die Ukraine besetzte, nicht genügend deutsche Bauern gefunden werden konnten, um dort angesiedelt zu werden. Jüngere Söhne deutscher Bauern nutzten die Tatsache, daß es keine Arbeitslosigkeit in Deutschland gab, um in die Industrie und den Handel zu gehen. Die Lebensraumideologie hatte in der gesellschaftlichen und ökonomischen Realität keine Basis.

Wenn diese Analyse zutrifft, kann die Frage nach den Motiven Nazi-Deutschlands, einen Krieg zu beginnen, beantwortet werden: Hauptsächlich aus ideologischen Gründen, und Antisemitismus war das Herz dieser Ideologie. Der Zweite Weltkrieg kostete allein in Europa etwa 35 Millionen Menschen das Leben. Von diesen waren etwa 5,7 Millionen Juden, die im Holocaust starben. Doch rund 29 Millionen waren keine Juden. Sie starben, behaupte ich, zum Teil wegen des Judenhasses. Diese Erklärung der Geschehnisse mag den üblichen zuwiderlaufen. Aber ich glaube, sie trifft zu.

Damit soll keine monokausale Interpretation vorgelegt werden. Es müssen andere Elemente hinzugefügt werden, und die Analysen vieler Historiker, die die inneren Spannungen der deutschen Gesellschaft erklären, die wirtschaftlichen Entwicklungen und die langfristigen nationalistischen Traditionen, haben sicher einen wichtigen Platz in jedem Gesamtbild, ebenso wie psychologische Elemente. Aber, um erneut Mao Zedong zu zitieren, man muß zwischen Haupt- und nebensächlichen Kausalketten unterscheiden, und es scheint, daß die Hauptkausalkette – nicht die einzige – der Einfluß einer genozidhaften Ideologie war.

Man kann eine offensichtliche Schlußfolgerung daraus ziehen: Wenn der Holocaust, wie oben dargelegt, vor allem das Ergebnis einer radikalen antisemitischen Ideologie war, dann paßte er in den Rahmen eines Krieges, der dieselbe ideologische Basis hatte. Der Holocaust fand statt, weil es einen Krieg gab. Der Krieg fand als Ergebnis einer Ideologie statt, die zum Holocaust führte. Die beiden sind unentwirrbar miteinander verflochten.

Bei fehlenden Gegensätzen zwischen wirtschaftlichen Interessen und ideologischen Dogmen erweisen sich, wie erwähnt, die wirtschaftlichen Interessen als ausschlaggebend. Der Unterschied zwischen einer totalitären Regierung (der Begriff „totalitär“ ist unter Historikern strittig) und einer demokratischen wie der der USA ist vielsagend. Die Politik, die in den dreißiger Jahren von der deutschen Regierung verfolgt wurde, glich der des New Deal. In Deutschland stand das kapitalistische System, das auf die Profitmaximierung für einzelne Unternehmer oder Gesellschaften unter der politischen Hegemonie eines diktatorischen Regimes, während in den USA das kapitalistische System auf Demokratie und Individualismus beruhte. Die Gemeinsamkeit zwischen einer gewalttätigen und brutalen Diktatur und einer fortschrittlichen, liberalen Demokratie lag im privaten Unternehmertum. Als Deutschland im Zweiten Weltkrieg expandierte, folgten den

Soldaten und Diplomaten private deutsche Unternehmer, die billige Arbeitskräfte oder Sklaven, besonders Juden, nutzten, um maximalen Profit zu erzielen.

Die Übereinstimmung zwischen wirtschaftlichen Triebkräften und Ideologie kann leicht an der Entwicklung des Genozids gezeigt werden. Das Ghetto von Lodz in Polen, das zweitgrößte nach Warschau, wurde im Frühjahr 1940 eingerichtet und entwickelte sich zu einem Zwangsarbeiterlager, das brutal von den lokalen Nazibürokraten ausgenutzt wurde. Es produzierte wichtige Hilfsgüter für die deutsche Armee und wurde von den Alliierten nie bombardiert, da es offensichtlich „nur" Hilfsgüter produzierte.

Das Zusammenspiel aus Nachfrage der Wehrmacht und den Möglichkeiten der deutschen Leitung, sich zu bereichern, sicherte das Ghetto bis zum Frühjahr 1944. Dann intervenierte Himmler und ordnete die Liquidation an. Die ökonomischen Belange erwiesen sich gegenüber dem Interesse, jüdische Ghettos abzuschaffen, als zweitrangig. Eine entsprechende Entwicklung zeigte sich ein Jahr zuvor, im August 1943, bei der Auslöschung des Ghettos von Bialystok. Wenn das oben erwähnte Zusammenspiel nicht länger existierte, triumphierte die Ideologie über ökonomische Interessen. Leicht ließen sich hunderte weitere Beispiele anführen.

Es ist fast unmöglich, so glaube ich, historische Parallelen zu finden, Parallelen, in denen der Primat der Ideologie über nüchterne Betrachtungen zum Genozid führte.

Als Schlußfolgerung ist zu ziehen: Die antisemitische Ideologie bildete den Kern des Naziglaubens. Demnach war der Krieg unvermeidlich Diese treibende Kraft der Nazipolitik gegenüber den Juden mündete letztendlich in den Genozid. Pragmatische Überlegungen, so wichtig sie auch gewesen sein mögen, blieben zweitrangig.

Einen weiteren wichtigen Diskussionspunkt im heutigen Europa stellt der Vergleich zwischen Nazi-Deutschland und Sowjetrußland dar; speziell die Bewertung der Verantwortlichkeit der beiden Diktaturen für den Weltkrieg und die damit verbundenen Schrecken, den Holocaust eingeschlossen. Das Symbol für diese Kontroverse stellt der 23. August 1939 dar, an dem Deutschland und die Sowjetunion den Nichtangriffspakt unterzeichneten, der es Deutschland ermöglichte, Polen anzugreifen. In einem Zusatzabkommen regelten die beiden Mächte am 28. September 1939 die Teilung Polens und die Annexion der baltischen Staaten durch die Sowjets. In Polen, der tschechischen Republik, den baltischen Staaten und bis zu einem gewissen Grad auch in der Ukraine ist die Ansicht weit verbreitet, daß die beiden Diktaturen in gleicher Weise für den Krieg verantwortlich seien. Die Opfer beider Systeme sollten also in gleicher Weise gewürdigt werden. Besonders in den baltischen Staaten gilt die Sowjetunion als der größere und schlimmere Feind.

Die baltischen Staaten zu verstehen, fällt nicht schwer. Die deutsche Besatzung dauerte nur drei Jahre (1941 – 1944), während die sowjetische Besatzung und Unterdrückung zwei Phasen umfaßt: zunächst von 1940 bis 1941 und nach der deutschen Niederlage 45 Jahre von 1944 bis 1989/91. Im tschechischen Senat kam eine Resolution zustande, die besagt, daß der „Verbrechen gegen die Menschlichkeit“, derer sich die Kommunisten überall auf dem Kontinent(!) schuldig gemacht haben, von den Europäern in gleicher Weise gedacht werden sollte wie der Verbrechen der Nazis. Nach Medienberichten wurde diese Position von Václav Havel, dem bekannten Humanisten und ehemaligen tschechischen Präsidenten, unterstützt. Im weiteren Verlauf beschloß das europäische Parlament eine ähnliche Resolution (vom 04. 02. 2009), in der der 23. August als Gedenktag für die Opfer beider Diktaturen bestimmt wird.

Es kann kein Zweifel daran bestehen, daß die kommunistischen Regime in Osteuropa totale Unterdrückung mit sich brachten und für viele Tote und die Verweigerung der Menschenrechte in gewaltigem Umfang verantwortlich waren. In den baltischen Staaten wurden Tausende von Bürgern nach Sibirien und anderen Gebieten der UdSSR verbannt. Viele starben als Folge der Deportation; viele andere kehrten körperlich und seelisch gebrochen zurück. Tausende wurden für Jahre in Gefängnisse geworfen. Die baltischen Staaten wurden annektiert und die osteuropäischen Staaten in sogenannte „Volkrepubliken“ umgewandelt. Sie wurden von nationalen Kommunisten beherrscht, die ihrerseits von Moskau kontrolliert wurden. Aber in keinem dieser Länder gab es eine Absicht der Sowjetkommunisten, eine der Nationen oder ethnischen Gruppen als solche oder in Teilen zu vernichten. Man kann der Sowjetherrschaft vieles vorwerfen, die Verweigerung von Menschenrechten, die Unterdrückung und das diktatorische Regime, aber beabsichtigte sie einen Genozid? In Bezug auf die Nachkriegszeit muß man berücksichtigen, daß nicht wenige, die zwischen 1944 und 1953 verfolgt wurden (und danach gab es keine Massendeportationen mehr), in der Tat mit den Nazis kooperiert hatten. Sie hatten sich die Verfolgung durch die Sowjets wahrlich „verdient“. Jeder Versuch, die sowjetischen Verfolgungen mit der Nazi-Genozidpolitik gleichzusetzen, nicht nur hinsichtlich der Juden, sondern auch anderer Gruppen, ist völlig unangemessen. Hinsichtlich der Deklaration des Europäischen Parlaments ändert der Versuch, sich durch die Feststellung, der Holocaust sei in den Vergleich der beiden diktatorischen Herrschaft nicht einbezogen, „politisch korrekt“ auszudrücken, daran nichts. Aber genau hierin liegt das Problem: Wenn es keine Unterschiede zwischen den Opfern gibt, wie kann man dann die jüdischen Opfer ausschließen?

Zwischen 1941 und 1943 forderte Himmler Änderungen im Vorgehen und akzeptierte einen Plan, der in verschiedenen Stufen von deutschen Staatsrechtlern entwickelt wurde, den sogenannten Generalplan Ost, der von zahlreichen Historikern kommentiert wurde. Er kann zumindest als eine allgemeine Blaupause der Nazis bezüglich ihres Vorhabens in einem von ihnen beherrschten Osteuropa angesehen werden. Nach diesem Plan sollten die Tschechen, Polen und baltischen Völker „als solche" verschwinden, sei es durch Germanisierung, Deportation, Versklavung oder Vernichtung gemäß den nationalsozialistischen Rassenvorstellungen, und/oder sie sollten als Heloten in einem von Deutschen beherrschten Osten dienen. Die Polen sollten Arbeitssklaven werden, nahezu ohne Bildung und Kultur, ohne jeden Gedanken an politische Autonomie. Die Tschechen sollten germanisiert, versklavt oder ermordet werden; die baltischen Völker germanisiert oder zu Aufsehern über andere Völker oder ebenfalls zu Arbeitssklaven werden. Die Juden wurden nicht erwähnt, da sie vollständig zu verschwinden hatten. Es gibt einige baltische Intellektuelle, die behaupten, die Sowjets hätten ein Genozid-Programm in Bezug auf die baltischen Völker entwickelt. Es waren jedoch die Deutschen, nicht die Sowjets, die das Verschwinden der baltischen Völker planten. Die Sowjets, trotz all ihrer Brutalität, planten derartiges nie.

Aus verschiedenen Gründen möchte ich auf das Beispiel Lettland eingehen. Lettland ist heute ein demokratisches Land, das seine Unabhängigkeit von der Sowjetunion durch einen im wesentlichen gewaltlosen Volksaufstand erreicht hat. Neben den Letten beherbergt es Minderheiten, hauptsächlich Russen. Die Entwicklung in Lettland ist durch den Bericht einer Historikerkommission, die auch nichtlettische Akademiker umfaßte, hinsichtlich der Verbrechen der Nazis und der Sowjets gut dokumentiert. *The Hidden and Forbidden History of Latvia under Soviet and Nazi Occupations, 1940–1991 – Selected Research of the Commission of the Historians of Latvia*, so der englische Titel. Der Bericht wurde 2005 als 14. Band der Kommission in Riga vom Institute of the History of Latvia publiziert. Es gibt in Lettland eine gewisse Abneigung, den Mord an Juden unter der deutschen Besatzung zu verfolgen, aber dies ist keine lettische Besonderheit. Man muß dabei berücksichtigen, daß sich lettische Historiker auf bewundernswerte Weise mit nationalistischen und revisionistischen Tendenzen in ihrem Land auseinandersetzen.

Es kann kein Zweifel daran bestehen, daß die baltischen Staaten während der 30er Jahre enormem Druck seitens ihrer beiden übermächtigen Nachbarn, Nazi-Deutschland und dem stalinistischen Rußland, ausgesetzt waren. In Lettland gab es traditionell eine Opposition, ja eine intensive Abneigung gegenüber Deutschen. Die sogenannten „Barone", Nachfahren der deutschen Kreuzritter und hansischer Händler, herrschten über lettische Bauern und beuteten sie aus. Riga war eine deutsche Stadt, Mitglied der Hanse, und die Letten bildete das Proletariat. Ihre Sprache war lediglich ein verachteter lokaler Dialekt, und es gab keine Möglichkeit, eine lettische Kultur zu entwickeln. Von den vier lettischen Provinzen stand die südliche unter litauischem Einfluß, die nördliche schloß ethnische Gruppen, die mit den Esten verwandt waren, ein. Der Osten war stark polnisch beeinflußt. In der östlichen Provinz sprach man einen eigenen Dialekt, das sogenannte Lettgallische. Alle Provinzen standen vor der bolschewistischen Revolution seit Jahrhunderten unter zaristischen Herrschaft, und die Russen benutzten die deutschen „Barone“, um ihre Herrschaft zu sichern. Ihre Haltung gegenüber den Letten unterschied sich nicht von denen der deutschen Aristokratie.

Ende des 19. Jahrhunderts begannen lettische Intellektuelle, eine eigene Kultur zu entwickeln. Sie schlossen sich verschiedenen revolutionären Gruppen im Zarenreich an. Zunächst bestand nicht die Absicht, ein unabhängiges Lettland anzustreben, man wollte Autonomie innerhalb des russischen Staates. Während der bolschewistischen Revolution 1917 spielten lettische Seeleute eine wichtige Rolle. Der Kommunismus verbreitete sich unter lettischen Bauern und unter Letten im gesamten Zarenreich. Während des Ersten Weltkriegs eroberten deutsche Truppen Lettland und sie fanden fast überall Unterstützung bei Letten, die in Opposition zum zaristischen Regime standen. Antibolschewistische Gruppen unterstützten die Deutschen zunächst. Aber sie forderten schließlich Unabhängigkeit sowohl von Deutschland als auch Rußland. In Lettland entwickelte sich ein blutiger Bürgerkrieg, den die „Moderaten“ und „Sozialdemokraten“ für sich entschieden. Die Kommunisten wurden vertrieben. Die Unabhängigkeitserklärung wurde von Großbritannien und Frankreich unterstützt, die damit ein antibolschewistisches Bollwerk im Baltikum errichten wollten.

Das neue demokratische Lettland fürchtete den mächtigen sowjetischen Nachbarn. In der Regierungsverantwortung wechselten sich konservative Bauernparteien und Sozialdemokraten ab. Aber 1934 errichtete der Bauernführer Karlis Ulmanis (1877 – 1942) ein autokratisches Regime, ähnlich dem von Marschall Jozef Pilsudski (1926) in Polen. Im Gegensatz zu Polen wurde das Parlament abgeschafft, die Oppositionsparteien verboten, alle wesentlichen Entscheidungen wurden von Ulmanis getroffen. Ähnlich verlief die Entwicklung in Litauen, wo 1926 Antanas Smetona (1874 – 1944) sich zum „Führer der Nation“ (*Tautos Vadas*) erklärte. In Estland war die Entwicklung mit dem Führer Konstantin Päts (1874 – 1956) vergleichbar. In allen drei Ländern wurden radikale Nationalisten unterstützt, Nazi-Gruppen unterdrückt, bekämpft, und in weitaus radikalerem Maße prosowjetische Bewegungen.

Der Molotow-Ribbentrop-Vertrag schlug Lettland der sowjetischen Einflußsphäre zu. Im Juni 1940 besetzten die Sowjets das Land. Lettland wurde eine sowjetische Teilrepublik. Zu bemerken ist, daß, obwohl das Ulmanis-Regime kommunistische Elemente bekämpfte, es eine prokommunistische Bewegung unter lettischen Bauern gab. Die Zahlen sind schwer zu ermitteln. Zumindest ein Teil der Bauernschaft sah die sowjetische Herrschaft mit Sympathie, da die Sowjets das Land der Großgrundbesitzer unter den Bauern verteilten. Intellektuelle Unterstützer des Sowjetregimes, wie der Biologie-Professor Augusts Kirhensteins (1872 – 1963) – er wurde der erste Präsident der kommunistischen Teilrepublik Lettland – mögen nicht zentral für die lettische Gesellschaft gewesen sein, aber sie spielten eine gewisse Rolle. In Litauen kam Justas Paleckis (1899 – 1980) eine ähnliche Rolle zu.

Unmittelbar nach der sowjetischen Besatzung begann die Verfolgung von Anti- und Nichtkommunisten. Sie traf Amtspersonen ebenso wie normale Leute. Wellen von Deportationen in die Sowjetunion folgten; besonders die Massendeportationen vom 14. Juni 1941 an, eine Woche bevor die Deutschen die Sowjetunion angriffen (22. Juni). Als die Deutschen in die Sowjetunion kamen, wurden sie von den meisten Letten als Befreier vom verhaßten Sowjetregime willkommen geheißen. Ähnlich waren die Verhältnisse in Estland und Litauen. Man hoffte in beiden Ländern, daß die Deutschen irgendeine Art von Autonomie oder Unabhängigkeit gewähren würden. Aber die Deutschen dachten nicht daran. Trotz dieser Enttäuschung kooperierten – oder kollaborierten – die meisten Letten mit den deutschen Besatzern –, besonders bei der Ermordung der Juden. Ähnliche Entwicklungen gab es in Litauen und Estland.

Woher stammten die lettischen Juden? Die ersten ließen sich im 17. Jahrhundert in Riga nieder, aber sie wurden 1742 vertrieben. Die jüdische Bevölkerung entwickelte sich erst im 19. Jahrhundert. Im zaristischen Rußland gehörte Lettland nicht zu den erlaubten Niederlassungsgebieten für Juden. Dennoch ließen sich wohlhabende Händler in Riga nieder. Daraufhin begannen die Juden, sich auch anderswo niederzulassen. In den 30er Jahren des 20. Jahrhunderts gab es 40.000 Juden in Riga, etwa 10.000 in der größten lettgallischen Stadt Daugavpils (Dvinsk) im Osten. Juden aus Rußland und Weißrußland kamen und siedelten sich auch in den Kleinstädten an. 1939, so schätzt man, gab es etwa 95.000 Juden, rund 5 % der Bevölkerung Lettlands. Sie entwickelten ein lebendiges wirtschaftliches, gesellschaftliches und kulturelles Leben. Die bedeutendste politische Gruppe bildeten die Zionisten. Die radikale Zionistische Partei, die Revisionisten, war dort sehr stark, besonders ihre Jugendbewegung, die 1925 in Riga gegründete Betar. Die gemäßigte Zionistische Arbeiterpartei, Poalei Zion, und die religiösen Zionisten, die Mizrahi, waren ebenfalls zahlreich; die nicht- und antizionistischen religiösen Parteien, ebenso wie der sozialistische Bund dagegen schwächer. Die meisten Juden gehörten der unteren Mittelklasse bzw. Mittelklasse an. Es gab viele Handwerker unter ihnen, aber auch einige wohlhabende Kaufleute und Industrielle.

Seit dem Kriegsende, und dies gilt bis heute, heben die Nationalisten in Lettland zwei Punkte hervor, erstens: In den beiden Perioden der Besatzung (1940/41 und 1944 – 1989/91) machten sich die Sowjets eines Genozids am lettischen Volk schuldig. Zweitens: Die Juden kooperierten mit den Sowjets und bildeten ein wichtiges Element in der sowjetischen Besatzungspolitik.

Aber gab es einen sowjetischen Genozid in Lettland (und in den beiden anderen baltischen Staaten)? 1939 verfügte Lettland über eine Bevölkerung von 2 Millionen, davon 75 % ethnische Letten (eingeschlossen 17 % Lettgallen). Die übrige Bevölkerung setzte sich aus Russen, Polen, Esten, Deutschen und den erwähnten Juden zusammen. Während der ersten sowjetischen Besatzungszeit, die ein Jahr dauerte, wurden 3.000 Bürger verhaftet, viele mißhandelt und 15.400 deportiert oder vertrieben, also etwa 1 % der Bevölkerung. Die meisten kehrten etappenweise nach 1953 (Stalins Tod) zurück, viele körperlich und seelisch gebrochen. Von den Verbannten waren etwa 11 % Juden, also mehr als das Doppelte ihres Bevölkerungsanteils. Auch die anderen Minderheiten waren betroffen. Während der langen Nachkriegsbesatzung wurden 43.000 Personen deportiert oder vertrieben, alle zwischen 1945 und 1949. Insgesamt wurden also 3,3 % der Bevölkerung deportiert.

Die meisten kehrten zurück. Die Tatsache, daß während der deutschen Besatzung fast alle lettischen Juden ermordet wurden, darf nicht unerwähnt bleiben. Eine unbestimmte Anzahl von denen, die flüchten konnten, kehrten nach der sowjetischen Rückeroberung zurück. Unter den Deportierten der Nachkriegszeit befanden sich auch Juden, auch wenn ihre Zahl unklar bleibt. Offensichtlich gab es keinen Genozid an den Letten (oder an anderen baltischen Nationen). Auch wenn zu den Deportierten Juden zählten, so kann man nicht davon sprechen, daß es eine sowjetische antijüdische Genozid-Politik gegeben hat.

Das zweite Argument, die angebliche Kooperation der Juden mit den Sowjets zwischen 1940 und 1941, entbehrt jeder Glaubwürdigkeit. Dies zeigen die Zahlen der Deportierten eindeutig. Die Juden litten in weitaus größerem Umfang als die ethnischen Letten. Die sowjetischen Sicherheitsorgane bestanden hauptsächlich aus lettischen Kommunisten und Russen, ergänzt um einige Ukrainer, Weißrussen, Juden und Kaukasier. Es gab keine kollektive jüdische Präsenz irgendwo, es gab keinen „übergearteten“ jüdischen Einfluß.

Als die Deutschen kamen, begann der Mord an den Juden. In allen drei baltischen Staaten bildeten die Deutschen örtliche Milizen, die ihnen bei ihrer „Arbeit“ helfen sollten.[6] Die Milizen übernahmen eine aktive Rolle bei der Vernichtung der jüdischen Bevölkerung. In Lettland war das „Kommando Arajs“ besonders gefürchtet. Es gab weitere Einheiten, die eine aktive Rolle spielten, besonders Spezialpolizeieinheiten. Diese ermordeten zusammen mit ähnlichen Einheiten aus den beiden anderen baltischen Staaten unter deutschem Kommando Juden in Weiß-

---

6 Siehe Christoph Dieckmans meisterhafte *Deutsche Besatzungspolitik in Litauen*. Göttingen 2011. Es gab keinen bedeutenden Unterschied zwischen Litauen und Lettland in Bezug auf all diese Angelegenheiten.

rußland, Polen und der Ukraine ebenso wie in Lettland. Es läßt sich festhalten, daß die meisten Juden von lokalen Gruppen, die von Deutschen kontrolliert wurden, ermordet wurden. Warum? Einige Fachleute verweisen auf die traditionelle Feindseligkeit gegenüber Zwischenhändlern. Es gab starke antijüdische Gefühle, die vom Christentum verbreitet wurden. Die Juden waren bis zuletzt Fremde. Sie sprachen eine andere Sprache, hatten eine andere Religion und pflegten andere Bräuche. Viele Letten identifizierten den Juden fälschlicherweise mit dem Sowjetregime. Lange glaubten die Letten, daß Deutschland den Krieg gewinnen würde und engagierten sich bei der Ermordung der Juden.

Während der deutschen Besatzungszeit bildeten sich auch oppositionelle Gruppen in Lettland. Sie waren wenig bedeutend und wenig effektiv. Jüngste Versuche durch lettische Historiker, sie als Helden des Widerstands zu bezeichnen, sind nicht sonderlich überzeugend. Während der letzten Phase der deutschen Besatzung entstanden sowjetische Partisanengruppen, die für gewöhnlich von lettischen Kommunisten geführt wurden. Aber sie waren nicht besonders stark. Die Sowjets gründeten lettische Einheiten in der Roten Armee, gebildet aus prosowjetischen Letten, die vor der deutschen Invasion geflohen waren; Juden, die sich vor den Deutschen gerettet hatten, schlossen sich ihnen an. Diese Einheiten nahmen an der Rückeroberung Lettlands 1944 teil (Kurland an der Ostsee wurde von den Deutschen bis Kriegsende gehalten).

Während der sowjetischen Besatzung, also von 1944 an, wurde die lettische Geschichte vom kommunistischen Regime geschrieben. Die lettischen Kulturinstitutionen wandelten sich in Stätten sowjetischer Propaganda. Die lettische Sprache blieb privat und offiziell in Gebrauch, und einige nichtpolitische Volkstraditionen konnten gewahrt werden. Der offizielle, lügnerische Slogan lautete: „Sozialistisch im Inhalt, national in der Form". Die Unterdrückung wurde durch die Propaganda verdeckt. Für die Juden galt das allerdings nicht: Die hebräische Sprache war verboten, da sie als Sprache des „jüdischen bourgeoisen Nationalismus" angesehen wurde. Jiddische Institutionen jeglicher Art wurden allmählich geschlossen, nur einige überlebten. Die jüdische Kultur in jiddischer Sprache war erfolgreich abgeschafft worden.

Die lettische Sowjetrepublik wurde von lettischen Kommunisten geführt, doch die Befehle kamen aus Moskau. Bequemerweise ignoriert man heute die Tatsache, daß die Kommunisten von einem nicht unbedeutenden Teil der Bevölkerung unterstützt wurden, auch wenn die genauen Zahlen nicht zu ermitteln sind. Es gab eine Einwanderung, hauptsächlich von Russen, nach Lettland. Es ist unklar, ob dies Teil einer sowjetischen Strategie war, oder ob die Leute nach Lettland zogen, da der Lebensstandard etwas höher als in anderen Teilen der Sowjetunion war. Wahrscheinlich trifft Letzteres zu.

Es handelte sich eindeutig um ein repressives Regime, aber es gab keinen Genozid. Es gibt in den baltischen Staaten Versuche, den Begriff Genozid umzudefinieren, so daß die Geschehnisse unter der Sowjetherrschaft darunter fallen. Man kann natürlich neue Definitionen erfinden, aber diese haben nichts mit der Definition der Konvention von 1948 zu tun.

Es tauchen zwei wichtige Fragen auf: Zum einen die Kollaboration der meisten Letten mit den Deutschen, die sich nicht durch sonderliche Sympathie gegenüber den Deutschen erklären läßt, sondern durch den Haß auf die Sowjets. Viele Letten hofften auf die Unterstützung durch den demokratischen Westen. Aber dies erwies sich als Illusion.

Unter Letten, dies wurde bereits erwähnt, herrschte wie allgemein in Osteuropa die Meinung vor, daß Deutschland den Krieg gewinnen würde und daß es für eine kleine Nation wie die Letten besser sei, auf Seiten des Siegers zu stehen. Ein zentraler Punkt der Kollaboration war, auch darauf wurde bereits hingewiesen, die Beteiligung an der Ermordung der Juden. Der Anstoß zum Judenmord kam sowohl von den Deutschen als auch von der lokalen Bevölkerung. Die Deutschen überwachten und steuerten den Genozid. All dies wird noch immer von lettischen Nationalisten verneint – und wiederum gibt es entsprechende Parallelen in Litauen und Estland.

Ein weiterer wichtiger Unterschied zwischen Mittel- bzw. Westeuropa (und den USA) und Osteuropa abgesehen von Rußland besteht darin, wie der Zweite Weltkrieg und die Rolle der Sowjetunion gesehen werden. Dies gilt besonders für die baltischen Staaten. Aus ihrer Sicht war der Hauptfeind die Sowjetunion und heute die Russische Föderation. Von daher werden Parallelen zwischen den beiden „totalitären" Regimen gezogen. Betrachtet man die historischen Fakten, so ist dies höchst fragwürdig.

Das Konzept des „Totalitarismus" ist immer wieder hinterfragt worden, da es die beträchtlichen Unterschiede zwischen verschiedenen autokratischen Regimen nicht ausreichend berücksichtigt. Sowjetrußland und Nazi-Deutschland waren beide totale Diktaturen, aber es gab bemerkenswerte Unterschiede zwischen ihnen. Im Zweiten Weltkrieg befreite die Rote Armee zweifellos Osteuropa und wohl ganz Europa vom Naziterror, obwohl der Westen einen nicht unbeträchtlichen Teil dazu beitrug. Die Sowjets beabsichtigten selbstverständlich nicht, Lettland, Estland und Litauen zu befreien, aber das taten sie – hätten sie es nicht getan, wären diese Nationen unter dem Naziregime, das dies beabsichtigte, verschwunden. Entsprechendes gilt für Ukrainer, Polen und Tschechen. Der Genozid war von den Deutschen geplant, nicht von den Sowjets. Hier gibt es beträchtliche Unterschiede in den Plänen für diese ethnischen Gruppen und der physischen Vernichtung der Juden.

Die erwähnte Resolution des Europäischen Parlaments von 2009 spiegelt den Druck der osteuropäischen Länder, speziell der baltischen Staaten wider. Die Resolution geht davon aus, daß die beiden Diktatoren in gleicher Weise für den Zweiten Weltkrieg verantwortlich waren und damit für den Tod von 35 Millionen Europäern. Aber läßt sich diese Theorie halten? Bis 1939 versuchte Stalin, ein Übereinkommen mit Großbritannien und Frankreich zu erreichen, das die deutsche Expansion aufhalten sollte. Eine Militärdelegation der beiden Länder traf im Juni in Leningrad ein, und man diskutierte die Möglichkeit eines gegen Deutschland gerichteten Militärbündnisses mit der Sowjetunion. Marschall Kliment Woroschilow war Stalins Beauftragter. Aber die Westmächte waren nicht in der Lage, entsprechende europäische Offensivkräfte zuzusagen (in Wahrheit waren sie nicht auf eine offensive Kriegsführung vorbereitet, und die britische Armee verfügte nur über sechs kampfbereite Divisionen). Sie waren auch nicht bereit, Druck auf Polen auszuüben, um den sowjetischen Streitkräften die Durchquerung polnischen Territoriums für einen Angriff auf Nazi-Deutschland zu gestatten. Vom polnischen Standpunkt aus verständlich. Der tiefere Grund lag im mangelnden Vertrauen der Westmächte gegenüber den Sowjets. Der britische Premierminister Neville Chamberlain war überzeugter Antikommunist, und an einem Abkommen mit den Sowjets war ihm nicht gelegen. Die Sowjets wiederum fürchteten, daß es den Westmächten eigentlich um ein Abkommen mit Nazi-Deutschland ging, um die Wehrmacht auf Moskau marschieren zu lassen. Als die Verhandlungen zu keinem Ergebnis gelangten, beschlossen die Sowjets, ein Abkommen mit Deutschland zu tätigen, da sie einen deutschen Angriff befürchteten. Die Sowjetunion war durch die stalinschen Säuberungen der Roten Armee 1937/38 stark geschwächt.

Nicht die Sowjetunion, sondern Nazi-Deutschland strebte einen Krieg an. Es ist historisch nicht korrekt, die Opfer der beiden Regime, die 35 Millionen durch den von Deutschland begonnenen Krieg und den Völkermord mit den Opfern des stalinistischen Terrors innerhalb der Sowjetunion gleichzusetzen.

Einen weiteren Aspekt gilt es zu berücksichtigen: Der Kommunismus ist letztendlich eine „Mutation" der grundlegenden Ideen der Französischen Revolution, die der junge Marx bewunderte. Der Marxismus erscheint mir auf einem unlösbaren inneren Widerspruch zu beruhen. Man strebt nach sozialer Gerechtigkeit und einer egalitären Gesellschaft, also einer „wirklichen" Demokratie auf der einen Seite, aber predigt die Anwendung von Gewalt und antidemokratischer Mittel, um diese zu erreichen. Man folgt damit dem Modell der Französischen Revolution. Man strebt die Diktatur des Proletariats an, also die Herrschaft der Arbeiter und Bauern, will heißen, die Herrschaft der großen Mehrheit und damit die wahre Demokratie. Aber es kann keine „demokratische Diktatur" geben. Beide Konzepte sind unvereinbar. Diese Ideologie führte Marx und Engels dazu, etwas zu befürworten, was einem Genozid recht nahe kommt. 1848/49 und noch einmal

1863 sprachen sie sich für die Auslöschung der Tschechen, Serben und Slowenen als Nationen aus. Sie nannten sie reaktionär, da sie den Sieg des Proletariats in den großen Nationen, also Deutschland, Polen, Ungarn und Italien, verhindern würden. Die inneren Widersprüche zwischen den demokratischen und autoritären Elementen des Marxismus führten zu einer Spaltung des Marxismus, deren Anfänge sich noch vor dem Tod von Friedrich Engels (1895) erkennen lassen. Dieser deutsche Industrielle, der seine britischen Arbeiter in Manchester „ausbeutete", unterstützte bekanntlich Marx finanziell. Die beiden führten eine recht intensive Korrespondenz, und Engels trug viel zum Marxismus bei. Die sozialdemokratische Interpretation wurde vom gemäßigten Teil der Bewegung übernommen, die sich zur Sozialdemokratie entwickelte und eine Hauptstütze der europäischen Demokratie wurde. Die autoritäre Richtung führte zum Kommunismus und Bolschewismus. Beide Strömungen beriefen sich auf Marx und Engels, und die Ideen beider Richtungen beeinflußten sich gegenseitig. Dies traf auch auf den stalinistischen Bolschewismus zu. Idealistische, demokratische und libertäre Elemente überlebten im Stalinismus, ebenso wie einige autoritäre Tendenzen in der Sozialdemokratie. In der UdSSR standen die idealistischen demokratischen Ideen – einige waren unter den bolschewistischen Veteranen lebendig – im Widerspruch zur gesellschaftlichen und politischen Realität. Ein besonders aufschlußreicher Beleg ist die sogenannte Stalin-Verfassung von 1936. Ich beziehe mich hier auf Überlegungen, die ich bereits in meinem Buch *Die dunkle Seite der Geschichte* dargelegt habe. Die Verfassung spiegelt die utopischen Momente wider, wie sie auch in Lenins Schriften zur völlig demokratischen, klassenlosen Gesellschaft, die mit dem Absterben des Staates entsteht, zu finden sind. Sie verspricht volle individuelle Rechte, soziale Gerechtigkeit, Freiheit der Meinungsäußerung, freie Wahlen usw. Die Realität 1936 bestand aus Repression, Terror, Folter und Massenmorden an tatsächlichen und vermeintlichen Gegnern. Aber viele Sowjetbürger und Parteimitglieder glaubten an traumhafte, wunderbare Zukunft. Es entstand eine faszinierende Kombination von idealistischen demokratischen Illusionen (davon unterscheidet sich die antidemokratische Nazi-Ideologie völlig) und dem realen gesellschaftlichen und politischem Terror. In diesem nicht auflösbaren Widerspruch liegt meines Erachtens ein Grund für den Kollaps des Kommunismus in der UdSSR. Es stellte sich heraus, daß es sich um ein ineffizientes und korruptes, autoritäres, auf Propaganda und Terror beruhendes Regime handelte. Die Ideologie war nur noch ein Feigenblatt für den russischen Imperialismus, der versuchte, Europa, und vielleicht die Welt, zu beherrschen.

Beim Nationalsozialismus handelt es sich um etwas völlig anderes. Es gab keine vergleichbaren inneren Widersprüche, sondern ein konsequentes Streben nach einem rassistischen Weltreich, mit einer Ideologie, deren Kern der radikale Antisemitismus war. Der Genozid war dieser Ideologie von Anfang an immanent, wenn auch nicht explizit formuliert, obwohl er erst 1941 formuliert, geplant und umgesetzt wurde. Das sowjetische Regime brach an seinen Widersprüchen zusammen, an seiner Korruption und Ineffektivität. Die Naziherrschaft konnte nur durch Krieg beendet werden. Nach dem Gesagten erscheint es weniger schwierig, als viele behaupten, die Zusammenarbeit zwischen der sowjetischen Diktatur und dem Westen zu erklären. Die Tatsache, daß die ursprünglichen Träume einer Eroberung der Welt für eine totalitäre Ideologie sich in russischen Imperialismus gewandelt hatten, während die Ideologie ihren Kontakt mit der Wirklichkeit verloren hatte, machte die Sowjetunion zu einer Macht, die mehr oder weniger konventionelle (und mörderische) Realpolitik in ihren Beziehungen mit dem Westen benutzte. Daß der russische Imperialismus von Josef Wissarionowitsch Dschugaschwili, einem Georgier, sowie einigen Ukrainern und Nichtrussen angeführt wurde, belegt nicht den Internationalismus, sondern die Anpassung von Angehörigen ethnischer Minderheiten an die Idee des russischen Volkes, das die Revolution anführt. Die Revolution hatte sich selbst zu einem „Reich" entwickelt, das dieselben autokratischen Methoden, Unterdrückung und Folter, wie in anderen Imperien üblich, angenommen hatte.

Der Nationalsozialismus war völlig anders – es war eine „wirkliche" Revolution in vielerlei Hinsicht. Die Nazis beabsichtigten allen Ernstes, die Ziele ihrer möglicherweise weltumspannenden Ideologie zu verwirklichen, koste es, was es wolle.

Die Verluste der Sowjetunion an Menschenleben während des Zweiten Weltkrieges werden auf 26 Millionen Menschen, Soldaten und Zivilisten, geschätzt. Selbst wenn dies übertrieben sein sollte, so ist die Gesamtzahl doch erschütternd. Es kann nicht geleugnet werden: Es war die Rote Armee, die den deutschen Moloch besiegte. Wenn heute Bürger der osteuropäischen Staaten Mitglieder der Europäischen Union sind, verdanken sie das der Tatsache, daß sie 45 Jahre lang von einem barbarischen Sowjetreich beherrscht wurden, das, wie gesagt, ineffizient und korrupt war, aber nicht nationalsozialistisch. Sie wurden von den Sowjets befreit, obwohl der Preis dieser Befreiung sehr hoch war. Der Westen erkennt das im großen und ganzen an. Es war die deutsche Niederlage, die Osteuropa ermöglichte, die lange und schmerzvolle Reise zu beginnen, die zur Befreiung von den Befreiern, den Sowjets, führte. Darin liegt das Paradoxon. Am Ende setzten sich die Osteuropäer durch, und das muß ihnen zugute gehalten werden, ebenso wie es Gorbatschow und seiner Umgebung geschuldet ist, die dies auf sowjetischer Seite ermöglichten. Aber das sollte kein Grund sein, Geschichte zu verfälschen. Sicher, der Opfer des Stalinismus sollte gedacht werden, und wenn man das am 23. August machen möchte – bitte sehr. Aber die Verwendung dieses Datums für gleiches Gedenken ist eine Verzerrung und Fälschung und sollte deshalb zuallererst von den baltischen Völkern abgelehnt werden.

Kommen wir nun zu einer Frage, die, wie ich glaube, zentral für das Verständnis des Holocausts ist. Ich habe sie nie eingehend genug behandelt, obwohl ich ausführlich darüber geschrieben habe: Die Haltung und die Politik der Alliierten, besonders der USA, den Juden gegenüber im Zweiten Weltkrieg und die innerjüdischen Auseinandersetzungen in Bezug auf eine mögliche Rettung. Es herrscht die allgemeine Ansicht vor, daß sowohl die Anglo-Amerikaner als auch die Sowjets den Mord an den Juden ignorierten. Die Welt schwieg, wird gesagt, und die Alliierten unternahmen keine Anstrengungen, die Juden zu retten. Mangelndes Interesse und die Weigerung, Hilfsanfragen zu beantworten, trugen zum Holocaust am jüdischen Volk bei. Eine Reihe bedeutender Untersuchungen, allen voran die beiden Bände von David S. Wyman[7], einem amerikanischen Historiker mit schwedischem lutherischem Hintergrund, über die amerikanische Politik beschäftigen sich äußerst kritisch mit der Roosevelt-Administration. Raphael Medoff, ein amerikanischer jüdischer Historiker, und andere haben die Roosevelt-Administration und Roosevelt selbst aus einer Vielzahl von Gründen angegriffen: Sie behaupten, es habe an Mitgefühl für die Leiden der europäischen Juden gefehlt; man habe sich geweigert, irgendeine öffentliche Äußerung zugunsten der jüdischen Opfer der Nazimörder abzugeben; es sei nichts unternommen worden, um Juden zu retten, bevor 1944 das „War Refugee Board" (WRB) durch den Präsidenten errichtet wurde (s. unten) usw. Die zionistischen Führer, und besonders (Rabbi) Stephen S. Wise, als anerkanntes Oberhaupt der zionistischen Bewegung, wurden und werden beschuldigt, die amerikanischen Juden nicht vor dem Massenmord, der in Europa durchgeführt wurde, gewarnt zu haben, selbst nachdem sie die notwendigen Informationen im August 1942 erhalten hatten. Sie sollen eine Gruppe junger palästinensischer jüdischer Aktivisten in den USA, geführt von Peter Bergson (echter Name: Hillel Kook), die im Juli 1943 das „Emergency Committee to Save the Jewish People" gründeten, daran gehindert haben, die öffentliche Meinung wachzurütteln und Druck auf die Regierung auszuüben, alles in ihrer Macht Stehende zu tun, um die europäischen Juden zu retten; ferner sollten sie der grundsätzlich antisemitischen Einstellung des Präsidenten und seiner Umgebung gegenüber unterwürfig gewesen sein. Ich muß zugeben, daß ich bis zu einem gewissen Punkt in der Vergangenheit ähnliche Ansichten vertreten habe. Ich schrieb drei Bücher[8] über das JDC (American Jewish Joint Distributi-

7 *Paper Walls. America and the refugee crisis, 1938 – 1941.* Amherst: University of Massachusetts Press, 1968, und *The Abandonment of the Jews. America and the Holocaust, 1941 – 1945.* New York: Pantheon, 1984; ebenfalls, und sehr wichtig: David S. Wyman und Raphael Medoff: *A Race Against Death: Peter Bergson, America, and the Holocaust.* New York: New Press, 2003.

8 *My Brother's Keeper. A History of the American Jewish Joint Distribution Committee 1929 – 1939.* Philadelphia: Jewish Publication Society of America, 1974, *American Jewry and the Holocaust. The American Joint Distribution Committee 1939 – 1945.* Detroit: Wayne State University Press, 1982, *Out of the Ashes. The Impact of American Jews on Post-Holocaust European*

on Committee) und seine Hilfs- und Rettungsarbeit vor, während und nach dem Krieg. Ich betonte, daß es in seinen Bemühungen, den europäischen Juden während des Krieges zu helfen, neben bürokratischen und anderen Hindernissen, vor die es durch die Regierung gestellt wurde, auch mit Antisemitismus zu kämpfen hatte.

Ich bin zu dem Schluß gekommen, daß Wyman, Medoff und andere mit ihrer Kritik an nichtjüdischen und jüdischen Akteuren in den USA jener Zeit einen zentralen Punkt ignorieren. Es beginnt in den dreißiger Jahren, als Roosevelt eine schreckliche Wirtschaftskrise mit einer Arbeitslosenzahl von bis zu 17 Millionen zu bewältigen hatte. Er war auf die Unterstützung einer wackeligen Koalition aus Minderheiten (Iren, Italiener, Juden, Schwarze), doch ebenso auf die konservativen, um nicht zu sagen reaktionären Südstaatendemokraten angewiesen. Eine der Hauptstützen seiner Regierung stellte die organisierte Arbeiterschaft. Die amerikanischen Arbeiter lehnten Einwanderung ab, weil diese in ihren Augen den arbeitslosen Amerikanern die Arbeitsplätze wegnahm. In dieser Situation war jeder Versuch, die Einwanderung von Juden zu erhöhen, im Kongreß zum Scheitern verurteilt, ganz sicher die von Juden (und Ostasiaten), die, um es freundlich zu formulieren, nicht beliebt waren. Der Antisemitismus wuchs, und Pro-Nazi- und faschistische Gruppen bedrohten die amerikanische Demokratie. Dennoch, und als Antwort auf die Bitten des (jüdischen) Gouverneurs des Staates New York, Herbert Lehman, wies Roosevelt Ende 1935 die entsprechenden Behörden an, zumindest die Anwendung der bestehenden Einwanderungsquoten zu erlauben. Diese waren in den zwanziger Jahren aufgrund der wachsenden Anti-Einwanderungs-Welle aufgestellt worden. Die Quote für Deutschland und Österreich zusammen betrug 27.370. In den dreißiger Jahren waren rund 85 % der Einwanderer aus diesen Ländern Juden. Eine Anzahl von US-Konsuln, von denen viele Südstaatler waren, legten den möglichen jüdischen Immigranten jedes erdenkliche Hindernis in den Weg. Gesetzlich waren die Konsuln in ihren Entscheidungen frei, und Roosevelts Intervention 1935 war ungewöhnlich. Die Beschuldigungen gegen ihn wegen mangelnden Mitleids mit den Juden beruhen zumindest teilweise auf der irrtümlichen Annahme, man habe 1935 – 1938/39 wissen müssen, daß ein Genozid an den Juden geplant sei. In Wahrheit planten die Deutschen den Holocaust nicht vor 1941, als man begann, Juden zu töten. Noch am 25. Mai 1940 verfaßte Himmler ein Memorandum für Hitler über die Behandlung der einzelnen Nationalitäten und Ethnizitäten im von Deutschen besetzen Polen (natürlich inklusive der Juden). Darin erklärte er, die physische Vernichtung einer Nationalität sei bolschewistisch und deshalb undenkbar. Als Hitler am 30. Januar 1939 die jüdische „Rasse“ mit der Vernichtung bedrohte, lag dem kein Plan zugrunde. Die

---

Jewry. Oxford, New York: Pergamon Press, 1989.

Nazi-Zuhörerschaft war vollkommen überrascht. Für die amerikanischen Liberalen wurden die Juden von einem antisemitischen Regime verfolgt; keiner dachte an ein Programm zur vollständigen Vernichtung. Europäische Juden waren keine amerikanischen Staatsbürger. Deswegen war und ist es unrealistisch zu erwarten, daß eine amerikanische Regierung eine große Zahl von Einwanderern in ein Land lassen würde, das unter hoher Arbeitslosigkeit litt und unter dem Einfluß einer sehr starken isolationistischen Strömung stand.

Wenn man die amerikanische Politik vor und während des Zweiten Weltkriegs betrachtet, muß man eine weitere geistige Blockade beachten: Wir neigen dazu, zu glauben, daß, weil etwas geschieht, es geschehen mußte. Es ist klar, daß die amerikanische Revolution siegen mußte – das geschah ja, oder? Eigentlich nicht – es gab die Möglichkeit eines britischen Sieges, die USA wären später gegründet worden oder hätten sich zu etwas wie Kanada entwickelt, um schließlich ein Teil des späteren Commonwealth zu werden. Es gibt zahllose solcher Beispiele, und eines davon ist der Zweite Weltkrieg. Viele Menschen glauben, der Sieg der Alliierten sei eine ausgemachte Sache gewesen. Das war er nicht. Es gab eine reale Möglichkeit für einen deutschen Sieg im Kampf um England im August/September 1940, als die Flugfelder der Royal Air Force vor der Zerstörung standen. Eine britische Niederlage hätte die deutsche Besatzung des Landes und die Kollaboration vieler Briten am Massenmord an den britischen Juden bedeutet (auf den von den Deutschen besetzten Kanalinseln kollaborierten Engländer mit den Deutschen, was in der britischen Geschichtsschreibung nicht sehr hervorgehoben wird; lediglich 16 Juden blieben auf den Inseln, und die örtlichen britischen Amtsträger protestierten nicht gegen ihre Deportation nach Frankreich). Es gab eine reale Möglichkeit eines deutschen Sieges in der Sowjetunion 1941 und erneut 1942. Ein japanischer Sieg in der Schlacht um Midway hätte zu einem sehr langen Kampf im Pazifik geführt. Es gab viele Inder, die in den Japanern mögliche Befreier von der britischen Herrschaft sahen – wie U Aung San (der Vater von Daw Aung San Suu Kyi), der maßgebliche Führer des burmesischen Aufstandes gegen die Briten; er kollaborierte mit den Japanern. Amerikanische jüdische Historiker deuten an (obwohl sie es nie geradeheraus sagen), daß ein Sieg der USA letztlich sicher war, und daß deshalb Druck auf die Regierung, damit sie den Juden helfe, ein Weg gewesen wäre, den Juden zu helfen. Das ist vollkommen irreführend.

Seriöse Geschichtsschreibung muß die wirklichen Gründe für den Sieg der Alliierten berücksichtigen, die militärischen eingeschlossen. 1940 wechselten die Deutschen von der Bombardierung der britischen Flugfelder zur Bombardierung Londons. Dies gab der RAF eine Atempause, um ihre Start- und Landebahnen zu reparieren und neue Flugzeuge zu beschaffen. Hitler entschied sich, die Vorschläge von Admiral Erich Raeder, die Mittelmeerregion anzugreifen, abzulehnen. 1941 entschied er, die Sowjetunion im Süden anzugreifen, statt auf Moskau zu marschieren, wie viele seiner Generäle es wollten. Fehler im deutschen Militärgeheimdienst über sowjetische Vorbereitungen im Herbst 1942 während der Schlacht um Stalingrad ermöglichten es den Sowjets, eine große Armee aufzustellen, die die Linien der ungarischen und rumänischen Divisionen nördlich und südlich von Stalingrad durchbrechen konnte. Nichts davon war vorherbestimmt.

Soweit es den Holocaust betrifft, habe ich bereits gesagt, daß der Krieg bis zu einem gewissen Punkt hätte verhindert werden können – einem Punkt, der nicht bestimmt werden kann, nicht einmal im Nachhinein. Kein Krieg, kein Holocaust. Kein Hitler, ebenfalls kein Holocaust. Es gab 1938 einen erfolglosen Attentatsversuch auf ihn (am 8. November durch Johann Georg Elser). Natürlich kann man nicht die Zukunft vorhersagen, jedes historische Ereignis ist das Zusammentreffen einer unendlichen Zahl von Kausalketten. Da ihre Zahl unendlich ist, gibt es keine theoretische oder praktische Möglichkeit, alle Gründe zu kennen, und deswegen keine Möglichkeit, alle Ergebnisse zu kennen. Dies ist Bestandteil der Chaos-Theorie, die ich schon erwähnt habe. Praktisch gesagt: Niemand sah den Holocaust voraus, nicht einmal jene, die ihn durchführten, weil es bis 1941 keine Planungen dazu gab. Rechtsgerichtete jüdische Historiker beziehen sich gelegentlich auf den Gründer des rechten Zionismus Vladimir Ze'ev Jabotinsky (1880 – 1940), der in den dreißiger Jahren über die kommende Vernichtung des europäischen Judentums sprach, falls die Juden nicht nach Palästina auswanderten. Das Oberhaupt der offiziellen Zionist World Organization, Chaim Weizmann, sagte gleichermaßen eine Katastrophe für sechs Millionen europäischer Juden voraus. Auch andere waren dieser Meinung. Aber sie meinten nicht den Mord an Millionen von Menschen. Sie meinten ein wirtschaftliches Desaster, eine riesige Welle von Flüchtlingen, heftige Pogrome, wie sie während des russischen Bürgerkrieges 1918 – 1921 stattgefunden hatten, und ähnliche Entwicklungen. Einige begabte Autoren hatten ähnliche Vorahnungen. Sie wußten nichts vom Holocaust und konnten nichts gewußt haben, weil er noch nicht stattgefunden hatte. Heute wissen wir es und wir projizieren unser Wissen auf die Vergangenheit. Das ist ein Fehler.

Diejenigen, die den Westen, speziell die USA anklagen, die europäischen Juden zwischen 1933 und 1941 nicht gerettet zu haben, ignorieren diese Tatsache. Europas Juden konnten nicht vor dem Holocaust gerettet werden, bevor er sich ereignete, da niemand sich ein derartiges Ereignis vorstellen konnte. Man konnte auch nicht sicher sein, daß ein Krieg ausbrechen würde, obwohl viele dies voraussagten oder befürchteten. Noch im August 1939 glaubte etwa Jabotinsky, daß ein Krieg vermieden werden könne. Das Argument, daß intelligente Leute und intelligente Politiker Hitlers Reden und sein Buch hätten kennen müssen, also hätten wissen müssen, daß er einen Genozid plante, ist haltlos. Wie ich gerade betont habe, gab es eine derartige Planung nicht, und vor dem Januar 1939 bedrohte Hitler die Juden nie mit der Vernichtung – weder in seinen Reden (mit Ausnahme einer von 1920) und auch nicht in seinem Buch „*Mein Kampf*". Er beschimpfte sie, beschuldigte sie aufs Übelste, aber er führte nicht aus, was er, an die Macht gelangt, tun würde, außer ihnen die Bürgerrechte zu entziehen, sie zu diskriminieren und sie zu verfolgen und sie aus Deutschland zu vertreiben. Es gibt keine Erwähnung von Massenmorden. Aus heutiger Sicht werden in Aussagen von Nichtjuden und Juden Absichten hineinkommentiert, die sie nie beinhaltet haben. Im Nachhinein erscheinen diese dann prophetische Gaben besessen zu haben.

Die mitteleuropäischen Juden waren keine amerikanischen Bürger, und die USA hatten keine rechtlichen Verpflichtungen, ihnen zu helfen. Man kann natürlich von einer moralischen Verpflichtung sprechen, Menschen zu helfen, die von einer deutschen Diktatur verfolgt und diskriminiert werden. Aber aus der Perspektive von 1938/39 waren die Juden nicht die einzigen Verfolgten. Ferner gab es amerikanische (Anti-)Einwanderungsgesetze mit Quoten, und es gab nicht die geringste Chance, sie zu ändern. Es gab eine hohe Arbeitslosigkeit, die Isolationisten zwangen Washington zu einer strikten Neutralität, und jeder Versuch, die Gesetze zu ändern, hätte höchstwahrscheinlich zu geschlossenen Türen geführt. Nichtsdestotrotz überstieg die Zahl der Emigranten aus Deutschland und Österreich die Quote für 1938/39 um 15.000. Der Antisemitismus stieg. Roosevelt stand, wie Historiker feststellten, zwischen den amerikanischen Antisemiten und den Juden. Aus der Sicht der amerikanischen und britischen Politiker gab es das Problem einer verfolgten Minderheit und einen Flüchtlingsstrom, nicht aber einen Genozid. Die meisten der führenden Politiker, Roosevelt, Cordell Hull, Edouard Daladier und Neville Chamberlain, waren keine Antisemiten, obwohl sie teilweise die Juden nicht sonderlich mochten, aber in ihren Gesellschaften war der Antisemitismus weit verbreitet. Wie ich anderswo dargelegt habe, intervenierte Roosevelt persönlich und direkt, um liberale wohlhabende Juden dazu zu bringen, europäische Juden im großen Stil zu retten – natürlich nicht in die USA. So verfuhr Roosevelt noch 1939. Seine Motive bleiben unklar, aber man vermutet eine Kombination von politischen Rücksichtnahmen (er brauchte die Unterstützung der Juden und Liberalen) und eine tiefe Abneigung gegen die Nazis und den Antisemitismus. Er regte im Juli 1938 die Konferenz von Evian an, um eine Lösung für die Flüchtlinge aus Deutschland zu finden – man bezog sich bewußt nicht auf die Juden. Die Flüchtlinge sollten Aufnahme außerhalb der USA finden – Roosevelt konnte vier Monate vor den Kongreßwahlen nicht auf die Südstaaten-Demokraten, von denen viele isolationistisch und antisemitisch waren, verzichten. Aber er wollte etwas für die Juden tun. Das Ergebnis war ein zwischenstaatliches Komitee für Flüchtlinge. Es wurde von George Rublee, einem Roosevelt-Vertrauten, geführt. Er verhandelte mit den Deutschen, um die Ausreise von Juden unter Mitnahme eines Teils ihres Besitzes aus dem Deutschen Reich zu erreichen. Das Vorhaben scheiterte, obwohl Hitler zustimmte, doch wahrscheinlich war es schlicht zu spät (Frühjahr und Sommer 1939). Aber Roosevelt hatte etwas versucht[9]. Auch wenn die amerikanische Regierung damals prophetische Gaben besessen hätte und sie die europäischen Juden hätte retten wollen, was hätte sie tun können? Die Antwort ist – nichts. Es gab keine Möglichkeit, Millionen europäischer Juden mitten in der Weltwirtschaftskrise anderswohin zu transportieren. Dies anzunehmen, ist vollkommen illusorisch. Die Vorhaltungen gegenüber Roosevelt in Bezug auf sein Verhalten sind völlig übertrieben, unfair und fern jeder Realität. Dies bedeutet nicht, daß Roosevelt die Juden mochte; es gibt zahlreiche Hinweise, die dagegen sprechen. Aber er war ein Liberaler. Zuerst und vor allem war er ein Politiker, der an der Macht bleiben wollte. Er war kein Engel, aber er war alles andere als ein antisemitischer Teufel.

Die Haltung der britischen Regierung gegenüber den Juden vor dem Krieg gilt es ebenso zu betrachten. 1938 verfügte Großbritannien über sechs Infanterie-Divisionen – die indischen Kontingente nicht eingerechnet – für das gesamte britische Empire. Zwei davon waren in Palästina stationiert und hatten großen Mühe, den arabischen Aufstand, der Ende 1935 ausbrach und sich gegen die britische Herrschaft und die jüdischen Siedler richtete, niederzuschlagen. Die Regierung war besorgt, daß die Pipeline, die von den irakischen Ölfeldern nach Haifa führte, durch irreguläre Milizen unterbrochen werden könnte und damit die gesamte britische Position im Nahen Osten gefährdet würde. Die Briten glaubten sich der Unterstützung der arabischen Welt in einem Krieg gegen Deutschland und Italien versichern zu müssen. Ende 1938 sah man dies als unausweichlich an. Deswegen publizierten sie ein Weißbuch (Mai 1939), in dem von 75.000 weiteren jüdischen Emigranten nach Palästina in den nächsten fünf Jahre ausgegangen wurde (also 15.000 pro Jahr). Danach würde Palästina ein unabhängiger arabischer Staat werden (natürlich innerhalb des britischen Empires), und die weitere Einwanderung von der arabischen Zustimmung abhängen (die niemand erwartete). Als Folge wurde die jüdische Immigration zu einem Zeitpunkt, als Menschen verzweifelt nach einem Ort suchten, an den sie fliehen konnten, beendet. Die britischen Annahmen waren recht fragwürdig – es ist völlig zweifelhaft, ob eine verstärkte Immigration die Haltung der Araber zu den Briten geändert hätte. Die Araber unterstützten generell Nazi-Deutschland, und es gab Aufstandsversuche gegen die britische Herrschaft im Irak (1941). Ägyptische Offiziere (darunter die späteren Staatspräsidenten Gamal Abdel Nasser and Anwar as-Sadat) gründeten eine antibritische Untergrundbewegung zu einer Zeit, als die Wehrmacht Ägypten unmittelbar bedrohte (Juni bis Oktober 1942). Nur die starken britischen Kräf-

[9] Ich habe mich sowohl mit Rublees Verhandlungen mit jüdischen Führern als auch mit Roosevelts direkter Intervention beschäftigt. Siehe *My Brother's Keeper*, besonders S. 231 – 236 und 273 – 285, sowie in *American Jewry and the Holocaust*, S. 30 – 31.

te im Nahen Osten verhinderten einen Aufstand gegen die Alliierten trotz der britischen antizionistischen Palästina-Politik. Die britische Politik gegenüber jüdischen Flüchtlingen war nicht nur fehlerhaft, pragmatisch, sie war – und dies der entscheidende Punkt – moralisch nicht zu rechtfertigen. Vor dem Krieg und auf Druck der britischen Öffentlichkeit, die sich infolge der sogenannten „Reichskristallnacht“ (9. – 10. November 1938) gegen die Nazis richtete, erlaubte Großbritannien die Einreise von 10.000 jüdischen Kindern und einigen Erwachsenen aus Deutschland, Österreich, Böhmen und Mähren.

All dies ist nichts Neues. Aber es gibt weitere Faktoren, die es zu berücksichtigen gilt, wenn man über die britische Politik gegenüber den jüdischen Flüchtlingen in Bezug auf Palästina spricht. Seit September 1939 herrschte Krieg. Hätte die britische Regierung Juden erlaubt, nach Palästina zu gehen, wären es nur einige tausend gewesen, sicher nicht mehr als die erlaubten 15.000. Ein Grund dafür war die Haltung der türkischen Regierung, die die Dardanellen kontrollierte. Sie verweigerte es türkischen Schiffseignern, Emissären der jüdischen Untergrundbewegung in Palästina Schiffe zu verkaufen, die diese verzweifelt suchten, um sogenannte „illegale“ jüdische Emigranten nach Palästina zu bringen. Aber warum? Die Türken befürchteten einen deutschen Angriff – die türkische Armee war nicht imstande, die Deutschen aufzuhalten. Man unterließ alles, was die Neutralität hätte verletzen können. So wurde, als der in die Jahre gekommene bulgarische Kohlefrachter *SS Struma* Istanbul im Dezember 1941 mit 769 illegalen Flüchtlingen erreichte, niemandem gestattet, von Bord zu gehen. Das Schiff hatte einen Maschinenschaden, und die Briten verweigerten Visa für Palästina. Nach langen Verhandlungen gestatteten sie die Einreise der Kinder nach Palästina, aber die Türken weigerten sich, die Kinder an Land zu lassen. Sie schleppten die Hilflosen zurück in das Schwarze Meer, wo es von einem sowjetischen U-Boot versenkt wurde. Es gab einen Überlebenden.

Doch nicht nur die Briten und Türken verhinderten eine jüdische Einwanderung. Die Deutschen unterbanden jeden Versuch der Juden, in den Nahen Osten zu gelangen. Von März 1941 bis zum Frühjahr 1944 war eine Flucht über den Balkan praktisch unmöglich – von wenigen Ausnahmen abgesehen. Meine Ausführungen stehen im deutlichen Widerspruch zu dem, was viele meiner Kollegen in den letzten 50 Jahren geschrieben haben. Allerdings kann man auch Bauer gegen Bauer zitieren, da auch ich die Meinung vertreten habe, daß eine Vielzahl von Juden hättet gerettet werden können, wenn Großbritannien die Einwanderung ermöglicht hätte. Auch ich hielt die Befürchtungen eines großen arabischen Aufstandes für falsch – aber ich wies daraufhin, daß eine andere britische Politik keinen großen Unterschied gemacht hätte. Wahr ist, daß es den Namen Großbritanniens moralisch gerettet hätte. Aber die Juden waren in dieser Zeit nicht an der Moral ihrer möglichen Retter interessiert. Es ging darum, Leben zu retten.

Wie ist die Politik der amerikanischen Regierung gegenüber den europäischen Juden während des Krieges zu sehen? Dazu muß man die Realitäten zu Beginn des Krieges und der darauf folgenden Entwicklung im Einzelnen verfolgen. Aber man muß bedenken, daß der Holocaust nicht vorausgeplant war, sondern daß die Planungen von Juni 1941 an (die Deutschen griffen die UdSSR unter dem Codenamen „Barbarossa" an) parallel zu dem Massenmord voranschritten. Dies erfolgte ohne einen schriftlichen Befehl Hitlers, also indirekt. Bis zum Unternehmen Barbarossa bestanden die deutschen Pläne zunächst (1939/40) darin, die Juden in eine Art Reservat im Gebiet von Nisko-Lublin im Südosten Polens zu verbringen und später über die Grenze in die Sowjetunion; dann zweitens (1940), als sich dies nicht als praktikabel erwies, sie von Europa nach Madagaskar, das man den besiegten Franzosen abnehmen würde, auszusiedeln. Dort würden die meisten Juden an Hunger und Krankheit zugrunde gehen. Drittens: Als der Madagaskarplan sich, bedingt durch die britische Seemacht, als undurchführbar erwies, die Juden nach der Niederlage der Sowjetunion in die Arktis zu deportieren (dieser Plan wurde von Reinhard Heydrich, dem Leiter des Reichssicherheitshauptamtes (RSHA), im Januar 1941 ausgearbeitet). Die Idee war, die Juden in einem Gebiet zu konzentrieren, wo sie an Kälte und Hunger sterben würden. Die Aktion sollte durch tschechische und andere Kollaborateure überwacht werden. Soweit die den Historikern bekannten und allgemein akzeptierten Vorstellungen. Es stellt sich die Frage, ob von diesen Plänen etwas im Westen, besonders in den USA, bekannt war. Die Antwort ist – ja, teilweise. Über die ersten beiden Pläne berichtete die amerikanische Presse als unbestätigte Gerüchte. Man sah sie als Pläne, sollten sie den Tatsachen entsprechen, zu Deportationen, nicht als industriellen Massenmord. Und diese Annahme ist korrekt. Entscheidend ist, daß die amerikanische Regierung, hätte sie sich entschlossen, im Gegensatz zur öffentlichen Meinung etwas zu unternehmen, dies nicht hätte tun können. Weder die USA noch Großbritannien hätten die Deutschen daran hindern können, die Juden in ein Reservat nach Polen zu verbringen oder über die Grenze, sofern die Sowjets zugestimmt hätten (es gab deutsche Versuche in dieser Hinsicht, die aber selbstverständlich abgelehnt wurden). Wäre Großbritannien besiegt worden und der Madagaskarplan umgesetzt worden, hätte eine amerikanische Intervention die Deutschen nicht daran hindern können. Über den dritten Plan wußte im Westen niemand etwas.

Während dieser Jahre, 1939 bis 1941, waren die USA neutral, und Roosevelt mußte – zumindest offiziell – eine Neutralitätspolitik verfolgen. Die Politik der Neutralität stützte sich auf starke isolationistische Strömungen unter den Amerikanern – sie wollten mit dem, was in Europa vor sich ging, nichts zu tun haben. Der Antisemitismus war keineswegs verschwunden, und eine pro Nazi-Haltung weit verbreitet, besonders unter Deutsch-Amerikanern. In dieser Zeit war eine Gruppe von Rechtsradikalen aus Palästina, die einer nationalen Untergrundmilitärorganisation (*Irgun Tzvai Leumi* – „Irgun“) angehörten, in den USA aktiv. Ursprünglich hatte man sie gesandt, um Propaganda für ihre Organisation zu betreiben und Geld aufzutreiben, aber dann lockerten sich die Verbindungen zur Organisation in Palästina. 1939 entschied sich der Irgun-Kommandant in Palästina, David Raziel, mit den Briten zu kooperieren, und diese Politik wurde auch nach seinem Tod im Irak im Frühjahr 1941 fortgeführt. Er kam bei dem Versuch ums Leben, den Briten bei der Niederschlagung des arabischen Aufstands zu helfen. Der neue Anführer Ya'akov Meridor (der Vater von Dan Meridor, der bis 2012 der israelischen Regierung angehörte) führte diese Politik fort. Sie wurde radikal geändert, nachdem Menachem Begin in Palästina 1943 ankam. Der Irgun wandte sich nun gegen die Briten. Es handelte sich um eine kleine Organisation, vielleicht 1943 ca. 1.500 Mitglieder stark. Die Gruppe in den USA wurde angeführt von Hillel Kook, einem Neffen von Abraham Hacohen Kook, dem Oberrabbiner von Palästina bis zu seinem Tod 1935. In den USA nannte Hillel Kook sich Peter Bergson. Bis 1943 arbeitete die Gruppe, die „Bergson-Boys“, daran, eine jüdische Kampfgruppe aufzustellen, um gemeinsam mit den Briten zu kämpfen. Sie wollten staatenlose und amerikanische Juden rekrutieren, die nach Kanada gehen sollten, um sich dort als Freiwillige zu melden. Nach Pearl Harbor konzentrierte man sich auf die staatenlosen Juden. Die Pläne wurden von Teilen der amerikanischen Juden unterstützt. Aber sie waren völlig unrealistisch. In Kanada regierte der radikal antisemitische Mackenzie King. Die Aufstellung einer jüdischen Quasi-Armee war ein Hirngespinst. Die Annahme, daß die britische Regierung bereit wäre, eine jüdische Armee zu akzeptieren, war völlig abwegig: 1940 hatten die Briten bereits eine ähnliche Idee der offiziellen zionistischen Führung aus Palästina abgelehnt. Die britische Regierung war nicht bereit, ihre Nahostpolitik zu ändern. Vor Pearl Harbor mußte die Idee, eine große Anzahl von amerikanischen Juden die Ausreise nach Kanada zu gestatten, um in die britischen Armee einzutreten, auch in Amerika fehlschlagen. Die Roosevelt-Administration wollte nicht die Opposition der Südstaaten-Demokraten und der Isolationisten im Kongreß riskieren. Nach Pearl Harbor waren die amerikanischen Juden aufgerufen, in die US-Armee einzutreten, und die Zahl der staatenlosen Juden in Amerika war viel zu gering, selbst wenn, was nicht geschah, Amerikaner und Briten zugestimmt hätten.

Wie bereits ausgeführt, begann der Massenmord an den europäischen Juden mit dem deutschen Angriff auf die UdSSR am 22. Juni 1941. War dies aber im Westen bzw. in der Sowjetunion bekannt? Der Historiker Richard Breitman hat den Funkverkehr zwischen deutschen Polizeieinheiten und ihrem Kommandoposten in den besetzten sowjetischen Territorien zwischen Juli und September 1941 analysiert[10]. Diese Meldungen, die durch britische Analysten (in Bletchley Park, England) entschlüsselt wurden, enthielten Informationen über Massaker durch deutsche Polizeieinheiten. In einigen Mitteilungen wurden Juden erwähnt. Ein britischer Offizier zog daraus den Schluß, daß die Deutschen die Juden, wo immer sie konnten, ermordeten. Diese Analyse landete auf dem Tisch von Winston Churchill. Zum Entsetzen der britischen Abwehrspezialisten benutzte er diese Informationen am 24. August in einer Radiosendung der BBC, in der er von deutschen Massakern in den besetzten Gebieten sprach, die Juden jedoch nicht erwähnte. Die Abhörspezialisten befürchteten, daß die Deutschen aus dieser Sendung den Schluß ziehen würden, ihr Code sei entschlüsselt. Glücklicherweise nahmen die Deutschen die Meldung nicht zur Kenntnis. Die britische Regierung bekam keine Kenntnis von den entschlüsselten Nachrichten, die nur an die führenden Militärs weitergesandt wurden. Die anglo-amerikanischen Regierungen und noch weniger die Öffentlichkeit hatten keine Vorstellung von den Massakern. Gelegentlich gab es neue Berichte über Tötungen. Sie kamen sporadisch, waren unbestätigt und wurden als eventuelle Pogrome angesehen, wie sie in der Ukraine nach dem Ersten Weltkrieg stattgefunden hatten. Die Tatsache, daß die Briten ihre Informationen nicht an die Amerikaner weitergaben, erscheint gerechtfertigt, da die USA noch neutral waren. Die amerikanischen Behörden konnten nicht als „wasserdicht" angesehen werden, Informationen hätten sich vielleicht unkontrolliert verbreiten können. Ein ernstzunehmender amerikanischer Geheimdienst wurde erst im Mai 1942 gegründet – das Office of Strategic Services (OSS) unter William (Bill) J. Donovan –, und es dauerte einige Zeit, bis er begann, effektiv zu arbeiten (nach meinen eigenen Untersuchungen arbeitete er auch in seinen besten Zeiten nicht besonders effektiv). Da die entschlüsselten Informationen einzig aus den besetzten sowjetischen Gebieten stammten, gab es keine Möglichkeit, daraus zu schließen, daß es einen Plan für das gab, was wir heute als Genozid bezeichnen. Und in der Tat gab es einen derartigen deutschen Plan damals (im Herbst 1941) noch nicht. Ferner änderten die Deutschen ihr Vorgehen, den Polizeieinheiten wurde der Funkverkehr verboten. Ab September 1941 berichteten sie nur schriftlich oder mündlich, so daß keine Berichte mehr in den Westen gelangten. Es ist unmöglich zu behaupten, daß diese Berichte, die nur den Entschlüsselern und Churchill bekannt waren, aber nicht, um ein Beispiel zu nennen, dem britischen Außenministerium, als Beweis angeführt werden können, die Westmächte hätten etwas „gewußt". Dem war nicht so.

Die Sowjets berichteten über Massenexekutionen in den besetzten Gebieten durch die Deutschen Anfang Januar 1942. Der sowjetische Außenminister Wjat-

---

10 Richard Breitman: *Official Secrets: What the Nazis Planned, What the British and Americans Knew*. New York: Hill and Wang 1998.

scheslaw M. Molotow erwähnte in diesem Zusammenhang auch Juden. Aber man erfuhr wenig Details, und die Sowjets wiederholten derartige Berichte nicht. Üblicherweise erklärten sie, daß unschuldige Sowjetbürger auf grausame Weise ermordet wurden. Im Westen sah man darin beunruhigende Gerüchte, aber keine erwiesene Fakten.

Die daraus zu ziehende Folgerung ist eindeutig: Der Westen, vor allem die Roosevelt-Administration und die amerikanischen Juden „wußten" 1941 nichts über die Ereignisse in den von den Nazis besetzten sowjetischen Gebieten (mit der Ausnahme von Bialystok, das seit September 1939 sowjetisch besetzt war; aber dieses Gebiet war polnisch besiedelt, und die Polen und Neutrale, in diesem Fall Schweden, berichteten von dort). Von diesem Gebiet abgesehen, begann der Massenmord in Polen im März 1942 mit der Deportation der Juden von Lublin in das Todeslager von Belzec, mit dessen Errichtung man im Oktober 1941 begonnen hatte. Nichts davon gelangte in den Westen. Aber noch einmal: Angenommen, man hätte verläßliche Informationen gehabt und man hätte ihnen geglaubt, was hätte man tun können? Es gab keine alliierten Soldaten in Europa. Die Russen kämpften ums nackte Überleben, viele Hunderte von Kilometern auf ihrem eigenen Territorium zurückgedrängt. Die Briten waren damit beschäftigt, die Deutschen und Italiener vom Suez-Kanal fernzuhalten. Deutsche U-Boote versenkten mehr britische Schiffe, als gebaut wurden. Die USA waren noch neutral. Britische Bomber waren nicht in der Lage, Ziele in Osteuropa zu erreichen. Es gab nichts, was die Amerikaner oder die Briten hätten tun können, um die Juden zu retten.

Pearl Harbor wurde am 7. Dezember 1941 angegriffen. Am 8. Dezember erklärten die USA Japan den Krieg. Die Isolationisten im Kongreß mußten akzeptieren, daß es für die USA keine andere Wahl gab, und sie stimmten für die Kriegserklärung. Aber das bedeutete nicht, daß die USA auch gegen Deutschland kämpfen würden. Nazi-Deutschland erklärte den USA am 11. den Krieg. Meiner Ansicht nach kann als sicher angenommen werden, daß, sofern Deutschland den Krieg nicht erklärt hätte, die USA bei ihrer Neutralität geblieben wären. Zumindest für einige Zeit, denn es gab eine starke Opposition gegen einen Krieg gegen Deutschland. Man kann sagen, daß die USA nicht in den Krieg eintraten, sondern „eingetreten wurden". Dies ist eine nicht unwesentliche Tatsache, die von Historikern zu oft ignoriert wird. Sie sollte in Bezug auf die Diskussion um die Rettung der Juden nicht unbeachtet bleiben.

Wann also gelangten verläßliche Informationen in den Westen? Dies geschah nicht vor Mai 1942, als es der jüdisch-polnischen sozialistischen Partei, dem Bund (*Algemeyner Yidisher Arbeter Bund*, gegründet in Wilno [Vilnius] 1897) gelang, über die polnische Untergrundbewegung einen Bericht nach London zu senden. Hier wurde festgestellt, daß 700.000 *polnische* Juden ermordet worden seien (über die sowjetischen Gebiete wurde nichts ausgesagt). Dieser Bericht wurde in der britischen Presse vom 25. Juni an publiziert und teilweise von amerikanischen Zeitungen übernommen[11]. Das britische Informationsministerium hielt eine Pressekonferenz ab, in der dieser Bericht verbreitet wurde – aber der Minister Brendan Bracken, ein enger Vertrauter Churchills, ließ privat verlauten, daß er selbstverständlich den Gerüchten nicht glaube. Allerdings seien sie nützlich für die Propaganda.

Weitere und beunruhigendere Berichte kamen. Im Juli informierte ein deutscher Konservativer, gleichwohl ein Nazigegner, der Industrielle Eduard Schulte, einen jüdischen Kontaktmann in der Schweiz, Isidor Koppelmann, daß die Deutschen dabei waren, 3 1/2 bis 4 Millionen Juden „im Osten" zu ermorden. Er hatte dies durch einen Mitarbeiter aus Diskussionen hoher SS-Offiziere aus dem Gebiet Katowice in Polen, nicht weit von Auschwitz, erfahren. Koppelmann informierte einen schweizerischen jüdischen Journalisten, Benjamin Sagalowitz, und dieser erzählte am 1. August 1942 die Geschichte Gerhard Riegner, dem jungen Sekretär des Jüdischen Weltkongresses (JWC) in Genf. Riegner prüfte eine Woche lang die Informationen, dann sandte er am 8. August ein Telegramm an das JWC)-Büro in London, das von dem Labour-Abgeordneten Samuel Sidney Silverman geleitet wurde, und den Präsidenten des Jüdischen Weltkongresses Stephen S. Wise in New York. Das Telegramm hatte folgenden Wortlaut:

„Erhielt alarmierenden Bericht, daß im Führerhauptquartier ein Plan diskutiert wurde, wonach alle Juden in den von Deutschland besetzten oder kontrollierten Ländern, 3 1/2 bis 4 Millionen, nach Deportation in Osten mit einem Schlag vernichtet werden sollen, um ein für allemal die Judenfrag in Europa zu lösen Stop Aktion unter Verwendung von Blausäure geplant für Herbst Stop Wir übermitteln Information mit aller notwendigen Zurückhaltung weil Richtigkeit nicht bestätigt werden kann Stop Informant bekannt als jemand mit engen Verbindungen zu höchsten deutschen Stellen und seine Berichte gelten als verläßlich."

Silverman erhielt das Telegramm, aber Wise nicht, da das State Department es nicht weitergeleitet hatte. Aber Silverman sandte eine Kopie an Wise mit der Bemerkung „Informiere und konsultiere New York Stop Außenministerium hat keine Informationen bezüglich oder bestätigend Geschichte".

Wise eilte zu Staatssekretär Sumner Welles, der ihm berichtete, das Telegramm erhalten zu haben, es aber für unklug gehalten habe, es zu veröffentlichen, da man sich in einer kritischen Phase des Krieges befände und es Panik auslösen könne. Dies war auch der Grund, warum Wise das Telegramm nicht vom State Department direkt erhalten hatte. Er bat Wise, auf eine Veröffentlichung zu verzichten, bis das Außenministerium den Wahrheitsgehalt überprüft habe. Weitere

---

[11] Yehuda Bauer: *When Did They Know?* Midstream, April, 1968. Ich habe dort den polnischen Text ins Englische übersetzt.

Informationen trafen ein, die von Riegner eingeschlossen. Schließlich traf sich der amerikanische Konsul in Genf, Paul C. Squire, mit Carl J. Burckhardt, einem hohen Vertreter des Internationalen Roten Kreuzes am 7. November. Burckhardt bestätigte den Inhalt von Riegners Telegramm. Er fügte allerdings die falsche Information hinzu, Hitler habe Anfang 1941 einen Befehl unterzeichnet, alle Juden bis Ende 1942 zu ermorden. Welles informierte Wise und sagte ihm, seine Befürchtungen hätten sich bestätigt und er könne nun die Inhalte des Telegramms veröffentlichen. Wise berief am 24. November 1942 eine Pressekonferenz ein, und seine Stellungnahme wurde am nächsten Tag in der New York Times veröffentlicht – auf Seite 10 (!!).

Zahlreiche Historiker haben Wises Verhalten heftig kritisiert. Er hätte ihrer Meinung nach Welles' Anweisungen ignorieren und sich an die amerikanische Öffentlichkeit wenden und so Druck auf die Regierung ausüben sollen, um die europäischen Juden zu retten. Statt dessen habe er vor Roosevelt geschwiegen. Hätte Bergson, der noch immer damit beschäftigt war, eine jüdische Armee aufzubauen, so sagen die Kritiker, von dem Telegramm erfahren, so hätte er sich an die Öffentlichkeit gewandt.

Aber in welcher Situation befand sich Amerika im August 1942? Im Juni hatte die US-Navy gerade ihren ersten Sieg über die Japaner in der Schlacht bei den Midway-Inseln errungen, aber die japanische Flotte kontrollierte noch immer den Pazifik. Es sollte noch zweieinhalb Jahre dauern, bis sich die Amerikaner ihrer Überlegenheit sicher sein konnten. Tausende von amerikanischen Soldaten mußten ausgebildet werden, um im Südpazifik eine Insel nach der anderen zu erobern. Tausende von Familien sollten ihre Söhne noch fallen sehen. Im August 1942 waren sich die Amerikaner bewußt, was noch vor ihnen lag. In der Sowjetunion marschierten die deutschen Armeen Richtung Stalingrad und die Ölfelder des Kaukasus. In Nordafrika erreichte das deutsche Afrikakorps unter Rommel El-Alamein und bedrohte Ägypten, den Suezkanal, Palästina und die Ölfelder des mittleren Ostens. Im Atlantik wurden noch immer viele alliierte Schiffe versenkt. Großbritannien mußte mit einer Hungersnot rechnen. Die Konvois nach Murmansk zur Versorgung der Sowjetunion wurden angegriffen und viele Schiffe versenkt. Noch war das Kriegsglück nicht entschieden. Eine öffentliche Kampagne hätte eine Panik unter tausenden jüdischer Soldaten in der US-Armee auslösen können. Aber wäre ein Versuch unternommen worden, das Telegramm zu veröffentlichen, hätten die Zeitungen es aufgegriffen, oder wären sie der Regierung gefolgt, die wahrscheinlich zur Zensur gegriffen hätte? Und hätte eine derartige Aktion zu einem Erfolg geführt? Hierbei handelt es sich nicht um eine hypothetische Frage, denn ist bekannt, was später passierte: nichts.

Warum aber war die Regierung gegen eine Veröffentlichung im August? Das Telegramm enthält selbst die Antwort, indem es darauf hinwies, daß die Informationen nicht sicher seien. Das britische Außenministerium konnte zudem die Informationen nicht bestätigen. Auf dieser Basis also hätte man die amerikanische Regierung unter Druck setzen sollen?

Das Fernschreiben enthielt ungenaue Informationen. Es gab keinen Plan. Die Deutschen ermordeten die Juden seit dem Juni 1941, also 14 Monate, bevor das Fernschreiben versandt wurde. Die Erwähnung von Blausäure war korrekt. Wir wissen heute, daß es sich bei Zyklon B um die Handelsbezeichnung eines Gases, das auf Blausäure beruhte, handelte, und mit diesem Gas wurden Juden in Birkenau getötet. Aber das versandte Fernschreiben spricht von einer Bedrohung, einer Gefahr, die in Monaten eintreten könnte, nicht was sich schon ereignete – wie es den Tatsachen entsprach[12].

Wise informierte unverzüglich einige Personen aus dem Umfeld des Präsidenten und einflußreiche amerikanische Juden. Nach meiner Meinung konnte er nicht mehr tun. Sein Verhalten war nicht außergewöhnlich. Die Angriffe auf ihn sind völlig unberechtigt.

Mehr noch, Bergson gründete das Bergson-Komitee nicht vor Juni 1943. Aber er und seine Verbündeten begannen bereits davor, die Not der europäischen Juden bekanntzumachen. Die „Bergson-Boys“ hatten großen Erfolg. Sie erregten großes öffentliches Interesse, organisierten Veranstaltungen und versuchten, die Regierung dazu zu drängen, Anstrengungen zu unternehmen, Juden zu retten. Sie wurden darin von der offiziellen zionistischen Bewegung, an deren Spitze Wise stand, behindert. Die offiziellen Zionisten waren besorgt, die Kontrolle über die zionistische Bewegung an diese jungen und tüchtigen, rechtsgerichteten Radikalen zu verlieren. Der spätere israelische Ministerpräsident Ben-Gurion überzeugte sich bei einem Treffen mit Bergson davon, daß dieser eine Gefahr für die offizielle Linie, die als gemäßigt zu bezeichnen ist, darstellte. Das Ergebnis: Streit und Bitternis. Man muß sagen, daß das Verhalten von Wise, vorsichtig ausgedrückt, widerwärtig war.

Historiker wie Wyman und Medoff argumentieren, und sie stehen damit nicht allein, daß es bei einer Zusammenarbeit zwischen den offiziellen Zionisten und den Leuten von Bergson möglich gewesen wäre, die breite nichtjüdische Öffentlichkeit zu erreichen. Die Regierung hätte möglicherweise diesem Druck nachgegeben, und man hätte etwas für die Rettung der Juden unternehmen können. Aber diese Argumente sind nicht stichhaltig.

Nehmen wir einmal an, Bergson wäre vor oder nach dem Juli 1943 erfolgreich gewesen. Nehmen wir an, Bergson wäre mit oder ohne Unterstützung von Wise

---

12 Als ich Riegner in einem Interview – er weigerte sich unglücklicherweise, es aufzuzeichnen – fragte, warum er diese beiden Sätze in das Telegramm aufgenommen habe, sagte er, er habe es auf Drängen seines Chefs, des nominellen Leiters des Genfer Büros des Jüdischen Weltkongresses, Prof. Paul Guggenheim, getan. Sagalowitz, den ich ebenso fragte, hatte keine Erklärung.

bis ins Oval Office, also zu Roosevelt, gelangt. Dieser wäre überzeugt worden und hätte sich an das amerikanische Volk gewandt mit der Botschaft, alles für die Rettung der europäischen Juden zu tun. Aber was hätte das praktisch bedeutet? Seit Juni 1941 ermordeten die Deutschen die Juden massenhaft, und das Morden erreichte seinen Höhepunkt 1942/43. Ende 1943 waren schätzungsweise viereinhalb Millionen von 5,7 Millionen Opfern des Holocausts tot. Zwischen 1941 und Juli 1943 gab es nirgends in Europa anglo-amerikanische Soldaten (im Juli 1943 fand die Landung in Sizilien statt, wo es keine Juden gab). Dann kämpften sich die anglo-amerikanischen Verbände die italienische Halbinsel nach Norden und erreichten Rom im Juni 1944. Sie befreiten eine kleine Zahl von Juden, hauptsächlich aus einem kleinen Lager im süditalienischen Ferramonti. Auch nach dem D-Day (im Juni 1944) konnte man den Mordprozeß nicht stoppen, da es keine Möglichkeit gab, die deutsche Politik zu beeinflussen. Hätte man nicht wenigstens die Vernichtungslager in Polen bombardieren können? Aber was wäre dann mit den hunderten von Arbeitslagern, in denen Juden durch grausame Behandlungen, Hunger und Krankheiten starben, geschehen? Die Bomber hätten vor 1944 Polen nur von Großbritannien aus erreichen können. Aber es gab keine Jagdflugzeuge, die sie hätten begleiten können, und ohne den Begleitschutz wären sie wie fliegende Enten abgeschossen worden. Die Amerikaner erlitten bei ihren Bombardements der deutschen Städte zwischen 1942 und 1943 massive Verluste. Dabei griffen sie Ziele in Osteuropa, von Polen ganz abgesehen, nicht an, trotz der dort vorhandenen wichtigen Industrieanlagen. Erst im November 1943 stand mit der P-51 Mustang, ausgestattet mit britischen Rolls-Royce-Triebwerken, den Amerikanern ein entsprechendes Jagdflugzeug zur Verfügung. Damals war Auschwitz-Birkenau ein im Betrieb befindliches Vernichtungslager mit vier Gaskammern und Krematorien. Hätten die alliierten Bomber vor dem Frühjahr 1944 vielleicht nach Polen fliegen und nach der Bombardierung auf sowjetischen Flugplätzen landen können? Der Poltava-Flughafen in der Ukraine wäre für die Landung geeignet gewesen. Aber dieser Flugplatz wurde erst im Frühjahr 1944 befreit. Die Amerikaner nutzen ihn von Juli 1944 an, aber es gab wegen des sowjetischen Argwohns Schwierigkeiten. Bis zu diesem Zeitpunkt war es also faktisch unmöglich, Ziele in Polen zu bombardieren.

Im September 1943 eroberten die Alliierten den Flugplatz von Foggia im Südosten Italiens. Vom 2. November an operierten alliierte Bomber von dort aus. Sie hätten Polen erreichen können, aber ihre vorrangige Aufgabe war es, die alliierten Truppen beim Vormarsch in Italien zu unterstützen und die rumänischen Ölfelder bei Ploesti anzugreifen, um die deutsche Ölversorgung zu stören (diese Angriffe waren ziemlich wirkungslos). Im Januar 1944 traf das anglo-amerikanische Oberkommando eine Entscheidung, die nichts mit den Juden oder Polen zu tun hatte, sondern eine Folge des fehlgeschlagenen Luftangriffs auf Dieppe (19. August

1942) war. Man hatte unter anderem versucht, französische Gefangene zu befreien. Man bestritt den Nutzen militärischer Einsätze für nichtmilitärische Ziele. Auschwitz war mit Sicherheit kein militärisches Ziel, und bis Juni 1944 gab es auch keine genauen Informationen über die Lage der Gaskammern. Am 2. August 1944 wandte sich der amerikanische Kommandeur von Foggia, Carl A. Spaatz, mit einer Anfrage an seine Vorgesetzten in Washington. Er wies darauf hin, daß er, sofern es einen Befehl gäbe, Auschwitz bombardieren könne. Er bekam keinen.

Aber was wußte man im Westen über Auschwitz? Das ist eine zweitrangige Frage, denn die Existenz eines Konzentrationslagers dort war bereits 1940/41 bekannt. Die polnische Untergrundbewegung hatte Informationen über das Lager an die polnische Exil-Regierung in London übermittelt. Das Auschwitz-Museum hat 1968, also noch unter dem Kommunismus, ein kleines Buch publiziert, das die Funkmeldungen aus Warschau nach London der Jahre 1941 bis 1944 über das Lager beinhaltet[13]. Zur Zeit ist es nicht möglich festzustellen, ob alle Funksprüche, die gesendet wurden, in dem Buch aufgenommen wurden. Interessanterweise wird im Juli 1941 etwas Falsches gemeldet (... *„gazowanie w komorach gazowych*"). Es wird berichtet, daß Tötungen in „Gaskammern" stattgefunden haben – aber damals gab es in Auschwitz keine. Am 9. August 1942 wird von 100.000 Gefangenen in Auschwitz berichtet, von denen 70.000 Juden seien, und daß Gaskammern installiert worden seien (... *„zainstalowano komory gazowe*"). Ferner wird berichtet, daß zwischen dem 26. August und 10. Oktober 1942 Juden und sowjetische Kriegsgefangene vergast wurden (Seiten 44 – 50). Im wesentlichen geht es um die Leiden der polnischen Gefangenen, aber es wird auch berichtet, daß Juden die größte Opferzahl stellen. Man ist geneigt, anzunehmen, daß die polnische Exilregierung diese Botschaften an die britische Regierung sandte, und zwar an den bei ihr akkreditierten britischen Botschafter. Dieser saß selbstverständlich in London, einige Blocks von den britischen und polnischen Außenministerien entfernt. Es ist bekannt, daß das Material bei einem Luftangriff vernichtet wurde. Ich habe keine Kenntnis darüber, ob die Polen die Meldungen an die Briten gaben und was damit später geschah. Aber es darf angenommen werden, daß das britische Außenministerium die Informationen über die Vergasungen in Auschwitz zur selben Zeit wie die von Riegner erhielt. Anscheinend enthielten die Botschaften keine Karten oder Pläne.

Dies änderte sich erst 1944 und ist der Flucht von zwei (und später zwei weiteren) jüdischen Gefangenen aus Auschwitz zu verdanken[14]. Sie lieferten detaillierte

---

[13] *Oboz Koncentracyjny Oswiecim a swietle akt delegatury Rzadu RP na Kraj*, Wydawnictwo Panstwowego Muzeum w Oswiecimiu, 1968. Das Zitat stammt von Seite 31. Ich möchte mich bei meinen Kollegen vom Auschwitz-Museum bedanken, daß sie mir ein Exemplar haben zukommen lassen.

[14] Rudolf Vrba, Alfred Wetzler, Arnošt Rosin, Czeslaw Mordowicz.

Informationen über das Lager, und hätte es eine Entscheidung gegeben, Birkenau zu bombardieren, so wäre Luftaufklärung – die im Juni unabsichtlich Fotos von Birkenau machte – möglich gewesen. Mit anderen Worten: 1941, 1942 und 1943, während die meisten europäischen Juden ermordet wurden, gab es nicht die geringste Möglichkeit, sie zu retten, auch wenn es die amerikanische Regierung gewollt hätte. Die jüdische Diskussion über Bergson und Wise, Wise und Bergson, erinnert an scholastische Argumente des Mittelalters, als man sich darum stritt, wieviel Engel auf der Spitze einer Nadel sitzen könnten. 1941, 1942 und 1943, als Millionen Juden von Nazi-Deutschland und dessen Kollaborateuren ermordet wurden, konnten die USA oder Großbritannien nichts tun, um diese Millionen zu retten. Nur 1944 konnten wenigstens Luftangriffe auf Ziele in Polen getätigt werden. Wyman, Medoff und die anderen weigern sich, diese Tatsachen zur Kenntnis zu nehmen.

Gab es andere Möglichkeiten, die die Anglo-Amerikaner hätten nutzen können, Tausende, wenn nicht Millionen zu retten, ohne die Kriegsanstrengung zu behindern? Forderten dies die jüdischen Organisationen? Die Antwort ist meiner Meinung nach – ja. Tausende (vielleicht viele Tausende) hätten gerettet werden können. Insbesondere die amerikanischen Juden forderten das von ihrer Regierung. Aber das wurde verweigert. Die zwei jüdischen Vertreter im polnischen Exilparlament, Artur Zygielbojm (der am 12. Mai 1943 aus Protest gegen die unterbliebenen Aktionen der Alliierten, den europäischen Juden zu helfen, Selbstmord beging) und Yitzhak Szwarcbart, drängten ihre Regierung, sich an die Alliierten zu wenden, um etwas zu unternehmen. Das Ergebnis war die Intervention der polnischen Regierung am 9. November 1942 und nochmals offiziell am 10. Dezember. Sie drängte die alliierten Regierungen nachdrücklich dazu, über die Vernichtung der Juden und die Informationen über die Morde, die seit August angestiegen waren, zu berichten. Die britische Regierung überzeugte die übrigen Mitglieder der Anti-Nazi-Koalition, einschließlich der Sowjetunion, am 17. Dezember 1942 eine Stellungnahme zu veröffentlichen. Darin wurde die Tatsache, daß die Deutschen die europäischen Juden ermordeten, bestätigt und versprochen, die Verantwortlichen zur Rechenschaft zu ziehen[15]. Mit anderen Worten, die „Welt“ schwieg keineswegs. Lange wurden die Berichte verharmlost und/oder erschienen auf den letzten Seiten der Zeitungen. Aber nun erschienen zahlreiche Berichte, und jeder, der wollte, konnte sie lesen. Aber die angloamerikanischen Regierungen hatten nicht vor, ihre Haltung zu ändern. Die Organisationen baten die Alliierten um Garantien für neutrale Staaten, um diese zu bewegen, Juden einreisen zu lassen und bis zum Ende des Krieges zu beherbergen,

15 Der britische und amerikanische Geheimdienst waren über die Erklärung nicht gerade glücklich, da man die Informationen über die Massenvernichtung nicht für wahr hielt. Die Geheimdienstler wurden von den Politikern übergangen.

und sie dann irgendwo anders anzusiedeln, denn kein neutrales Land wollte Juden aufnehmen. Wenn man ihnen versprochen hätte, dafür zu bezahlen, so wäre es möglich gewesen, daß neutrale Länder sie bis zum Kriegsende akzeptiert hätten. Jüdische Organisationen bemühten sich um Genehmigungen, jüdischen Gruppen im besetzten Europa Gelder zu senden. Dies hätte Leben retten können. Doch es war vergebens.

Diese Vorschläge wurden wiederholt den Alliierten unterbreitet. Nach der Deklaration vom 17. Dezember 1942 stieg der Druck in Großbritannien, weniger in den USA, etwas zur Rettung jüdischen Lebens zu unternehmen. In Großbritannien standen Parlamentarier (z. B. Elizabeth Rathbone) und Kirchenführer an der Spitze. In den USA waren es fast ausschließlich jüdische Organisationen, besonders die von Stephen S. Wise geführten Zionisten. Schließlich gab es eine angloamerikanische Konferenz über die „Flüchtlingsfrage". Man traf sich auf Bermuda – soweit wie möglich von den Journalisten entfernt – am 19. April 1943 (zufälligerweise war dies der Tag, an dem Aufstand im Warschauer Ghetto ausbrach). Der britische Chefunterhändler Richard Law, parlamentarischer Unterstaatssekretär des Außenministers Anthony Eden, schrieb diesem (am 18. April): „Bitte entschuldigen Sie mich, daß ich Sie mit Juden belästige, ich weiß, dies langweilt Sie"[16]. Die amerikanischen Delegierten waren zugänglicher. Nach ausführlichen Beratungen wurde, kurz gesagt, entschieden, nichts zu unternehmen (abgesehen von der Errichtung eines kleinen Flüchtlingscamps in Nordafrika in Fedhalla und später in Phillippeville, wo schließlich 630 Flüchtlinge untergebracht wurden). Mehr als das: Eine lügnerische Erklärung wurde veröffentlicht. Man würde Schritte unternehmen, um „Flüchtlinge" zu retten. Leider mache die Sicherheitslage dies unmöglich. Alle Vorschläge von jüdischen Organisationen wurden zurückgewiesen.

Meines Erachtens erscheint es wenig zweifelhaft, daß, wäre man diesen praktikablen Vorschlägen gefolgt, Leben hätten gerettet werden können: Es wären nicht Millionen gewesen, aber viele Tausend hätte man möglicherweise retten können. Aus Sicht der westlichen Alliierten war das vorrangige Ziel, den Krieg zu gewinnen. Juden kam eine geringe Priorität zu. Für die Sowjets war die Frage im wesentlichen irrelevant. Allerdings wurde den sowjetischen Partisanen, die hinter den deutschen Linien operierten, im Herbst 1943 die Anweisung erteilt, Zivilisten zu retten. Viele Historiker haben darauf hingewiesen, daß die Alliierten befürchteten, bei einer zu starken Beschäftigung mit den Juden der Nazi-Propaganda in die Hände zu spielen, die behauptete, daß die Alliierten den Krieg für die Juden führten. Man wußte sehr wohl, daß viele alliierte Soldaten, weniger die britischen als die amerikanischen, den Juden nicht freundlich gesonnen waren.

---

16 Zitiert in Breitman, *Official Secrets*, S. 180 – 181.

In der zweiten Hälfte des Jahres 1943 war Bergsons „Emergency Committee“ sehr erfolgreich darin, die jüdische öffentliche Meinung – und teilweise wichtige Bereiche der nichtjüdischen – für die Forderung von Rettungsaktionen für die europäischen Juden zu mobilisieren. Die offiziellen zionistischen und nichtzionistischen Organisationen bemühten sich auf diskreterem Wege ebenfalls, waren aber nicht so erfolgreich. In dieser Zeit wuchs der Antisemitismus eher, als daß er zurückging, obwohl mehr Informationen über den Mord an den Juden verfügbar waren. Folgt man den Umfragen, so hatten 48 % der Amerikaner im Jahr 1944 antijüdische Ansichten. Der Appell, zu handeln, konzentrierte sich in der maßgeblich von der Bergson-Gruppe organisierten Forderung nach Einrichtung einer zentralen Regierungsbehörde, die für die Rettungsaktion verantwortlich sein sollte. Senatoren und Kongreßabgeordnete, unter ihnen Vertreter aus Gegenden, in denen es nur wenige Juden gab, unterstützten diese Forderungen. Parallel dazu bearbeiten drei nichtjüdische Beamte im Finanzministerium[17] ihren Chef, den (jüdischen) Finanzminister Henry Morgenthau Jr., beim Präsidenten zu intervenieren, um die Widerstände des Außenministers zu überwinden und ein Komitee einzurichten, das mit Rettungsmaßnahmen beauftragt sein sollte. Am 22. Januar 1944 setzte Roosevelt das „War Refugee Board“ ein, das von den Ministern für Finanzen und Krieg sowie dem Außenminister geleitet werden sollte – aber faktisch von John W. Pehle, einem der drei genannten Beamten, ohne jegliche Einmischung durch die Minister geleitet wurde –, und das theoretisch weitreichende Kompetenzen besaß. Zwischen Ende Januar 1944 und dem Kriegsende in Europa am 8./9. Mai 1945 soll das Komitee nach eigener Aussage 400.000 Juden gerettet haben.

Aber warum richtete Roosevelt dieses Komitee ein? Wyman, Medoff und andere verweisen auf den Druck der Bergsonisten, die durch ihre Freunde im Kongreß bei Roosevelt die Besorgnis auslösten, Unterstützer zu verlieren; schließlich standen 1944 Präsidentenwahlen an. Andere sagen, die drei Musketiere aus dem Finanzministerium beeinflußten durch den Minister Roosevelt. Dieser war, einer Mischung aus politischen und humanitären Überlegungen folgend, schließlich dazu bereit. Selbst neige ich zu der zweiten These, aber monokausale Erklärungen sind selten angemessen. Es scheint in der Tat so, als ob Roosevelt durch eine Vielzahl von Überlegungen, die beiden erwähnten eingeschlossen, zu der Entscheidung kam.

Was erreichte das Komitee? Wyman und Medoff argumentieren, daß es zur Rettung von 120.000 Budapester Juden während der letzten Kriegstage beitrug. Die genannte Zahl von 400.000 ist selbstverständlich reiner Unsinn. Aber dies gilt auch für die Zahl von 120.000. Die Tatsache, daß sie überlebten, verdankt sich

[17] John W. Pehle, Josiah E. Dubois, Jr., Randolph Paul.

verschiedensten Umstände: Die Regierung des ungarischen Reichsverwesers Miklós Horthy realisierte, daß Deutschland dabei war, den Krieg zu verlieren. Es war für die anstehenden Verhandlungen, besonders mit den Westmächten, nicht vorteilhaft, weiterhin ungarische Juden nach Auschwitz zu schicken. Die Deportation der Juden aus den ungarischen Provinzen wurde Anfang Juli eingestellt. Die amerikanische Bombardierung des Budapester Eisenbahnnetzes (2. Juli) wurde fälschlicherweise auf die amerikanische Zielsetzung, die Deportationen zu beenden, zurückgeführt. Dies änderte sich, als Horthy gestürzt und verhaftet wurde, und die ungarischen Faschisten unter Ferenc Szalasi die Macht übernahmen (15. Oktober 1944). Wenig später (30. Oktober) wurden die Vergasungen in Auschwitz beendet. Aber viele tausend Budapester Juden mußten unter unmenschlichen Bedingungen losmarschieren, um an der österreichischen Grenze für die Deutschen Befestigungsanlagen zu errichten, wobei viele starben. In Budapest wurden viele vor den Mordaktionen der ungarischen Faschisten (den Pfeilkreuzlern) durch Diplomaten neutraler Länder und den zionistischen Untergrund gerettet. Dieser gab gefälschte ausländische Schutzbriefe aus, zusätzlich zu den echten der Diplomaten. Menschen wie der schwedische Diplomat Raoul Wallenberg, der Schweizer Diplomat Carl Lutz, der italienisch-spanische Diplomat Giorgio Perlasca, Nuntius Angelo Rotta und einige weitere bildeten eine Schutzmauer für die Untergrundbewegung. Welche Rolle spielte das WRB? Es unterstützte die Entsendung Wallenbergs nach Budapest, obwohl die Entscheidung natürlich eine schwedische war. Es diente nicht zuletzt als Fassade für das OSS (den damaligen US-Geheimdienst), das jemanden vor Ort haben wollte, um etwas über deutsche und ungarische militärische und andere Pläne zu erfahren. Das Komitee stattete Wallenberg mit 100.000 Dollar aus (möglicherweise mehr) – jüdisches Geld, das vom JDC bereit gestellt wurde. Das war alles. Man hatte keinen Einfluß irgendwelcher Art auf die neutralen Diplomaten, die Juden retteten, und selbstverständlich auch nicht auf den zionistischen Untergrund in Budapest. Unternahm das Komitee etwas, um in Ungarn die Deportationen aus den Provinzen zwischen Mai und Juli 1944 zu verhindern? Ja, es spielte eine Rolle in den Bemühungen, Roosevelt zu überzeugen, die Warnung vom 24. März 1944 an die ungarische Regierung herauszugeben, ihre jüdischen Bürger zu schützen. Aber hatte dies irgendeinen Einfluß? Keineswegs – ungarische Behörden und ungarische Gendarmen waren die Haupttäter bei der Zusammenführung, Erniedrigung und Deportation von 437.000 ungarischen Juden nach Auschwitz. Dies geschah einige Wochen nach der amerikanischen Warnung. Das Komitee hatte sein Bestes versucht, aber es scheiterte, ein Scheitern, das ihm nicht anzulasten ist.

Das Komitee – praktisch also John Pehle – bemühte sich auch anderswo. Sein Repräsentant, Ira Hirschman, spielte eine untergeordnete Rolle bei dem Versuch, den ungarischen Juden während der Verhandlungen zwischen der zionistischen

Jewish Agency for Palestine, den Briten und den Amerikanern im Zusammenhang mit dem Angebot der Nazis in Ungarn, das von zwei Emissären, Joel Brand und Antal („Bandi") Grosz (siehe unten) überbracht worden war, Hilfe zukommen zu lassen. Es unterstützte die Verhandlungen des Vertreters der JDC in der Schweiz, Sally Mayer, mit dem SS-Offizier Kurt Becher. Der Verantwortliche für humanitäre Angelegenheiten im dortigen amerikanischen Konsulat, Roswell D. McClelland, der Mayer in diesen Gesprächen unterstützte, gehörte ebenfalls dem WRB an.[18] Das Komitee, soviel ist sicher, rettete, trotz aller Bemühungen, weitaus weniger Menschenleben als behauptet. Man wäre auch nicht erfolgreicher gewesen, wenn es früher eingesetzt worden wäre.

Es ist an dieser Stelle erforderlich, erneut auf die (Nicht)-Bombardierung von Auschwitz einzugehen. Vor Ende 1943 waren Bombardierungen in Polen nicht möglich. Danach entschieden die Alliierten, sich nicht mit sogenannten „zivilen" Zielen zu beschäftigen. Deshalb fanden auch bis Juli 1944 keine Aufklärungsflüge über Auschwitz statt. Selbst dann war das Ziel die Buna-Fabrik in Auschwitz III (Monowitz). Hier versuchten die Deutschen (erfolglos), synthetisches Gummi herzustellen. Es ging also nicht um das wenige Kilometer entfernte Todeslager. Aber nun war es möglich, Ziele in Polen zu treffen. Aus der Slowakei gelang es dem ultraorthodoxen Rabbiner Michael D.B. Weissmandel, eine dringende Bitte in die Schweiz zu schicken (Mai 1944). Er stützte sich dabei auf die Berichte von Wetzler und Vrba über Auschwitz. Die Eisenbahnlinien nach Auschwitz und das Lager selbst sollten bombardiert werden. Auch jüdische Organisationen, hauptsächlich die Jewish Agency und die ultraorthodoxe Agudat Israel, unterstützten die Bitte. Doch die Alliierten verweigerten dies. John J. McCloy, der Staatssekretär im amerikanischen Verteidigungsministerium, schrieb am 4. Juli (!! dem amerikanischen Unabhängigkeitstag) 1944 an Pehle, daß man Auschwitz nicht bombardieren werde. Durch die Berichte von Auschwitz-Flüchtlingen waren seit April und Mai 1944 detaillierte Beschreibungen und Pläne des Lagers verfügbar. Diese waren in Washington seit dem 28. Juni bekannt. Bei einem Bombenangriff auf die vier in Frage kommenden Gebäude – Gaskammern und Krematorien – bleibt es mehr als fraglich, ob mit den damals verfügbaren 500 Pfund-Bomben und der unterentwickelten Fähigkeit, Treffer genau zu plazieren, derartige Angriffe erfolgreich gewesen wären. Von daher wäre nur ein Flächenbombardement in Frage gekommen, das eine große Zahl von Unschuldigen getötet hätte. Einige jüdische Führer in Palästina und den USA nahmen deshalb eine zögerliche Haltung ein. Doch ist es klar, daß selbst bei einem Erfolg die Deutschen andere Möglichkeiten gefunden hätten, um mit ihrem Morden fortzufahren, wie sie es nach der

[18] Ich habe darüber ausführlich berichtet: *American Jewry and the Holocaust*; *Rethinking the Holocaust* und anderswo.

Schließung der Gaskammern auf den Todesmärschen zwischen Ende 1944 und dem Kriegsende massenhaft taten. Das Ziel, Juden zu ermorden, war ideologisch und unverzichtbar. Darin bestand ein deutscher Konsens.

Eine erfolgreiche Bombardierung von Auschwitz hätte also, entgegen der Annahme, die Fortsetzung des Genozids nicht verhindert. Die mehr als 900.000 jüdischen Opfer der Gaskammern wären nicht wieder ins Leben zurückgebracht worden.

Wie aber steht es mit dem Vorschlag, die Eisenbahn zu bombardieren? Dieser Vorschlag war nicht erfolgversprechend. Die Deutschen setzten bombardierte Eisenbahnstrecken innerhalb von 48 Stunden wieder instand – sogar in Frankreich, das von Großbritannien aus auch vor dem D-Day leicht zu erreichen war. Eisenbahnstrecken in Polen von Italien aus zu bombardieren hatte wenig Sinn. Was aber ist von der Diskussion um die Bombardierung von Auschwitz zu halten? Handelte es sich um eine Instrumentalisierung? Nein, ich denke nicht. Wäre Auschwitz bombardiert worden, hätte dies ein Zeichen gesetzt: Es hätte Juden und Nichtjuden gezeigt, daß die Westalliierten versuchen, etwas für sie zu tun, daß jemand ein Gewissen hat. Es war eine Frage der Moral. Das Versagen des Westens war nicht pragmatisch, es war moralisch – und es war gewaltig.

Die Schlußfolgerungen liegen auf der Hand. Entgegen der verbreiteten Annahme konnten Roosevelt und die US-Regierung die europäischen Juden nicht retten. Man hätte eine geringe Anzahl retten können, aber man entschied sich, dies nicht zu tun – bis Januar 1944. Danach bemühte man sich, scheiterte aber im wesentlichen. Es lag an den begrenzten Möglichkeiten, sogar als diese sich gegen Ende des Krieges enorm verbesserten.

Angesichts dieser Schlußfolgerung bleibt zu fragen, was es für die innerjüdischen Diskussionen über die Frage, wer was wann und wie tat, bedeutet. Die Antwort ist hart: Die Diskussion ist völlig nutzlos. Die Amerikaner waren gegenüber den Mördern machtlos.

Wenden wir uns einer weiteren bedeutenden Frage zu, die in den Publikationen über den Holocaust einen bedeutenden Platz einnimmt. Was unternahm die jüdische Bevölkerung Palästinas – der Jischuw –, um die europäischen Juden zu retten? Die dazu veröffentlichte Literatur in historischer, journalistischer und literarischer Hinsicht ist fast unüberschaubar. Ich werde nicht versuchen, mich damit im einzelnen zu beschäftigen. Die vorherrschende Sichtweise in der israelischen Gesellschaft, nicht notwendigerweise unter Historikern, ist, daß die Jischuw bei der Rettung des europäischen Judentums versagt hat.

Es gibt eine Anklage – genauer eine Selbstanklage –, daß nach der zionistischen Weltanschauung die Diaspora als negativ anzusehen und also zu überwinden sei. In Palästina beschäftigte man sich deshalb mit dem Aufbau der jüdischen Gemeinschaft und widmete den Ereignissen in Europa nicht genügend Aufmerksamkeit. Deshalb wurden Gelegenheiten, Juden zu retten, die sich während des Krieges ergaben, nicht ergriffen. Stattdessen beschäftigten sich die Juden in Palästina mit internen politischen Streitigkeiten und Banalitäten. Man organisierte Partys und Karnevalsfeiern während des Purimfestes (dem jüdischen Karneval), während die Verwandten in Europa starben. Die Hauptangeklagten sind die damaligen Führer des Jischuw, der von der Arbeiterpartei dominiert wurde. David Ben-Gurion wirft man vor, sich um die Staatsgründung und nicht um den Mord an den Juden Europas gekümmert zu haben. Auch nach dem Kriegsende wurden Überlebende, als sie kamen, als unwürdig behandelt, da sie nicht genügend Widerstand geleistet hätten, so die Anklage. Während des Unabhängigkeitskrieges, so wird behauptet, wurden sie als Kanonenfutter verwendet.

Angesehene israelische Historiker haben versucht, ein realistisches Bild zu zeichnen[19], aber die bisherigen Erfolge sind bescheiden. Man muß fragen, warum.

Vor dem Krieg lebten etwa 500.000 Juden in Palästina. Eine Masseneinwanderung von Millionen war unmöglich, auch wenn die britischen Behörden zugestimmt hätten und die europäischen Juden hätten kommen können. Und selbstverständlich sah niemand die Ermordung von Millionen voraus. In Polen und Rumänien lebten zusammengenommen etwa 4 Millionen Juden. Eine große Anzahl von ihnen wäre gekommen, wenn es praktische Möglichkeiten gegeben hätte. Aber die zionistische Bewegung verfügte nicht einmal im Ansatz über derartige Möglichkeiten. Alle Vorwürfe gehen deshalb ins Leere.

Vom Ausbruch des Krieges im September 1939 bis zum deutschen Angriff auf die Sowjetunion im Juni 1941 erreichten Informationen über die Ereignisse in Europa Palästina. Die britische Zensur verhinderte ihre Verbreitung, da sie eine Panik unter den Juden verhindern wollte. Doch während des Jahres 1940 gab es eine noch illegale Immigration. So kamen Informationen aus Europa. Palästina erlebte eine durch den Krieg ausgelöste Wirtschaftskrise. Die britische Mandatsregierung versuchte, durch das Verbot, Land zu erwerben, und die Bekämpfung illegaler Immigration, dem zionistischen Jischuw entgegenzuwirken. Die Führer der jüdischen Gemeinschaft konnten nichts dagegen tun. Im Frühjahr 1941 bestand die Gefahr, daß Truppen der französischen Vichy-Regierung aus Syrien und dem Libanon, unterstützt von Deutschen, nach Nordpalästina eindringen könnten, und im Mai gab es einen Aufstand arabischer deutschfreundlicher Truppen im Irak, der mit heftigen Pogromen an den Juden Bagdads endete. Diese Gefahren bewegten die Juden Palästinas verständlicherweise.

---

19 Dina Porat: *The Blue and Yellow Stars of David. The Zionist Leadership and the Holocaust, 1939–1945*. Cambridge: Harvard University Press, 1990; Tuvia Friling: *Arrows in the Dark: David Ben-Gurion, the Yishuv Leadership and Rescue Attempts during the Holocaust*. Madison: University of Wisconsin Press, 2005; Hanna Yablonka: *Survivors of the Holocaust. Israel after the War*. New York: New York University Press, 1999.

Vom Ausbruch des deutsch-sowjetischen Krieges bis zur Erklärung Molotows vom Januar 1942 (siehe oben) gelangten keine Informationen über das Schicksal der Juden in den besetzten sowjetischen Gebieten nach Palästina. Der „Bund“-Bericht vom Mai/Juni 1942 wurde in der hebräischen Presse Palästinas erwähnt, aber man verstand seine Bedeutung nicht. Vertreter der Jewish Agency in der Schweiz, später auch in Istanbul, sandten Berichte über Massaker, aber vor dem Sommer war nicht klar, was von diesen Berichten zu halten war. In der Zwischenzeit, also im Frühjahr und Sommer, rückte die deutsche Armee nicht nur in der Sowjetunion, sondern auch in Nordafrika vor. Erst im Juli 1942 stoppte die britische Armee Rommels Truppen bei El-Alamein. Bis dahin war die jüdische Bevölkerung Palästinas in hohem Maße bedroht. Die Berichte aus Europa waren alarmierend, aber keineswegs klar. Das Riegner-Telegramm war nicht nach Palästina geschickt worden und sein Inhalt war dort unbekannt. Dies änderte sich, als eine Gruppe von 69 Juden, palästinensische Bürger, im Austausch gegen deutsche Zivilisten, die in Palästina lebten, in Haifa eintraf. Diese Juden, einige kamen aus Polen, wo die Vernichtung stattfand, berichteten, was sie gesehen und erlebt hatten. Es wurde nunmehr klar, daß die europäischen Juden ermordet wurden. Die hebräischen Zeitungen erschienen mit schwarzen Rändern. Der Chef-Rabbiner und verschiedene Führer hielten Reden. Es waren traumatische Momente. Es herrschte das Verlangen, etwas zu tun.

Das Archivmaterial belegt, daß Ben-Gurion zwei Wege beschritt: einen offiziellen, der über ein Komitee, das alle politischen Gruppierungen der Jischuw umfaßte, lief. Über den zweiten (geheimen) Weg leiteten er und seine zwei engsten Mitarbeiter, Mosche Schertok (Scharet), der Leiter der politischen Abteilung der Jewish Agency, und Eliezer Kaplan, der Schatzmeister der Jewish Agency, eine Gruppe der Hagana (der größten jüdischen Untergrundbewegung in Palästina), die versuchte, Geld ins besetzte Europa zu schmuggeln. Das offizielle Komitee fungierte als Deckmantel für die tatsächlichen Anstrengungen, die unternommen wurden. Nach Ben-Gurions Anweisungen sollten keine Bemühungen, weder finanziell noch organisatorisch, unversucht bleiben, zu retten.

Nach November 1942 wurden drei Pläne entwickelt. Der erste war der sogenannte „Europaplan“. Er wurde von einer Gruppe jüdischer Aktivisten in der Slowakei (der „Arbeitsgruppe“) vorgeschlagen. Man wollte die Deutschen über Eichmanns Vertreter in der Slowakei, Dieter Wisliceny, bestechen, um die Deportationen der Juden *nach* Polen (nicht *in* Polen, oder weiter nach Osten) zu stoppen. Wisliceny forderte eine Anzahlung von 200.000 Dollar, 10 % der endgültigen Summe. Eine Gruppe von Haganah-Aktivisten hatte sich in Istanbul niedergelassen, und der „Arbeitsgruppe“ gelang es, Kontakt mit ihr aufzunehmen. Sie wandte sich durch Sally Mayer in der Schweiz auch an das JDC (American Jewish Joint Distribution Committee). Obwohl es strikt untersagt war, Geld in das von Nazis besetzte Europa zu bringen, wurden bis Ende August 1943 zwischen 150.000 und 175.000 Dollar aus der Schweiz und Palästina geschickt. Allerdings traf nur ein Teil des Geldes in Bratislava ein. Die Menschen in der Slowakei beklagten sich darüber, daß das Geld zu spät gekommen sei. Offensichtlich gingen sie davon aus, die Juden in der freien Welt seien allmächtig und könnten ohne Schwierigkeiten Geld senden. Die Angelegenheit erwies sich als ein Trick. Himmler hatte Wisliceny in der Hoffnung, dies würde zu Kontakten mit den Amerikanern führen, angewiesen, mit den Juden zu verhandeln für den Fall, daß Deutschland ein Übereinkommen mit den USA anstrebte und erreichte, die gegenseitigen Kriegshandlungen zu beenden, um gemeinsam gegen die Sowjets vorzugehen. Die Verhandlungen im einzelnen wurden Wisliceny überlassen, und er hatte eigenmächtig das Geld gefordert. Die 200.000 Dollar Anzahlung und 2 Millionen Dollar Gesamtsumme waren seiner Phantasie entsprungen. Im August ordnete Himmler den Abbruch der Kontakte an. Er glaubte, einen besseren Weg gefunden zu haben, die Amerikaner zu kontaktieren, und zwar über Schweden. Es gab niemals eine reelle Chance, die Juden durch den Europaplan zu retten[20]. Ben-Gurion befürwortete die Zahlung, da er der Meinung war, es sollte alles Mögliche für die Rettung getan werden. Allerdings vertraute er den Deutschen nicht und hielt das Projekt für aussichtslos. Nichtsdestotrotz werfen die Juden Ben-Gurion, dem Jischuw, und also im Grunde sich selbst vor, nicht rechtzeitig genügend Geld aufgebracht zu haben – ein offensichtlich falscher Vorwurf. Der Vorwurf, diesen Plan nicht umgesetzt zu haben, geht ins Leere, da der Plan überhaupt keine Erfolgsaussicht hatte. Allerdings wußten die Juden dies nicht.

Ein zweiter Vorschlag bestand in dem „Angebot“, 70.000 rumänische Juden zu retten, die nach Transnistrien, dem Gebiet in der Ukraine zwischen Dnister und Bug (heute teilweise Moldawien, teilweise ein halb-unabhängiges Territorium), das das faschistische Rumänien 1941 besetzt und annektiert hatte, deportiert worden waren. Der Vorschlag entstammt einer Unterredung zwischen Radu Lecca, dem für die Juden zuständigen „Experten“ der faschistischen rumänischen Diktatur, und Mishu Benvenisti, dem Leiter der (illegalen) zionistischen Organisation Ende 1942. Als Preis waren 500 bis 1.000 Dollar pro Juden festgesetzt. Lecca berichtete der deutschen Botschaft in Bukarest von seiner Unterredung, weil er annahm, die Deutschen würden dem Tausch einiger Juden gegen eine derartig große Summe zustimmen. Aber die deutsche Antwort war negativ (Januar 1943). Damit war der Plan erledigt. Allerdings erfuhren die rumänischen Juden und die Jewish Agency davon nichts. Die Informationen über den Vorschlag wurden von der Jewish Agency an die USA übermittelt, und die Bergsonisten erfuhren davon.

---

20 Siehe dazu meine ausführlichen Ausführungen in *Freikauf von Juden*. Frankfurt: Jüdischer Verlag, 1996.

Sie veröffentlichten am 13. Februar 1943 eine großflächige Anzeige in der New York Times, in der das amerikanische Außenministerium aufgefordert wurde, dem Plan zuzustimmen. Das Außenministerium stimmte schließlich zu, 170.000 Dollar in die Schweiz zu überweisen, um die Verhandlungen voranzubringen – die zu der Zeit bereits gegenstandslos waren. Dies war allerdings unbekannt – trotz aller Vorbehalte der Briten und auch innerhalb der US-Administration. Letztendlich erhielt auch der jüdische Weltkongreß die Zustimmung, den lächerlichen Betrag von 25.000 Dollar in die Schweiz zu transferieren. Ben-Gurion hatte mittlerweile entschieden, die Rumänen darüber zu informieren, daß man zahlen würde, obwohl die Jewish Agency die Summe noch nicht festgelegt hatte. Damals und heute wurde und wird der Vorwurf erhoben, daß die Jewish Agency und die Zionisten in Amerika nicht entschieden genug handelten und damit die Rettung jüdischen Lebens verhinderten. Wie bereits betont, handelte es sich hierbei – und dies gilt auch noch heute – um totalen Unsinn.

Das dritte Vorhaben ist das bekannteste. Ich selbst habe mich im Detail damit beschäftigt[21]. Ich kann mich hier also auf die Grundzüge beschränken: Im April 1944 machte Adolf Eichmann gegenüber einem Mitglied der zionistischen Untergrundbewegung in Ungarn, Joel Brand, folgenden Vorschlag: Die Deutschen würden einer Million Juden die Ausreise aus Europa gegen die Übergabe von 10.000 winterfesten Geländelastwagen gestatten. Diese würden nur gegen die Sowjets eingesetzt werden. Ferner wurden bestimmte Güter, wie Zucker, Kaffee usw. gefordert. Brand wurde in die Türkei geschickt, um mit Abgesandten der Jewish Agency in Istanbul zu verhandeln. Er kam dort mit Antal („Bandi") Grosz an, einem jüdischen Kriminellen, der zum Christentum konvertiert war, für die Abwehr arbeitete und schon oft im deutschen Auftrag in Istanbul gewesen war. Brand sollte mit der Jewish Agency und dadurch indirekt mit den westlichen Alliierten verhandeln. Heute weiß man, daß Himmler dahinter stand. Er hoffte, in Fortsetzung des Europaplans, mit den Westalliierten, besonders den Amerikanern, in Kontakt zu kommen, um Verhandlungen über einen Separatfrieden zu beginnen. Brands Auftrag war eigentlich nebensächlich, es ging hauptsächlich um den von Grosz, der versuchen sollte, Kontakt mit dem amerikanischen Geheimdienst (OSS) in Istanbul aufzunehmen, um den Weg für Gespräche in der Schweiz zu ebnen. Aber falls Grosz scheitern sollte, sah man in Brands Mission die zweitbeste Möglichkeit, einen Weg zu den Alliierten zu finden. Die Art, in der Brands Einsatz von Eichmann geplant worden war, zeigt, daß die Einzelheiten – die Lastwagen und die anderen zu liefernden Güter – seiner Initiative überlassen wurden (eine Neuauflage der Art, wie Wisliceny die Europaplan-Kontakte geführt hatte).

---

[21] Und mit dem rumänischen „Plan", in *Freikauf von Juden*.

Brand und Grosz kamen nach Istanbul, und Grosz versuchte sofort, Kontakt aufzunehmen, was ihm jedoch nicht gelang. Brand traf Abgesandte der palästinensischen Juden und berichtete detailliert über die Ereignisse in Europa und besonders über die Lage in Ungarn. Britische und amerikanische Geheimdienstmitarbeiter und Diplomaten in der Türkei wurden informiert. Zunächst weigerten sich die Briten, Brand nach Palästina zu lassen, um sich mit den führenden Personen der Jewish Agency zu treffen. Sie begrüßten die türkische Entscheidung, Brand auszuweisen. Die Türken wollten nicht in die Angelegenheit verstrickt werden. Brand flehte die jüdischen Emissäre an, etwas gegen seine Ausweisung zu unternehmen. Dies würde nicht nur das Todesurteil für ihn und seine Familie bedeuten, es würde auch das Schicksal der ungarischen Juden besiegeln. Aber es gab keine Möglichkeit, die Türken oder Briten zu beeinflussen. Brand fügte sich schließlich in das Unausweichliche – man würde ihn zurückschicken. Aber dann änderten die Briten ihre Haltung. Sie würden Brand und Grosz die Ausreise in das von den Alliierten kontrollierte Gebiet gestatten, um sie im Einzelnen zu befragen und etwas über die deutschen Pläne herauszufinden. Ferner würde man Brand gestatten, in Aleppo, im britisch kontrollierten Syrien, Mosche Schertok zu treffen. Danach würde Brand ein freier Mann sein. Aber die Briten beabsichtigten nicht, ihr Wort zu halten. Brand traf Schertok, berichtete ihm ausführlich und wurde dann gezwungen, weiter nach Kairo zu reisen. Hier unterzog man ihn und Grosz einer genauen Befragung. Hinsichtlich des Angebots von Eichmann zögerten die Anglo-Amerikaner. Zunächst waren die Briten bereit, etwas gegen die Leiden der Juden zu unternehmen. Aber als sie herausfanden, daß es letztlich um den Versuch ging, Verhandlungen über einen Separatfrieden vorzubereiten, entschieden sie sich, die Gespräche zu beenden und die Angelegenheit publik zu machen. Sie waren nicht bereit, das Bündnis mit der Sowjetunion durch Verhandlungen mit den Deutschen über eventuelle Rettungspläne für Juden aufs Spiel zu setzen. Dies hätte ihrem Versprechen gegenüber der Sowjetunion, in keiner Weise mit den Deutschen zu verhandeln, widersprochen. Sie und die Amerikaner hatten am 14. Januar 1943 in Casablanca beschlossen, die bedingungslose Kapitulation und nichts anderes zu verlangen. Die Amerikaner vertraten zunächst eine völlig ablehnende Position, dann änderten sie ihre Einstellung dahingehend, Verhandlungen zwischen Nichtamerikanern und nichtalliierten Bürgern und den Deutschen zu erlauben, wenn es um die Beendigung des Mordens ginge, solange man den Deutschen nichts geben würde. Die deutschen Vorschläge waren natürlich völlig inakzeptabel. Aber Sally Mayer führte Gespräche in der Schweiz, die zu einigen bescheidenen Ergebnissen führten: 1.684 ungarische Juden wurden in das sogenannte Aufenthaltslager Bergen-Belsen gebracht, von dort gelangten sie in zwei Gruppen in die Schweiz. Himmler hoffte noch immer, mit den Amerikanern in Kontakt zu kommen, indem er einige Juden freiließ. Kontakte, die durch die ultraorthodoxe Agudat Israel initiiert wurden, führten zu einer weiteren Befreiung von 1.200 Juden aus Theresienstadt (in der heutigen Tschechischen Republik) in die Schweiz im Frühjahr 1945.

Ich gehe auf diese gut erforschten Zusammenhänge, zu denen ich auch beigetragen habe, ein, da man den führenden Personen der zionistischen Bewegung und den palästinensischen Juden vorwirft, nicht genug für die Rettung der ungarischen Juden getan zu haben. Mehr noch: In der öffentlichen Meinung Israels werden die Verhandlungen mit Brand bis heute als ein fehlgeschlagener Rettungsversuch angesehen – obwohl es damals nicht die leiseste Aussicht auf Erfolg gegeben hat. Es gab schlicht und ergreifend keine Rettungsmöglichkeit. Wo hätte man Millionen von Juden hinbringen können? Es ging von deutscher Seite darum, den Krieg im Westen zu beenden, um sich gegenüber der Sowjetunion behaupten zu können. Wer hätte dafür bezahlt? Wie lange hätten die Verhandlungen dauern können? Wie hätten die Alliierten dem zustimmen können? Die beteiligten Zionisten waren sich dieser Situation sehr wohl bewußt. Es ging ihnen darum, die Deutschen zu bewegen, das Morden vorübergehend zu stoppen. Sie verstanden, daß es nicht im Interesse der Juden sein konnte, den Deutschen irgendwelche Zugeständnisse zu machen. Aber man tat, was man konnte. So versuchten Ben-Gurion und seine Kollegen, den britischen Hochkommissar für Palästina, Sir Harold McMichael, davon zu überzeugen, die Verhandlungen mit den Deutschen nicht abzulehnen. Aber die Jewish Agency hatte keinen Einfluß auf die britische Politik. Man konnte nur bitten und betteln, und das tat man. Mosche Schertok flog nach London, und gemeinsam mit dem Präsidenten der zionistischen Organisation, Chaim Weizmann, traf er dort mit dem britischen Außenminister Anthony Eden zusammen. Man versuchte, ihn im gleichen Sinne zu überzeugen. Man bat auch um die Bombardierung von Auschwitz. Man kann sich vorstellen, daß Herr Eden zur Zeit der Landung in der Normandie anderes im Kopf hatte, als sich mit der Rettung ungarischer Juden zu beschäftigen. Die Vorschläge, indirekt über einige Rettungspläne zu verhandeln, erreichten das britische Kabinett. Aber als deutlich wurde, worum es den Deutschen eigentlich ging, konnten und wollten die Briten zu Recht derartige Verhandlungen nicht führen. Was also konnten die Verantwortlichen der palästinensischen Juden und ihre zionistischen Führer tun? Nach Europa schwimmen? Immerhin war es gelungen, einige tausend Juden in letzter Minute zu retten, da Himmler Kontakt mit den Amerikanern bekommen wollte. Schließlich wurde die amerikanische Regierung von Juden kontrolliert, daran besteht kein Zweifel, nicht wahr? So war es nachvollziehbar, daß man die Amerikaner über jüdische Kanäle zu erreichen versuchte. Es gab zu der damaligen Zeit einfach keine Einflußmöglichkeiten für den Jischuw und seine Führung.

Es sollte erwähnt werden, daß Menachem Begin im Januar 1944 den Briten in Palästina im Namen der Untergrundorganisation Irgun den Krieg erklärte. Seine Beweggründe leiteten sich aus den Ereignissen, die wir heute als Holocaust bezeichnen, ab. Die Briten weigerten sich, jüdische Einwanderung nach Palästina zuzulassen, also waren sie Feinde. Im Januar 1944 kämpften die Alliierten noch in Italien, die deutschen Armeen kontrollierten große Gebiete der Ukraine und Weißrußlands, und die Amerikaner führten einen blutigen Krieg um die Inseln im Pazifik. Der mutige Kampf des Irgun für einen jüdischen Staat half objektiv gesehen den Deutschen, die dabei waren, Juden zu ermorden. Begin führte diese „Schlacht" gegen die Briten fort, während die ungarischen Juden nach Auschwitz deportiert wurden und britische, amerikanische und kanadische Truppen in der Normandie kämpften. Aber die zeitgenössische israelische Politik „erfand" einen anderen Geschichtsverlauf, einen fiktiven. Begin ist der große Held im Kampf um Israels Unabhängigkeit. Glücklicherweise trug er damals nicht die Verantwortung.

Kehren wir noch einmal zu den Verhandlungen zurück: Ein weiterer Vorwurf richtet sich gegen Reszö (Israel) Kasztner, den Vertreter eines im Untergrund arbeitenden Rettungskomitees in Budapest, einem Mitglied der zionistischen Arbeiterbewegung in Ungarn. Die Vorgänge sind detailliert analysiert worden, auch von mir selbst, und es geht hier nur um eine kurze Skizzierung der Ereignisse. Es gab keine Möglichkeiten für einen bewaffneten Widerstand in Ungarn (zwar wurden einige Vorbereitungen getroffen, aber sie scheiterten kläglich), und es gab keine Möglichkeit, die Ungarn dazu zu bringen, die deutschen Forderungen, die Juden nach Auschwitz zu deportieren, abzulehnen. Die Brand-Mission war nicht Kasztners Idee. Sie war ein von Himmler initiierter Versuch Eichmanns, mit dem Westen in Kontakt zu kommen. Die Anklage gegenüber Kasztner bis heute lautet, daß er von der Vernichtung in Polen wußte, ebenso über Auschwitz, und daß er die Juden nicht gewarnt habe. Hätte er dies getan, hätten sie Widerstand leisten, fliehen oder sich verstecken können. Die Antwort haben Historiker, mich eingeschlossen, bereits gegeben: Es gab keine Möglichkeit, im von den Deutschen besetzten und unter der Herrschaft ungarischer Kollaborateure stehenden Ungarn die jüdischen Gemeinden dort zu erreichen. Allerdings gab es Versuche der ungarischen Zionisten (etwa 5 % der ungarischen Juden), einige Mitglieder der Jugendorganisation in die Provinzen zu entsenden, die besonders bedroht waren – dabei ging es nicht um Auschwitz, davon wußte man damals nichts Genaues, sondern um die Gefahr der Deportation. Sie wurden aber überall zurückgewiesen, man hielt sie für Provokateure, ja für Gestapo-Agenten. Wußten die ungarischen Juden, was sich in Polen abspielte? Die Antwort lautet: Im Gegensatz zu dem, was viele von ihnen nach dem Krieg verlauten ließen, ja. Es gab etwa 5.000 jüdische Zwangsarbeiter aus Ungarn, die mit der ungarischen Armee in die Ukraine gelangt waren, die mit eigenen Augen die Ermordung der Juden sahen. Sie kehrten zurück (ein kläglicher Überrest der Zehntausende von jüdischen Zwangsarbeitern), und berichteten von dem Erlebten. Etwa 2.500 Flüchtlinge, die die Massaker in Polen überlebten, flohen nach Ungarn und berichteten von dem Erlebten. Es gab etwa 7.000 slowakische Juden, die 1942 nach Ungarn flohen, da sie von den Mordaktionen in Polen erfahren hatten. Es gab Hunderttausende von ungarischen Radiohörern, die BBC hörten, und die BBC berichtete einige Male über die Mordtaten in Polen. Ungarische Soldaten und Offiziere behielten das Gesehene nicht immer für sich. Die Juden wußten nichts Genaues über Auschwitz, aber sie wußten, daß Polen gleichbedeutend mit Tod war. Verständlicherweise wollten sie nichts wissen und wiesen die Berichte als Gerüchte zurück.

Was wäre geschehen, hätte Kasztner die ungarischen Juden warnen können, zunächst über das, was allgemein in Polen geschah, und seit Ende April 1944, als er Informationen über Auschwitz erhielt, über die Gaskammern? Hätte man diese Informationen akzeptiert, und was hätte man tun können? Widerstand leisten? Aber womit? Es gab keine Waffen, keine landesweite Organisation, die in der Lage gewesen wäre, den Widerstand zu organisieren. Verstecken? Bei wem, angesichts des weitverbreiteten Antisemitismus in Ungarn? Fliehen? Wohin, wenn alle Wege versperrt waren? Ein paar tausend Juden gelang es, nach Rumänien zu fliehen, aber für Hunderttausende war dies keine Option. Kasztner wurde vorgeworfen, seine eigene Familie aus Cluj (Klausenburg) gerettet zu haben, indem er sie nach Budapest brachte und dort in den erwähnten Zug nach Bergen-Belsen statt nach Auschwitz setzen konnte. Aber was hätten die Ankläger in diesem Falle getan? Sie hätten Himmel und Hölle in Bewegung gesetzt, um ihre Eltern, ihre Frau, ihre Kinder und ihre nahen Verwandten zu retten. Kasztner wurde vorgeworfen, die Juden in Cluj nicht informiert zu haben. Aber brauchten die dortigen Juden Kasztner, um über die Vorgänge in Polen zu erfahren? Es gab jüdische Flüchtlinge aus Polen in Cluj, und jeder, der wissen wollte, wußte. Eine Gruppe von Juden mit dem Rabbi Mosche Weingarten-Carmilly floh über die nahe Grenze nach Rumänien. Sie machten sich nicht aus Spaß auf den Weg, sondern weil sie wußten, was es bedeutete, nach Polen deportiert zu werden. Also wußten die anderen nichts davon? Trotzdem, warum warnte Kasztner nicht? Wäre bekannt geworden, daß er Informationen weitergab, hätte es seinen Versuch, Menschen nach Budapest zu bringen, gefährdet. Es gilt daran zu erinnern, daß Kasztner ein zionistischer Journalist und in Klausenburg vielen bekannt war. Aber in Ungarn war er völlig unbekannt. Er kam erst 1941 nach Budapest, nachdem Klausenburg von den Ungarn 1940 annektiert worden war.

Es ist ein Fehler, sich allein auf Kasztner zu konzentrieren; er war Teil einer Gruppe, deren Kopf Otto Komoly, ein liberaler Zionist, war. Dieser versuchte vergeblich, seine Kontakte zur Regierung – er war ein ungarischer Kriegsheld des Ersten Weltkriegs – zu nutzen, um das Schlimmste zu verhindern. Hier ist ein Muster zu erkennen, das wir bereits hinsichtlich der USA behandelt haben: Die Juden richten Vorwürfe an eine jüdische Führung, die ihr Bestes versuchte. Diese aber mußte scheitern, da sie völlig machtlos war fussnoteYehuda Bauer: *The Jewish Emergence from Powerlessness*. Toronto: Toronto University Press, 1979.. Hierin liegt die Crux. Heutzutage, da der Staat Israel eine Regionalmacht ist, und die amerikanischen Juden einen mehr oder weniger privilegierten Status in der amerikanischen Gesellschaft erreicht haben, ist es schwierig zu akzeptieren, daß die Juden einige Jahrzehnte vorher keinerlei Einfluß im Westen oder in Palästina besaßen. Sie waren keineswegs nur Opfer. Sie waren sich in vielen Fällen der Gefahr bewußt, sie waren Menschen mit ihrem eigenen Willen, ihrer eigenen Kultur, und sie versuchten, sich den Kräften, die sie angriffen oder die ihrem Schicksal gegenüber gleichgültig waren, entgegenzustellen. Aber sie scheiterten, da sie über keine politische Organisation verfügten. Sie waren nicht relativ machtlos, sie waren absolut machtlos. Ich erinnere mich an ein Gespräch mit High School-Studenten von einer Oberschule aus Beersheba im Süden Israels; als ich die hier dargelegte Position vorbrachte, erhob einer der Jugendlichen seine Stimme und sagte: „Wo um alles in der Welt war die Luftwaffe" (die israelische natürlich)? Für heutige Menschen ist die Situation zur Zeit des Holocausts schwer verständlich.

Interessanterweise stützten einige der Kritiker ihre Position auf Eichmann. Während des Prozesses in Jerusalem nannte er Kasztner einen aufrechten Zionisten, so wie er ein aufrechter Deutscher sei. Eichmann führte aus, er habe Kasztner die Rettung des Zuges mit 1.684 Juden für Kasztners Versprechen erlaubt, die ungarischen Juden nicht zu warnen. Die Kritiker berufen sich also lieber auf die Aussage eines Nazi-Kriminellen – er war ein Deutscher, nicht wahr, und die Deutschen bleiben bei der Wahrheit –, als auf die Aussagen von Juden. Kasztner konnte ein derartiges Versprechen nicht geben, nicht nur, weil unter seiner Ägide Mitglieder der Jugendbewegung gerade das versuchten, sondern auch, weil die Kritiker sich nicht die Frage stellten, wie irgend jemand die Menschen im von den Deutschen besetzten Ungarn hätte warnen können. Per Telefon? Per Post? Den Juden war es nicht erlaubt, per Bahn zu reisen; Gendarmen und Polizisten kontrollierten wieder und wieder alle Passagiere. Die Leute scheinen zu glauben, Ungarn unter der faschistischen Herrschaft und der deutschen Besatzung sei wie Ohio heute gewesen. Das war keineswegs der Fall.

Kasztner, so habe ich einmal bemerkt, war keineswegs ein angenehmer Kerl. Er war von großem Ehrgeiz besessen, mit Ecken und Kanten. Leute, die ihn kannten, wären nicht begierig darauf gewesen, mit ihm eine Woche auf einer einsamen Insel zu verbringen. Doch ganz im Gegensatz zu dem, was seine Kritiker behaupten, versuchte er alles, um Juden zu retten. Selbstverständlich scheiterte er (wenn auch nicht vollständig), und das war seine Hauptsünde.

Aber hätte man nicht in Palästina mehr tun können, obwohl die jüdische Gemeinschaft lediglich eine halbe Million Menschen umfaßte, einflußlos und abgeschnitten durch den Krieg? Wahrscheinlich ja – hauptsächlich durch Geldsammlungen, auch wenn man nicht gerade mit Reichtümern gesegnet war. Das Geld hätte den europäischen Juden etwas helfen können, wenn es gegen den Willen der Alliierten in das von Nazis besetzte Europa hätte geschmuggelt werden können. Aber was konnte man noch tun? Man konnte als Freiwilliger in die britische Armee eintreten, obwohl man keineswegs mit offenen Armen empfangen wurde. Etwa 27.000 Männer und Frauen (bei einer Bevölkerung von einer halben Million!) taten dies. Einige gelangten gegen Ende des Krieges zu Kampfeinsätzen. Nach langen Verhandlungen wurden 33 palästinensische Juden mit dem Fallschirm über Europa abgesetzt – und sieben von ihnen fanden den Tod. Das britische politische Establishment war nicht sonderlich daran interessiert, aber einige Offiziere sahen dies anders. Sie gaben nicht den Juden die Schuld daran, daß sie zu spät kamen und daß es nur so wenige waren.

Das fehlende Verständnis der Situation läßt sich am Beispiel von Ehud Baraks Besuch in Auschwitz 1992 darstellen. Er war damals Stabschef der israelischen Armee. Die israelische Armee, so sagte er, sei ein Garant dafür, daß Auschwitz sich nicht wiederholen würde. „Nie wieder", eine typisch israelische Worthülse. Anders ausgedrückt, hätte es „damals" die israelische Armee gegeben, hätte Auschwitz verhindert werden können. Dies hieße, daß die etwa 160 bis 200 Flugzeuge und die drei oder vier Divisionen der israelischen Armee und der Luftwaffe fünf bis sechs Millionen deutsche Soldaten und deren Luftwaffe mit tausenden von Flugzeugen hätten besiegen können. Diese Überschätzung ist das Ergebnis der Unfähigkeit, die damalige Machtlosigkeit zu akzeptieren. Man kompensiert es durch den unbegründeten Überlegenheitskomplex heute. Barak ist ein hochintelligenter Mensch, aber es fehlt ihm das Gespür für die großen Fragen unserer Vergangenheit (und unserer Gegenwart?).

Die Geschichte des Jischuw, der jüdischen Gemeinschaft in Palästina, während des Krieges ist eine Geschichte der Machtlosigkeit – dies ist ebenso einfach wie schwer zu akzeptieren.

Ein weiterer Punkt soll nicht unerwähnt bleiben: Die Kritik an der damaligen Führung stammt von rechtsgerichteten Historikern und ihren Anhängern. Die gegenwärtige Vormachtstellung des rechtsgerichteten Flügels in Israel und unter den Wortführern der amerikanischen Juden verfolgt ein klares politisches Ziel, indem sie die liberalen, linken und zentristischen Positionen der Vergangenheit angreift. Oder bemühen sie sich, historisch genau zu sein? Sicher sind sie kenntnisreiche und ehrenhafte Menschen. Es scheint dort eine politische Voreingenommenheit zu geben. Bin ich in der anderen Richtung voreingenommen? Dies ist nicht auszuschließen – aber letztlich geht es um die Frage der historischen Analyse, und ich halte meine Position für richtig, nicht die andere.

Damit stellt sich eine extrem wichtige Frage: Warum klagen sich die Juden immer und überall selbst für das an, was andere ihnen angetan haben? Sicher, sagt man, wir wissen, daß Nazi-Deutschland und seine Kollaborateure die Juden ermordeten. Aber wer ist *wirklich* dafür verantwortlich? Offensichtlich gibt es Juden, wie Wise, Ben-Gurion, Bergson oder, nach ultrareligiöser Lesart, die Zionisten, die Sozialisten, die Liberalen, also alle, die sich nicht an Gottes Gesetze gehalten haben, weswegen Gott uns Juden durch Hitler strafte. Warum vermochten es die Juden in der Roosevelt-Administration – der Ökonom Bernard Baruch, Samuel Rosenman, Roosevelts Redenschreiber, der Richter Felix Frankfurter, Henry Morgenthau Jr. als Finanzminister und andere, Roosevelt nicht davon zu überzeugen, zu „handeln"? Waren nicht auch sie verantwortlich? Nie habe ich davon gelesen, daß Armenier ihren religiösen oder politischen Führern vorgeworfen haben, für den Völkermord an den Armeniern verantwortlich zu sein. Gleiches gilt für die Tutsi in Ruanda. Und auch die bosnischen Muslime machten ihre Führung nicht für die Massaker der Serben verantwortlich. Aber die Juden klagen sich selbst an. Man muß nur die Bibel zu Rate ziehen: Die Propheten warnen vor Gottes Zorn, falls die Juden sich nicht an Gottes Gesetze halten. Die Juden sündigten und, wie man sieht, es hatte Folgen. Die jüdische Geschichte ist von dieser Haltung durchzogen. Im Hebräischen sagt man *mipnei khata'einu* (um unserer Sünden willen), nicht wegen Hitlers Sünden – selbstverständlich kennen wir alle Hitler – nein, unserer Sünden wegen. Dies ist Teil der jüdischen Kultur. Die Juden schwelgen in einer Kultur der Selbstanklage. Dabei handelt es sich um eine jüdische Version des Antisemitismus; nicht die einzige, denn es gibt einen blühenden linksgerichteten selbstgemachten Antisemitismus (ich habe ihn schon beschrieben). Um es noch einmal klar und deutlich zu sagen: Die Verantwortung für den Holocaust und die Tatsache, daß groß angelegte Rettungsmöglichkeiten nicht möglich waren, liegt bei den Deutschen, nicht bei den Juden.

Ich möchte mich einer Fragestellung zuwenden, die es wert ist, erneut überdacht zu werden. Während meiner hitzigen Diskussionen mit Hilberg war eines der Themen, die mir Verdruß bereiteten, seine Ablehnung dessen, was ich „Amida" nenne: bewaffneter oder unbewaffneter Widerstand der Juden gegen die tatsächliche oder wahrgenommene deutsche Politik[22]. Seiner Meinung nach war der einzige angemessene Widerstand gegen die Nazis der bewaffnete Aufstand. Aber, behauptete er – und widersprach damit der jüdischen Geschichte –, es gab die Tradition, auf Verfolgung nicht physisch zu reagieren, die die Juden davon abhielt, den Deutschen bewaffnet gegenüberzutreten. In seiner Jugend war Hilberg ein Anhänger der rechtsgerichteten zionistischen Betar-Jugendbewegung gewesen; dies mag ihn beeinflußt haben. Jüdische Aufstände, der bewaffnete Kampf jüdischer Partisanen und die jüdische Beteiligung an Untergrundbewegungen und

[22] Ich habe darüber in meinem Buch *Der Tod des Schtetls*. Berlin: Jüdischer Verlag im Suhrkamp-Verlag, 2013, geschrieben.

Partisanenkämpfen waren für ihn wenig beeindruckend. Nur wenige Deutsche wurden getötet und dies hatte keinen Einfluß auf die deutsche Politik. Amida war in seinen Augen eine Illusion und half lediglich den Deutschen, die Juden am Leben zu halten, um sie zu versklaven. Ich erinnere mich gut daran, daß wir beide in den frühen achtziger Jahren in Boston vor jüdischen Studenten sprachen. Zunächst sprach ich, dann stand Hilberg auf und schrie in Richtung der unglücklichen Studenten: „Wie viele von euch haben Waffen zu Hause?“ Die jüdischen Jugendlichen, die in Amerika lebten, vor Judenhaß geschützt, waren, ebenso wie ich, sprachlos. Glaubte er, die amerikanischen Nazis würden kommen, und diese Studenten sollten sich mit Waffen verteidigen? Natürlich nicht. Hilberg lebte in Amerika, und daran dachte er dabei nicht. Seine emotionale Reaktion bezog sich nicht auf das jetzige Amerika oder Europa, sondern auf das Europa zur Zeit des Holocausts. Er wünschte sich aus vollem Herzen, daß die Geschichte anders verlaufen wäre. Er hätte sich einen großen, heftigen und aussichtsreichen bewaffneten jüdischen Kampf gegen das Nazireich gewünscht.

Hilberg sprach weder Polnisch noch Hebräisch und konnte auch nicht Jiddisch lesen. Er kannte buchstäblich alles, was über Nazi-Deutschland auf Deutsch oder Englisch publiziert worden war. Aber seine Interpretationen waren persönlicher Natur. Sie standen meiner Meinung nach im klaren Widerspruch zur Realität der 30er und 40er Jahre. Die Juden waren von einer plötzlichen, völlig unerwarteten Entwicklung getroffen worden, und ihre Nachbarn, besonders in Osteuropa, waren aus den verschiedensten historischen Gründen ihnen gegenüber feindlich eingestellt. Die Juden waren keine Einheit, sie waren zersplittert, so wie seit Beginn ihrer Existenz. In den meisten Fällen war ihnen der Zugang zum Militär versperrt. So gab es in Polen z. B. nur wenige jüdische Offiziere in der Armee, und die meisten von ihnen waren Spezialisten, Ärzte und Ingenieure. Sie hatten keine Waffen. Die Waffen der Untergrundbewegung waren ihnen nicht zugänglich, sie selbst isoliert in den Ghettos und nicht in der Lage, Waffen von außerhalb zu organisieren. Die Alliierten gewährten keine Unterstützung. Sie vegetierten in Armut. Geld, um Waffen zu kaufen, war nicht vorhanden. Ihnen gegenüber stand eine bewaffnete Macht, die ganz Westeuropa erobert hatte und sich eine gewaltige Schlacht mit der Sowjetunion lieferte. Selbst nach dem deutschen Rückschlag vor Moskau im Dezember 1941 waren noch mehr als dreieinhalb Jahre nötig, um Deutschland zu besiegen. In dieser Zeit entstanden überall in Europa Bewegungen, die sich gegen die Deutschen wandten. Aber im Gegensatz zu deren Mitgliedern war es den Juden nicht möglich, ohne weiteres in der Bevölkerung abzutauchen, wenn dies notwendig wurde. In Osteuropa sahen sich die Juden, denen es gelungen war, in die Wälder zu fliehen, einem radikalen Antisemitismus der Kämpfer ausgesetzt. Nach meinen Schätzungen fielen Tausende von Juden den sowjetischen und polnischen Partisanen zum Opfer[23]. Die Frage ist also nicht, warum so wenige Juden gegen die Nazis kämpften, sondern wie es möglich war, daß so viele Juden im nazibesetzten Europa an den Kämpfen gegen Nazi-Deutschland teilnahmen. Hilbergs Analyse steht auf dem Kopf, und die Aufgabe besteht darin, sie wieder auf die Füße zu stellen.

Die unbewaffnete Amida ist tatsächlich ein heikles Thema, und ich beabsichtige nicht, hier darzustellen, was andere, besonders mein verstorbener Kollege Israel Gutman in seinem bahnbrechenden Werk *The Jews of Warsaw, 1939 – 1943*[24] und andere Historiker, die ihm nachfolgten, darüber geschrieben haben. Die Geschichte der Warschauer Hauskomitees, des Nahrungsmittelschmuggels in das Ghetto, der Wohlfahrts- und Gesundheitsfürsorge, des heimlichen Unterrichts und religiösen Lebens, der politischen Organisationen im Untergrund, der Aktivitäten der Jugendbewegungen und andere Beispiele des unbewaffneten Widerstandes in Warschau sind jedem, der über den Holocaust gelesen hat, wohlbekannt. Außerhalb von Warschau gab es ähnliche Erscheinungen in Kaunas (Kowno), Vilno (Vilnius, Wilna), Bialystok, Lodz und weiteren Orten in Polen und anderswo. Sie lassen sich auch dort finden, wo es keine Ghettos gab, wie in Westeuropa und in Lagern aller Art, wo ein solches Verhalten wahrhaft heldenhaft war.

Die Diskussion über die Amida gleicht der Diskussion um die Judenräte und bezieht sie mit ein. Diese wurden von den Deutschen ernannt, gelegentlich von ihren Verbündeten, wie in Frankreich, der Slowakei, Rumänien, um Personal zu sparen und um die Verwaltung in dem Mordprozeß zu vereinfachen. Hilberg vertrat den Standpunkt, für einen Historiker sei es nur entscheidend, welche Aufgaben die Deutschen den Räten zuwiesen und wie ihre Bedeutung in der Mordmaschinerie zu beurteilen sei. In seinen Augen, und ein Großteil der israelischen Öffentlichkeit vertritt diese Sicht bis heute, waren die Räte Kollaborateure der Deutschen, ob sie es wollten oder nicht. Neuere Erkenntnisse von Historikern sehen die Rolle der Judenräte differenzierter und befinden sich damit im Widerspruch zur jüdischen öffentlichen Meinung, nicht nur in Israel.

Zwar wurden die Judenräte von den Deutschen ernannt, aber oft waren sie Angehörige der jüdischen Führungsschicht der Vorkriegszeit. Hinsichtlich der Situation in Polen verfügen wir über detaillierte Untersuchungen[25]. In vielen Fällen wurden die Räte gewählt oder in Absprache von den Juden selbst ernannt, die jemanden brauchten, der sie gegenüber den Deutschen (oder ihren Kollaborateuren) vertrat. Nach der Auswahl durch die örtlichen Kollaborateure – ukrainische,

23 Siehe *Der Tod des Schtetls.*

24 Israel Gutman: *The Jews of Warsaw, 1939 – 1943. Ghetto, Underground, Revolt.* Bloomington: Indiana University Press, 1982.

25 Zum Beispiel Aharon Weiss: *Jewish Leadership in Occupied Poland – Postures and Attitudes*, in: Yad Vashem Studies, Bd. 12, S. 335 – 366, 1977.

polnische, baltische Beamte usw. –, wurden sie noch einmal von den Deutschen bestätigt. Die meisten anfangs ernannten Judenräte wurden später ausgetauscht. Teilweise hatten sie die Erwartungen der Deutschen nicht erfüllt, zum Teil waren ihre Vorsitzenden aus den verschiedensten Gründen getötet worden oder hatten Selbstmord begangen. Manchmal gab es dritte oder vierte Judenräte an einem Ort. In den meisten Fällen gingen die Überlebenden davon aus, daß die ersten Judenräte alles in ihrer Macht Stehende getan hatten, um die Gemeinschaft zu schützen. Die zweiten und darauffolgenden Räte wurden zumeist negativ beurteilt. Aber es gab in beiden Richtungen Ausnahmen.

Dieser Überblick zeigt, daß es nicht angebracht ist, zu generalisieren. Die meisten Räte waren weder Helden noch Verräter. Zunächst versuchten sie, die Konkurrenz und die Unordnung der deutschen Verwaltung für ihre Gemeinden zu nutzen. Danach, als sie erkannt hatten, daß sie verloren waren, versuchten sie, das Vollstreckungsurteil solange wie möglich hinauszuzögern. Natürlich mußten sie scheitern. Die meisten, aber nicht alle, versuchten, Hunger und Krankheit durch ad hoc-Maßnahmen zu lindern. Zwar gab es verschiedene Einrichtungen in Ghettos, um Sozialleistungen, Erziehung und das gesellschaftliche Leben zu ermöglichen. Hauptsächlich ging es um Nahrungsmittel. Hier konnten sie sich der deutschen Verwaltung nicht widersetzen, aber sie versuchten, Wege zu finden, die Menschen am Leben zu erhalten. Was die Kritiker der Judenräte komplett übersehen, ist die Tatsache, daß die nichtjüdischen Verantwortlichen in den Städten, Kleinstädten und Dörfern, die sich weit geringeren existentiellen Bedrohungen ausgesetzt sahen, sich den deutschen Eroberern ebenfalls nicht widersetzten. Dies ist einer der Hauptpunkte meiner Kritik an Hilberg: Ein brillanter Politikwissenschaftler und Soziologe wie er hat nie das für einen Sozialwissenschaftler Naheliegende getan, nämlich die Situation der Juden, in diesem Fall der jüdischen Führung, mit entsprechenden Institutionen unter Nichtjuden im von Nazis besetzten Europa zu vergleichen. Derartige Vergleiche sind bisher nicht durchgeführt worden, aber ich bin mir sicher, daß ein derartiger Vergleich keine großen Unterschiede zeigen würde. Ich habe bereits darauf hingewiesen, daß Juden enorme Schwierigkeiten damit haben, sich mit ihrer Machtlosigkeit während des Holocausts auseinanderzusetzen, dies gilt besonders für die israelischen Juden. Aber es gibt keinen Ausweg: Die Juden hatten vor und während des Zweiten Weltkriegs keine nennenswerte politische Macht. Diejenigen unter der Herrschaft der Nazis oder ihrer Kollaborateure konnten ihre Ansprüche nicht verteidigen. In der „freien Welt" (die die Sowjetunion einschloß, wo die Menschen alles andere als frei waren) waren sie ein untergeordneter Faktor in den allgemeinen Erwägungen der Alliierten.

Man muß einräumen, daß es auch Judenräte gab, die sich den Deutschen total unterordneten, also keinerlei Versuche unternahmen, die Befehle zu umgehen. Die Kollaboration von Mordechai Rumkowski, dem Oberhaupt des Ghettos von

Lodz, mit seinen deutschen Herren ist gut dokumentiert. Er verhielt sich so in der Hoffnung, auf diese Weise einen Teil der Ghettobevölkerung über die Kriegszeit zu bringen. Er benutzte das Ghetto als Arbeitslager für Sklaven. Das Ghetto überlebte bis zum Sommer 1944, es war das letzte Ghetto. Man muß sich beeilen und hinzufügen: Es war ein schrecklicher Preis für die jüdische Bevölkerung. Auch die Kollaboration des Amsterdamer Judenrates, der von Professor David Cohen und Abraham Asscher geleitet wurde, war Gegenstand eingehender Forschungen. In diesem Fall muß man Hilberg zustimmen, der die Politik der Amsterdamer Ghetto-Führung als „vorauseilenden Gehorsam" bezeichnete. Man erfüllte die deutschen Forderungen, bevor sie überhaupt gestellt wurden. Es gab auch Judenräte, die völlig korrupt waren, mit den Unterdrückern zusammenarbeiteten und den Mitgliedern ihrer Gemeinschaft raubten, was immer ihnen an Eigentum geblieben war. Sie verhielten sich fast so wie die Deutschen und ihre Kollaborateure. In meinem jüngsten Buch[26] habe ich einige Beispiele für diese Verhaltensweise aufgezeigt, z. B. im Falle des Judenrates in Kzremieniec (deutsch: Kremenez), in Wolhynien, wo es ein Ghetto mit etwa 14.000 Bewohnern gab. Das Verhalten des örtlichen Judenrates, und besonders seines Vorsitzenden Itzik Diamant, kann nur als absolut verabscheuungswürdig bezeichnet werden. Das Gegenbeispiel stellt der Judenrat von Kaunas (Kowno) in Litauen dar. Sein Vorsitzender Dr. Johanan Elkes (1879 – 1944) wird von allen Überlebenden als ein Mann von bewundernswertem Mut und Weisheit beschrieben. Er tat sein Bestes, um seine Leute vor den Mördern, vor Begegnungen mit den SS-Offizieren, mit denen er zu tun hatte, zu schützen, und unterstützte die Untergrundbewegung des Ghettos. Es muß betont werden, daß jedes Ghetto einer Hölle gleichkam. Keine Hölle glich der anderen. Jeder Judenrat unterschied sich in der einen oder anderen Weise von dem anderen. Es verbietet sich also, Verallgemeinerungen, wie sie von Hilberg und anderen aufgestellt werden, vorzunehmen.

Der persönliche Charakter des Vorsitzenden eines Judenrates war entscheidend dafür, ob es in der Gemeinschaft eine Amida gab oder nicht. Der Vorsitzende des Judenrats in Warschau, Adam Czerniakow, war ein anständiger Mensch, der nichts gegen die zahlreichen sozialen, Bildungs- oder anderen Aktivitäten im Untergrund unternahm. Auch dem umstrittenen Jacob Gens, dem Vorsitzenden des Ghettos von Vilnius (Wilna), muß man die Unterstützung von kulturellen und sozialen Aktivitäten im Ghetto zugute halten. Ein extremes Beispiel bietet Baranawitschy (polnisch: Baranowicze) im heutigen westlichen Weißrußland. Hier gab es drei aufeinanderfolgende Vorsitzende: Ovsiei (Jehoschua) Isaakson, Schmuel Yankelewicz und Joseph Goldberg. Obwohl es sich um völlig verschiedene Persönlichkeiten handelte, gelang es ihnen, eine wohlorganisierte Gemeinde zu be-

26 *Der Tod des Schtetls.*

gründen und zu leiten, mit einer Polizei, die sich um die öffentliche Hygiene kümmerte und interne Streitigkeiten, wie sie an einem derart überfüllten Ort (anfangs lebten 12.000 Menschen im Ghetto) zwangsläufig auftreten, regelte. Der Judenrat deckte den Schmuggel von Nahrungsmitteln, kümmerte sich um die Erziehung und unterstützte den bewaffneten Untergrund. Isaakson fiel der ersten Mordaktion zum Opfer (März 1942); Yankelevicz floh während der zweiten Mordaktion (September 1942) zu den Partisanen, nachdem er versucht hatte, die Juden, die zur Ermordung ausgesucht worden waren, zu retten; Goldberg starb während eines Fluchtversuchs im Februar 1943.

Damit stellt sich die Frage, ob die Amida von charismatischen Persönlichkeiten abhängig war. Es scheint trotz des Beispiels Baranawitschy, daß dies nicht notwendig war. Der Widerstand wurde auch ohne dominierende Persönlichkeiten organisiert. Dies gilt nicht nur für Polen, die besetzten Teile der Sowjetunion und das Baltikum, sondern auch für West- und Südeuropa, Rumänien, Bulgarien und die Slowakei. Der unbewaffnete Kampf drückte sich vielfältig aus. Es ging darum, die Moral der Juden, ihre Solidarität zu bewahren, indem man das Gegenteil von dem tat, was der Feind vorgab. Die Amida stand vor den Herausforderungen, nicht nur den Deutschen und ihren Kollaborateuren zu begegnen, sondern auch Juden: Verrätern, Gestapo-Agenten, Judenratsmitgliedern, die sich dem deutschen Diktat unterwarfen, und Juden, die die deutsche Besatzungsmacht nutzten, um sich selbst auf Kosten ihrer Brüder zu bereichern (zeitweise natürlich). Also ein Kampf gegen äußere und innere Feinde.

Eine Gefahr ist dabei zu vermeiden: In vielen Gedenkstätten, Schul- und Collegebüchern wird der Eindruck erweckt, daß alle Juden während des Holocausts bewaffneten oder unbewaffneten Widerstand geleistet hätten. Eine fragwürdige Nostalgie entsteht dadurch, und gelegentlich wundert man sich: Wenn sie Konzerte hatten, Theaterstücke aufführten, Gedichte schrieben, sich mit Erziehung, Wohlfahrt, Gesundheitsvorsorge usw. befaßten, dann muß der Holocaust wunderbar gewesen sein. Aber dies verkennt völlig die Realität. Der Holocaust war die Ermordung von Millionen von Juden, und die Amida stellte den verzweifelten Versuch dar, sich dagegenzustemmen, zumeist ohne Waffen, in einigen Fällen bewaffnet. Eine Minderheit, oft eine sehr kleine Minderheit, trug diesen Widerstand. Viele profitierten davon, andere hörten davon, die meisten Betroffenen nahmen es in ihrer Not nicht wahr. Wie also sollen wir es beurteilen?

Meiner Meinung nach gibt es in anderen Genoziden wenig mit der jüdischen Amida Vergleichbares. Selbst bewaffnete Aufstände sind selten. Franz Werfels berühmtes Buch *Die vierzig Tage des Musa Dagh*, das den jungen Rebellen im Warschauer Ghetto als Anregung diente, beruht auf tatsächlichen Ereignissen. Sechs armenische Dörfer am Musa Dağı (Mosesberg) in Südostanatolien in der Türkei rebellierten 1915 gegen die türkischen Unterdrücker. Sie wurden von einem jungen Armenier namens Moses Der Kalousdian angeführt. Sie behaupteten sich auf dem Berg 53 Tage (nicht 40, wie Werfel schrieb) und wurden von einem französischen Kriegsschiff, das Teil der alliierten Flotte war, die gegen das Osmanische Reich kämpfte, gerettet. Nach dem Krieg kehrten einige der Rebellen in ihre Dörfer zurück, die nun zu Syrien gehörten, bis dieses Gebiet 1939 der Türkei aufgrund eines Vertrages zwischen dem französischen Mandat über Syrien und der modernen Türkei zurückgegeben wurde. Der Kalousdian ließ sich im Libanon nieder, wurde dort Parlamentsabgeordneter und starb 1984 im Alter von 89 Jahren. Es gab drei weitere bewaffnete armenische Widerstandsversuche; einer, im Gebiet des Van-Sees, wurde durch eine russische Invasion der Türkei unterstützt. Als sich die Russen zurückzogen, wurden die Armenier, die nicht mit ihnen geflohen waren, ermordet. Mir ist keine unbewaffnete, der Amida ähnliche Reaktion der Armenier bekannt. Angesichts der osmanischen Politik der Vernichtung hauptsächlich durch Todesmärsche, war es auch nicht möglich.

Dasselbe gilt für die Tutsi während des Genozids in Ruanda 1994. In den Hügeln von Bisesero konzentrierten sich etwa 50.000 Tutsi, die in die Berge geflohen waren und versuchten, den vorrückenden Hutu Widerstand zu leisten. Sie hatten einige Gewehre und Pistolen, doch die gut ausgerüsteten Hutu-Streitkräfte überwanden schnell ihren Widerstand. Fast alle 50.000 Männer, Frauen und Kinder wurden abgeschlachtet. Der Grund dafür, daß es keinen Amida-ähnlichen Widerstand unter den Tutsi gab, liegt in der Geschwindigkeit, in der sich der Genozid abspielte – er dauerte nur 100 Tage –, und in der Tatsache, daß die Tutsi kein geographisches Zentrum besaßen, was auch auf die Armenier zutrifft. Die jüdische Amida läßt sich in vielen Ghettos, in den jüdischen Siedlungsgebieten Osteuropas ebenso wie unter westeuropäischen Juden, beispielsweise unter jüdischen Jugendbewegungen in Frankreich finden. Mit aller gebührenden Vorsicht kann man sagen, daß unbewaffneter Widerstand, der auf die Aufrechterhaltung der Moral durch kulturelle und gesellschaftlicher Strategien zielte, so wie er von den Juden ausgeübt wurde, ein ziemlich beispielloses Phänomen in genozidalen Situationen ist. Man kann annehmen, daß ein tiefsitzendes kulturelles Verhaltensmuster, das auf einer Geschichte beruht, die Tausende von Jahren zurückreicht, Grundlage dieses Verhaltens ist. Ganz allgemein läßt sich feststellen, daß Menschen auch in aussichtslosen Situationen in der Lage sind, durch ihre innere Stärke ihren Unterdrückern zu widerstehen, auch wenn sie keinen bewaffneten Widerstand organisieren können, und daß sie bewaffneten Widerstand organisieren können, selbst wenn nicht die geringste Aussicht darauf besteht, ihr Leben zu retten. Timothy Snyder, ein von mir hochgeschätzter Kollege, vertritt einen anderen Standpunkt[27].

---

[27] Timothy Snyder: *What We Need To Know About The Holocaust*, New York Review of Books, 30. September 2010.

Er weist darauf hin, daß die Polen im Nordosten Polens und im ehemaligen Ostpolen und der Ukraine sowohl die Deutschen als auch die Sowjets bekämpften, und dabei ähnlich wie die Juden Bildungs- und Wohlfahrtseinrichtungen in vielen Orten schufen. Er behauptete, ich hätte keinen Zugang zu polnischen Quellen, und wenn ich mich diesen gestellt hätte, wäre ich zu einer anderen Auffassung gekommen. Meine Erwiderung: Die Deutschen hielten die Polen niemals davon ab, Grundschulen zu betreiben, kulturelle und soziale Wohlfahrtseinrichtungen zu unterhalten. Die Polen taten dies ohne die Drohung der völligen Vernichtung, obwohl sie sowohl von den Deutschen als auch von den Sowjets unterdrückt wurden (die Sowjets bauten sogar weitergehende Schulen und Wohlfahrtseinrichtungen für diejenigen, die nicht deportiert worden waren). Selbstverständlich bin ich in der Lage, polnische Quellen zu lesen, obwohl ich mich hauptsächlich auf polnische Sekundärliteratur stütze, besonders auf das wichtige Werk von Jan Tomasz Gross. Bei aller Notwendigkeit, Vergleiche zu ziehen, erweist sich eine vereinfachende Betrachtung zwischen dem jüdischen und dem polnischen Schicksal als Fehler.

Snyder vergleicht den jüdischen bewaffneten Widerstand mit dem der Polen. Das Problem besteht nicht darin, zu erklären, warum bewaffneter jüdischer Widerstand nicht entstand, sondern, warum er überhaupt entstehen konnte. Die Juden hatten keinen Zugang zu Waffen, wurden in nichtjüdischen Partisanengruppen diskriminiert bis hin zur Ermordung durch sowjetische, nicht nur polnische Partisanen. Wie stellt sich angesichts dieser Situation die Bedeutung der jüdischen Teilnahme an bewaffneten Aktionen gegen die Deutschen und andere Feinde dar? Oder, um es in einen größeren Kontext zu stellen: Welche Bedeutung hat dies in der allgemeinen jüdischen Geschichte? Bewaffneter jüdischer Widerstand entstand an Orten, wo es aussichtlos war; andererseits entwickelte er sich an Orten mit vergleichsweise guten Voraussetzungen nicht, etwa in Ortschaften, die nahe an oder in dichten Wäldern lagen, mit einer örtlichen Bevölkerung, die keine feindliche Haltung gegenüber den Juden vertrat. Ich habe mich in meinem Buch *Der Tod des Schtetls* damit beschäftigt, daß der jüdische bewaffnete Widerstand hauptsächlich in Osteuropa weitaus stärker war, als man es hätte jemals erwarten dürfen.

Außerhalb von Osteuropa, in der Slowakei, Belgien, Frankreich und Italien, kämpften Juden als Partisanen in den lokalen nationalen antideutschen und antifaschistischen Einheiten, nur selten in jüdischen Einheiten. In einigen dieser Fälle (z. B. in Frankreich und Italien) handelte es sich hauptsächlich um kommunistische Gruppen, die von einer revolutionären Ideologie zusammengehalten wurden. Aber auch hier läßt sich eine Motivation feststellen, die sich aus der Judenverfolgung durch die Deutschen und ihre Verbündeten speist. Die Beweggründe waren überall eine Mischung aus dem schlichten Wunsch, zu überleben, dem dringenden Verlangen nach Rache und in vielen Fällen auch einem Wunsch, gegen den fremden Eroberer zu kämpfen. Die antifaschistische Ideologie spielte dabei auch eine Rolle. Im Osten, wo bewaffneter jüdischer Widerstand ein Massenphänomen war, akzeptierten viele Juden die kommunistische Ideologie, die den Internationalismus und den Kampf für die Freiheit der unterdrückten Massen hervorhob. In den Urwäldern von Weißrußland und der nördlichen Ukraine und in den Ghettos in Polen spielte der Zionismus – der jüdische Nationalismus – eine wichtige Rolle. Die Kämpfer sangen hebräische Lieder (und bedienten sich dieser Sprache, wenn keine Kommunisten anwesend waren), feierten jüdische Feste, obwohl die meisten von ihnen säkularer Gesinnung waren, und vieles mehr. Die Partisanen und Ghettokämpfer, die überlebten, leiteten die zionistisch motivierte Flucht nach Palästina zwischen 1944 und 1948.[28]

Ich habe keine Erklärung für die Tatsache, daß es trotz des Racheverlangens nach dem Krieg verhältnismäßig wenige Aktionen gegen die Deutschen gab, wenn es auch zu Racheakten an den örtlichen ukrainischen und weißrussischen Kollaborateuren kam. Diese fanden fast immer im Zusammenhang mit sowjetischen Sicherheits- und Polizeieinheiten statt, die unmittelbar nach der Befreiung auf den Plan traten und nach solchen Kollaborateuren suchten. Es gab einen mittlerweile bekannten Versuch von Abba Kovner, dem berühmten Partisanenführer und Dichter, und seiner Partisanengruppe, eine große Zahl von Deutschen zu vergiften. Es mißlang. Die Operation nannte sich *Nakam* (Rache). Zu der zahlreichen Literatur habe auch ich in meinem Buch *Flight and Rescue* beigetragen.

Ich habe hier versucht, einige zentrale Fragen der Geschichte des Holocausts zu thematisieren. Sie verlangen nach einer Einordnung in Kontexte. Diese lassen sich grob einteilen in den unmittelbaren und den erweiterten. Bei dem erweiterten Kontext handelt es sich, vom heutigen Standpunkt aus betrachtet, um die Verletzung der Menschenrechte, Intoleranz, Genozid usw. (mit dem Genozid haben wir uns bereits beschäftigt). Es mehren sich Stimmen, die argumentieren, man solle sich dem Holocaust auf vergleichender Grundlage vom erweiterten Kontext her nähern – also den Menschenrechten (ursprünglich von den UN am 10. Dezember 1948, einen Tag nach der Völkermordkonvention, verabschiedet) und Genoziden. Aus pädagogischen Überlegungen mag man das so sehen, aber einer ernsthaften Betrachtung hält dies nicht stand. Jedem Genozid, den Holocaust eingeschlossen, gehen Menschenrechtsverletzungen voraus, oder sie finden parallel statt, aber nicht auf jede Verweigerung der Menschenrechte folgt Massengewalt oder ein Genozid – in den meisten Fällen ist dies nicht der Fall. Zweifellos ging dem Holocaust die Verweigerung der Menschenrechte der deutschen Juden voraus. Ihnen wurden die gleichen Bürgerrechte entzogen, ihr sozialer Status, ihr

28 Siehe mein *Flight and Rescue*. New York: Random House, 1970.

Eigentum, ihr Recht auf Bildung in öffentlichen Schulen usw. Aber darauf mußte nicht zwangsläufig Mord folgen – tatsächlich waren die Nazis zunächst um Emigration oder Vertreibung bemüht. Der Holocaust konnte sich nur ereignen, weil ein großer Krieg ausbrach. Ich habe bereits darauf hingewiesen, daß der Krieg hätte vermieden werden können, nicht der Juden wegen, sondern im Interesse von Großbritannien, Frankreich und der UdSSR – sie zahlten einen schrecklichen Preis dafür, daß sie Deutschland nicht davon abhielten, seine Nachbarn anzugreifen. Einige Beispiele mögen dies verdeutlichen.

Im März 1936 besetzte die Wehrmacht das Rheinland im Westen Deutschlands, ein Gebiet, das durch den Versailler Vertrag entmilitarisiert war. Die Stationierung von deutschen Truppen dort war untersagt. Die deutschen Truppen hatten den Befehl, sich zurückzuziehen, falls französische Einheiten ins Rheinland einmarschieren sollten. Aber die Franzosen verhinderten die militärische Besetzung nicht – nicht aus militärischer Schwäche, sondern weil der politische Wille, Deutschland zu stoppen, fehlte. Hätten die Franzosen anders gehandelt, hätte Hitler einen empfindlichen Rückschlag erlitten. Das andere Beispiel ist das berüchtigte Münchner Abkommen vom September 1938. Frankreich hatte ein Militärbündnis mit der Tschechoslowakei geschlossen. Diese verfügte über eine schlagkräftige Armee und starke Befestigungen im Grenzgebiet zu Deutschland. Die Tschechoslowakei verfügte zudem über ein Militärabkommen mit der Sowjetunion. Ferner gab es ein Militärbündnis zwischen Frankreich und der Sowjetunion. Aber die Franzosen ließen die Tschechen im Stich, weil die Briten Deutschland beschwichtigen wollten. Die Sowjets verweigerten den Tschechen die Hilfe ohne französische Unterstützung – ganz abgesehen von der Tatsache, daß sie keine gemeinsame Grenze mit der Tschechoslowakei hatten. Ihre Streitkräfte hätten erst rumänisches oder polnisches Territorium durchqueren müssen. Es gab also eine französisch-tschechisch-sowjetische Allianz, aber es fehlte der politische Wille, sie durchzusetzen. Eine entschlossenere Politik hätte den Krieg verhindern können. Wenn es nicht zum Krieg gekommen wäre bzw. nicht zu dem uns bekannten Krieg, wäre es bei einer Verfolgung der deutschen Juden in Deutschland geblieben: Verfolgung, Vorenthaltung der Menschenrechte, aber kein Massenmord.

Als Nazi-Deutschland die UdSSR im Juni 1941 angriff, ereignete sich das Umgekehrte. Den Juden wurden die Menschenrechte nicht vorenthalten. Es kam vielmehr sofort zu einem Massenmord im großen Stil. Christian Gerlach und Christoph Dieckmann haben dies in ihren Büchern über Weißrußland und Litauen detailliert beschrieben. Man geht also fehl in der Annahme, daß die Verweigerung von Menschenrechten die Voraussetzung für den Massenmord darstellt.

Dasselbe trifft zu, wenn man sich in pädagogischer Absicht mit Genoziden im Vergleich beschäftigt. Vergleiche sind notwendig, aber man kann nicht alle Genozide berücksichtigen. Man muß eine Auswahl treffen, und der Holocaust als die extremste Form eines Genozids stellt den naheliegenden Ausgangspunkt dar. Tatsächlich liefern vor allem Forscher, die sich einer solchen Schlußfolgerung widersetzen, der beste Beweis für sie. David E. Stannard, ein radikaler Gegner der Zentralität des Holocausts, nennt sein Buch, das sich mit der Vernichtung der amerikanischen Ureinwohner beschäftigt, *American Holocaust*.[29] Für die Gegenwart stellt der Holocaust ein zentrales Ereignis dar, durch das viele andere betrachtet werden – ob korrekt oder nicht, sei dahingestellt.

Mein Vorschlag geht dahin, zwischen dem Kern der Fragestellung, ich nenne ihn „Text", und der erweiterten Fragestellung, dem „Kontext", zu unterscheiden. Worum geht bei dem Kern, dem „Text"? Hier eine kleine, vielleicht nicht ganz vollständige Aufstellung: Die Nazi-Ideologie, der Aufstieg der NSDAP bis zur Machtergreifung, die Geschichte Deutschlands zwischen 1933 und 1945, die Hintergründe des Krieges, seine Geschichte und das Zusammenspiel zwischen Krieg und Holocaust, die Verfolgung der Juden in Deutschland bis 1941, das Schicksal der jüdischen Gemeinden in Europa in den 30er Jahren und während des Krieges, die Entwicklung der Pläne der Nazis hinsichtlich ihrer Judenpolitik einschließlich der Frage des Massenmords, die jüdischen Reaktionen auf die Politik der Nazis vor und während des Krieges, die Haltung des Westens und der Sowjetunion gegenüber dem wechselnden Schicksal der Juden in dieser Zeit, die Haltung der Neutralen, die Beziehung zwischen Juden und ihren nichtjüdischen Nachbarn in Europa, die Haltung der Kirchen, die Haltungen der verschiedenen jüdischen Gemeinden außerhalb Europas in Bezug auf den Holocaust, der unbewaffnete und bewaffnete jüdische Widerstand gegenüber den Deutschen und ihren Kollaborateuren, das Schicksal der Überlebenden in Europa und ihre Emigration in ein neues Heimatland – und möglicherweise weitere ähnliche Themen.

Was ist der erweiterte Kontext? Im Prinzip schlage ich in unserer globalisierten Welt vor, die Kontexte des Holocausts auf zwei Ebenen zu untersuchen: „vertikal", also historisch, und „horizontal", also global. Der historische Kontext behandelt den langfristigen Einfluß der Geschichte der Juden und ihre Beziehungen zu den Gastgesellschaften auf allen möglichen Ebenen, ebenso wie die Entwicklungen, die letztendlich zum Genozid führten – nicht in Form einer teleologischen Entwicklung und nicht im Sinne eines linearen Fortschritts, sondern einer Geschichte, die viele Wendungen hätte nehmen können im Gegensatz zu jenen, die sie genommen hat. Dabei handelte es sich, zumindest teilweise, um kontrafaktische Geschichte, die bei Historikern nicht allzu sehr angesehen ist, die aber notwendig erscheint.

29 David E. Stannard: *American Holocaust. Columbus and the Conquest of the New World.* New York: Oxford University Press, 1992.

Ein anderer Aspekt des historischen Kontextes behandelt Fragen, die sich hauptsächlich im 19. und 20. Jahrhundert aus der Entwicklung des Völkerrechts ergeben. So erweist sich die der Menschenrechte und ihrer Verweigerung nach dem Zweiten Weltkrieg als zentral; und damit zusammenhängend die Grundfrage nach der öffentlichen und individuellen Moral (etwa die ganz naive Frage „Wie war dies menschlich möglich?"). Darüber hinaus für religiöse Menschen die oft diskutierte Frage (auf die es keine Antwort geben kann), ob Gott „dort" war oder nicht, und wie die religiösen Antworten auf diesen paradigmatischen Genozid lauten. Dann sind psychologische und sozialpsychologische Aspekte zu betrachten, die heute in einer oft vergleichenden Perspektive behandelt werden. Es wird deutlich, daß andere Genozide ähnliche Reaktionen hervorriefen, wie sie aus dem Studium des Holocausts bekannt sind. Und es gibt die „Post-Holocaust-Welt", also die Art und Weise, wie mit dem Holocaust umgegangen wird in der Erinnerung, in der Erinnerungskultur und in der Politik: Der Holocaust war ein traumatisches Ereignis, und seine Auswirkung auf die Gesellschaften, die jüdische und andere, ist von enormer Bedeutung.

Der globale Kontext ergibt sich aus der einfachen Tatsache, daß zahlreiche Länder rund um den Globus in direkter oder indirekter Weise mit den Ereignissen, die wir als Holocaust bezeichnen, in Beziehung standen. Die Juden flohen nach Shanghai, Kobe, Manila, Hongkong, Java, Indien, in den damaligen Belgisch-Kongo, nach Südafrika, in die meisten lateinamerikanischen Länder und auf abgelegene Inseln. Die Regierungen Japans, Südafrikas, Argentiniens, der Türkei, Brasiliens und Mexikos waren einbezogen. Die Visa nach Nicaragua, Honduras, Ecuador und Paraguay, echte oder gefälschte, retteten gelegentlich Menschenleben. Der Holocaust kann ohne diese globale Betrachtungsweise nicht verstanden werden. Für das Verständnis dieses erweiterten Kontextes, vertikal oder horizontal, benötigt man allerdings ein tieferes Verständnis des „Textes", des Kerns, was selbst natürlich eine gewaltige Aufgabe ist.

Daraus ergeben sich verschiedene Schlußfolgerungen. Die Tatsache, daß die Verweigerung von Menschenrechten nicht notwendigerweise zu einem Genozid führt – in diesem Fall dem Holocaust –, bedeutet nicht, daß man sich nicht damit beschäftigen sollte. Es besteht die Möglichkeit, daß es zu massiver Gewalt und zum Genozid kommt. Man kann mit gutem Grund feststellen, daß die Verweigerung von Menschenrechten zwar nicht notwendigerweise zum Holocaust führte, aber sich ein enger Zusammenhang nachweisen läßt.

Im Falle der afrikanischen Sklaven, die millionenfach nach Nord- und Südamerika gebracht wurden, führte die Verweigerung von Menschenrechten nicht zum Genozid. Es gibt also eine mögliche, aber nicht notwendige Beziehung.

Mit anderen Worten: Die Beschäftigung mit dem Holocaust sensibilisiert für die Bedeutung von Menschenrechtsfragen. In diesem Fall, wie auch in anderen, muß der „Kontext" (Menschenrechte) nicht zum „Text" (dem Kern des Holocausts) führen, aber der „Text" (Holocaust) führt zur Frage der Menschenrechte.

Mit dem Genozid habe ich mich im vorgehenden Kapitel auseinandergesetzt. Der Genozid stellt ein ganz großes Thema des „Kontextes" dar. Der Holocaust, so habe ich formuliert, stellt die extremste Form eines Genozids bis zum heutigen Tage dar. Sich mit dem Phänomen des Genozids zu beschäftigen und den Holocaust zu ignorieren oder nur nebenbei zu behandeln, ignoriert diese extremste Form der menschlichen Tragödie. Mehr noch, damit wird der historische Zusammenhang zwischen dem Holocaust und anderen Genoziden ignoriert. Der von Raphael Lemkin geprägte Begriff „Genozid" und die Völkermordkonvention von 1948 stehen in eindeutigem Zusammenhang mit dem Genozid an den Juden. Genozid-Studien und die Beschäftigung mit dem Holocaust bedingen sich wechselseitig.

Derartige Analysen sind wichtig, wenn man sich mit Erziehungsfragen beschäftigt – Erziehung, verstanden nicht in einem engen Sinne, sondern als Bildung des Einzelnen und der Gesellschaften, die nicht nur auf die Jüngeren, sondern ebenso auf Erwachsene zielt. Dabei bleibt der Holocaust der Ausgangspunkt. Dies gilt auch für dieses Buch, auch wenn das Kapitel über den Genozid aus strukturellen Gründen vorangestellt wurde.

Es gibt eine Antwort auf die Frage, die manchmal zu hören ist: Warum beschäftigt man sich mit dem Holocaust als dem zentralen Punkt der Genozid-Forschung und der entsprechenden Erziehungsmaßnahmen, und warum gibt es international anerkannte Gedenktage, Museen usw.? Ich habe die Antwort bereits gegeben: Weil der Holocaust die bis heute extremste Form eines Genozids ist. Er ist eine Warnung und hoffentlich ein Anlaß, vorbeugend gegenüber einer Gefahr, die die gesamte Menschheit bedroht, tätig zu werden, und der dazu beitragen mag, es in der unvorhersehbaren Zukunft zu ermöglichen, diese Gefahr ganz zu vermeiden. Ich halte es für eine moralische Verpflichtung, besonders für einen Juden, dessen Volk diese Katastrophe traf. Die jüdische Geschichte gründet sich auf eine Legende, aber diese Legende ist von enormer Bedeutung: denn „Ihr wart Sklaven in Ägypten". Das jüdische historische Gedächtnis gründet sich auf den Auszug aus der Sklaverei in die Freiheit. Es ist unerheblich, daß dies der geschichtlichen Realität nicht entspricht. Wie ich bereits sagte, wurde die Legende zu einer Realität, und diese Realität bringt für die Träger dieser Tradition eine moralische Verpflichtung mit sich, eine Verpflichtung, die über eine ethnozentrische Haltung hinausgeht und zu einem universellen Wert wird.

Wenn meine Auffassung, die ich ausführlich dargelegt habe, zutrifft, daß der Holocaust in erster Linie als ein Ergebnis einer Ideologie anzusehen ist, einer Mutation des vormodernen Antisemitismus, dann muß Ideologien, die vergleichbare Charakteristika aufweisen, besondere Aufmerksamkeit gewidmet werden. Damit meine ich den Bolschewismus und den radikalen Islam, worauf ich bereits hingewiesen habe. Einen weiteren Gesichtspunkt möchte ich hinzufügen: Die Nazis wollten die Juden loswerden, die sie als satanisches Volk ansahen. Zunächst wollten sie sie zur Emigration zwingen oder vertreiben, dann in Polen konzentrieren und in die Sowjetunion treiben, dann plante man, sie nach Madagaskar oder in die Arktis zu deportieren. Schließlich ermordete man sie. Damit war ein gewaltiger Exorzismus, die Vertreibung des Teufels, gelungen. Mir scheint, obwohl ich es nicht beweisen kann, hier eine sehr alte Vorstellung zum Vorschein zu kommen, vom Christentum übernommen, „Reinheit" durch die Vertreibung des Bösen zu erreichen. Nur eine solche Aktion garantiert, daß die reinigende Gruppe (das nationalsozialistische Deutschland), und nicht nur ihre Individuen, tatsächlich von Gott ausgewählt ist. Die „Arier" waren gemäß der Nazi-Ideologie das auserwählte Volk – daran gibt es keinen Zweifel. Das höchste Ziel, das Volk zur Macht zu erheben, konnte nur durch den Exorzismus an den Juden vollbracht werden. Weiter erscheint es mir so, daß es sich dabei um ein weiteres vollkommen antipragmatisches Element der Nazi-Ideologie handelt. Es handelt sich um eine religiöse Ideologie, die sich am besten als ein gigantischer Alptraum beschreiben läßt. Während des sogenannten Mittelalters wurden Juden manchmal auf dem Scheiterhaufen verbrannt, entweder weil sie sich weigerten, die wahre christliche Religion anzunehmen (wie in einigen Fällen während der Kreuzzüge), oder weil sie im Geheimen versuchten, ihre alte Religion zu behalten, nachdem sie gezwungen worden waren, sie aufzugeben (wie während der Inquisition). Der Satan mußte buchstäblich mit den jüdischen Körpern verbrannt werden – ein Exorzismus. Die massenhafte Verbrennung von angeblichen Hexen, Frauen also, in der frühen Neuzeit folgte demselben Prinzip. Wieder konnte der Satan nur durch Feuer besiegt werden, und da er in Körpern lebte, mußten die Körper verbrannt werden. Was die Juden anbetraf, so waren sie alle vom Satan besessen, sonst hätten sie den wahren Gott und seinen Sohn nicht verleugnen können. Dies war ein Glaubensakt – auto-da-fé –, wie die Inquisitoren es nannten. In den Vernichtungslagern verbrannten die Nazis die Körper der vergasten Juden. Es stellt sich die Frage, ob es eine unbewußte Fortsetzung des christlichen (und vorchristlichen) auto-da-fé war. Möglicherweise spiegelt sich in den Handlungen der Nazis nicht nur ein christlicher und vorchristlicher Glaube wider, sondern menschliche Urinstinkte. Dies habe ich in dem Kapitel über den Genozid zu analysieren versucht. Wie dem auch sei, auch hier findet sich die Verbindung von speziell jüdischen und universellen Aspekten des Holocausts.

Im globalisierten Zeitalter erscheint es fast natürlich, sich mit dem erweiterten Kontext, also eher mit den mit dem Holocaust zusammenhängenden Fragen als mit dem Holocaust selbst zu beschäftigen. Dies kann kaum überraschen: Der Holocaust selbst ist ein äußerst schwieriger Untersuchungsgegenstand, voller Tod, Mord, Sadismus und Brutalität. Besonders gilt dies für Europa. Die meisten Menschen – von rühmlichen Ausnahmen abgesehen – ignorierten den Mord, verhielten sich indifferent oder unterstützten ihn passiv und aktiv. Er fand statt und ist Teil des geschichtlichen Erbes Europas – und darüber hinaus – geworden. Er ist Teil des kulturellen Hintergrunds, ideologisch und religiös – auch für Nichtreligiöse –, aller europäischen Länder geworden. Beinahe alle nichtjüdischen Europäer waren damals getaufte Christen (Muslime gab es nur in Bosnien und Albanien). 1900 Jahre nach dem Erscheinen des christlichen Messias, der die Liebe predigte, wurde sein Volk durch getaufte Heiden ermordet. Damit erhebt sich ein nagender Zweifel an der Glaubwürdigkeit des Christentums als Glaube und als Zivilisation und somit an der Basis der europäischen Kultur im allgemeinen. Dies gilt selbstverständlich auch für die beiden Amerikas.

Es gibt drei mögliche Wege, damit umzugehen: den Holocaust ignorieren, sich ihm auf ernsthafte Weise nähern oder ihn auf einer Weise behandeln, die niemandem wehtut. Es gibt eine wachsende Tendenz, sich der dritten Option zuzuwenden. Nun kann man die Erinnerung an den Holocaust unterstützen, Erinnerungszeremonien an Gedenktagen abhalten, einige Stunden im Schuljahr dafür bereitstellen (natürlich weniger als für den Biologieunterricht), Museen bauen, die von Zehntausenden besucht werden – und man kann all das zu einem Nebenaspekt im Rahmen des Unterrichts über die Menschenrechte, Völkermorde und verantwortungsvolle Bürgerschaft machen. Die Lösung kann nicht darin bestehen, den Holocaust zu einer fortwährend emotionalen und intellektuellen Last zu machen, insbesondere nicht für Schüler und Studenten. Ein fortwährendes Herumreiten auf dem Ereignis, mehrmals im Schuljahr, wie es an vielen deutschen Schulen üblich geworden ist, wird junge Leute nur an einer Anteilnahme hindern und zu einer Distanzierung führen. Die Lösung kann darin bestehen, sich mit dem Holocaust ernsthaft zu beschäftigen, also die zweite der obengenannten Optionen zu wählen. Im Bildungsbereich kann dies dadurch erreicht werden, daß die oberen Schulklassen sich 8 bis 10 Stunden damit beschäftigen, vorzugsweise nicht vor dem 15. bis 16. Lebensjahr, wobei Filme und Videos eine bedeutende Rolle spielen können. An den Universitäten sollte man sich zunächst um das allgemeine kontextuelle Wissen bemühen, sich dann jedoch auf den „Text" konzentrieren und ihn dann um den „Kontext" – Menschenrechte, Genozide – zu erweitern. All dies sollte klare moralische Positionen über das, was akzeptabel ist und was nicht, beinhalten. Akademiker sollten sich nicht vor politischen Aktionen scheuen – „politisch" in einem weiten Sinne verstanden. Stellvertretend sollte man sich um eine moralisch akzeptable Lösung der Weltprobleme bemühen, basierend auf dem Verständnis der Gefahren, die sich aus dem Nachdenken über den Holocaust zeigen. Die Beschäftigung mit dem Holocaust kann und sollte zu einem besseren Verständnis engagierter Bürgerschaft, Demokratie und Gleichheit der Menschen führen – mit anderen Worten, die jüdische Besonderheit des Holocausts sollte zu universellen Werten führen.

Dies klingt nach einer Ansammlung von Klischees, muß es aber nicht sein. Es besteht jedoch die reale Gefahr, die Beschäftigung mit dem Holocaust auf eine Wiederholung leerer Worthülsen im Rahmen öffentlicher Erinnerungsveranstaltungen zu reduzieren. Persönlich nehme ich nicht mehr an den Veranstaltungen des Holocaust Memorial Day in meinem Land teil. Die Reden des Präsidenten, des Premierministers, des Militärchefs und des Oberrabbiners kann ich nicht länger ertragen, sie sind leer und nutzlos – von wenigen ehrbaren Ausnahmen abgesehen. Worte werden bedeutungslos. Was genau meint „niemals wieder“ angesichts der Massenmorde und Völkermorde, die sich nach dem Holocaust ereignet haben und die uns in der Zukunft drohen? Was kann es schon bedeuten, wenn Politiker, besonders israelische aber nicht nur sie, uns erzählen: „wir werden niemals vergessen“? Man muß nicht Psychologie studiert haben, um zu verstehen, daß hinter diesen Worten ein großes Verlangen nach Vergessen steckt, und die Worte haben einen Beiklang, den dringenden Wunsch der Redner – und dies ist angesichts der Schrecken des Holocausts verständlich –, dies alles hinter sich zu lassen. Doch natürlich können sie nicht vergessen, auch wenn sie es gerne täten, weil der Holocaust ein universelles Symbol geworden ist. Die Vereinten Nationen haben beschlossen, den 27. Januar zum Holocaust-Gedenktag zu erheben. Dies gilt auch für die Staaten der EU, wenn einige ihn auch an einem anderen Tag begehen. Selbst wenn die Juden den Holocaust vergessen würden, die nichtjüdische Welt wird die Erinnerung wachhalten.

Ich arbeite, soviel ich kann, am Yad Vashem, der israelischen Gedenkstätte, an ihrem Forschungsinstitut und ihrer Schule. Ich tue, was ich kann, damit der Holocaust seinen Platz im Gedächtnis und in der Kultur der gesamten Welt behält – und natürlich besonders unter den Juden –, denn der Holocaust ist eine universelle Warnung und ein möglicher Präzedenzfall. Wir sollten alles Mögliche dafür tun, daß er eine Warnung bleibt und nicht zu einem Präzedenzfall wird.

KAPITEL 8

ZURÜCK ZUR GEGENWART: DIE JÜDISCHE IDENTITÄT, SÄKULARE BEWEGUNG, ZIONISMUS UND EIN PLATZ IN DER WELT

Gibt es ein jüdisches Volk? Oder eine jüdische Ethnizität, oder Nationalität oder Nation? Wie steht es um die Beziehungen zwischen der jüdischen Identität bzw. den jüdischen Identitäten – wenn es sie gibt – und dem jüdischen Nationalismus (Zionismus)? Wie ist oder sollte die Beziehung zwischen Religion und Staat bzw. Religion und Gesellschaft gestaltet sein, besonders in Israel? Um diese Fragen zu beantworten, betrachte ich zwei Texte, die extrem unterschiedliche Positionen vertreten. Es handelt sich um *Torat Hamelech* („Des Königs Thora") von zwei Rabbis, Yitzhak Shapira und Joseph Elitzur, und Shlomo Sands *Die Erfindung des jüdischen Volkes*.[1] Diese beiden Texte wurden ausgewählt, da die konträren Positionen klar zum Ausdruck kommen.

Torat Hamelech (TM) nimmt für sich in Anspruch, den „wahren Standpunkt der Thora" (*da'at Torah* – DT) darzulegen, also die korrekte Beziehung zwischen „Israel", einem oder mehreren Juden im Staat Israel, zu Nichtjuden, die „Gojim" genannt werden (in der Bibel bedeutet „Gojim" lediglich Volk oder Nation, aber es ist zu einem abwertenden Ausdruck geworden, das Nichtjuden herabsetzt). „Israel" wird in dem Buch auch als „das Königreich" bezeichnet. Die „Gojim" sind natürlich die Palästinenser, obwohl sie bis auf zwei Ausnahmen nicht explizit genannt werden. DT muß befolgt und beachtet werden, und alle, die dies nicht tun, sind Häretiker oder Rebellen gegen Gott und sollten getötet werden. Dies bedeutet, daß das gegenwärtige demokratische System in Israel nur insofern anerkannt werden kann, als es DT nicht widerspricht. Anders ausgedrückt: Der weltliche Staat Israel ist grundsätzlich im tiefsten Sinn des Wortes illegitim. Ein Jude, der mit unterschiedlichen Forderungen von DT und weltlichen Autoritäten konfrontiert ist, muß DT folgen. Dies ist offensichtlich ein Aufruf zur Rebellion gegen

---

1 *Torat Hamelech*, Yeshiva Od Yosef Hai publication, 1990; Shlomo Sand: *The Invention of the Jewish People*, Verso Books, 2009. Ich beziehe mich ausschließlich auf das hebräische Original: *Matai Ve'ech Humtza Ha'am Hayehudi*, Resling, Tel Aviv, 2008.

die demokratisch gewählte Knesset, das Parlament Israels, und gegen das Justizsystem. Jenen, die behaupten, daß gemäß der jüdischen religiösen Tradition in jedem Land das Gesetz des Landes gelte (*dina demalchuta dina*), in Israel also die weltlichen Gesetze einzuhalten seien, wird geantwortet, daß dies nur für die Diaspora gelte. In einem jüdischen Staat muß das Gesetz auf DT beruhen. Wenn man sich fragt, ob es eine revolutionäre antidemokratische jüdische Bewegung gibt, so haben wir sie hier vor uns.

Was ist DT? In der Welt der radikalen jüdischen Orthodoxie sind es die Ansichten von Weisen, die in jüdischen religiösen Texten bewandert sind, die befugt sind – durch sich oder durch ihre Anhänger –, Gottes Willen auszudrücken. Natürlich gibt es verschiedene Interpretationen von DT. Aber wie im radikalen Islam behaupten die Autoren von TM, ihre Version sei die einzig richtige. Dies ist die übliche radikalfundamentalistische Haltung, und es stellt sich damit die Frage: Was genau ist DT? Als Thora bezeichnen sie verschiedene Interpretationen und Re-Interpretationen von Texten, die selbst Interpretationen talmudischer Texte sind. Diese wiederum sind Interpretationen der Mischna und biblischer Texte. Betrachtet man die praktische Seite, so unterstützen die Autoren mit ihrer Interpretation extrem rechtsnationalistische Ansichten. Das Problem besteht darin, daß diese Interpretation in zahlreichen Talmudschulen gelehrt und akzeptiert wird, in denen hunderte, wenn nicht mehr, engagierte junge Männer ausgebildet werden, die dann Soldaten oder „Hügeljugend“ werden. So bezeichnet man die Siedler, die auf den Hügeln der Westbank siedeln, Palästinenser angreifen und gewalttätige Konfrontationen mit der israelischen Armee und Polizei suchen. Dies alles im Namen von DT. Selbstverständlich gibt es die Sicht der Thora nicht. Die Thora, auch in der Interpretation, wie die Autoren von TM sie sehen, besteht aus Texten, und Texte haben keine Sichtweise. Sie drücken die Haltung ihrer Autoren aus. Verschiedene Autoren haben verschiedene Sichtweisen (*deot*, Plural von *da'at*). DT ist eine Erfindung und wurde Moses auf dem Berg Sinai nicht übergeben, wie unsere Autoren sich dies vorstellen, und zwar aus verschiedenen Gründen: Gott ist eine menschliche Erfindung; Moses auf dem Berg Sinai ist eine wunderschöne und sehr wichtige Legende, aber keine historische Tatsache. Die Legende selbst ist eine Tatsache, aber die „Tatsache“ ist eine Legende. Sie wurde Jahrhunderte nach dem angeblichen Ereignis niedergeschrieben. Im 13. Jahrhundert v. d. Z. gab es keine hebräische Schrift, in der man irgend etwas hätte aufzeichnen können, also auch nicht die Gebote, die Moses angeblich übergeben wurden. Es gibt, wie bereits gesagt, verschiedene Interpretationen. Es gibt nicht die eine „Thora“, aber in der religiösen Welt des Judentums gibt es „Torot“ (Plural von „Thora“), also mehrere Varianten. Die verschiedenen jüdischen religiösen Bewegungen haben verschiedene „Torot“. Das Reformjudentum und das konservative Judentum sehen die Dinge völlig unterschiedlich, und sie unterscheiden sich von den liberalen Orthodoxen, diese wiederum von den strengen. Und es gibt erhebliche Unterschiede zwischen diesen und den Ultraorthodoxen und die Ultraorthodoxen sind in zahlreiche Richtungen zersplittert. Jede von ihnen hat eine andere Thora und jede Thora ist, folgt man den Autoren, der einzige Weg, auf dem man die jüdische Religion ausdrücken soll/kann. Die „Sicht der Thora" der beiden Rabbis ist eine Untersekte einer Untersekte – unglücklicherweise von beträchtlichem Einfluß. Einflußreich, weil etwas ausgedrückt wird, das viele Leute hören möchten: Wenn jemand glaubt, daß ein allmächtiger Gott sich mit der extremsten Form seines Glaubenssystems identifiziert, fühlt er sich psychologisch und politisch sicher. Aufkleber auf israelischen Autos verkünden: „Es gibt niemand außer ihm" (*ein od milvado*, ein traditioneller Spruch); dies entspricht „Jesus hilft" oder „Gott ist groß" (*Allahu akbar*) der radikalen Islamisten. Und in der Tat ist die Botschaft von TM dieselbe wie im radikalen Islam. Die antimuslimische Botschaft ist ein Spiegelbild der antisemitischen islamistischen Ideologie. Der Unterschied besteht darin, daß der radikale Islam eine weltweite Bewegung, eine Gefahr für die Zivilisation darstellt; der jüdische Radikalismus beschränkt sich auf einige Hügel der Westbank – glücklicherweise bis jetzt.

Die öffentliche Reaktion in Israel auf derartige Positionen besteht in Sensationsberichten. Dabei bezieht man sich hauptsächlich auf die skandalöse Forderung, kleine Kinder der Nichtjuden, der „Gojim", zu töten. Aber man hat es versäumt, sich mit der grundlegenden „Philosophie" derartiger Positionen und ihrer Rolle im Bezug auf die religiöse Radikalisierung zu beschäftigen. Es ist ein ernstzunehmendes Buch von 230 Seiten, eine Mischung aus gutem modernen und rabbinischen Hebräisch. Es umfaßt traditionelle Zitate, teilweise aus aramäischen Quellen. Es bezieht sich sehr stark auf den Rambam (Maimonides) und etwas weniger auf Nachmanides (Mosche ben Nahman Girondi, 1194 – 1270). Rambams „Gesetze der Könige" (*Hilchot Melachim* – HM), das Teil seines großen Werkes *Mischne Tora* ist, ein Kompendium aller Gesetze der jüdischen Religion, die ihm vorausgingen, ist die Hauptquelle. Geschrieben in klarem und einfachem Hebräisch im 12. Jahrhundert, sind die HM besonders radikale Gesetze, die sich auf die Zukunft beziehen, wenn der messianische König alle im Exil lebenden Juden im Land Israel vereint und eine kriegerische Nation errichtet haben wird, die Eroberungen und Vorherrschaft anstrebt und alle Nichtjuden zwingt, entweder zu konvertieren oder sklavenähnliche Bedingungen zu akzeptieren. Man sollte dies nicht fälschlicherweise ahistorisch interpretieren. Maimonides wurde 1135 in Cordoba geboren, und die Almohaden (Al-Muwahiddun – die Vereinigten), eine radikale muslimische Berberdynastie, hatten die Stadt erobert und viele Juden gezwungen, zum Islam zu konvertieren. Die Familie Maimon mag unter ihnen gewesen sein. Sie flohen nach Fes in Marokko, schließlich nach Kairo, wo der Rambam sich gegen die Anklage, ein Abtrünniger vom Islam zu sein, verteidigen mußte.

HM drückt also die Hoffnung auf eine Zukunft aus, in der Juden ihre ethnische und religiöse Würde wieder erlangen. Darin spiegelt sich das dringende Verlangen nach Rache für die erlittenen Erniedrigungen wider. Wie bereits erwähnt, war der Rambam vorsichtig genug, Muslime von der Rache auszunehmen (da sie ebenfalls an den einen Gott glaubten). Es gab nicht wenige Muslime, die Hebräisch lesen konnten, und wenn HM antimuslimische Positionen vertreten hätte, wäre ihr Autor in große Schwierigkeiten geraten. Gleichwohl richtete sich HM klar gegen das Christentum und den Islam. TM vertritt ebenfalls klare antiarabische und antimuslimische Positionen.

Das Problem besteht darin, daß die Autoren sich auf sicherem Grund bewegen, wenn sie jüdische Quellen zitieren, um ihre extremistischen Botschaften zu rechtfertigen. Dies gilt neben HM für ähnliche Überlieferungen aus dem Mittelalter. Jeder, der in der Bibel gelesen hat, kennt Stellen von extremer mörderischer Gewalt, ausgeübt im Namen Gottes. Gleiches gilt für Christentum und Islam. Sie beruhen schließlich auf demselben sogenannten Alten Testament, also den jüdischen bzw. hebräischen Schriften. Andererseits enthalten diese Texte ebenso inspirierende Aussage zur menschlichen Ethik. Diese widersprüchlichen Aussagen befinden sich in natürlicher Übereinstimmung mit der menschlichen Psyche, die widersprüchliche, sich konträr gegenüberstehende Elemente enthält. So sind die Aussagen in TM von einigen israelischen rabbinischen Autoritäten verurteilt worden, aber bisher ist kein Versuch gemacht worden, ihre *halachische* Legitimität grundsätzlich zu bestreiten. Ich sehe dies nicht als meine Aufgabe an. Als Atheist überlasse ich dies gern meinen humanistisch gesinnten Rabbiner-Freunden (dies meine ich durchaus ernst).

Mir geht es um die ideologische Basis von TM. Das Buch beschäftigt sich schwerpunktmäßig, wenn auch nicht ausschließlich, mit dem „Problem", warum, wann und wie Juden Nichtjuden töten sollten. Für die Autoren ist es völlig klar, daß die Juden Nichtjuden überlegen sind. Mehr noch, daß die Juden eigentlich die einzig wahren Menschen sind. Nichtjuden nehmen keinen höheren Rang als Tiere ein. Diese Ansicht beruht auf der traditionellen Annahme, daß Gott auf dem Berg Sinai die Thora allen Menschen anbot und nur die Israeliten antworteten: „Wir wollen tun und hören" (*na'aseh venischma*), allgemein interpretiert als „handle erst und verstehe später". Alle anderen Völker verweigerten sich. Dies ist der Grund für die besondere Zuwendung und Aufmerksamkeit, die Gott den Israeliten/Juden angedeihen läßt und für ihre Überlegenheit über alle anderen Nationen, die sich nicht wesentlich von der Tierwelt unterscheiden. All die anderen sind „Söhne Noahs". Bekannterweise überlebten nur Noah und seine Söhne Sem, Ham und Japhet die große Flut. Sie sind die Vorfahren aller Nationen.

Solange man diese Geschichte als eine wunderbare Legende ansieht, wirft sie kein Problem auf. Aber die Autoren betrachten sie als historische Tatsache und bauen darauf ihre „Lehre“ auf. Sie stehen damit nicht allein. Die jüdische Orthodoxie ist im tiefsten Sinne fundamentalistisch. Jedes Wort in der Bibel ist das Wort Gottes und daher fehlerfrei. Eine Legende in eine historische Tatsache zu verkehren und sie zur Grundlage des Denkens und Handelns zu machen, wirft ernsthafte Probleme auf, theoretische und sehr politisch-praktische.

Auf die Legende von der großen Flut bin ich bereits eingegangen. Aber wenn wir die Rabbis Elitzur und Shapira ernst nehmen (was wir tun sollten), dann erhebt sich die Frage, wie es Herrn Noah, seiner Frau (die nie erwähnt wird), seinen drei Söhnen (von Töchtern ist ebensowenig die Rede) und einem Paar von jeder Spezies gelang, sich in die Arche zu quetschen – sie muß schrecklich überfüllt gewesen sein. Schließlich gibt es zehntausende Arten (ganz zu schweigen von den Insekten und Mikroben); paßten sie alle in die Arche? Und wie haben sie sich vermehrt, wenn es nur jeweils ein Paar gab? Wen heirateten die Söhne Noahs, um den Rest der Menschheit hervorzubringen? Ihre nicht existierenden Schwestern? Zu guter Letzt setzte die Arche auf dem Ararat auf und nicht auf dem Mount Everest – warum? Weil der Ararat so arrogant war, herauszuragen, was der Mount Everest nicht tat? Die Autoren glaubten ernsthaft, daß Gott für die Sintflut verantwortlich sei. Alle Menschen stammen nach dieser Vorstellung von Noah ab – letztendlich natürlich von Adam. Darauf bin ich bereits eingegangen. Die Legende von der Sintflut hat eine universelle Bedeutung, was TM natürlich nicht vermitteln will. Ihr eigentlicher Kern liegt darin, daß wir alle von derselben Gruppe von Säugetieren abstammen, Primaten, die sich zu Hominiden entwickelten und schließlich in Ostafrika zum *Homo sapiens*. Wir alle stammen von dort, ob wir Thais, Mayas, Russen oder Juden oder wer auch immer sind. Wenn die Legende von der Sintflut uns zu dieser Schlußfolgerung führen will, dann gibt es viel zu sagen, wenn man darin einen Beitrag zu unserem Menschsein sehen will. Unsere beiden Rabbis machen daraus eine Geschichte, nach der alle anderen Nationen sich Gottes Gesetz verweigerten. Aber noch einmal: Es geht nicht darum, daß zwei Individuen in einer gottverlassenen Dorftalmudschule auf der Westbank verrückte Ideen verbreiten, sondern daß viele orthodoxe und ultraorthodoxe geistliche Führer dies ebenfalls glauben: Gott wandte sich irgendwann im 13. Jahrhundert v. d. Z. an alle Völker, und während sich die Israeliten auf dem Berg Sinai (wo immer das gewesen sein mag) versammelten, sprach Gott gleichzeitig in allen Sprachen der Welt zu allen Menschen. So wandte er sich etwa an die Inuit in der noch unentdeckten kanadischen Arktis, führte sie zusammen und sprach in ihrer Sprache. Er fragte sie, ob sie sein Gesetz akzeptieren wollten. Sie dachten darüber nach und antworteten „nein, danke“. Er tat dies gleichzeitig ebenso mit den Aborigines in Australien, deren Kontinent anderen ebenso unbekannt war, natürlich auch den Israeliten. Es muß recht schwierig gewesen sein, sie alle zusammenzubringen. Eine Menge Engel müssen damit beschäftigt gewesen sein, die Übersetzung in vielen Sprachen zu bewerkstelligen. Das ist Vermenschlichung, da Gott spricht und zuhört und grundsätzlich menschlich ist. Es widerspricht dem Rationalismus des Rambam, der Gott zu einem Geist ohne jegliche menschliche Eigenschaft degradierte – oder aufwertete. Aber das stört unsere beiden Rabbis nicht. Und noch einmal: Wenn es nur eine Legende ist – wundervoll. Aber in den Augen einer großen Zahl jüdischer Fundamentalisten handelt es sich um eine wahre Geschichte und, so muß hinzugefügt werden, diese Vorstellung wird von christlichen und muslimischen Fundamentalisten, und davon gibt es viele Millionen, ebenso geteilt.

Fast die gesamte Menschheit lehnte Gottes Gesetze ab. Welch ein Desaster! Nur die Israeliten akzeptieren sie, obwohl sie sie bald übertraten, ein goldenes Kalb verehrten und allgemein gegenüber Gott sündigten. Deswegen ermordete er dann nahezu sechs Millionen von ihnen während des Holocaust. Genau das ist es, was die zwei Rabbis Shapira und Elitzur einer großen Anzahl Jugendlicher auf der Westbank, und jetzt auch überall in Israel, predigen. Sie erwarten von ihnen, daß sie, und besonders die Soldaten unter ihnen, ihrer Lehre ohne Widerspruch folgen. Welche Arroganz!

Das dritte Kapitel von TM ist besonders aufschlußreich. Hier wird dargelegt, unter welchen Umständen Nichtjuden andere Nichtjuden töten dürfen (wie krank!). Was würde man davon halten, wenn zwei Priester in einem italienischen Dorf, nennen wir sie Msgr. Shapiretti und Msgr. Elitzurini, sich dazu entschlössen, ein Buch zu veröffentlichen, das darlegt, unter welchen Bedingungen, gemäß dem kanonischen Recht, Juden andere Juden umbringen dürfen? Es fällt nicht schwer, sich vorzustellen, wie jüdische Organisationen in Amerika und die israelische Regierung eine Protestkampagne gegen die katholische Kirche initiieren würden, um den Vatikan darauf hinzuweisen, er möge sich um seine eigenen Angelegenheiten kümmern. Woher, so muß man fragen, nehmen die beiden Rabbis ihre Selbstsicherheit, ihre Arroganz? Vom Rambam. Sowohl in HM als auch in TM findet sich ein implizierter Traum, nicht nur die Palästinenser zu beherrschen und zu dezimieren, sondern letztendlich die ganze Welt zu beherrschen, oder, wenn man den Ausdruck bevorzugt, alle Söhne Noahs. Das Wort des Herrn wird sich von Zion aus verbreiten und alle Nationen werden kommen, um ihn zu verehren. Nochmals, TM ist das Spiegelbild des radikalen Islam.

Gemäß TM, die sich auf traditionelle Quellen bezieht, gibt es sieben Gesetze Noahs, denen alle Menschen zu folgen haben. Im Namen Gottes wollen unsere Rabbis 1,3 Milliarden Chinesen und 1,2 Milliarden Inder auf die Gesetze Noahs verpflichten. Schließlich hat Gott es so angeordnet, nicht wahr? Die Chinesen und Inder haben nichts vom jüdischen Gott oder von Noah gehört, aber das ist unerheblich. Wenn sie nicht gehorsam sind, müssen sie sterben. Kehren wir noch einmal zum Gegenbeispiel zurück. Unsere beiden katholischen Priester erklären, alle Menschen müssen gemäß einer alten päpstlichen Anordnung acht katholische Grundsätze befolgen; tun sie dies nicht, sind sie des Todes. Hier würde das amerikanische Außenministerium, das britische und die vieler anderer Staaten, nicht zuletzt Israel, heftigst dagegen protestieren.

Worum handelt es sich bei den sieben Gesetzen Noahs? Sie sind im Talmud aufgeführt: keine Verehrung anderer Götter, keine Gotteslästerung (des jüdischen natürlich), kein Mord, kein Inzest, kein Raub, kein Fleisch von lebenden Tieren essen; dazu ein Rechtssystem, das all dies durchsetzt. TM behauptet, daß weder das Christentum noch der Islam diese Gesetze respektiert. Dies gilt hauptsächlich für das erste Gebot (die Dreifaltigkeit und Allah werden als heidnische Götter angesehen). Daraus folgt das Todesurteil für deren Anhänger.

Es stellt sich die Frage, wie viele israelische Rabbis diesen offensichtlichen Unsinn unterstützen. Zu nennen sind hauptsächlich zwei Persönlichkeiten: Rabbi Yitzhak Ginzburg (geb. 1944 in den USA), ein extremer Unterstützer der Chabad (s. Kapitel 3). Er glaubt, daß der verstorbene Lubawitscher Rabbi der Messias war und wiederkehren wird. Er ist also ein würdiger Nachfahre der messianischen Bewegung des Sabbatai Zwi im 17. Jahrhundert. Er unterscheidet zwischen dem Judentum und dem gegenwärtigen säkularen Israel und seinen Gesetzen, die er für nicht legitim hält. Er erklärte: „Die Araber haben kein Recht, in Israel zu leben“. Er wurde dafür angeklagt und entschuldigte sich. Allerdings nahm niemand, er selbst eingeschlossen, diese Entschuldigung ernst. Die andere Person ist Rabbi Dov Lior, eine zentrale Figur innerhalb der radikalen orthodoxen zionistischen Bewegung (geb. 1933 in Polen). Zur Zeit ist er auch Rabbi der jüdischen Siedler in Hebron und Leiter einer wichtigen dortigen Talmudschule, wo junge Soldaten „ausgebildet“ werden.

Ich möchte nun einige der Perlen der Weisheit aus TM zitieren. Im Mittelpunkt steht die Behauptung, daß sich das Gebot „Du sollst nicht morden“ nur auf das Verhalten von Juden untereinander bezieht und „nicht auf das Töten von Nichtjuden durch Juden, auch wenn der Nichtjude ein Gerechter unter den Völkern ist“ (S. 18). Damit versetzen die zwei Rabbis der jüdischen Lehre über ethische Fragen den Todesstoß.

Es gibt einen besonderen *halachischen* Begriff, mit dem innerhalb des Judentums ein „fremder Bewohner“ (*ger toschaw* – GT) bezeichnet wird. Hierbei handelt es sich um einen Mann (selbstverständlich nie um eine Frau, da Frauen keine Rolle spielen), der im Königreich Israel lebt und Noahs Gesetze akzeptiert, aber nicht als vollständig konvertiert (*ger zedek* – GZ) anzusehen ist. Einem Nichtjuden, der kein GT ist und unbeabsichtigt jemanden tötet, ist es gemäß TM nicht erlaubt, in eine „Zufluchtsstadt“ zu fliehen, jenen Ort, an den, gemäß der Bibel, eine solche Person fliehen kann, denn „es interessiert uns nicht, so jemanden zu retten“ (S. 19). Ein GZ ist besser dran: „Ein Nichtjude, der Götzen verehrte und konvertierte, wird nicht getötet, im Gegensatz zu einem (nicht konvertierten) Nichtjuden, der einen Juden (im Original: „Israel“) tötete oder Sex mit einer Tochter Israels hatte“ (ebd.). Dies erinnert mich daran, daß der Großvater meines Urgroßvaters als französischer Soldat in Napoleons Diensten eine Romanze mit einer jungen Frau namens Theresa Bauer (im Jahre 1805) hatte. Wenn es nach Shapira und Elitzur gegangen wäre, wäre der arme Kerl hingerichtet worden. Andererseits hätte dies den Vorteil gehabt, daß ich dieses provokative Buch nicht hätte schreiben können.

Beim Töten ist also zwischen Juden und Nichtjuden zu unterscheiden: „Israel, der einen GT tötet, wird deshalb nicht hingerichtet“ (S. 20), aber die Argumentation greift weiter. TM zitiert den Rambam: „Es darf um des Friedens willen kein Abkommen mit Götzendienern geschlossen und ihnen dadurch erlaubt werden, damit fortzufahren“. Denn „es steht geschrieben, du sollst keine Vereinbarungen mit ihnen treffen, bis sie damit (d. h. ihrem Götzendienst) aufhören“. Das bedeutet nichts anderes, als daß wir keinen Frieden mit unseren Nachbarn schließen dürfen, bevor sie nicht aufhören, Muslime oder Christen zu sein.

Es gibt verschiedene Arten von Nichtjuden, besonders wenn es um die Frage geht, ob ein Jude ein nichtjüdisches Leben retten soll. „1. Ein GT: Es ist ein Gebot (*mitzwa*), ihn zu retten, und es ist streng verboten, ihn zu töten. 2. Ein Goj, der nicht Krieg gegen uns führt: Es ist verboten, ihn vor dem Tod zu retten, und es ist verboten, ihn zu töten“ (S. 22). Die Autoren fahren fort: „1. Ein Goj darf seinesgleichen nicht töten, und wenn er es tut, muß er hingerichtet werden. 2. Das Gebot ‚Du sollst nicht morden‘ bezieht sich nur auf das Töten eines Juden durch einen anderen Juden. 3. Ein Jude, der einen Goj tötete, wird nicht mit dem Tod bestraft“ (S. 27). Ganz allgemein gesprochen, „ist die Existenz eines solchen Goj (sofern er kein GT ist) illegitim, da Moses im Namen des Allerhöchsten (*mipi hagvurah*) verfügte, die Gesetze durchzusetzen, die für alle Söhne Noahs bindend sind. In der Diaspora können wir dieses Gebot nicht befolgen, wir sind gezwungen, die Existenz der illegitimen Nichtjuden (*goyim she'einam metukanim*) zu akzeptieren, und wir können sie nicht zwingen, GT zu werden“. Die fortdauernde Existenz von Nichtjuden, die die Gesetze Noahs nicht befolgen, erklärt sich aus der Tatsache, „daß wir ihnen erlauben zu existieren, da wir in einer Welt leben, die sich deutlich von Gott entfernt hat. Wir erlauben also die Existenz der Heiden, die nicht mit Gott verbunden sind (sofern sie nicht GT sind), und wir selbst werden durch die Welt außerhalb des Judentums ein wenig verunreinigt (*davek banu shemetz goyut*)“ (S. 30). Daraus folgt logischerweise, daß diese unbefriedigende Situation dadurch zu lösen ist, daß wir alle illegitimen Nichtjuden töten, sobald dies möglich ist, weil wir nicht länger in der Diaspora leben. Hierbei handelt es sich zweifellos um eine neue Interpretation des Judentums und des Zionismus. Die Autoren haben dies von ihren antisemitischen Lehrern übernommen.

Um keinen Zweifel aufkommen zu lassen, formulieren die beiden Rabbis: „ein Heide, der auch nur eines der sieben Gesetze Noahs verletzt, muß getötet werden“ (S. 49). Allerdings, wenn es ein angemessenes Rechtssystem gibt, das sich in Übereinstimmung mit DT befindet, kann die Hinrichtung nur in einem Gerichtsverfahren, nicht durch Einzelpersonen oder Gruppen geschehen. Jeder Jude ist jedoch ermächtigt, einen illegitimen Nichtjuden zu töten, solange dieses Rechtssystem nicht existiert. Da es ein derartiges System, wie es die Autoren anstreben, in Israel glücklicherweise nicht gibt, gewähren sie eine Lizenz zum Töten.

Ein Problem stellen Geiselnahmen dar. „Ham hält Japhet als Geisel und er schießt (Achtung! Wir sind in der Gegenwart angekommen) auf Sem (einen Juden). Sem ist es gestattet, ihn zu erschießen, auch wenn er Japhet trifft, denn Japhet ist in einer Situation, in der er einem Mörder (Ham) hilft“ (S. 137). Mit anderen Worten: Ein israelischer Soldat nimmt an einer Militäraktion, wie „Harter Felsen (*Tzuk Eitan*)“ während des Gaza-Krieges (2014) teil und steht einem Hamas-Mann gegenüber, neben ihm ein unbeteiligter palästinensischer Zivilist. Es ist dem Soldaten gestattet, auch den Zivilisten zu treffen, da er dem Hamas-Kämpfer „Hilfe“ leistet.

Wenn einem Juden befohlen wird, eine andere zu Person zu töten, um das eigene Leben zu retten, so muß er dies zurückweisen, auch wenn es ihn das eigene Leben kostet, sofern die andere Person ein Jude ist. Falls es sich um einen Nichtjuden handelt, ist es ihm erlaubt, ihn zu töten. Die Begründung ist folgende: „Es handelt sich um jüdische Seelen, und diese Seelen bedeuten Gott sehr viel (wie sich etwa im Holocaust gezeigt hat; YB), aber eine derartige Beziehung (*havivut*) gibt es nicht in Bezug auf einen Fremden (*nokhri* – d. h. Nichtjuden)“ (S. 159)[2]. Gott liebt Nichtjuden ganz einfach nicht – die gleiche Haltung findet sich bei evangelikalen Christen oder radikalen Muslimen. Auch ihre Götter mögen Andersgläubige nicht. Oder: „Es handelt sich um eine einfache Angelegenheit (*davar pashut*) im Talmud und den Interpretationen, daß Gefahr für das Leben eines Juden die Ablehnung der gesamten Thora erlaubt, doch Gefahr für das Leben eines Nichtjuden nicht die gesamte Thora ausmerzt“ (S. 160). In der gesamten Diskussion wird eine Unterscheidung zwischen drei Arten von Menschen im TM-Land gemacht: einem Nichtjuden (Goj), einem GT und einem Juden. Ein Beispiel mag dies verdeutlichen: „Der Tochter eines GT muß bei ihrer Entbindung geholfen werden, weil wir verpflichtet sind, ihm (niemals „ihr“) zu helfen zu überleben, aber es ist verboten, deshalb den Sabbat zu entweihen“ (S. 160). Falls ihr Leben an einem Sabbat in Gefahr gerät, nun gut, das ist ein harter Schicksalsschlag. Aber einer jüdischen

---

2 Hierbei handelt es sich um ein Zitat, das auf Rabbi Shaul Israeli, 1909 – 1995, zurückgeht. Er erhielt den Israel-Preis, und war ein radikaler rechtsgerichteter orthodoxer Führer.

Frau muß geholfen werden, auch wenn dies bedeutet, daß der Sabbat entweiht wird. Einer nichtjüdischen Frau muß überhaupt nicht geholfen werden, oder „das Leben eines GT muß immer gegenüber dem Leben Israels (d. h. eines Juden; YB) zurückstehen, und es ist erlaubt, einen GT zu töten, um Israel (also einen Juden) zu retten“ (S. 163). Einfach, nicht wahr?

Es gibt auch einige soziale Themen. „Einem Nichtjuden ist es verboten, einen wöchentlichen Ruhetag einzulegen – für einen Juden besteht das Gebot des Sabbat und natürlich kann er auch an anderen Tagen die Arbeit ruhen lassen. Die *Mizwa* (das Gebot), am Sabbat zu ruhen, zeigt, daß wir befreit sind von dem Verbot eines wöchentlichen Ruhetages für Nichtjuden“ (S. 170). Hier haben wir einen völlig neuen Wohlfahrtsstaat: Nichtjuden müssen jeden Tag arbeiten, Juden müssen am Sabbat ruhen und das ist ihnen ebenfalls an jedem anderen Tag erlaubt. Dies kommt noch klarer zum Ausdruck, wenn Shapira und Elitzur sagen: „der Angriff auf einen Nichtjuden kann hingenommen werden, da er nicht als gleich anzusehen ist“ (S. 171). Mit welcher Begründung? „Nach der Übergabe der Gebote (auf dem Berg Sinai) verzweifelte Gott gleichsam an der Möglichkeit, mit Nichtjuden zu sprechen, (denn sie sind keine) Menschen, die die Gebote beachten, und deren Leben daher bedeutungsvoll sind. Tatsächlich wurden aus ihnen Kreaturen, die das Gesetz nicht achten und nicht danach handeln (entsprechend Gottes Geboten), und die wie Tiere sind, die, ohne ein Bewußtsein und eine Vorstellung von ihrem Leben zu haben, auf dieser Welt leben“ (S. 174). Daraus folgt, daß das Leben sowohl eines Zulu als auch eines nichtjüdischen Professors in Harvard bedeutungslos ist. Sie sind Tiere, da Gott nicht zu ihnen spricht. Die einzigen, deren Leben irgendeine Bedeutung hat, sind die der Rabbis Shapira und Elitzur, zu denen Gott jederzeit spricht. Und sollten noch Zweifel bestehen, so räumen die Rabbis diese aus: „Nach den 613 Gesetzesvorgaben (*mizwot*) gibt es keine Rechtfertigung für die Existenz eines Gojs. Ein Goj muß ein GT (noch einmal: ein *ger toschaw*) werden, und solange er nicht zu einem GT geworden ist, befindet er sich in der brüchigen Situation eines Menschen, der „nicht gehorcht und handelt“, und dem Rambam zufolge sollte eine derartige Person auf der Welt nicht leben ... das Verbot, einen Goj zu töten, beruht nicht auf dem Wert seines Lebens, das tatsächlich illegitim ist“ (S. 175), sondern der Tatsache, daß die Welt nicht so ist, wie sie sein sollte. In einer wohlgeordneten Welt können Nichtjuden getötet werden, da ihre Existenz illegitim ist. Also hütet Euch, Bewohner der Tonga-Inseln, vor dem Tag, da Frieden und Ordnung in „Israel“ eingekehrt sein sollten, da Euer Leben dann in Gefahr sein wird.

Dem scheint (aber wir sollten nicht zuviel Logik in solch einem Traktat erwarten) die Aussage der Autoren zu widersprechen, daß, wenn die Welt wohlgeordnet ist, und der Messias-König kommt, die Gojim auch in Friedenszeiten getötet werden dürfen. Damit deuten sie an, daß wir uns zur Zeit im Krieg befinden. Und da dies der Fall ist, sollen wir uns darauf konzentrieren, wie wir Nichtjuden in Kriegszeiten töten können. Zunächst müssen wir uns aller inneren Feinde entledigen. „Wer immer Geld an Gojim gibt, wird getötet, da dieses Geld Leben gefährdet" – jüdisches Leben natürlich (S. 185). Dies bedeutet, daß, wenn die israelische Regierung der Palästinenserbehörde warum auch immer Geld gibt, sie des Todes ist (und damit alle Minister, so ist anzunehmen). Den Rambam zitierend hält TM fest: „es ist erlaubt, jemanden zu töten, der (Geld) einem Nichtjuden gibt, auch dann, wenn niemand das Todesurteil aussprechen kann (der Rambam war der Ansicht, daß es zu seiner Zeit keinen Sanhedrin, den höchsten jüdischen Gerichtshof, gab, die einzige Instanz, die ein Todesurteil aussprechen konnte), und es ist ihm erlaubt, ihn töten, bevor er zahlt ... dies gilt auch für jeden, der auch nur einen kleinen Geldbetrag an Fremde (*nokhrim*) zahlt. Es ist eine Verpflichtung, ihn zu töten" (ebd.). „Selbst ein Soldat im feindlichen Gesundheitswesen ist als Verfolger (*rodef* – jemand der zu töten ist, da er Juden verfolgt; YB) anzusehen ... Dies gilt auch für einen (feindlichen) Zivilisten" (ebd.). Und weiter: „Jeder Bürger des Königreichs, das sich uns widersetzt, der die Kämpfer ermutigt oder ihren Aktionen zustimmt, ist als Verfolger zu betrachten, und es ist erlaubt, ihn zu töten. Ebenso wird jeder, der verbal oder auf ähnliche Weise unser Königreich schwächt, als Verfolger betrachtet" (S. 185). Das heißt, daß auch auf unserer Seite jeder, der Zweifel usw. äußert, eliminiert werden muß. Das ist genau das, was Nazi-Deutschland in den letzten Monaten des Zweiten Weltkriegs mit Tausenden der eigenen Soldaten tat – man hängte sie an Laternenpfählen auf.

Auch Juden, die in Kontakt mit Nichtjuden stehen, sind verdächtig. „Es ist verboten, mit Nichtjuden zusammenzusein, da Letztere unter Verdacht des Mordes an Juden stehen. Sie (die Juden) sollten nicht mit ihnen reisen. Es ist verboten, Medikamente von einem Nichtjuden anzunehmen, es sei denn, man ringt verzweifelt um sein (des Juden) Leben" (ebd., dies ist ein Zitat des Rambam).

Jetzt folgt der Abschnitt, der sich mit nichtjüdischen Unbeteiligten beschäftigt. „Bislang haben wir uns mit der Tötung von Unschuldigen beschäftigt, wenn ihre Anwesenheit den Krieg, den wir führen, behindert. Aber es gibt Situationen, in denen wir zuerst alle Unschuldigen töten wollen, und ihre Anwesenheit (während der Kämpfe) und ihre Tötung hilft uns" (S. 198). „Das Thema Töten von Säuglingen und Kindern ... es gibt ernsthafte Bedenken bezüglich ihrer Handlungen, wenn sie aufwachsen" (ebd.), und deswegen wurde es „verfügt, daß es verboten ist, einem Nichtjuden (einer Frau natürlich) bei der Geburt oder Ernährung ihres Sohnes (kein Wort über eine Tochter) zu helfen, oder einen Sohn zu gebären und aufzuziehen, der Götzen dienen wird ... und daraus lernen wir, daß wir davon ausgehen, daß, wenn sie aufwachsen, sie die Sünden ihrer Eltern fortsetzen werden ... Wir stellten fest, daß der Prophet Jesaja dazu aufruft (14:21), die Kinder Babylons zu töten, obwohl sie klein sind und keine Verantwortung tragen, weil uns klar ist, daß sie, wenn sie erwachsen geworden sind, die Taten ihrer Eltern fortsetzen und uns Schaden zufügen werden" (S. 206). „Wir lernen, daß es vernünftig ist, (sie) anzugreifen, wenn klar ist, daß sie uns als Erwachsener Schaden zufügen, und in diesem Fall wird der Angriff ihnen gelten" (S. 207). Heinrich Himmler sagte in seiner typischen subtilen Nazisprache nichts anderes, wenn er argumentierte, daß, wenn man die jüdischen Kinder nicht tötete, sie erwachsen und zu Feinden des Reichs werden. Im Gegensatz zu Himmler können unsere Rabbis den Rambam zitieren. In seinem „Führer der Unschlüssigen" führt er aus: „die Saat der Götzenanbeter wird getötet trotz der Tatsache, daß sie noch klein sind, wegen der Sünden ihrer Väter und der Väter ihrer Väter" (S. 219). Medizinische Experimente an Nichtjuden, um Juden zu heilen, sind ebenfalls gestattet (S. 215). Klingt das nicht bekannt?

Es handelt sich um einen Text, der den Genozid propagiert. Er zerstört die jüdische Identität und verzerrt sie zu einem Spiegelbild der übelsten Vorherrschaftsideologien, die wir kennen. Im gesamten Traktat, dies soll nicht unerwähnt bleiben, wird außer Hinrichtung keine Strafe in Aussicht gestellt. Gefängnisstrafen sind nicht vorgesehen, Gefangene werden nicht gemacht. Es existieren auch keine internationalen Verträge oder Verpflichtungen, denn Juden ist es nicht erlaubt, Vereinbarungen mit Nichtjuden zu treffen. Die Grundlage dafür ist die Abschaffung des Gebots, nicht zu töten. Mit ihrer Interpretation dieses Gebotes schaffen die Autoren die jüdische Ethik ab.

Aber ist TM nicht nur ein marginales Phänomen, dem allenfalls eine kleine Gruppe fanatischer Jugendlicher auf den Hügeln von Samaria auf der Westbank folgt? Ich wünschte inständig, es wäre so. Es ist richtig, daß ihr Einfluß bis jetzt sehr begrenzt ist. Aber Hunderte, wenn nicht mehr, Halbwüchsige befassen sich mit diesen und ähnlichen Texten an bedeutenden Talmudakademien, und dies nicht nur auf der Westbank, sondern im gesamten Israel. Es besteht die Gefahr, daß sich die Botschaft verbreitet. Die extrem rechtsgerichtete politische Partei „Otzmah" („Kraft"), die von erklärten Anhängern des verstorbenen Rabbis Meir Kahane, einem jüdischen Faschisten, angeführt wird, hat eine Ideologie entwickelt, die der von TM gleicht (allerdings ist es ihnen nicht gelungen, einen einzigen Sitz in der Knesset (2015) zu erringen). Der oben erwähnte Rabbi Dov Lior, ein Unterstützer der beiden Autoren von TM, ist eine wichtige Figur der rechtsreligiösen Partei „Bayit Yehudi" („Jüdisches Haus"), die zu Netanjahus Koalitionsregierung gehört. Die in diesen Kreisen entwickelte jüdische Identität ist eine der Überlegenheit, des Chauvinismus, des potentiellen Genozids und ganz offensichtlich eine Gefahr für die jüdisch-israelische Demokratie.

Nun mag man fragen, warum ich mich so lange mit diesem Sumpf beschäftigt habe. Der Grund: Es ist eine der möglichen Interpretationen des jüdischen Glaubenssystems, obwohl es eine völlig abwegige Interpretation ist. Zum Schein kann TM beweisen, daß seine Aussagen durch Zitate aus anerkannten jüdischen Quellen belegt werden können. Ich habe bereits darauf hingewiesen, daß man aus diesen Quellen, und dies geschieht glücklicherweise in großem Maße, auch das Gegenteil herauslesen kann. Aber dies kann nicht beruhigen, ebensowenig wie der Hinweis, daß alle anderen Glaubenssysteme, besonders die beiden monotheistischen, zu Recht ähnlich interpretiert werden können – *tu quoque*, wie die Römer gesagt hätten. Man kann zu den anderen Religionen sagen: Ihr seid nicht besser als wir. Aber noch einmal – das ist keine Antwort. Man kann es schönreden: Ursprünglich entwickelte sich die TM-Haltung im Mittelalter, unter anderen historischen Umständen. Sie war damals angepaßt an die anderen Gesellschaften der Zeit; mehr noch, sie reflektierte sie. Aber heute? Und ich muß widerstrebend zugeben, daß diese beiden religiösen kriminellen und potentiellen Massenmörder Juden sind, wie ich selbst einer bin. Ich muß meinen Teil an der Verantwortung für ihre Aussagen mittragen, indem ich sie, so gut es möglich ist, bekämpfe. Zwar haben die meisten Juden, wie der größte Teil der Menschheit auch, das Potential Massenmörder zu sein, doch glücklicherweise haben sie auch eine tiefsitzende, menschenliebende Seite.

Man kann sich kaum eine extremere Gegenposition zu TM vorstellen als das Buch von Prof. Shlomo Sand, *Die Erfindung des jüdischen Volkes*. Es ist ein herausforderndes Buch, gut geschrieben, basierend auf umfangreichen Kenntnissen. In dem Buch geht es um die „Israelisierung" der jüdischen Israelis. Er schlägt vor, Israel als Nationalstaat der Juden mit einer 20%igen arabischen palästinensischen Minderheit in eine multi-kulturelle Entität zu verwandeln. Diese Entität wird einer Vielzahl (zwei? oder sogar mehr?) kultureller Einheiten ermöglichen, zu existieren. Aber es wird nur eine gemeinsame Identität geben, nämlich „Israel". Die engen Verbindungen zwischen den jüdischen Israelis und den Juden im Ausland gilt es zu beenden, natürlich bis auf die sentimentalen, familiären, emotionalen und religiösen. Und die Wölfe werden bei den Lämmern wohnen, und Hassan Nasrallah von der Hisbollah wird mit den Rabbis Shapira und Elitzur, Shlomo Sand und seinen Kollegen die politische Infrastruktur zur Verfügung stellen, und Frieden wird in dieser Region herrschen. Das scheint das Ziel Professor Sands zu sein.

Gegenwärtig ist Israel, so Sand, ein autokratischer und ethnokratischer Staat, der von einer hegemonialen Ethnizität beherrscht wird. Es ist ein relativ liberaler Staat, aber kein demokratischer, da er von einer „erfundenen" jüdischen Ethnizität regiert wird, die über eine palästinensisch-arabische Minderheit in den Grenzen von 1949 – 67 herrscht. Die Rechte dieser Minderheit existieren nur auf dem Papier. Die palästinensisch-arabische Ethnie, so muß man Sand wohl verstehen, ist offensichtlich nicht „erfunden". Es lohnt sich, seine Argumentation genauer wiederzugeben: Die wünschenswerte Lösung für Palästina/das Land Israel ist die

„Errichtung eines bi-nationalen demokratischen Staates vom Mittelmeer bis zum Jordan. Aber es ist nicht sehr klug, von den israelischen Juden zu verlangen, daß sie über Nacht zu einer Minderheit in ihrem Staat werden, nach einem so langen blutigen Konflikt und im Gefolge der Tragödie, die ihre Gründer, Emigranten, durchmachten. Aber wenn es auch unklug ist, von den israelischen Juden das Verschwinden ihres Staates zu fordern, ist es eine Pflicht darauf zu bestehen, daß sie ihn (d. h. Israel in seinen Grenzen von 1949 – 1967) nicht länger zu einem Staat der Trennung und Diskriminierung einer großen Zahl von als unwillkommenen Fremden betrachteten Bürgern machen. Die aufgesetzte jüdische Identität muß eine radikalen Umwandlung durchmachen und sich der lebendigen kulturellen Realität, über die sie herrscht, anpassen. Diese Identität muß sich einer Israelisierung mit offenem Ausgang unterziehen, die sich an alle Staatsbürger richtet. Es ist zu spät, aus Israel eine einheitliche und homogene Nation zu machen ... Deswegen muß man sich parallel zu einer Israelisierung, die die ‚Anderen'(die palästinensische Minderheit) dazu einlädt, teilzunehmen, an einer demokratisch multikulturellen Politik beteiligen, ähnlich jener, wie es sie in Großbritannien oder den Niederlanden gibt, die eine qualitative und institutionalisierte ethnisch-kulturelle Autonomie zur vollständigen (formalen) Gleichheit hinzufügt" (S. 296).[3] Nun weiß ich nichts über irgendeine ethnisch-kulturelle Autonomie in Großbritannien oder den Niederlanden für irgend jemanden außer Briten und Holländern, aber lassen wir das. Sand verlangt Gleichheit in ökonomischer, kultureller und politischer Hinsicht. Er möchte, daß Israel ein wahrhaft demokratisches, offenes Land wird, in dem sich jeder Bürger mit der allgemeinen israelischen nationalen Identität identifizieren kann. Aus seiner Sicht gibt es keine Rechtfertigung für Juden aus Brooklyn, ein Land zu besitzen, in dem sie nicht leben, nur aufgrund des Rückkehrgesetzes und ihrer finanziellen Beiträge, die es ihnen erlauben, nach Israel zu gehen, dessen Staatsbürgerschaft zu erhalten und dann in die USA zurückzukehren.

Um zu dieser Schlußfolgerung zu kommen, die seinen ideologischen Hintergrund verrät, schreibt Sand Hunderte von Seiten, um zu beweisen, daß es so etwas wie das jüdische Volk nicht gibt. Sand war Mitglied der kommunistischen Partei[4]. Aber es besteht kein Anlaß, sein historisches Argument von dem nicht-

3 Alle Zitate zitiert nach dem hebräischen Original.

4 Shlomo Sand war Mitglied der Kommunistischen Partei Israels, aber verließ sie, um sich der Matzpen-Partei (gegründet 1962 von ehemaligen KP-Mitgliedern) anzuschließen. Matzpen (hebräisch: „Kompaß") vertrat eine anarchisch-kommunistische Ideologie, die die Existenz Israels als eines jüdischen oder zionistischen Staates ablehnte. Matzpen trat für die Errichtung eines arabisch-jüdischen, von Arbeiterkomitees geleiteten Gebildes ohne politische Strukturen durch revolutionäre und subversive Aktionen ein. Damit wandte sich Matzpen der ursprünglichen sowjetkommunistischen Struktur zu. Die Partei löste sich in einige neotrotzkistische Splitterbewegungen auf. Sie verschwand in den frühen achtziger Jahren, obwohl einige Überreste auch

existierenden jüdischen Volk mit seinen praktischen Vorschlägen in Verbindung zu bringen. Seine Argumentation zeigt bolschewistische Züge. Sand verließ die israelische kommunistische Partei nach 1968 (die Partei stellt die Existenz des Staates Israel nicht in Frage, fordert aber volle Bürgerrechte auch für die arabisch-palästinensische Minderheit).[5] Stalin verneinte 1913 die Existenz des jüdischen Volkes (s. weiter unten). Aber Stalins Sowjetunion änderte ihre Meinung und erkannte die Existenz eines jüdischen Volkes an – dies wurde auf den Personalausweisen notiert, die jeder Sowjetbürger zu tragen hatte; unter allen anderen waren Juden als Angehörige der jüdischen Ethnie anerkannt. Man errichtete autonome jüdische Gebiete, zuerst in der Südukraine und auf der Krim, dann in Birobidschan. Eine jüdische Kultur in jiddischer Sprache, selbstverständlich kommunistisch geprägt, florierte zwei Jahrzehnte lang. Die sowjetischen Juden waren nicht sonderlich begeistert von den autonomen Gebieten, besonders Birobidschan war kein Erfolgsmodell. Dieser Widerspruch zwischen ideologischen Aussagen und pragmatischer Politik findet sich auch in Sands Buch – wenn es kein jüdisches Volk gibt, was er zu beweisen versucht, wer genau sind dann die „Juden", die sich in Palästina/Israel vereinigten? Lediglich Flüchtlinge, die eine gemeinsame Religion teilten, obwohl die meisten von ihnen nicht länger religiös waren? Und wenn es keine jüdische Ethnizität gibt, warum sollte man ihr ethnisch-kulturelle Autonomie gewähren?

Sind seine Vorschläge relevant für Israels Zukunft? Einige unterscheiden sich nicht sehr von denen, die ich in diesem Buch dargelegt habe. Seine Kritik an der israelischen Demokratie ist zum großen Teil gerechtfertigt. Das Problem besteht darin, daß Israel 1967 die Westbank und ursprünglich auch den Gaza-Streifen besetzt hat. Um den Palästinensern nicht die gleichen Rechte einräumen zu müssen, wurden die Gebiete mit Ausnahme von Ostjerusalem nicht annektiert. Es gibt also in der israelischen Politik ein starkes Element des Kolonialismus, allerdings nicht der Apartheid – jedenfalls bis heute (2015) –, denn die Diskriminierung beruht nicht auf der Rasse, sondern auf extremem Nationalismus in einem Konflikt zwischen zwei ethnischen Gruppen. Die Palästinenserbehörde kann man auch nicht mit den südafrikanischen Bantustans vergleichen, da sie als unabhängiger Staat von einer Vielzahl von Staaten, zuletzt auch von den UN als Beobachterstaat, anerkannt wurde; sie ist der israelischen Regierung nicht verpflichtet und wird von ihr weder ernannt noch kontrolliert.

Die jüdischen Siedler auf der Westbank sind israelische Bürger, die außerhalb Israels leben. Prinzipiell gibt es keinen Unterschied zu israelischen Bürgern in

---

noch später existierten.

5 Im Tschechischen gibt es einen Witz, der besagt, daß, wenn man bis zwanzig kein Marxist war, man ein Schurke ist, aber daß ein über 40jähriger, der noch Marxist ist, als Narr anzusehen ist. Man hat also zwanzig Jahre, um zur Vernunft zu kommen.

Manhattan. Sand betont meines Erachtens zu Recht die fehlende tatsächliche – im Gegensatz zur formalen – Gleichstellung der arabisch-palästinensischen Bürger Israels. Sein Lösungsvorschlag aber ist völlig unrealistisch, denn die Vorstellung, es würde ein israelisches Volk und eine zukünftige israelische Nationalität, die Juden und Palästinenser umfaßt, geben, ist reine Illusion. Nicht nur die Juden werden sich ihrem Verschwinden in einem nebulösen arabisch-jüdischen Nationalismus vehement und gewalttätig entgegenstemmen, auch die Palästinenser werden dies tun. Sand sieht keinen Unterschied zwischen Bürgerschaft und ethnischer Zugehörigkeit/Nationalität. In den USA kann man ein ethnischer Italiener, Ire oder ein Afro-Amerikaner sein und gleichzeitig ein überzeugter US-Bürger. In Frankreich kann man als Baske französischer Bürger sein. Liberale israelische Juden und Palästinenser werden die gleichen Bürgerrechte für zwei unterschiedliche ethnische/nationale Kulturen fordern. In der Tat gibt es einige israelische Intellektuelle, die von einem Israel ohne ethnische Grenzen träumen. Sand ist einer von ihnen, sein Traum ist nicht nur unrealistisch, sondern gefährlich. Er würde die beiden Lager nicht zusammenführen, sondern spalten. Schließlich gibt es, Professor Sand zum Trotz, ein jüdisches Volk, und es hat dasselbe Recht auf Selbstbestimmung wie die Palästinenser.

Werfen wir nun einen Blick auf die Geschichte des nicht existierenden jüdischen Volkes. Um seine Ansicht zu erläutern, behandelt Sand die Konzepte Ethnizität, Volk und Nationalität oder Nation. Sein Hauptargument: Die Nationen sind die Schöpfung des Kapitalismus, der Kapitalismus das Ergebnis der industriellen Revolution, hauptsächlich der des 18. Jahrhunderts. Für Ethnizitäten oder Nationalitäten vor dieser Zeit hat er keine klare Definition, obwohl er einräumt, daß gewisse Formen kollektiven Bewußtseins bei der Bildung dessen, woraus sich später Nationalitäten oder Nationen entwickelten, wichtig waren.

Den Begriff „Ethnos“, das griechische Wort für „Volk“, mag er überhaupt nicht. Er möchte grundsätzlich klären, was sich unter nationaler oder ethnischer Identität verbirgt. Seine Analyse ist eurozentrisch bzw. amereurozentrisch. Wenn er über vormoderne Zeiten schreibt, meint er den europäischen Feudalismus. Die Antike umfaßt für ihn den Mittelmeerraum und Mesopotamien. Obwohl er an der Universität von Tel Aviv als Professor für Geschichte arbeitet, fehlt ihm offensichtlich das Verständnis für die Geschichte Chinas, Indiens, des präkolumbischen Amerikas oder Afrikas. Konzepte wie „Antike“ und „Mittelalter“ sind hier schlicht unpassend. Wann wurde das chinesische Volk erfunden? Wurde es erfunden? Gibt es eine indische Nation? Sind die Japaner eine Ethnizität oder Nationalität?

Was bedeutet Identität? Nun bin ich weder Psychologe noch Soziologe, aber soweit ich die meisten Psychologen oder Soziologen verstehe, wird sie als die Art und Weise, wie ein Individuum sich sieht, definiert. Eine kollektive Identität – Familie, Stamm, Ethnie, Religion oder Nation – ist entsprechend die Art und Weise, wie alle oder die Mehrheit einer solchen Gruppe sich, beruhend auf einem Zugehörigkeitsgefühl zu der Gruppe, normalerweise (nicht immer) bewußt, sehen. Aus meiner Sicht entwickelt sich in der Zeit der sogenannten Antike eine Gemeinschaft, die deutlich ihr Bewußtsein, eine zu sein, ausdrückte, die wuchs, sich entwickelte, änderte, sich selbst Bnei Israel, dann Judäer, dann erneut Bnei Israel und schließlich Juden bzw. jüdisches Volk nannte; es gibt eine deutliche Kontinuität in der kulturellen Entwicklung. Die Menschen, die sich mit dieser Gemeinschaft identifizierten, waren sich bewußt, ihre Mitglieder zu sein. Wie bei anderen Gruppen gab es innerhalb der kulturellen Identität zahlreiche Varianten, und, wie ich bereits ausgeführt habe, sollte man besser von jüdischen Identitäten (also im Plural) sprechen. Es gab immer wieder Änderungen und Entwicklungen, die keineswegs linear waren. Die jüdische Identität wurde von der gesellschaftlichen Umgebung der vielen Länder, in denen sie sich entwickelte, wesentlich beeinflußt. Gleichzeitig war der jüdische Einfluß auf diese Gesellschaften in vielerlei Hinsicht bedeutend. Je nach gesellschaftlicher Umgebung unterscheiden sich die Elemente, die die Identität eines Menschen ausmachen, der sich als Jude sieht. Teile dieser Identität sind mit der jüdischen Kultur und Zivilisation verbunden, und die Bedeutung der jüdischen Komponente für die Identität eines Individuums wird sich nach Ort und Zeit unterscheiden – was in gleicher Weise für einen Engländer, Italiener oder Xhosa gilt. Ein Jude ist heutzutage auch Mutter, Vater, Sohn oder Tochter, Arbeiter, High-Tech-Experte, Tennisspieler, Fußball-Fan oder Trunkenbold usw. Jeder Mensch hat mehrere Identitäten, und seine/ihre ethnische Identität ist nur eine unter anderen. In vielen Fällen ist die ethnisch-kulturelle Identität von überragender Bedeutung, in anderen Fällen spielt sie nur eine marginale Rolle, gleichwohl existiert sie. Zumeist gilt sie als selbstverständlich, und man spricht nicht viel darüber. Ein Waliser ist ein Waliser, ganz selbstverständlich, und sie oder er ist sich dessen bewußt. Sie oder er geht den Geschäften nach, ganz gleich ob sie/er walisisch spricht oder nicht. Ein Jude kann also *auch* ein Jude sein oder *vor allem* ein Jude. In den meisten modernen Gesellschaften obliegt das ganz der persönlichen Entscheidung. Man kann als Jude geboren werden, ohne es zu mögen, und man heiratet irgend jemanden aus Frankreich, man hat dort Kinder, und diese Kinder werden Franzosen sein, mit einem Großvater/einer Großmutter, der/die jüdisch war. Der Wunsch nach einer anderen Identität wurde Wirklichkeit – aber es braucht Zeit. Man ist immer Teil einer menschlichen Herde, eines Kollektivs, ob man es mag oder nicht. Wenn man innerhalb des jüdischen Kollektivs verbleibt, wie auch immer man dies interpretiert, so ist das heutzutage größtenteils eine Sache der eigenen Neigung.

Sands Hauptargument zielt darauf ab, daß das jüdische Volk eine vorgestellte Gemeinschaft aus Menschen ist, deren Vorfahren zur jüdischen Religion konvertierten. Strenggenommen handelt es sich dabei um eine rassistische Argumentation, da ein „reiner" Jude in Sands Augen jemand sein müßte, dessen Vorfahren ursprünglich in Palästina/dem Land Israel lebten. Im biologischen Sinn sind die Anderen also „unrein". Allerdings versucht Sand den Nachweis, daß der Zionismus ein rassistischer Nationalismus ist, weil er die Juden als biologische Einheit betrachtet. Er bezieht sich dabei auf einen wichtigen Zionisten, Arthur Ruppin (1876 – 1943), der in Deutschland aufwuchs, nach Palästina emigrierte und in der Tat entsprechende Vorstellungen vertrat. Allerdings müssen zwei Dinge festgehalten werden: Sand kann keinen weiteren zionistischen Führer mit derartigen Anschauungen zitieren, obwohl es einen oder zwei andere gegeben haben mag – die meisten zionistischen Führer vertraten einen „normalen" Nationalismus, der sich nicht auf die „Reinheit des Blutes" bezog. Juden, die zum Rassismus neigen, finden sich üblicherweise unter ultraorthodoxen Denkern, die in Opposition zum Zionismus stehen. Nun zum zweiten wichtigen Punkt: Die „Reinheit des Blutes" entwickelte sich als Idee unter europäischen Denkern im ausgehenden 19. und frühen 20. Jahrhundert. Der Zionismus wurde davon weit weniger beeinflußt als andere nationalistische Ideologien.

Betrachtet man Sands wichtigsten Punkt, so scheint er nicht anzuerkennen, daß mit dem Übertritt zum Judentum nicht nur die Religion, sondern die gesamten ethnisch-kulturellen Geschichte angenommen wurde. Die Konvertiten wurden „Abraham, Sohn des Abraham" genannt (das orthodoxe Judentum ist frauenfeindlich, es erkannte und erkennt Frauen nicht als Gleiche an)[6]. Die ethnische Mythologie wurde Teil der neuen Identität. Es ist also durchaus möglich, daß Professor Sand ein Nachkomme von Berbern, Chasaren oder Römern ist, oder von allen, aber diese Vorfahren nahmen die jüdische Ethnizität als ihre neue kollektive Identität an. Bei den Engländern, um ein Beispiel zu geben, verhält es sich nicht anders: Vorfahren der Engländer waren Cro-Magnon-Menschen, Kelten, Römer, Angelsachsen, Wikinger, Normannen und viele andere. Sie vermischten sich, und die Nachfahren der Normannen akzeptierten die Legende von König Artus als eigenes Erbe. Artus war, folgt man den neusten Forschungsergebnissen, wahrscheinlich ein keltischer Fürst, der die Angelsachen bekämpfte. Die Palästinenser sind ein noch interessanteres Beispiel. Gemäß einiger DNA-Untersuchungen sind die nächsten Verwandten der Palästinenser in Ramallah polnische Juden. Ich weiß nicht, ob man sich darauf verlassen kann, aber falls es zutrifft, so ist es nicht überraschend. Ein beträchtlicher, wenn auch unbekannter Anteil der Einwohner Palästinas/des Landes Israel vor der arabischen Eroberung (638 n. d. Z.) waren Juden (eine zeitweise persische Besetzung Jerusalems zwischen 614 und 617 n. d. Z.

---

6 Entsprechendes gilt für das Christentum und den Islam. Wie der heilige Augustinus sagte: *mulier non facta ad imaginem Dei* – „Frauen wurden nicht nach dem Ebenbild Gottes erschaffen".

führte zu dem Versuch der Juden, den Tempel wiederzuerrichten). Nach der arabischen Besetzung konvertierten die Juden langsam im Verlauf der Jahrhunderte zum Islam. Wir wissen nicht, ob dies freiwillig oder unter Zwang geschah, vielleicht handelte es sich um Zwischenformen. Noch zur Zeit der Kreuzzüge, am Ende des 11. Jahrhunderts, gab es jüdische Gemeinden im Land, und sowohl in Jerusalem als auch in Haifa beteiligten sich Juden an der Verteidigung ihrer Städte durch die Muslime gegen die Kreuzfahrer. Zur Zeit der türkischen Eroberung des Landes (1516) waren die Juden bereits fast verschwunden. Dies bedeutet nichts anderes, als daß das im 20. Jahrhundert entstehende palästinensische Volk teilweise aus der alten jüdischen Bevölkerung besteht, die den Islam annahm und damit die arabische Ethnizität der Eroberer. Heutige palästinensische Nationalisten berufen sich auf kanaanitische Vorfahren. Sie glauben, daß diese vor den Juden in Palästina lebten. Natürlich stammen sowohl die Juden als auch die Palästinenser auch von den Kanaanitern ab. Sand geht nicht auf die Palästinenser ein. Möglicherweise denkt er, sie seien biologisch „rein". Natürlich kann man sie oder die Juden als „rein" ansehen, ebenso wie jeden Straßenhund von Nablus oder Tel Aviv. Es gab vor dem frühen 20. Jahrhundert kein palästinensisches Volk, denn die Araber betrachten sich selbst ein Einwohner Südsyriens (*Sooriyah djanoobiyah*). Jerusalem war eine Provinzstadt mit einer langen Geschichte. Palästina ist eine Erfindung des europäischen Kolonialismus – der Teilung der Gebiete des Osmanischen Reichs zwischen Großbritannien und Frankreich. Ein arabischer Intellektueller aus Haifa scheint in einer lokalen Zeitung 1912 das erste Mal den Begriff „Palästina" (*Falastin*) benutzt zu haben. Bedeutet das nun, daß die Palästinenser als eine „künstliche" Gemeinschaft anzusehen sind? Selbstverständlich nicht. Sie sehen sich als Nation, und deshalb sind sie eine. Die Juden sind etwas älter, aber darin kann man kein „Mehr" an Ethnizität/Nationalität sehen.

Sand zufolge entwickelte sich die Nation als Ergebnis der industriellen Revolution im 18. Jahrhundert. Er ignoriert die Tatsache, daß das Gruppenbewußtsein viel früher entstand. Nehmen wir England als Beispiel. Nach der Eroberung durch die Normannen (1066) und dem Scheitern sporadischer angelsächsischer Aufstände entwickelte sich die englische Klassengesellschaft, die aus dem Adel, der auch die Nachkommen der angelsächsischen Landbesitzer einschloß, einer langsam aufstrebenden städtischen Mittelklasse (Händler und Handwerker) und wohlhabenden Bauern bestand. Die unteren Klassen, zu denen auch Überreste der Sklaverei gehörten, bestanden hauptsächlich aus armen Bauern. Sie lebten in Dörfern, wo jeder Bauer innerhalb der Drei-Felder-Landwirtschaft Landstreifen besaß. Die Aussaat, Feldarbeit und die Ernte wurden zeitgleich ausgeführt. Die Rinder, Schafe und Ziegen waren individuelles Eigentum, aber weideten zusammen auf ausgedehnten Gemeinschaftsflächen (Allmende, Commons) und in den Wäldern, die teilweise dem Dorf und teilweise dem Grundherrn gehörten. Ein Teil der Ernte war ebenso wie andere Sachabgaben an den Grundherrn abzuliefern, und es mußte Frondienst auf seinem Land geleistet werden. Im Gegenzug war der Grundherr verpflichtet, die Dorfbewohner vor Eindringlingen und Feinden zu schützen. Das soziale Leben bestand aus dem gemeinsamen Kirchgang und dem Besuch der Schenke. In diesem sich entwickelnden Feudalsystem betrachtete sich der einzelne Bauer, zumeist ein Analphabet, als Teil der dörflichen Gemeinschaft. Die lokalen Machthaber oder der höhere Adel waren entfernte Personen, die das Leben der Bauern entscheidend bestimmten. Der König war eine Art Halbgott – einerseits weit entfernt, doch im Bewußtsein der Bauern auch sehr gegenwärtig. Im Laufe des 13. und frühen 14. Jahrhunderts galt dies auch für Wales (erobert 1282). In England entstand eine neue Sprache, Englisch („Mittelenglisch"). Sie hatte sich aus dem Angelsächsischen, vermischt mit Latein und normannischem Französisch, entwickelt. Die Fähigkeit zu lesen verbreitete sich in den Städten, und für diese Gruppe, für den Klerus und den Adel, schrieb Geoffrey Chaucer (1343 – 1400) seine vielen Bücher. Er selbst entstammte dieser städtischen Mittelklasse (einer Familie von Weinhändlern), was von der wachsenden Bildung der englischen Gesellschaft zeugt – schließlich wurden seine Bücher gelesen, nicht nur seine *Canterbury Tales*. Selbstverständlich entwickelte sich damit das Bewußtsein einer Gesellschaft im weiteren Sinne. Die Menschen begannen, sich selbst als Engländer zu bezeichnen.

Die Entwicklung des ethnischen Bewußtseins läßt sich etwa in der Volksmusik nachvollziehen. Im 15 Jahrhundert wird dies offensichtlich. Nehmen wir ein Volkslied, das natürlich von einem Unbekannten stammt, aus der Zeit des englischen Sieges über die Franzosen bei Agincourt (1415). Es lautet wie folgt:

> Deo gratias Anglia redde pro Victoria
> Owre Kynge went forth to Normandy
> With grace and myght of chivalry
> Ther God for hym wrought mervelusly
> Wherefore England may call and cry

Die Tatsache, daß dieses Volkslied wahrscheinlich in den Straßen Londons gesungen wurde, bedeutet, daß einige lateinische Wörter verstanden wurden, und daß der König den Mittelpunkt der Entwicklung der kollektiven englischen Identität bildete. Die Tatsache, daß der Sieg in nicht geringem Maße den walisischen Bogenschützen zuzuschreiben war, scheint den aufkommenden englischen Patriotismus nicht behindert zu haben. Dies läßt sich auch im Kampf gegen die Spanier am Ende des 16. Jahrhunderts verfolgen. Anzuführen ist nicht nur der englische Sieg gegen die spanische Armada 1588, sondern die vielen Schlachten, die die Engländer gegen die Spanier in Flandern ausfochten.[7] Das ethnische Selbstbewußtsein als gesellschaftliches Phänomen entwickelte sich weit vor dem 18. Jahrhundert. Ebenso mißversteht Sand die Entwicklung des westeuropäischen Kapitalismus. Die industrielle Revolution begann nicht im 18. Jahrhundert, sondern in England bereits im 16. Jahrhundert. Der Wollexport ging zurück, aber mit der Ankunft von flämischen Handwerksmeistern im frühen 16. Jahrhundert konzentrierten sich die englische Hersteller auf die Produktion verschiedener Typen von Kleidung aus Wolle. Diese wurden zum Teil auf den Kontinent exportiert. Die Nachfrage nach Wolle wuchs, der Bedarf an Schafen stieg. Die Grundherrn benötigten größere Flächen und begannen die Allmende, den gemeinschaftlich genutzten Grund, einzuzäunen. Dies führte zum Niedergang des alten Feudalsystems, zu einer Massenwanderung verarmter Bauern in die städtischen Zentren und zur ersten industriellen Revolution. Das kollektive ethnische Bewußtsein entwickelte sich in England, wie wir gesehen haben, weit vorher.

Ähnliche Entwicklungen lassen sich in anderen Ländern finden. In Japan läßt sich ein ethnisch-nationales Bewußtsein am Ende des 16. Jahrhunderts bzw. frühen 17. Jahrhunderts feststellen. Das alte präfeudale System wurde durch den Aufstieg der Shogune Nobunaga, Hideyoshi und Tokugawa Ieyasu, auf den das Tokugawa-Shogunat (von 1600 an) folgte, revolutioniert. Die Invasion Koreas und die Vernichtung der japanischen Christen waren eindeutig „nationale" Unternehmungen. Es kann kein Zweifel bestehen, daß dies vor, und nicht mit der industriellen Revolution entstand. Sand stützt sich auf zwei große Gelehrte: Benedict Anderson (geb. 1936) und Ernest Gellner (1925 – 1995), die den Begriff „vorgestellte Gemeinschaften" für ethnische und nationale Gruppen verwenden. „Vorgestellt", weil eine reale Gemeinschaft aus Individuen besteht, die in direktem Kontakt miteinander stehen. Dieser Auffassung nach besteht zwischen den Angehörigen einer ethnischen oder nationalen Gemeinschaft kein direkter Kontakt, weswegen sie „vorgestellt" ist. Beide führen in der Tat die Nation auf die industrielle Revolution zurück. Als Kennzeichen werden die gemeinsame Sprache, weitverbreitete Alphabetisierung, ein gemeinsames Territorium und ein gemeinsamer Markt genannt – Elemente, die man ebenso in der marxistisch-leninistischen Theorie findet. Dagegen würde ich einwenden, daß dies besonders bei einer globalen Betrachtung nicht zu halten ist. Dazu möchte ich jetzt zwei unterschiedliche Beispiele aus anführen: das präkolumbische Mexiko und die tschechischen Länder.

Die Azteken – genaugenommen die Mexica – stammen entsprechend ihren Legenden aus Aztlán, das möglicherweise an der heutigen Grenze zwischen den USA und Mexiko lag. Sie drangen in das Gebiet des heutigen Zentral-Mexikos ein

[7] Für Freunde der Volkslieder siehe den Lobgesang auf Lord Willoughby, ein Siegeslied englischer Patrioten aus dem späten 16. Jahrhundert.

und siedelten sich dort an. Sie bauten ihre gewaltige Hauptstadt Tenochtitlán, heute Mexiko-City, auf einer Insel in einem großen See, der nicht mehr existiert. Sie gründeten zwei weitere große Städte, Texcoco und Tlacopan, mit denen Tonochtitlán verbündet war, und schufen ein großes und stetig wachsendes Reich. Im 15. Jahrhundert war der König von Texcoco, Nezahualcóyotl (1402–1472), der ebenfalls Architekt und Poet war (obwohl unklar ist, ob alle ihm zugeschriebenen Werke wirklich von ihm stammen), die führende Persönlichkeit. Die Sprache der Azteken, Nahuatl, und deren verschiedenen Dialekte, wird heute noch von 1,5 Millionen Mexikanern gesprochen. Die aztekische Kultur basiert auf den vorangehenden Zivilisationen, die sich in Mexiko entwickelt hatten. Der Polytheismus in Mexiko enthielt verschiedene mörderische Elemente. Zentral war die Verehrung der Sonne und des Kriegsgottes Huizilopochtli. Ihm wurden Menschenopfer – Kriegsgefangene und Kinder – dargebracht, auf daß die Sonne nach der Nacht wieder aufginge, der Frühling auf den Winter folge und die Ernte reich ausfiele. Tlaloc, der Gott des Regens, forderte ebenfalls Menschenopfer. Eine dritte Gottheit, Quetzalcoatl, die gefiederte Schlange, war der Gott der Kultur, der Künste, des Windes, und in gewisser Hinsicht der Schöpfer des Menschen – zumeist ein freundlicher Gott. Verbunden mit ihm war der Glaube, er würde zur Erde zurückkehren und die Menschheit anführen. Viele Azteken sahen in den eindringenden Weißen unter Hernán Cortés (1519) die Gesandten des Quetzalcoatl. Der Hauptgrund für den Erfolg der spanischen Eroberer in Mexiko lag jedoch in der brutalen Herrschaft der Azteken über andere Gruppen und den vielen tausenden Menschenopfern, die man ihnen auferlegte. Dies galt besonders für Tlaxcala, ein Königreich in den Bergen, nicht weit von Tenochtitlán, das nie von den Azteken unterworfen wurde und das sich nach einer Schlacht gegen Cortés den Spaniern anschloß, um gegen den aztekischen Feind zu kämpfen.

Die Forschung belegt eine sehr starke kollektive ethnische Identität unter den Azteken. Die Herrscher wurden als Repräsentanten der Götter und der Ethnizität gesehen. Dies beruhte auf einer sozioökonomischen Basis, und hier scheint eine marxistische Interpretation zuzutreffen. Ein zentralisiertes Regierungssystem, unterstützt durch eine institutionalisierte und machtvolle Priesterschaft, stützte sich auf eine starke Armee. Die Alphabetisierung muß über die herrschende Militäraristokratie und die Priesterschaft hinaus gegangen sein. Es wäre sonst unmöglich, die großartigen Gebäude, die Dämme und breiten Straßen, das Bewässerungssystem, die Paläste und Tempel, die das Ergebnis der Anstrengungen einer ausgedehnten intellektuellen Elite waren, zu erklären. Kunst, vor allem Literatur und die Dichtkunst, müssen ein entsprechendes Publikum gehabt haben. Es gab eine gemeinsame Sprache. Ein Markt, der auf Hausindustrie und organisierter Landwirtschaft beruhte, verband die Gemeinden und Individuen; es gab so etwas wie Geld. Es gab also ein starkes kollektives ethnisches Bewußtsein ganz ohne industrielle Revolution. Als Moctezuma (er regierte 1502 – 1520) ermordet wurde, gelang es seinem Nachfolger Cuauhtémoc (1521 – 1525), die aztekischen Städte zu einem letzten Widerstand gegen die Spanier zu organisieren, der auf etwas beruhte, das als gegen eine fremde Macht gerichtetes Nationalbewußtsein gesehen werden kann. All dies ereignete sich Jahrhunderte vor der industriellen Revolution in Europa.

Das zweite Beispiel sind die Tschechen. Sie sind ein Zweig der Westslawen, ihre Sprache ist eng mit dem Polnischen verwandt. Sie stammen wahrscheinlich aus Zentralasien und erreichten Böhmen (das von den Römern nach den Boii benannt wurde, einem keltischen Volk, das vor der Ankunft der Slawen in diesem Gebiet lebte) gegen Ende des 6. oder im frühen 7. Jahrhundert. Ihre Gründungslegende ähnelt der der Israeliten/Juden. Es gibt eine legendäre Vaterfigur, ähnlich der Abrahams, die Čech hieß, und einen mythischen Gründer der ersten Herrschaftsdynastie, eine Art König David: Přemysl. So wie es eine Dynastie Davids gab, so gab es auch die Přemysliden. Sie vereinigten die tschechischen Stämme zu einer politischen Einheit und regierten Böhmen bis 1306. Die ersten Dokumente in tschechischer Sprache stammen aus dem 13. Jahrhundert, während des 14. Jahrhunderts werden sie zahlreicher. Im 15. Jahrhundert, mit dem Ausbruch der Hussitenkriege, entwickelten die Tschechen ein Selbstbewußtsein als eigene Ethnizität oder Nationalität. Die ersten Reformatoren begannen die Kirche zu bedrohen. Auf John Wycliffe (1320 – 1384), einen englischen Theologen, folgte Jan Hus aus Prag (1371 – 1415), der wegen seiner vermeintlichen häretischen Ansichten auf dem Scheiterhaufen zu Konstanz endete. Die Reaktion in Böhmen erfolgte sofort und gewalttätig. Die Anhänger von Hus, die Hussiten, entwickelten eine anti-katholische Theologie und formierten eine Armee unter der Führung von Jan Žižka von Trocnov (1360 – 1424), einem einäugigen General. Die Hussiten schlugen mehrfach kaiserliche Armeen, die gegen sie gesandt wurden, fielen in Ungarn und Deutschland ein, erreichten sogar die Ostsee und die Vororte von Nürnberg. Žižka, in der Zwischenzeit erblindet, starb 1424 an der Pest, und die Hussiten spalteten sich. Die radikale Fraktion wurde 1434 vernichtet, aber der gemäßigten Fraktion gelang es, einen der ihren, Jiří (Georg) von Poděbrad (1420 – 1471), zum böhmischen König zu wählen (ab 1458). Es kann kaum bezweifelt werden, daß sich spätestens seit der hussitischen Rebellion und bis Ende des 15. Jahrhunderts eine sehr deutliche Identifizierung der meisten Tschechen, besonders der niederen Stände und des Landadels, mit der Idee einer separaten tschechischen Nationalität entwickelte. Dies wird von zeitgenössischen Chronisten bestätigt. Die tschechische Sprache wurde zu einer Schriftsprache, und die Fähigkeit zu lesen, war unter Bürgern und Adel weit verbreitet. Dies gilt natürlich auch für die Priesterschaft und ihre hussitischen Pendants. Das tschechische Nationalbewußtsein blühte besonders im 19. Jahrhundert, nach dreihundert Jahren der Unterdrückung und dem

Versuch der Germanisierung durch die Habsburger Monarchie, die den tschechischen protestantischen Adel in der Schlacht am Weißen Berg (außerhalb von Prag) 1620 vernichtet hatte. Der wachsende tschechische Nationalismus ist sicher auf Ereignisse im 15. Jahrhundert zurückzuführen. Der liberale tschechische Nationalismus, wie ihn Tomáš G. Masaryk, der erste Präsident der Tschechoslowakischen Republik der Zwischenkriegszeit propagierte, richtete sich gegen nationalistische Versuche, die tschechische Literatur „vorzudatieren".

Wann also wurde die tschechische Nation „erfunden" (wie Sand möglicherweise argumentieren würde)? Sicherlich nicht im 19. Jahrhundert mit der Industrialisierung, sondern vierhundert Jahre vorher. Es besteht eine gewisse Parallelität zwischen Tschechen und Juden. In beiden Fällen war die Ethnizität das Ergebnis einer Bevölkerungsvermischung. Große Gruppen von Nichtjuden schlossen sich dem Judentum über die Jahrhunderte an. Was die Tschechen anbetrifft, so mischten sie sich mit Deutschen, und in vielen Fällen haben Tschechen deutsche Vorfahren und umgekehrt. In der in der Zwischenkriegszeit bestehenden „Deutschen sozialdemokratischen Arbeiterpartei in der Tschechoslowakischen Republik" spielte ein Mann Namens Czech eine zentrale Rolle, und in der Tschechischen Sozialdemokratie ein Herr Němec (das tschechische Wort für „Deutscher"). Wie die Juden, so entwickelten auch die Tschechen ihre Identität in einem religiösen Kampf. Mit anderen Worten: Eine gemeinsame, für Tschechen spezifische religiöse Entwicklung war ein zentraler Faktor für die Entstehung einer gemeinsamen ethnischen Identität.

Es gibt auf unserer Welt zahlreiche andere Gruppen, die kein kollektives ethnisches Bewußtsein erreicht haben, wie etwa die zahlreichen Ethnizitäten in Indien mit ihren eigenen Sprachen und Sitten. Man sieht hingegen eine Tendenz zur Entwicklung eines allgemeinen indischen Nationalbewußtseins als Ergebnis der Vereinigung Indiens nach 1947. Der britische Einfluß bildet selbstverständlich den Hintergrund, ohne ihn gäbe es das heutige Indien nicht. Die britische Hegemonie über Indien hatte ihre Basis in der kaufmännischen und industriellen Revolution Englands des 18. Jahrhunderts, in dem Sinne daß das indische Nationalbewußtsein maßgebend durch die industrielle Revolution im Zentrum des britischen Imperialismus beeinflußt wurde. Hier finden die Theorien von Anderson, Gellner und Sand ihre Bestätigung. In vielen anderen Fällen treffen sie nicht zu, und die Juden sind ein Beispiel dafür.

Mir ist nicht ganz klar, wie man bestreiten kann, daß die Bibel ein Beweis für eine jüdische Identität während des späteren judäischen Königreichs, des Babylonischen Exils und der Zeit des Zweiten Tempels ist. Die Fähigkeit zu lesen muß zu Zeiten von Herodes, wenn nicht schon viel früher, weitverbreitet gewesen sein. Es gab einen Markt, Handel, und enorme Fortschritte hinsichtlich der Lesefähigkeit. Die Aufstände gegen die Römer, so töricht sie waren, zeugen von der Stärke der jüdischen ethnischen Identität. Die Tatsache, daß sich viele Nichtjuden der jüdischen Gruppe anschlossen und nicht nur die Religion, sondern die jüdische Ethnizität ebenso übernahmen, zeigt die Anziehungskraft des Gruppenbewußtseins. Sand irrt: Es gab ein jüdisches Volk, und es gab eine Ethnizität, und es gab ein gemeinsames Bewußtsein, eine klare Gruppenidentität.

Sand geht davon aus, daß die Juden eine religiöse Gemeinschaft sind, die als Ergebnis des Aufstiegs des modernen Nationalismus zu einem vorgestellten ethnisch-nationalen Körper wurde. Er übersieht dabei den grundlegenden Unterschied zwischen den Weltreligionen (Christentum, Islam, Buddhismus) und einer Religion wie der jüdischen, die integraler Bestandteil einer Gruppenidentität wurde, oder anders formuliert, einer ethnischen Gruppe, die ein abgrenzendes Glaubenssystem entwickelte. Dies gilt nicht nur für die Juden, sondern auch z. B. für den Shintoismus der Japaner. Oder für die Armenier, die sich vom vierten Jahrhundert bis heute mehrheitlich über die armenische katholische Kirche definieren: Ein Armenier war ein Mensch, der Mitglied dieser Kirche war, und jeder, der dieser Kirche angehörte, war Armenier. Es könnten weitere Beispiele angeführt werden.

Kehren wir zurück zu Pharao Merenptah. Was er als „Israel" bezeichnete, könnte ein Stamm oder eine Gruppe von Stämmen gewesen sein, aus dem sich „Bnei Israel" (die Kinder Israels) entwickelten, die sich schließlich in zwei Königreiche, Judäa und Israel, spalteten. Die Anhänger Jehovas kämpften mit ihren Rivalen und untereinander. In Judäa, dem kleineren der beiden Königreiche, entwickelte sich nach der Zerstörung Israels ein ethnisch-religiöses kollektives Bewußtsein. Diese Gruppe stand am Beginn einer großen literarischen Entwicklung, in einer „Hebräisch" genannten kanaanitischen Sprache, die im 10. oder 9. Jahrhundert v. d. Z. zu einer Schriftsprache wurde. 622, während der Herrschaft von Josia (Yoshiyahu) in Juda, wurde die „Thora" von Amatzia ben Atzilyahu im Tempel „gefunden" (2 Kö:23) und an den Hohenpriester (Hilkia) übergeben, der sie wiederum dem jungen König übergab. Man weiß nicht, ob sie ihm vorgelesen wurde oder ob er sie lesen konnte, und man weiß nicht einmal, was genau diese „Thora" war. Experten gehen davon aus, daß es wahrscheinlich das Deuteronomium oder möglicherweise Teile davon waren, die zu jener Zeit verfaßt worden und „gefunden" worden waren. Es ist ebenso möglich, daß alte Pergamente mit einigen Texten zur selben Zeit oder davor gefunden wurden, womit wir anscheinend ein erstes Aufblitzen der Literatur, die sich zu entwickeln begann, vor uns hätten. Das hebräische Alphabet, in dem die Texte verfaßt wurden, ist eigentlich ein phönizisches, aus dem sich auch das griechische und das lateinische entwickelten. Ihm voraus ging das protokanaanitische Alphabet. Die erste Inschrift des hebräischen Alphabets datiert aus dem 10. Jahrhundert. Die heutige hebräische Schrift entwickelte sich viel später und ist eigentlich aramäisch. Als die Eliten von Judäa 597/586 nach Babylon deportiert wurden, müssen sie das, was bereits vor der Zerstörung des Tempels vorlag, mitgenommen haben, denn es gibt viele Beweise für literarische Arbeiten, die in Babylon auf der Grundlage dessen angefertigt wurden, was aus Judäa mitgebracht wurde. Diejenigen, die 538 nach der Freilassung durch König Kyros (Kurosch), nach Judäa zurückkehrten, wurden von Esra (um 457 oder früher) zu einer eindeutigen ethnischen Gemeinschaft geformt. Dies wurde später durch Nehemia (um 445 oder früher) gefestigt, der die Mauern von Jerusalem wieder aufbaute und die jüdische Bevölkerung „reinigte", d. h. von ihren Nachbarn trennte. Das Buch Nehemia wurde wahrscheinlich Ende des 5. Jahrhunderts oder im frühen 4. Jahrhundert geschrieben. Wie auch immer, es steht fest, daß zur Zeit der persischen Herrschaft über Palästina/das Land Israel (538 – 333 v. d. Z.) die Juden bereits eine eigene ethnisch-religiöse Gruppe mit eigener Literatur und ausgeprägtem Gruppenbewußtsein darstellten. Konnten nur die Priester und einige Adelige schreiben und lesen? Dies scheint nicht sehr wahrscheinlich, denn die sich ausbreitenden literarischen Anstrengungen müssen sich an ein größeres Lesepublikum gerichtet haben. Diese Gruppe wuchs mit der Zeit. Einige der Schriftrollen vom Toten Meer datieren aus dem ersten Jahrhundert v. d. Z., wenn nicht früher. Sie wurden von einer Gruppe von Leuten, die lesen und schreiben konnten, gefertigt. Briefe von Bar Kochba, dem Führer des gescheiterten Aufstandes gegen die Römer im Jahr 135, zeigen, daß Korrespondenzen zwischen Individuen damals nichts Ungewöhnliches waren. Die Fähigkeit zu lesen und zu schreiben war weitverbreitet. Die jüdische Identität drückt sich deutlich im Hasmonäeraufstand gegen die griechische Herrschaft (161 v. d. Z.) aus, ebenso in der kurzlebigen Hasmonäerherrschaft und ihrem Königreich, das Palästina/das Land Israel beherrschte (161 bis 63 v. d. Z.). In seiner Darstellung der jüdischen Geschichte vor der Zeit des Zweiten Tempels führt Sand zu Recht aus, daß es damals bereits eine jüdische Diaspora in Babylonien und Südägypten gab, später in Alexandria, auf den griechischen Inseln, in Rom und anderswo. Aber was stellten diese Gemeinschaften genaugenommen dar? Waren es lediglich religiöse Gruppen? So wurden sie keineswegs von anderen gesehen und so sahen sie sich selbst nicht. Die antijüdischen Ausschreitungen in Alexandria im Jahr 38 n. d. Z. waren direkt gegen eine ethnische Gruppe mit ausgesprochen ethnisch-religiöser Identität gerichtet. Zu Recht merkt er an, daß weder die Babylonier noch die Römer die Juden aus dem Land Israel/Palästina vertrieben haben, sondern daß viele Juden während eines langen Prozesses über Hunderte von Jahren ihr Land verließen. Aber dies taten andere damals auch: Phönizier, Griechen, Römer und viele andere, denn bis zum Fall des Römischen Reichs gab es, hauptsächlich um das Mittelmeer herum, eine relativ offene Welt. Die Juden gründeten ihre ethnisch-religiösen Gemeinden, akzeptierten viele Nichtjuden und entwickelten ihre eigene Zivilisation.

Im Land ihrer Herkunft blieben sie auch Hunderte von Jahren nach dem Aufstand gegen Rom präsent.

Vom ersten Jahrhundert bis zu der Zeit, als das Christentum die offizielle Religion des Römischen Reichs wurde, ja sogar noch danach, war die jüdische Religion ein ernstzunehmender Konkurrent im Kampf um die Loyalität vieler Bürger Roms; es war eine missionierende Religion. Zweifellos wuchs die jüdische ethnische Gemeinschaft durch Beitritt von Konvertiten. Mit dem Niedergang und dem Fall des Römischen Reichs setzte eine Periode ökonomischen Niedergangs, zahlreicher Epidemien, Invasionen, Kriege und Massentötungen und damit verbunden einer deutlichen Bevölkerungsabnahme ein. Davon waren selbstverständlich auch die Juden betroffen. Darüber hinaus, so muß man annehmen, konvertierten viele zum Christentum und später zum Islam, sei es freiwillig oder unter Druck. All das bezieht Sand nicht ein. Wie viele Juden gab es im 12. Jahrhundert noch? Die Schätzungen für das 10. Jahrhundert, darauf habe ich bereits hingewiesen, liegen zwischen 100.000 und einer Million. Der jüdische Reisende Benjamin von Tudela, der die muslimische Welt zwischen 1159 und 1172 durchreiste und detaillierte Tagebuchaufzeichnungen hinterließ, zählte 512.532 Juden in den Orten, die er besuchte – selbstverständlich keine verläßlichen Zahlen. Nichtsdestoweniger kann man annehmen, daß es damals etwa 1,5 bis 2 Millionen Juden gab, von denen die große Mehrzahl in muslimischen Ländern lebte. Sand erwähnt über den Ursprung der jemenitischen Juden, wahrscheinlich zu Recht, daß es sich um Araber handelt, die zum Judentum konvertierten, besonders während der dortigen Blüte des Judentums zwischen dem 2. und 6. Jahrhundert (zur Zeit des Königreichs Himyar und der Herrschaft eines jüdischen Fürsten, Yusuf Asa'ar, etwa 516 n. d. Z.). Natürlich muß irgend jemand die Religion in den Jemen gebracht haben, und dies müssen Juden aus dem Land Israel gewesen sein. Sand erwähnt auch Dihya al-Kahina, eine jüdische Berberkönigin im späten 7. Jahrhundert. Sie versuchte, am Ende ohne Erfolg, das muslimische Vordringen in Nordafrika aufzuhalten. Auch hier müssen jüdische Händler und/oder Handwerker aus Palästina/dem Land Israel die Religion in das Atlasgebirge gebracht haben, die lokale Bevölkerung muß konvertiert sein. Zweifellos kann man aus Untersuchungen jüdischer Namen in Marokko den Schluß ziehen, daß einige oder viele dieser Konvertiten Mitglieder der jüdischen Gemeinden wurden. Dasselbe hätte Sand in Bezug auf die äthiopischen Juden in Gondar und viele andere feststellen können. Darauf habe ich bereits hingewiesen; Juden unterscheiden sich nicht von anderen Volksgruppen. Das alles ist weder neu noch überraschend: Eine Ethnie vermehrte sich und bildete sich fort durch die Identifizierung von religiösen Konvertiten mit der ethnischen Vergangenheit der aufnehmenden Gesellschaft. Man kann vielleicht Ähnliches im heutigen Deutschland beobachten: Nicht wenige Enkel/innen und Urenkel/innen türkischer Einwanderer identifizieren sich mit Deutschland und seiner Vergangenheit, und akzeptieren eine deutsche Identität, auch wenn sie nicht die Nachkommen von Barbarossas Gefolge sind.

Gelegentlich wird Sand enthusiastisch. Den Historiker Ben-Zion Dinur (ein Zionist, Gott bewahre!, später Minister für Bildung in Israel) zitierend, stellt Sand fest, Tariq ibn Ziyad, der 711 in das westgotische Spanien eingedrungen war (Gibraltar ist nach ihm benannt – Jabal el-Tariq), sei mit 7.000 Mann, von denen alle oder die meisten Berber gewesen seien, gekommen, und seine Armee sei schnell auf 25.000 Mann angewachsen, da viele Einheimische sich den Muslimen angeschlossen hätten. Eine Theorie geht davon aus, daß viele Berber, die aus Familien, die zum Judentum konvertiert waren, stammten, nun Muslime waren. Viele spanische Juden schlossen sich Tariqs Armee an. Waren die spanischen Muslime dann eigentlich Juden? Und kam Tariq mit einer jüdischen Armee nach Spanien? Waren es muslimische Juden oder jüdische Muslime? Nun wird es allmählich lächerlich. Und selbst wenn: Wenn viele Juden zum Islam konvertiert wären, wären sie ethnische Araber geworden. Die Frage, warum sich so viele Juden den Muslimen gegen die Westgoten anschlossen, stellt Sand nicht. Dabei ist die Antwort einfach: Die Herrschaft der Westgoten in Spanien war radikal antijüdisch, was Professor Sand leicht hätte herausfinden können. Nichtsdestoweniger müssen viele Juden auch Juden geblieben sein, denn es gab später eine große wohlhabende jüdische Bevölkerung im muslimischen Spanien. Die Absurdität erreichte ihren Höhepunkt, wenn Sand vorbringt, daß die polnischen Juden von den Chasaren (ein Turkvolk, das das Gebiet zwischen dem Schwarzen und dem Kaspischen Meer vom 7. bis zum 10. Jahrhundert beherrschte) abstammen. Diese Behauptung, die auch von einigen sogenannten Historikern geteilt wird, leitet er von der Tatsache ab, daß es zwei türkische Wörter im Jiddischen gibt (*dawenen* – „beten“, und *jarmulke* – „Kopfbedeckung“). Die einfache Tatsache, daß die Türken weite Teile Südosteuropas beherrschten und bis tief nach Polen eindrangen, und es eine große jüdische Bevölkerung im Osmanischen Reich gab, erklärt die Existenz türkischer Wörter im Jiddischen. Es würde keinen Historiker überraschen, wenn man weitere türkische Wörter im Jiddischen findet, und die Möglichkeit, daß diese türkischen Wörter aus der Sprache der Chasaren, über die wir fast nichts wissen, stammen, wird von Sand als Tatsache dargestellt, was aber nicht richtig ist. Nachdem das Chasarenreich durch slawische Stämme im 10. Jahrhundert vernichtet wurde, war die jüdische Bevölkerung des slawischen Fürstentums Kiew wahrscheinlich sehr klein, auch wenn einige von ihnen Nachfahren der Chasaren gewesen sein mögen – und wir wissen nicht, ob bei den Chasaren lediglich die oberste Schicht der Aristokratie und das Königshaus zum Judentum konvertierten oder ob es ein weit verbreitetes Phänomen war. Auf der anderen Seite gibt es ausreichend Belege dafür, daß die Juden von Deutschland und nicht von Osten her in Polen einwanderten. Die frühen polnischen Könige luden Deutsche und Juden in ihr Land ein, um die städtischen Zentren und den Handel zu entwickeln – besonders Kaziemierz (Kasimir) III., der Große (1333 – 1370). Das Jiddische stammt unbestreitbar vom Mittelhochdeutschen ab, nicht von einer mongolischen Sprache.

Zusammenfassend hält Sand fest, daß die ursprünglichen jüdischen Einwohner Israels/Palästinas Bauern waren, die die Gegend nicht verlassen hätten. Die großen jüdischen Gemeinden in der Diaspora müssen also aus Konvertiten bestanden haben, so Sand. Zweierlei ist bekannt: Zur Zeit der Hasmonäer gab es eine wachsende jüdische Bevölkerung im Küstenstreifen Israels/Palästinas. Diese hatte sehr wohl die Möglichkeit, um anderswo zu siedeln. Ferner ist uns bekannt, daß viele Bauern zur römischen Zeit mobil waren, vorausgesetzt sie waren Freie und keine Sklaven – dies gilt für Juden und Nichtjuden.

Schließlich stellt Sand die klassische Frage: „Worin bestand die Gemeinsamkeit eines Juden in Kiew und eines Juden in Marrakesch, abgesehen von der Religion und Teilen der liturgischen Praxis?" (Sand, S. 30/31). Und ein weiteres Zitat: „aber von was für einer ‚Schicksalsgemeinschaft' und nationalen Verbundenheit kann, sagen wir, bei den georgischen, daghestanischen, russischen und amerikanischen Juden die Rede sein, die voneinander gänzlich getrennt sind, auf verschiedenen Territorien leben und verschiedene Sprachen sprechen?" Und die Schlußfolgerung ist offensichtlich: „Eine Nation ist eine historisch entstandene stabile Gemeinschaft von Menschen, entstanden auf der Grundlage der Gemeinschaft der Sprache, des Territoriums, des Wirtschaftslebens und der sich in der Gemeinschaft der Kultur offenbarenden psychischen Wesensart." Diese drei Zitate ähneln sich, die zwei letzten stammen aus der Feder des Genossen Joseph Wissarionowitsch Dschugaschwili, der den Artikel mit „K. Stalin" unterzeichnete. „Koba" war sein Spitzname in der Partei. Möglicherweise war es für Professor Sand nicht ganz leicht, sich von seinen vergangenen ideologischen Überzeugungen zu befreien[8]. Dies wird besonders deutlich, wenn er die Gründe diskutiert, warum die ethnische/nationale Identität nur als Resultat einer industriellen Revolution entstehen kann. Sand zufolge hatten in vorindustriellen Agrargesellschaften Priester, Hofschreiber und Propheten einen beherrschenden Einfluß. Allerdings hatten seiner Meinung nach die herrschenden Gruppen, die die bürokratischen Strukturen in den Agrar-Gesellschaften ebenso wie die Technologien beherrschten, nicht denselben Einfluß auf die Identität, wie dies in den entwickelten Nationalstaaten des 18. Jahrhunderts der Fall war. Im Kern will er uns wohl sagen, daß es eines revolutionären Wechsels von der Agrargesellschaft in die Industriegesellschaft bedarf, um das entsprechende ethnische Bewußtsein zu entwickeln. Aber dies ist nichts anderes als marxistische Ideologie. Natürlich ist es nicht völlig falsch, aber nur ein Teil der Wahrheit. Zunächst gilt dies nur für Europa – nicht einmal für die

8 J. W. Stalin: *Marxismus und Nationale Frage*, in: J. W. Stalin: Werke, Band 2, Berlin, 1953.

USA, die um 1776 eine Agrargesellschaft waren. Die religiösen Verhältnisse stellen sich völlig anders dar. Die Trennung der Religion vom Staat war die Voraussetzung, daß unterschiedliche religiöse Strömungen friedlich nebeneinander existieren konnten. Gleichwohl gab es ein klares ethnisch-nationales, amerikanisches Bewußtsein vor der industriellen Revolution. Die Revolution gegen die Krone war nicht das Ergebnis eines Klassenkampfes, sondern eine politische Revolution, die sich aus gegensätzlichen ökonomischen Interessen entwickelte. Die marxistische Theorie ist sehr starr und schematisch. Das, was in Europa (vor allem West- und Mitteleuropa) der Übergang von der Feudal- zur bürgerlichen Gesellschaft war, fand anderswo ohne revolutionäre Ereignisse statt, wenn auch in einem wesentlich langsameren Prozeß. In England, ich habe bereits darauf hingewiesen, begann die industrielle Revolution im 16. Jahrhundert und nicht im 18., und das nationale Bewußtsein entwickelte sich vorher. Der arme Karl I. wurde nicht als Ergebnis eines Klassenkrieges enthauptet, sondern als Ergebnis komplizierterer politischer Prozesse. Diese waren teilweise auf die sozioökonomischen Veränderungen und teilweise auf Auseinandersetzungen innerhalb des Hoch- und des Landadels zurückzuführen. Dabei bediente man sich einer religiösen Ideologie. Sand macht sich über die Franzosen lustig, die ihre Abstammung von den Galliern herleiten und die der Deutschen von den Sachsen. Natürlich wird gelegentlich so argumentiert (so wie einige Palästinenser ihre Vorfahren in den Kanaanitern sehen oder Juden in den kanaanitischen Sklaven Ägypten). Betrachten wir die historischen Fakten. Die Gallier waren Kelten, die sich im Zuge ihrer Eroberungen mit den ursprünglichen Bewohnern vermischten. Dann folgten Griechen, Römer, Westgoten und Franken. Mit dem Aufstieg der fränkischen Könige entwickelten sich zwei Sprachen, die *langue d'oïl* und die *langue d'oc*, die zum modernen Französisch verschmolzen. Bis zum 12. und 13. Jahrhundert war die Alphabetisierung recht begrenzt. Aber um den groß gewordenen französischen Staat zu regieren, bedurfte es der Alphabetisierung. Es entstand ein Gefühl der ethnischen/nationalen Zusammengehörigkeit (verwiesen sei auf den Krieg gegen England und die Geschichte der Jeanne d'Arc, 1412 – 1431). Lange vor der Industrialisierung stieg die Alphabetisierung, sie verbreitete sich in den städtischen Zentren und erfaßte den Landadel. Der Prozeß vollzog sich langsam, beschleunigte sich mit dem Aufstieg des Merkantilismus im 17. Jahrhundert. Zur Zeit der industriellen Revolution verfügte Frankreich schon lange über ein ausgeprägtes kollektives Bewußtsein.

Kehren wir nun zu den Armeniern zurück. Die armenische Identität entwickelte sich aus den vorangegangenen Gesellschaften. Im 10. Jahrhundert v. d. Z. gab es in der Region des modernen Armeniens das Königreich Urartu. Bei der dortigen Sprache handelt es sich um eine indogermanische mit türkisch-mongolischen und semitischen Einflüssen. Zur römischen Zeit entwickelte sich eine ausgeprägte politische Entität. 301 n. d. Z. übernahmen die Armenier das Christentum – sie waren das erste Volk, das dies kollektiv tat. Die armenische Schrift, beeinflußt vom Griechischen, wurde von dem Mönch Mesrop Mashtots 406 entwickelt. Eine ganz eigene Kultur entstand. Niemand, der das religiöse Zentrum der Armenier in Etschmiadsin besucht hat, kann sich der Besonderheit dieser ethnisch-religiösen Identität entziehen. Sie entwickelte sich, als in Europa das „Mittelalter" herrschte. Die Industrialisierung erreichte den Kaukasus, also Armenien, erst in der Sowjetzeit, lange nachdem sich diese Identität zu einem deutlichen armenischen Nationalismus entwickelt hatte. Im „türkischen" Armenien gab es keine Industrialisierung, und die osmanische Türkei vernichtete die dortigen Armenier.

Eine menschliche Gesellschaft, so führt Sand aus, kann vor der Moderne weder allgemeine bürgerliche Gleichheit noch den Wunsch der Massen nach Selbstbestimmung entwickeln. Die Römer wären über eine derartige Feststellung recht verwundert gewesen, und nicht nur sie. In Rom vertraten die Volkstribunen vor dem Entstehen des Kaiserreichs die „Massen", und dort gab es einen starken Wunsch, sich selbst zu regieren – ohne industrielle Revolution. Ähnliches läßt sich für die Schweizer Kantone feststellen, trotz aller Unterschiede in sprachlicher und religiöser Hinsicht. Die industrielle Revolution folgte dort etwa 600 Jahre später. Man kann es auch ganz anders sehen. Heute, nach der Industrialisierung, lassen sich zahlreiche Beispiele finden, wo der Wunsch der „Massen" (ein typischer Begriff der marxistischen Ideologie), sich selbst zu regieren, nicht sehr ausgeprägt ist, und wo es kaum ein allgemeines Gefühl bürgerlicher Gleichheit gibt.

Was beabsichtigt Professor Sand? Will er herausfinden, woher Shlomo Sand kam? Die Antwort ist etwas schwierig. Jonathan Ratosch (sein richtiger Name war Uriel Schelach), 1908 – 1981, war ursprünglich ein radikaler rechtsgerichteter Zionist, ein Freund von Benzion Netanjahu, des Vaters des heutigen Ministerpräsidenten Benjamin Netanjahu. Dann änderte er seine Meinung, gründete eine Bewegung unter palästinensischen/israelischen Juden, gemeinhin bekannt als „die Kanaaniter", wandte sich gegen den Zionismus und propagierte die Existenz einer neuen hebräischen Nation, die nicht länger in Beziehung zu den Juden stand, sondern diese mit den Arabern verband, um den Nahen Osten gemeinsam zu beherrschen. Sand befürwortet etwas Ähnliches. In Palästina, später Israel, versuchte auch die kommunistische Partei, dem Zionismus die Legitimation abzusprechen. Kleine Gruppen von Intellektuellen, meistens extrem Linke, aber auch einige Rechte, versuchten Ideologien zu entwickeln, die darauf zielten, die Beziehungen zwischen den Juden in Israel und anderswo zu beenden, und sie entweder in einer gemeinsamen Einheit mit den Arabern/Palästinensern zu vereinen oder, in der rechten Version, über sie zu herrschen.

Wenn es so etwas wie das jüdische Volk nicht gibt, die israelischen Juden vielmehr Teil von etwas Neuem sind, das keine notwendige Beziehung zu den sonstigen jüdischen Gemeinschaften aufweist, aus denen sie stammen – abgesehen von religiösen, sentimentalen und kulturellen Bindungen, wie Sand betont –, dann ist der palästinensisch-jüdische Konflikt selbstverständlich leicht zu lösen. Die jüdischen Israelis sind dann eine Gruppe unter vielen in der Region, und sie können die vorherrschende arabische Kultur der Region problemlos übernehmen. Der Zionismus ist unter diesem Blickwinkel eine Illusion. Die palästinensischen Führer, Jassir Arafat und Mahmud Abbas (Abu Mazen) vertraten und vertreten in der Tat diese Sichtweise: Es gibt kein jüdisches Volk, Ethnizität oder Nationalität, nur eine jüdische Religion und israelische Juden. Damit sprechen sie einem auf der Religion begründeten Staat die Legitimation ab. Dies wäre für Pakistani, Iraner und viele andere, für die Religion und Staat identisch sind, eine Überraschung. Das andere Extrem ist bei dem langjährigen israelischen Ministerpräsidenten Netanjahu zu finden: Um Frieden zu schließen, müssen die Palästinenser anerkennen, daß Israel der Staat des jüdischen Volkes ist. Die israelische Rechte ist sich hinsichtlich ihrer Identität so unsicher und ambivalent, daß sie die Bestätigung durch Herrn Abbas benötigen, sie seien tatsächlich Juden, nicht nur in religiöser Hinsicht (die meisten Juden sind nicht religiös, wie ich bereits betont habe). Nach Professor Sand ist, da es kein jüdisches Volk gibt, dem Zionismus, der beansprucht, dessen Nationalbewegung zu sein, der Boden damit entzogen. Der Zionismus mutiert zu einem von imperialistischen Mächten unterstützten oder initiierten kolonialistischen Unternehmen, das Mitglieder religiöser Gemeinschaften nach Palästina brachte, um ein neues Volk zu erschaffen. War es wirklich so? Ich bin immer davon ausgegangen, daß Israel seine Unabhängigkeit durch einen Kampf gegen britische imperiale Interessen mit Hilfe der „anti-imperialistischen" Sowjetunion erkämpfte. Sand akzeptiert dieses Volk, die jüdischen Israelis, denen es gelungen ist, eine eindrucksvolle neue Gemeinschaft mit einer gut entwickelten Kultur zu bilden. Er möchte also nicht, daß diese vernichtet wird. Man möge nur darauf verzichten, sich als Juden, also ethnisch oder national, zu bezeichnen. Vielmehr handelt es sich um eine neue Nation – die Israelis, die Teil eines fortschrittlichen Nahen Ostens werden. Diesen Unsinn predigen einige Intellektuelle in Israel, ebenso wie einige brillante jüdische Köpfe außerhalb.

Ich habe mich bereits mit dem jüdischen Antisemitismus beschäftigt.

Zu alledem gibt es eine interessante Parallele. Ich habe bereits auf die faschistische Lechi-Gruppe hingewiesen, die Anfang 1941 versuchte, ein Abkommen mit Nazi-Deutschland zu erreichen. Eine zentrale Figur war Nathan Yellin-Mor (Friedman, 1913 – 1980). Er versuchte, über Syrien Kontakt mit den Deutschen aufzunehmen. Er änderte langsam seine Haltung, wurde ein Befürworter einer engen Kollaboration mit den Arabern/Palästinensern und trat für eine gemeinsame revolutionäre Front gegen den westlichen Imperialismus ein. Er wurde prosowjetisch, zeitweise war er Mitglied der Linken im israelischen Parlament, der Knesset. Er liefert ein Beispiel für das, was einige Historiker „linken Faschismus" nennen. In Nazi-Deutschland wurde diese Richtung von Gregor Strasser (1892 – 1934) repräsentiert, einem Nazi, der sich zu einem Gegner Hitlers entwickelte und von der SS ermordet wurde. Sand gehört nicht zu dieser Art von Intellektuellen, aber es besteht die Gefahr, daß Leute wie er, die zweifellos guter Absicht sind, in diese ideologische Richtung abgleiten. Sein neomarxistischer Ansatz negiert die tatsächlich vorhandene jüdische Identität und verhindert damit einen realistische Annäherung zwischen Juden und Arabern/Palästinensern.

Woher stammen diese Vorstellungen? Ich bin nicht sicher, ob ich eine zufriedenstellende Antwort liefern kann, aber es spricht einiges dafür, daß Mitglieder einer bedrohten Minderheit bei Ideologien und sozialen Gruppen Zuflucht suchen, die diese Minderheit bekämpfen. Auf den jüdischen Antisemitismus bin ich bereits eingegangen. Man muß allerdings betonen, daß es viele Spielarten davon gibt. Es wäre falsch, Lev Davidowitsch Trotzki mit Lasar Moissejewitsch Kaganowitsch, Stalins Freund und treuem Gefolgsmann, zu vergleichen, oder Karl Marx, den Enkel eines jüdischen Richters (*dajan*) mit Jakub Berman (1901 – 1984), einem Minister im kommunistischen Polen gleichzusetzen. Während sie alle Kommunisten waren, variierte ihre Haltung zu den Juden von Distanzierung bis blanken Haß. Es gibt natürlich gewisse Parallelen in anderen ethnischen Gruppen – die Briten richteten „Lord Haw-Haw" hin, William Joyce (1906 – 1946), einen britischen, in den USA geborenen Bürger, der während des Krieges Nazipropaganda von Deutschland aus verbreitete. Einige Amerikaner unterstützten die Nazis, viele Franzosen unterstützten Nazi-Deutschland. Während der sowjetischen Zeit waren die offiziellen „Herrscher" von Litauen, Lettland und Estland lokale Kommunisten. Es lassen sich viele andere Beispiele finden, aber sie sind nicht so extrem wie die jüdischen.

Eine der Hauptentgegnungen zu Professor Sand besteht in dem Hinweis, daß es nicht eine jüdische Identität gibt, sondern viele. Im Extremfall könnte man sagen, daß es jüdische Identität auch dann gibt, wenn die Person sie zurückweist: Ja, ich bin als Jude geboren, aber ich lehne alle Kontakte und jegliche Identifizierung mit den Juden ab; ich bin Amerikaner, Franzose, Pole, Holländer usw. Sand verneint die jüdische Identität und postuliert eine jüdisch-israelische Identität, die keine Verbindung zu der jüdischen Welt außerhalb von Israel hat. Das andere Extrem finden wir bei messianischen, faschistischen und rassistischen Juden mit einem Überlegenheitskomplex, der sich gegen alle Nichtjuden, besonders gegen Araber/Palästinenser, richtet. Wie bei anderen Ethnizitäten/Nationalitäten auch, bewegen sich die meisten Juden irgendwo in der Mitte dazwischen, viele befinden sich glücklicherweise auf der liberalen Seite. Aber, wie bereits betont, ethnische und/oder religiöse Identität ist oft von zentraler Bedeutung, auch wenn sie darüber hinaus andere, private, persönliche und gesellschaftliche Identitäten haben. Aufgrund ihrer außergewöhnlichen Geschichte erweist sich die jüdische

Identität, wie wir gesehen haben, als kompliziert, vielleicht sogar komplizierter als bei vergleichbaren Gruppen. Tatsächlich stellt das Gruppenbewußtsein eine der wichtigsten Fragen in innerjüdischen Dialogen oder Konfrontationen dar.

Wir müssen noch einmal zum Problem der Religion zurückkehren. Es kann kein Zweifel daran bestehen, daß die jüdische Religion eine zentrale Rolle in der Entwicklung der jüdischen Zivilisation und Kultur spielte. Wie in anderen Kulturen diente die Religion dazu, alle Phänomene der Natur und des sozialen Lebens, die die Juden betrafen, zu erklären. Gewissermaßen spiegeln die inneren Gegensätze religiöser Erklärungen die Gegensätze im privaten und gesellschaftlichen Leben von Individuen wider. Menschen brauchen kollektive Erfahrungen, Liturgien, Festlichkeiten, private und kollektive Trauer und Zeremonien. Ohne zumindest einige davon ist kein Gruppenleben möglich, und Religion lieferte diesen wesentlichen Teil des menschlichen Lebens. Im Falle der Juden endeten die Kämpfe zwischen den Anhängern Jehovas und ihren Gegnern in dem kleinen Königreich Juda letztendlich mit dem Sieg der Jehova-Anhänger vor dem Ende des 7. Jahrhunderts v. d. Z. In der Bibel ist Gott der zentrale Held, und obwohl es deutliche Spuren des Polytheismus' gibt, aus dem sich diese Religion entwickelte, ist die Bibel ohne diesen anthropomorphen Gott, den die Juden schufen, nicht vorstellbar. Und die Bibel ist die Grundlage der jüdischen Identität, ob man ein jüdischer Atheist ist, ein Reform-, orthodoxer, konservativer, liberaler oder rekonstruktionistischer Jude, oder lediglich ein normaler halbreligiöser Jude oder einer, der sich überhaupt nicht um diese Dinge kümmert.

Die jüdische religiöse Literatur ist gewaltig nach Umfang und Inhalt. Im Laufe der Zeit beschäftigte sie sich immer weniger mit Gott und immer mehr mit dem täglichen Leben. Im Talmud (sowohl im Jerusalemer als auch im Babylonischen) wird Gott selten erwähnt, und gelegentlich, wenn er erwähnt wird, folgt er in manchen Fällen dem, was die Rabbis sagen, nicht umgekehrt. Die Dinge werden oft so interpretiert, daß sie das Gegenteil des eigentlichen Textes aussagen: Interpretation und Reinterpretationen, um die sich ändernden sozialen, ökonomischen und politischen Bedingungen anzupassen, beruhen immer auf dem gleichen Text.[9]

Heutzutage gehen die meisten Juden nicht regelmäßig zur Synagoge. Ein hoher Prozentsatz beschränkt sich auf sehr wenige Besuche, üblicherweise an den hohen Festtagen, Pessach und Chanukka. Israelische Juden oder Juden, die Beziehungen zum Hebräischen haben, benutzen die biblische Sprache. Sie tun dies

---

9 Professor Blu Greenberg, einer sehr bedeutenden jüdischen Theologin, wird folgende Geschichte zugeschrieben. Sie wurde von einem christlichen Freund gefragt, wie mit dem Evangelium des Johannes, in dem Juden nicht gerade freundlich behandelt werden, umzugehen sei. Sie soll geantwortet haben: „Tut doch das, was wir tun: Wir interpretieren den Text so, daß er das Gegenteil von dem aussagt, was dort steht.“ Auch wenn die Geschichte nicht wahr sein sollte, sie ist passend oder, wie die Italiener sagen würden: *si non vero, ben trovato*.

zumeist unbewußt, da biblische Ausdrücke in die Alltagssprache übernommen wurden, den modernen hebräischen Slang eingeschlossen. Die jüdischen Identitäten stellen eine Mischung dar – überlieferte Gewohnheiten, zahlreiche Ausdrucksmöglichkeiten, eine faszinierende Kombination oft widersprüchlicher psychologischer Eigenschaften. Diese machen das spezifisch Jüdische aus. Im Zuge der Globalisierung verschmelzen diese Eigenschaften, die oft die unterschiedlichen Länder und Gesellschaften, in denen Juden lebten, widerspiegeln. Nordafrikanische, iranische oder irakische Juden übernahmen die Sitten und Gebräuche anderer jüdischer Gemeinschaften und beeinflußten sie wiederum.

Eine wachsende Zahl von Juden versuchte mit ihrem Judentum in seinen verschiedenen Formen umzugehen. Kürzlich hat David Biale mit *Not in the Heavens*[10] (der Titel ist ein Zitat aus dem Talmud) eine säkulare Interpretation jüdischen Denkens und Lebens geliefert. Er startet mit dem Rambam – nicht in der Version von *Hilchot Melachim*, sondern in einer rationalen Interpretation, die argumentiert, daß Gott nichts Menschliches an sich habe, sondern reiner Geist sei. Die Ablehnung der Vermenschlichung stellte einen ersten Schritt auf dem langen Weg zu einer säkularen Interpretation jüdischer Existenz dar. Biale konzentriert sich dann auf die Entwicklung, die mit Baruch Spinoza (1632 – 1677) begann, dem ersten jüdischen Denker, der eine wörtliche Interpretation der Bibel und der Texte, die ihr folgen, zurückwies. Er entwickelte eine pantheistische Theorie (*deus dive natura* – „Gott, das ist die Natur"). Spinozas Gott kann deshalb nicht zu den Menschen sprechen, da die Menschen Teil der Natur sind, das bedeutet, daß sie ein Teil Gottes sind. Deswegen ist die Bibel eine menschliche, nicht eine göttliche Schöpfung. Dies führte letztendlich zu einer Säkularisierung, ohne die jüdische Zivilisation und Kultur abzulehnen. Erstaunlicherweise widmet Spinozas einen Großteil seiner enormen intellektuellen Fähigkeiten der Diskussion genau jener Texte, deren göttliche Autorität er verneinte. Dies ist typisch für säkulare Juden (mich eingeschlossen). Man greift ständig auf die große Erfindung der Menschen zurück: Gott und die Texte, die er angeblich verfaßte oder zumindest inspirierte. Das Judentum ist hauptsächlich eine Zivilisation von Texten (in den letzten zwei Jahrhunderten drückte sie sich auch in der darstellenden Kunst und Musik aus). Es existiert, weil man ständig zu den traditionellen Texten zurückkehrt, eine große Anzahl von neuen hervorbringt, die, auf viele und gegensätzliche Arten, Fortsetzungen der alten sind. Spinozas Erben gingen selbstverständlich weiter als der große Meister, bis sie bei einem sehr jüdischen Atheismus anlangten. Dieser interpretiert traditionelle Texte neu und bringt neue hervor, die die Verantwortlich-

[10] David Biale: *Not in the Heavens. The Tradition of Jewish Secular Thought*. Princeton: Princeton University Press, 2011.

keit der Menschen für sich selbst betonen; ohne einen Vater mit langen weißem Bart, der auf einer Wolke sitzt und ihnen erzählt, was sie zu tun haben.

Was bedeutet „säkular" oder „Säkularismus"? Das Wort, wie wir es benutzten, stammt von dem lateinischen „saeculum"; ein Lebensabschnitt, ein Zeitalter, ein Jahrhundert. Man sagt, daß der Vatikan in Jahrhunderten denkt (*pensiamo in saeculi*), was unglücklicherweise richtig zu sein scheint. Dann bekam der Ausdruck die Bedeutung „Welt", Weltlichkeit usw. im Gegensatz zum Göttlichen. Einstein dachte, wie bereits erwähnt, daß das Universum in irgendeiner Weise geordnet sein müsse und nahm deshalb die Existenz einer Art von Intelligenz an, die dies tue. Diese Intelligenz ist selbstverständlich hinsichtlich menschlicher Moral oder Interessen völlig neutral. Die Quantenmechanik (speziell die Arbeit von Werner Heisenberg, publiziert 1927) zeigt uns, daß es prinzipiell unmöglich ist, bestimmte Quantitäten oder Eigenschaften der physischen Welt als festgelegt anzusehen. Die Ansicht ist erfreulicherweise der Chaostheorie ähnlich, die ich in einem früheren Kapitel erwähnt habe. Dies steht im Widerspruch zu Einsteins Auffassung. Das Universum scheint nicht die wohlgeordnete Welt zu sein, und falls es eine Intelligenz gibt, die es kontrolliert, kann es sich nicht um eine besonders hochstehende oder erfolgreiche Intelligenz handeln. Das Chaos regiert, und alles ist entstanden, um zu vergehen. Einsteins Gott ist ein bodenloser Mißerfolg. Der Atheismus erweist sich als die vorzuziehende Variante. Er zwingt die menschliche Person anzuerkennen, daß er/sie ein kurzes Erdenleben vor sich hat, einen unausweichlichen Tod. Deshalb ist es notwendig, aus dem kurzen Leben in eigener Verantwortung so viel wie möglich zu machen. Reiner Eigennutz führt zu Leid, eigenem und für andere. Wir sind Herdentiere und können ohne einen sozialen Rahmen nicht leben. Anstrengungen, die wir zugunsten der Gesellschaft und ihrer Mitglieder unternehmen, werden zu unserer persönlichen Erfüllung beitragen. Ich möchte ein Beispiel anführen: Ich bin mit zwei katholischen Nonnen befreundet (ihre Namen möchte ich nicht nennen, da mir dazu die Erlaubnis fehlt), einer amerikanischen und einer irischen. Im Gegensatz zu mir sind sie tief religiös (ich wünschte, ich hätte zumindest etwas von ihrer Selbstlosigkeit) und haben ihr Leben der Verbesserung des Lebens anderer gewidmet. Ich kann ihre Hingabe und das, was sie erreicht haben, nur bewundern. Ich nehme an, sie empfinden eine große Befriedigung und gleichzeitig eine Enttäuschung, da sie ständig noch mehr und Besseres tun wollen und sich über Fehlschläge Sorgen machen. Nun muß man nicht katholisch sein, um diesen Weg zu beschreiten; man kann Buddhist, Atheist, Hindu, Protestant sein, schlicht jemand, der sein Leben in dieser Weise ausrichtet. Moral, dies habe ich aufzuzeigen versucht, ist eine funktionale soziale Einstellung, über die sich Atheisten völlig im klaren sind. Ohne Moral gerät das gesellschaftliche Leben ins Rutschen.

Die meisten Menschen auf der Welt beschäftigen sich nicht mit derartigen Fragen. Sie leben sie vielmehr. Die meisten Christen gehen dreimal in ihrem Leben zur Kirche: bei ihrer Geburt (Taufe), wenn sie heiraten und wenn sie sterben (um es mit einem englischen Sprichwort zu sagen: „hatch, match, and dispatch"). Die meisten sogenannten religiösen Menschen folgen ihrer Religion aus Gewohnheit, ohne darüber nachzudenken, sie nehmen an Zeremonien teil, die wichtig für sie als Individuum und für die Gesellschaft sind, sie nehmen sie als psychologische Stütze. Dies gilt selbstverständlich auch für religiöse Juden. Männer beten dreimal am Tag, sie wiederholen die Worte, die durch das ständige Wiederholen an Bedeutung verloren haben. In schwierigen Lebensumstände sind Gebete wichtig. Es gibt niemanden, an den man sich sonst wenden kann. Es ist eine psychologische Übung von großer Bedeutung, weil das Gebet der Selbststärkung dient. Aber abgesehen davon, kann das Leben religiöser Menschen als „säkular" bezeichnet werden. Dies bedeutet nichts anderes, als daß man, statt sich in der Tiefe der Transzendenz zu verlieren, seine Aufmerksamkeit auf die Arbeit, die Familie, die sozialen Verhältnisse, die Kultur, die Politik, Unterhaltung usw. richtet.

Kann man von einem jüdischen Säkularismus sprechen oder, was ich bevorzugen würde, von einem jüdischen säkularen Humanismus? Die Ergänzung durch den Begriff „Humanismus" ist wichtig, da es sehr mächtige anti-humanistische säkulare Kräfte gibt. Ich teile nicht die Ansicht, daß der Nationalsozialismus oder Bolschewismus als säkular anzusehen sind, denn es handelte sich um ausgesprochen religiöse oder quasi-religiöse Glaubenssysteme. Aber darüber bestehen Meinungsverschiedenheiten, und wenn man sie nicht als religiös ansieht, dann handelt es sich bei ihnen zweifellos um einen radikalen anti-humanistischen Säkularismus oder, wenn man so will, um säkulare Religionen (obwohl dies ein widersprüchlicher Begriff ist). Radikale Nationalisten und Rassisten können sehr wohl säkular sein. Unter den israelischen Juden gibt es säkulare Menschen mit derartigen Ansichten. Sie sind mit Sicherheit nicht humanistisch. Unter jenen nicht eben zahlreichen Juden gibt es Bestrebungen, die jüdische Zivilisation und Kultur in eine nichtreligiöse Richtung (was keineswegs antireligiös bedeutet) zu entwickeln. Sie interpretieren, in bester jüdischer Tradition, die antiken, mittelalterlichen, modernen und zeitgenössischen Texte und gehen über die Texte hinaus, in die Kunst, zum Theater und so weiter. Sie verstehen die jüdische Kultur so, wie Juden (und gelegentlich auch Nichtjuden) sie immer verstanden haben: als eine Kultur, die sich entwickelt, die Erneuerung und Kontinuität beinhaltet.

Es gibt Fragen nach den Grenzen, aber diese sind zumeist falsch. Haben Karl Marx, Isaac Deutscher, Benjamin Disraeli, Walther Rathenau, Jakub Berman, Ferdinand Lassalle, Otto Bauer, Léon Blum und viele andere, die sich in völlig unterschiedlichen Bereichen hervorgetan haben, einen Beitrag zur jüdischen Kultur geleistet? Sollte Jesus von Nazareth in die Betrachtung über jüdische Kultur einbezogen werden? Sollte das Neue Testament als eine Schöpfung der jüdischen Kultur angesehen werden? Die Antworten hängen von den Kriterien ab, nach denen man eine ethnische oder ethnisch-religiöse Kultur bestimmt. Meine sehr subjektiven Antworten lauten: „ja“ bei Jesus von Nazareth und dem Neuen Testament, „ja“ bei Disraeli, „nein“ bei Marx, Lassalle und Berman, „vielleicht“ bei Deutscher, Bauer (nebenbei: keine Verwandtschaft) und Rathenau. Um welche Kriterien handelt es sich? Wenn jemand bewußt oder unbewußt als Jude etwas tut und dabei in einem wie auch immer gearteten Verhältnis zu anderen Juden steht, dann wird ihr/sein Werk Teil der jüdischen Kultur. Juden trugen zur menschlichen Zivilisation bei, wunderbar! Viele taten dies nicht als Juden, obwohl der Einfluß ihrer jüdischen Herkunft oft deutlich wird. Deutscher schrieb über die Juden und bezog sich, wenn auch in komplexer Weise, auf sein Judentum – ist er ein „Vielleicht-Jude“? Vielleicht. Disraeli identifizierte sich sehr bewußt mit seiner jüdischen Abstammung, obwohl er Christ war. Dasselbe gilt für Heinrich Heine. Also – „ja“. Marx, Lassalle und Berman verleugneten ihre jüdischen Wurzeln nicht, aber sie wiesen sie ganz bewußt zurück. Ihre Entscheidung ist zu respektieren – also „nein“. Sie trugen viel dazu bei, die moderne Zivilisation in einer globalen Weise zu verbessern. Jesus war ein praktizierender Jude, der sich vielleicht als der Messias oder als dessen Vorläufer sah. Zumindest drei der Evangelisten, und natürlich Saulus von Tarsus, der zum heiligen Paulus wurde, waren Juden. Sie wandten sich an Heiden, um diese zur Annahme ihrer neuen Religion zu bewegen. Darin sahen sie keinen Gegensatz zu ihrer jüdischen Herkunft. Die neue Lehre war offensichtlich eine Fortsetzung der jüdischen Traditionen. Wir haben keine authentische Quelle über das, was Jesus wirklich sagte, da alle vorhandenen Texte Jahrzehnte nach seinem Tode verfaßt wurden. Aber seine Persönlichkeit wird in dem, was wir haben, deutlich; seine Lehre ist eindeutig von Hillel dem Alten und den Traditionen, aus denen sich später die Mischna entwickelte, beeinflußt. Das Neue Testament ist durch und durch jüdisch. Was später daraus wurde, insbesondere die Wendung zu einer Quelle des christlichen Antisemitismus, ist eine andere Sache. Also – „ja“.

Es gibt etwas, das man als eine Hauptströmung der jüdischen Säkularkultur bezeichnen könnte. Sie blüht heute in Israel, Nordamerika, Europa und Lateinamerika. Der literarische Reichtum in verschiedenen Sprachen, wenn auch hauptsächlich auf Hebräisch und Englisch, ist erstaunlich, wenn man die geringe Bevölkerungszahl der Juden in der Welt betrachtet (etwa 13 Millionen insgesamt). Israelische Literaten wie Shai (Schmuel Joseph) Agnon, Amos Oz, A. B. Jehoshua, David Grossman, Meir Shalev und viele andere wurden Teil der Weltkultur. Ihre Arbeiten sind in zahlreiche Sprachen übersetzt worden. Ihre Bücher, Romane und Lyrik, sind tief in den traditionellen jüdischen Texten verwurzelt. Mit der möglichen Ausnahme von Agnon sind die meisten säkulare jüdische Humanisten

(Agnon, ein Literaturnobelpreisträger, war, wenigstens nach außen hin, ein sehr orthodoxer Mensch; genauer gesagt war er ein Skeptiker, der an die Fortdauer jüdischer Traditionen glaubte, was nicht notwendigerweise einen Glauben an Gott bedeutet). Hinsichtlich der klassischen Musik sind Itzhak Perlman, Daniel Barenboim (geboren in Argentinien, aufgewachsen in Tel Aviv) und viele andere zu nennen. Es gibt viele Dramatiker, Schauspieler, Sänger, Künstler aus unterschiedlichen Bereichen, deren Wirken ganz offensichtlich jüdische Charakteristika aufweist – und man kann sicher sagen, daß diese Charakteristika nicht nur den kulturellen Universalismus nicht verneinen, sondern offen und bewußt diese Verbindung einer großen jüdischen Tradition mit dem, was sie als wünschenswerte ethische Prinzipien mit universellem Charakter ansehen, anstreben. Was ist nun „jüdische Kultur" oder „jüdische Zivilisation"? Man kann sie als ethnische oder ethnisch-religiöse Traditionen eines Volkes bezeichnen, das eine lange Geschichte hat. Dies schließt religiöse und nichtreligiöse Elemente ein, wobei die letzteren seit Spinoza immer mehr die Oberhand gewinnen. Die jüdischen Traditionen sind entweder verknöchert, oder zu faschistischen Entstellungen in der Art von „Torat Hamelech" verkommen, oder sie haben nicht-orthodoxe, liberale Charakteristika angenommen. Das wertvollste Erbe ist zweifellos die Ethik, ein Vermächtnis aus der Zeit des Ersten Tempels.

Eine kleine Abschweifung sei erlaubt: Seit 2007 führen die Archäologen (Prof.) Yosef Garfinkel und Saar Ganor bei Khirbet Qeiyafa am Ende des Elah-Tals in den Vorhügeln von Jerusalem eine Grabung von großer Bedeutung durch. Sie legten eine eindeutig judäische Stadt bzw. Festungsanlage frei, die sich sicher auf das 11. oder 10. Jahrhundert v. d. Z. datieren läßt, also eine Zeit, die von vielen Historikern als diejenige König Davids bezeichnet wird. Man fand Inschriften auf einem Ostrakon in protokanaanitischer Schrift, die Prof. Gershon Galil aus Haifa wie folgt übersetzte: „Du sollst ... nicht tun und verehre [deinen Gott?]; Sei gerecht zum Sklaven und der Witwe; Sei gerecht zu der Waise und dem Fremden; Verteidige das Kind; Verteidige den Armen und die Witwe; [wenn nicht,] kommt im Namen des Königs Rache; Schütze den Mittellosen und den Sklaven." Der erste Satz ist unvollständig, der Rest ziemlich eindeutig.[11]

Dies ist der älteste hebräische Text, über den wir verfügen, er ist einige hundert Jahre älter als die Bibel. Er beschäftigt sich nicht mit Theologie, Krieg oder Steuern, sondern mit Moral. Es ist kein Appell an das Gewissen eines Einzelnen, es ist keine „mitzwa", eine gute Tat, für oder gegen die sich eine Person entscheiden kann. Es ist eine Feststellung, daß die Moral das Gesetz darstellt, das vom

---

[11] Yosef Garfinkel und Saar Ganor: *Khirbet Qeiyafa: Shaarayim*, in: Journal of Hebrew Scripture. Vol. 8, Article 22, 2008. Der hebräische Text lautet: *Al taas veavadta et [elohechah?] Shiftu eved ve'almanah, shiftu yatom veger, rivu olal, rivu dal ve'almanah, nakmu beyad melech, evion ve'eved shuchu.*

König durchgesetzt wird. Es greift den Propheten vorweg und ist die Basis der besten jüdischen Tradition. Dies ist unsere Wurzel, und es bleibt zu hoffen, daß wir auf diesem Weg weiter gehen, trotz dunkler Wolken von Nationalismus und religiösem Fanatismus.

Eine neue Initiative versucht, eine umfangreiche Anthologie jüdischer Texte, Musik und Kunst, die „Posen Anthology of Jewish Culture“, zu veröffentlichen[12]. Menschen, die sich für die jüdische Zivilisation interessieren, finden hier genügend Material über deren gesamten Reichtum. Die Grundidee ist, dem Leser Auszüge von Texten, Bildern, Musikstücken usw. zur Verfügung zu stellen. Die Anthologie wird gleichermaßen für Juden und Nichtjuden ein Kompendium multidimensionalen Quellenmaterials für das Studium, die Akzeptierung oder Konfrontation mit einer großen Kultur zur Verfügung stellen.

Die Entwicklung einer säkularen humanistischen Kultur, die sich aus einer zunächst religiösen Orientierung über viele Jahrhundert entwickelte, ist nicht einzigartig. Ähnliche Entwicklungen zum Säkularismus lassen sich auch in anderen Kulturen finden. Als Beispiel möchte ich Japan nennen, eine Kultur, die augenscheinlich so weit als denkbar von der jüdischen Geschichte entfernt ist. In Japan gibt es eine Tradition kultureller Motive von der frühen Kofun-Zeit (3. bis 8. Jahrhundert), als der Yamato-Clan seine Herrschaft über weite Teile der japanischen Inseln festigte, über die Nara-Zeit (714 – 784), über die Kyoto-Ära (794 – 1868) bis zur modernen Umwälzung, die das kulturelle Zentrum nach Edo, dem heutigen Tokio, verlagerte. Die Meiji-Zeit wurde bereits erwähnt. Der Buddhismus wurde spätestens im 6. Jahrhundert übernommen, höchstwahrscheinlich früher. Er wurde die anerkannte Religion (eigentlich ist der Buddhismus keine Religion, sondern eine Lebensweise). Heute sind, zumindest theoretisch, ca. 90 % der Japaner Buddhisten. Der ältere polytheistische Shintoismus verband sich mit dem Buddhismus zu einer einzigartigen Form des Synkretismus, und dies bildete die „Verpackung“ für Sitten, Literatur und Kunst. Der eigentliche Inhalt war, wie im Judentum, mit dem täglichen Leben, dem Leben des Einzelnen, der Familie, der Gesellschaft verbunden. Im Laufe von nahezu tausend Jahren entwickelte sich unter der Herrschaft der Tokugawa-Shogune (Kyoto-Zeit) die japanische Kultur zu einer außerordentlich reichen Zivilisation. Von der zweiten Hälfte des 19. Jahrhunderts an regelten Buddhismus und Shintoismus das offizielle und familiäre Leben, aber der kulturelle Inhalt ist eindeutig säkular. Der Kampf zwischen nicht-humanistischen und humanistischen Inhalten und Formen ist dort so offensichtlich wie im Judentum, aber besonders die deutlich säkularen kulturel-

12 Initiiert wurde dies von dem jüdischen Philanthropen Felix Posen. Sie wird in der Yale University Press erscheinen. Band 10, der die zeitgenössische jüdische Zivilisation behandelt, wurde inzwischen veröffentlicht. Die übrigen neun Bände, die den Zeitraum von der biblischen Zeit bis ins 20. Jahrhundert umfassen, werden in den nächsten Jahren erscheinen.

len Richtungen greifen immer auf eine Tradition zurück, die von buddhistischen und shintoistischen Überzeugungen und Bräuchen gefärbt ist. Es lassen sich viele weitere Beispiele anführen, die zeigen, daß die Entwicklung des Judentums nicht einzigartig ist. Im Zeitalter der Globalisierung gilt es, auf die Parallelitäten dieser weltweiten Tendenzen hinzuweisen.

Die gemeinsame Grundlage säkularer Kulturen habe ich verdeutlicht: die Ablehnung der Existenz transzendentaler „Wesen" oder „Kräfte", die das soziale und private Leben der Menschheit bestimmen. Das jüdische Beispiel ist zweifellos von großer allgemeiner Bedeutung. Die Religion ist in der jüdischen Kultur ein besonders wichtiges Element und ist die Grundlage für zwei (sogenannte) monotheistische Glaubenssysteme gewesen: Christentum und Islam. Durch die jüdischen Texte und über die anderen (sogenannten) monotheistischen Religionen wurden jüdische Ethik und Ideen, die sich innerhalb der jüdischen Kultur entwickelten, wesentlicher Bestandteil der Zivilisation – und in unserer globalisierten Zeit nicht nur in euro-amerikanischen Ländern. Bewußt oder auf andere Weise verbreiten Juden in vielen Bereichen – Literatur, Kunst, Theater, Film, Wissenschaft usw. – Gedanken, die in der jüdischen Kultur wurzeln. Die jüdische Kultur wiederum wird auf vielerlei Weise von anderen Zivilisationen und Kulturen, direkt oder indirekt, beeinflußt. Heute ist diese wechselseitige Beeinflussung hauptsächlich säkularer Natur und hoffentlich humanistisch. Jahrhunderte nach „dem kleinen Juden von Amsterdam", wie Heinrich Heine Baruch Spinoza nannte, beeinflussen seine Erben überall die zivilisierte Welt.

Es bleibt die Frage, ob die säkulare humanistische jüdische Kultur lange bestehen wird. Es gibt keine einfache Antwort. Das jüdische Leben konzentriert sich heute auf Nordamerika und Israel. In Zukunft werden die meisten Juden – aufgrund der höheren Geburtenrate und der Stagnation bzw. des Rückgangs der jüdischen Bevölkerung anderswo – in Israel leben. Jüdische Gemeinden in Westeuropa, der ehemaligen UdSSR, Australien, Lateinamerika und in anderen Teilen der Welt sind kleiner und – mit Ausnahme von Australien – ihre Bevölkerung nimmt ab. Einerseits gibt es außerhalb Israels Tendenzen, sich zu assimilieren, d. h. in den umgebenden Gesellschaften aufzugehen, und andererseits eine wachsende jüdische Orthodoxie, die mehr und mehr, besonders in ihrer charedischen Form, verknöchert. Diese beiden Tendenzen fördern die Entwicklung einer säkularen jüdischen Kultur nicht. Andererseits muß beachtet werden, daß die Orthodoxie und Ultraorthodoxie beispielsweise in den USA nicht mehr als 10 % der Juden umfaßt. Die große Mehrheit bilden konservative, reformerische, rekonstruktionistische und säkulare Gruppen und Gemeinschaften, die sich als Juden sehen. Die kulturellen Aktivitäten sind nicht nur unter Juden ungeheuer produktiv und beliebt. Eine große, aber unbekannte Zahl von Juden gehört keiner Gruppe an, gleichwohl pflegen sie gewisse jüdische Traditionen und sehen sich selbst als

Juden. Die liberalen Ansichten vieler Juden in den Vereinigten Staaten – wie auch in anderen Ländern der Diaspora – lehnen die religiös-nationalistische Richtung der offiziellen Politik Israels sowohl nach innen als auch nach außen ab. Die Kluft zwischen diesen beiden Gruppen wächst. Man mag dem entgegenhalten, daß die AIPAC (America-Israel Public Affairs Committee) jede israelische Regierung unterstützt. Dabei geht sie von einer klaren konservativen Position aus, obwohl sie den Eindruck erweckt, integrierend zu wirken. Natürlich muß sie das bei einem gegenwärtigen demokratischen Präsidenten. Die Organisation behauptet, einige hunderttausend Mitglieder zu haben, und bezeichnet sich selbst als Graswurzel-Organisation, ein Anspruch, der zu hinterfragen ist. Im Grunde handelt es sich um eine selbsternannte Gruppe wohlhabender amerikanischer Juden, die damit prahlen, in jedem Jahr mindestens dreimal in Israel gewesen zu sein. Jack Cohen aus Topeka, Kansas, oder Helen Silverstein aus der E 73rd Street in Manhattan haben keine Verbindung mit der AIPAC) und kümmern sich nicht um ihre Stellungnahmen. Die liberale Opposition zur AIPAC), J-Street, wird ebenfalls ignoriert. Es wird keine massenhafte Auswanderung nach Israel geben, und die Kritik an der israelischen Politik nimmt zu. Dies kann mit dem steigenden Einfluß jüdischer säkularer humanistischer Kultur zusammenhängen. Dies mag andererseits, paradoxerweise, zu einer stärkeren Identifizierung mit der säkularen Kultur Israels führen und zu einem Brückenschlag auf einer nicht-konservativen und nicht-orthodoxen religiösen Basis führen.

In Israel gibt es ebenfalls, wie bereits erwähnt, eine Stärkung der orthodoxen und nationalistischen Tendenzen. Düstere Prophezeiungen sagen uns, daß es in der Zukunft eine Mehrheit von ultraorthodoxen und nationalistisch-religiösen Kindern in den Schulen geben wird. Dies bedroht sowohl Israels Sicherheit (da die Ultraorthodoxen den Dienst in der Armee ablehnen) als auch seine Beziehungen zu den demokratischen Ländern in der Welt, und diese Entwicklung bedroht auch die säkulare jüdische Kultur, auf die Israel aufgebaut ist. Ultraorthodoxe Menschen haben weit weniger Anteil am produktiven Leben als der Rest der israelische Bevölkerung. Die Männer bevorzugen eine parasitäre Lebensweise mit sogenannten „Thora"-Studien, also dem Wiederholen und der Interpretation talmudischer Texte, die vor 1.600 Jahren relevant waren. Entscheidend ist Bildung. Geld aus Spenden von der nicht-charedischen Gemeinschaft abzuzapfen, was sie wegen ihrer Teilnahme an rechtsgerichteten Regierungskoalitionen tun können, ist für die herrschende ultraorthodoxe Elite unerläßlich. Sie halten die bestehende gesellschaftliche Krise aufrecht und verschärfen sie, indem sie ihre Kinder davon abhalten, wichtige Dinge wie Mathematik, Englisch, Physik, Literatur und Geschichte zu lernen.

Wie in der Diaspora gibt es gleichzeitig eine entgegensetzte Entwicklung. Die säkulare Mehrheit der israelischen Bevölkerung ist von den Abenteuern ihrer herrschenden Elite immer weniger überzeugt. Es gibt wachsenden Widerstand gegen die orthodoxen und ultraorthodoxen Forderungen. Junge säkulare und traditionelle Frauen und Männer sind immer weniger gewillt, ihren Dienst in den Streitkräften zu leisten, während es die Frommen nicht tun. Man ist immer weniger bereit, Steuern zu bezahlen für Leute, die selbst kaum Steuern bezahlen, wenig arbeiten und deshalb ärmer sind als der Durchschnitts-Israeli. Die säkulare humanistische israelische Kultur blüht trotz allem. Die Zukunft ist offen.

Es wird immer wieder gesagt, daß jüdische (und andere) Atheisten „Ungläubige" sind. Das ist ein Irrtum. Atheisten glauben an die Eigenständigkeit des Individuums, an die Gleichheit der Geschlechter, an die Freiheit, sein Glaubens- oder Nichtglaubenssystem zu wählen, an die Gleichheit von Völkern, Nationen und Staaten. Sie glauben an die Möglichkeit, die Welt, in der wir leben, nicht perfekt – dies ist unmöglich –, aber doch ein wenig besser zu gestalten. Ein humanistischer Atheist glaubt nicht an Gewalt, abgesehen von individueller oder kollektiver Selbstverteidigung. Atheisten werden voraussichtlich immer in der Minderheit sein, weil sie auf die eingebildete Sicherheit, die ein höheres Wesen verspricht, verzichten. Moral, dies habe ich zu zeigen versucht, ist ein funktionales, im Wesentlichen gesellschaftliches Konzept, das es wert ist, wiederholt und vervollkommnet zu werden. Keine Gesellschaft kann ohne bestimmte gemeinsame Werte existieren, und sie kann das nicht, ohne diese Werte in den Wertvorstellungen der einzelnen Mitglieder zu verankern. Nur so kann das gesellschaftliche Leben geregelt werden, die Beziehungen des Einzelnen zu den Nachbarn und der Familie. Die Menschen erfanden die Götter und Gott unter anderem, um eine Autorität zur Durchsetzung eben dieser Normen zu schaffen. Für Atheisten stellt sich die Sache etwas schwieriger dar. Ihnen ist klar, daß die Autorität vollständig menschlich ist und das Gelingen allein in ihrer Verantwortung liegt. Aber die grundlegende Aufgabe ist für beide dieselbe. Es geht darum, eine gesellschaftliche Moral zu etablieren und diese zu erhalten, so daß das Leben auf allen Ebenen, der individuellen, der familiären und der gesellschaftlichen, möglich ist. In einer globalisierten Weltgesellschaft besteht vielleicht die Möglichkeit, die Perspektive für die gesamte Menschheit zu öffnen. In Bezug auf das Völkerrecht als bindender Norm sind wir bereits darauf zu sprechen gekommen. Die Betonung liegt auf dem Wort „vielleicht". Es ist auf jeden Fall wert, es zu versuchen.

Ich lebe in Israel, dem Nationalstaat des jüdischen Volkes. Was bedeutet das? Ein Vergleich kann hilfreich sein: Niemand wird in Frage stellen, daß Lettland der Nationalstaat des lettischen Volkes ist. Von den 2 Millionen Bewohnern sind ca. 63 % Letten und ca. 27 % Russen (der Rest verteilt sich auf andere Ethnizitäten). Ähnliches gilt für Litauen, die Litauer machen etwa 83 % der drei Millionen Einwohner aus; es ist der Nationalstaat der Litauer. In Israel sind ca. 80 % der Bevölkerung Juden (von acht Millionen), 20 % (im wesentlichen) Palästinenser/Araber. Es handelt sich um den Nationalstaat der Juden. Die Letten, Litauer und Juden haben keinen anderen Staat als Lettland, Litauen oder Israel, in dem sie die Mehrheit stellen, und wo sie ihre nationale Kultur entwickeln können. Die postmodernistischen und postzionistischen Argumente gegen Israel als einen jüdischen Staat können nicht überzeugen.

Was bedeutet Zionismus im Jahr 2015? Ursprünglich war der Zionismus eine jüdische Nationalbewegung, die dafür eintrat, die Juden als eine Nationalität/Ethnizität anzusehen, die aus historischen Gründen über die ganze Welt verbreitet war. Diese Nationalität/Ethnizität ist bestrebt, eine eigene jüdische, sich selbst verwaltende Einheit in Palästina/im Land Israel mit einer jüdischen Mehrheit und gleichen Rechten für die nichtjüdische Minderheit zu errichten. Von einem zionistischen Standpunkt aus beinhaltete das die Hoffnung, daß der jüdische Staat sich zum politischen und kulturellen Zentrum aller Juden entwickeln würde. Dies bedeutet nun nicht, daß alle Juden israelische Bürger werden müßten oder sich in besonderer Weise Israel verbunden fühlen sollten, nicht mehr als etwa Iren in den Vereinigten Staaten, die sich mit Irland identifizieren, Irland politische Treue schulden oder schulden sollten. Das bedeutet lediglich, daß die Juden, die das möchten, das Recht hätten, sich mit der jüdischen Zivilisation zu identifizieren und, sofern sie danach strebten, emotionale Bindungen zu Israel entwickeln können. Dies beinhaltete die israelische Unabhängigkeitserklärung vom Mai 1948. Nach der Erlangung der Unabhängigkeit sollte dies verwirklicht werden. Doch die Entwicklung verlief anders, besonders hinsichtlich der vollen Rechte der nichtjüdischen Minderheit. Nach 1967 bestand, wie bereits erwähnt, die Politik der rechtsgerichteten Eliten, die zumeist regierten, darin, eine (direkte oder indirekte) jüdische kolonialistische Herrschaft über das gesamte Gebiet zwischen dem Mittelmeer und dem Jordan zu errichten. Dies ist eine antizionistische Politik. Sie verleugnet die Idee eines jüdischen Staates mit einer stabilen jüdischen Mehrheit. Der einzige Weg, auf dem eine rechte Regierung ihre Politik durchsetzen kann, besteht darin, der palästinensischen Bevölkerung ihre nationalen und bürgerlichen Rechte in einem kolonialistischen Apartheidsstaat zu verweigern, oder ihr die volle Gleichheit zu gewähren und so einen binationalen Staat zu schaffen. In beiden Fällen wäre es eine antizionistische Politik. Heute besteht der Zionismus hauptsächlich aus einer Wiederholung alter Ideen, aber wie in allen nationalen Bewegungen gibt es eine Aufspaltung in verschiedene Flügel, einen rechten, einen liberalen, einen sozialdemokratischen.

Ist der Nationalismus ein Auslaufmodell? Wenn man sich in der Welt von 2015 umsieht, kann man nicht umhin festzustellen, daß der Nationalismus in verschiedenen Formen existiert, ja, daß er (über die Maßen) lebendig ist. An sich scheint die Betonung kollektiver Identität eine natürliche Entwicklung zu sein. In einigen Ländern unterscheidet sich die Ethnizität vom Nationalismus, worunter die Loyalität zum Staat, also die Staatsbürgerschaft, zu verstehen ist. So gibt es viele ethnische Gruppen in Indien und China, aber man versucht, zwischen dem ethnischen Partikularismus und der Identifizierung mit den politischen Strukturen zu unterscheiden. In diesen beiden riesigen Ländern bemüht man sich aufs äußerste, den Staatsnationalismus zu betonen, einen nationalen Patriotismus mit Bezug auf den Staat. Es gibt Unterschiede: In China entwickelt sich ein radikaler Nationalismus, offensichtlich soll er die veraltete kommunistische Ideologie ersetzen, die in der Theorie internationalistisch war. Den vielen ethnischen Gruppen gewährt man das Recht, ihre eigene Sprache und Kultur zu entwickeln, allerdings innerhalb eines von den dominierenden Han (den ethnischen Chinesen) gesetzten Rahmens. In Indien bleibt die Beziehung zwischen den zahlreichen ethnischen Gruppen und dem Staat ungelöst. Gleichwohl liegt die Betonung auf einem allindischen Nationalismus, wenn auch offensichtlich weniger stark als in China. Der historische Hintergrund ist bekannt: Die Vereinigung Chinas wurde spätestens unter Kaiser Qin Shihuangdi 221 v. d. Z., erreicht. Es besteht also eine Tradition ethnisch-nationalen Bewußtseins, besonders aufgrund der drei langen Perioden der Fremdherrschaft. Im Gegensatz dazu gab es kein vereinigten Indien, bevor die Briten den Subkontinent im 19. Jahrhundert einten. Dennoch entstand ein indisches Nationalbewußtsein, das heute sehr präsent ist. Auf verschiedene Weise ist der Nationalismus ein starker Identifikationsfaktor. Es läßt sich in der exklusiven Atmosphäre intellektueller Zirkel ein idealistischer Universalismus, der im Gegensatz zum Nationalismus steht, finden, der aber nur geringen, wenn überhaupt, Einfluß auf die Masse der Menschen hat. Die Juden unterschieden sich in dieser Hinsicht kaum von anderen. Es besteht ein starkes Gefühl kollektiver Identität, nicht nur unter den meisten israelischen Juden, sondern ebenso unter Juden außerhalb Israels.

Der Nationalismus kann sich leicht in eine antidemokratische Richtung entwickeln, wie wir alle wissen. Dies bringt uns zur Frage der Demokratie, zum Verhältnis von Demokratie und Judentum. Im Gegensatz zu den meisten Historikern vertrete ich die Ansicht, daß es vor dem 20. Jahrhundert keine demokratischen Staaten gab. Athen war keine Demokratie, da die Gesellschaft auf Sklaverei beruhte. Die italienischen Stadtstaaten der Renaissance kann man als Demokratien bezeichnen, aber ich bezweifle das. Die Rechte der Einzelnen waren begrenzt, Frauen verfügten selbstverständlich über keine politischen Rechte. Die amerikanische Verfassung wertete einen Sklaven als drei Fünftel eines freien Bürgers, und es dauerte bis 1865, bevor die Sklaven befreit wurden. Wenige Jahre später jedoch wurde die Sklavenbefreiung durch eine Politik weißer Rassisten aufgehoben; in den Südstaaten wurden die Schwarzen unterdrückt, ihnen wurde die Gleichstellung vorenthalten. Erst seit 1968 und der Bürgerrechtsbewegung kann man von einer amerikanischen Demokratie sprechen. Heute wird bekanntlich in „Primaries“ darüber entschieden, wer sich auf lokaler, bundesstaatlicher oder nationaler Ebene zur Wahl stellen kann. Die Möglichkeit, in die Politik einzusteigen, hängt vom Geld ab. Die gewählten Personen neigen dazu, Interessen zu vertreten, nicht notwendigerweise die der Wähler, sondern die Interessen der Personen, die sie finanziert haben. So wird die Demokratie beschädigt. Viele, wenn nicht die meisten, Kongreßmitglieder und Senatoren sind im Grunde gekauft. In West- und Mitteleuropa erhielten die Frauen das Wahlrecht erst nach dem Ersten Weltkrieg (von wenigen Ausnahmen abgesehen). Das allgemeine Wahlrecht für Männer gibt es in Deutschland seit 1879, für Frauen seit 1918. In der Weimarer Republik wurde ein erfolgloser Versuch unternommen, demokratische Ideen in einer tief traumatisierten und gespaltenen Nation zu verankern. Wir wissen, wie das endete.

Warum ist das so? Nach meinem Dafürhalten zeigen uns Anthropologie und Soziologie, daß Menschen Herdentiere sind und instinktiv nach einem Alpha-Männchen (möglicherweise auch nach einem Alpha-Weibchen) suchen. In der Politik ist es der starke Mann, der die Gesellschaft führt, indem er Recht und Gesetz durchsetzt und sicherstellt, daß jede ökonomische Krise korrigiert wird, so daß das Überleben der Herde gewährleistet wird. George W. Bush war nicht der einzige, der davon ausging, daß Menschen, denen die „Freiheit“ zuteil wird, sich für die Demokratie entscheiden würden. Aber dies ist ein fundamentaler Irrtum: Menschen, die über diese Freiheit verfügen, also wirkliche Entscheidungen treffen können, werden sich für physische und wirtschaftliche Sicherheit entscheiden. Dies wird nicht gleichbedeutend sein mit einer Entscheidung für das Wahlrecht, der Herrschaft der Mehrheit und der Freiheit der Minderheit auf Opposition. Auch werden Menschen nicht notwendigerweise für Menschenrechte eintreten, solange sie sich sicher fühlen, oder sie werden erfolgreich eingeschüchtert, die bestehende Herrschaft zu akzeptieren. Die Demokratie ist eine große Errungenschaft, da sie grundlegenden menschlichen Verhaltensweisen widerspricht. Sie ist eine zarte Pflanze, die sorgsam vor Stürmen und Gegenwind zu schützen ist. Dies kann nur erfolgreich geschehen, wenn man sich der bestehenden Gefahren bewußt ist.

Die Juden haben keine demokratische Tradition. In der Vergangenheit, d. h. in der Diaspora, wurden jüdische Gemeinden immer von Oligarchien der wirtschaftlich Mächtigen in Allianz mit der Priesterschaft regiert – die Rabbis lieferten das spirituelle und intellektuelle Rückgrat der Oligarchenherrschaft. Davor, im Land Israel, lebten sie, wie alle anderen auch, in Königreichen oder Vasallenstaaten. Diese wurde von aristokratischen Eliten unter Königen oder Halbkönigen (wie Nehemia) regiert. Gleichwohl, dies habe ich versucht klarzumachen, wurde die jüdische Zivilisation immer durch den Austausch von Argumenten und die Austragung von Kontroversen bewegt. Dies geschah sicherlich nicht, um die Demokratie zu befördern. Aber man kann annehmen, daß dies die Annahme der Demokratie durch die Juden im 19. und 20. Jahrhundert erleichterte. Ebenso offensichtlich ist es, daß der entstehende europäische Nationalismus, und der jüdische Nationalismus ist ein legitimer Zweig davon, Änderungen in den jüdischen Gemeinden bewirkte. Politische Bewegungen erfordern demokratische Strukturen. Der Entstehung Israels gingen Entwicklungen innerhalb des Judentums voraus, die demokratische Ideen und Vorgehensweisen hervorbrachten. Es waren hauptsächlich Zionisten, die dies beförderten. Damit wurden die Grundlagen für das moderne Israel gelegt. Historisch betrachtet ist die israelische Demokratie eine relativ neue Errungenschaft und ebenso gefährdet wie andere Demokratien. Die optimistische Annahme, daß wir in einer Welt leben, in der die Demokratie als gesellschaftliche Norm akzeptiert ist, erweist sich als Illusion. Die kommende Supermacht China ist eine Diktatur, die meisten muslimischen Länder sind autoritär regierte Staaten, in Afrika und Lateinamerika ist die Demokratie keineswegs gesichert, und im aufgeklärten Europa finden wir Weißrußland und Rußland, zwei nominell demokratische Staaten, weit davon entfernt, Demokratien zu sein. Nur wenige Juden leben in nicht demokratischen Ländern, mit der wichtigen Ausnahme Rußlands. Die jüdischen Organisationen in den Demokratien können als Fortsetzung der alten Oligarchien angesehen werden: der Jüdische Weltkongreß, das American Jewish Committee, der Board of Deputies of British Jews, der Conseil Représentatif des Institutions juives de France (CRIF) und die Conference of Presidents of Major Jewish Organizations (in den USA) sind im Grunde selbsternannte Gruppen zumeist wohlhabender Personen, die sich der Unterstützung bestimmter intellektueller Eliten erfreuen. Allerdings ist dies wohl unvermeidlich, da die Wahrnehmung der Gruppeninteressen von der finanziellen Unterstützung der Wohlhabenden ebenso abhängt wie von der argumentativen der Intellektuellen. Je mehr die Dinge sich ändern, desto mehr bleibt es doch dasselbe (*plus ça change, plus ça reste la même chose*). Im Gegensatz zu früher werden heutige jüdische Organisationen von Juden gebildet und geführt, nicht von außen auferlegt. Sie sind nicht demokratisch in dem Sinne, und dies ist wohl kaum möglich, daß sie von der Masse der Juden eines Landes gewählt werden, aber sie sind so demokratisch, wie die Lage es erlaubt. Sie verteidigen die demokratischen Rechte der Juden in Übereinstimmung mit ihren manchmal abweichenden Ideologien. Aber die Juden und andere stehen vor der schweren Aufgabe, die zarte Pflanze Demokratie zu verteidigen. Viele israelische Juden, ich selbst gehöre dazu, können die israelische Herrschaft über die Westbank nicht als demokratisch ansehen. Die fortgesetzte Besetzung wird letztlich zur Zerstörung der israelischen Demokratie führen. Die Vielzahl der politischen Parteien in Israel und schwere Fälle von Korruption verleiten viele israelische Bürger dazu, das demokratische System zu verfluchen oder eine zynische Haltung dazu zu entwickeln. Diese inneren Gefahren dürfen nicht übersehen werden.

Zur Zeit wird Israel entsprechend dem Wählerwillen von der Rechten regiert. Die arabische Minderheit ist unterrepräsentiert, die arabischen Bürger interessieren sich nicht sonderlich für die Wahlen – denn die arabischen Parteien beschäftigen sich mit der Westbank, dem palästinensischen Nationalismus usw. Sie tun wenig, um die Situation der arabischen Minderheit zu verbessern. Die jüdische Mehrheit tendiert dazu, sich in einem selbstauferlegten Ghetto einzuschließen. Man reagiert damit auf die mehr als realen Bedrohungen von außen, indem man sich lediglich auf die Streitkräfte verläßt. Man hofft, die Welt ignorieren zu können, und eine ruhige, hedonistische Existenz bewahren zu können. All dies wird sich letztendlich als Illusion erweisen. Eine Krise wird sich nicht verhindern lassen, sei sie extern oder intern, politisch, ökonomisch oder kulturell oder eine Kombination eines oder mehrerer dieser Faktoren. Eine derartige Krise wird die jüdische Diaspora berühren, denn es besteht – wie die zionistische Analyse darlegt – eine gegenseitige Abhängigkeit zwischen Israel und den Juden in der Diaspora. Das Gegenteil ist ebenso korrekt: Die Existenz Israels hängt von der Unterstützung der Juden in der Welt ab. Israel wird nur existieren können, wenn es die arabische Minderheit im vollem Umfang gleichberechtigt behandelt und sich von der Westbank zurückzieht (unter Berücksichtigung von Gebietsaustausch). Die Existenz Israels kann langfristig nicht durch die Streitkräfte gewährleistet werden, wie gut sie auch ausgebildet und ausgestattet sein mögen. Nur ein Friedensabkommen mit der Nation, mit der man das Gebiet zwischen dem Jordan und dem Mittelmeer teilt, kann dies garantieren. Israel kann nur als ein demokratischer Staat bestehen. Seine jüdische Kultur muß sich auf die traditionellen Texte beziehen, neue hinzufügen und sich von religiösen Traditionen, bis hin zu den überholten wörtlichen Interpretationen, befreien. Es wird auf vollständiger Geschlechtergleichheit und grundlegendem Liberalismus gründen müssen, der das garantiert, was die jüdische Kultur schon immer ausgemacht hat: eine Kultur der permanenten Auseinandersetzungen, der Uneinigkeit, des Widerspruchs, der fortwährenden Interpretation und Reinterpretation der Welt. So war sie schon immer, und sie hat eine der faszinierendsten Zivilisationen hervorgebracht, die die Menschheit kennt. Dieses kleine, so widersprüchliche Volk hat die gesamte Menschheit beeinflußt und tut dies noch heute. Es sollte alle akzeptieren, die sich ihm anschließen wollen, ob sie nun eine jüdische Mutter haben oder nur einen Vater, oder überhaupt keine jüdischen Vorfahren. Es sollte keine „Konversion" gefordert werden. Die meisten Juden sind keineswegs religiös. Zur Erinnerung: Millionen schlossen sich dem jüdischen Volk in der Antike und dem Mittelalter an. Es wird sich auch zukünftig nichts ändern: Wir werden ein Volk unterschiedlicher Hautfarbe, unterschiedlicher Herkunft sein, und Menschen werden sich dieser besonderen ethnischen Gruppe anschließen wollen. Das jüdische Volk wird fortfahren, eine Kultur und Zivilisation zu erschaffen, welche auf einer Vergangenheit beruhen, die seine Vorfahren nicht geteilt haben mögen – und sich zu einer offenen Gesellschaft zu entwickeln, die andere beeinflußt und von anderen beeinflußt wird.

Es handelt sich um ein schwieriges Volk, das ständig gegen die gesicherten Weisheiten rebelliert, sich seiner antiken Wurzeln bewußt ist, beeinflußt durch andere und andere beeinflussend, eine Herausforderung für die Welt. Ein Volk, das mich verrückt macht, das mich verzweifeln läßt, eine arrogante, oft abstoßende, wundervolle, schreckliche, aufregende, kreative, nichtgemeinschaftliche Gemeinschaft. Ich bin glücklich, dazu zu gehören: Es ist mein Volk, meine Nation.

Register